HEILPFLANZEN & KRÄUTER

BESTIMMEN, SAMMELN, ANWENDUNG UND WIRKUNG

Dr. Ute Künkele   Till R. Lohmeyer

Hinweise der Autoren und des Verlags

Pflanzen oder Pflanzenteile können giftig oder individuell unverträglich sein und Allergien auslösen. Auch sind Wechselwirkungen mit verordneten Medikamenten nicht auszuschließen. Eine Selbstbehandlung mit pflanzlichen Wirkstoffen ersetzt keine medizinische Therapie und kann bei unsachgemäßer Anwendung erhebliche gesundheitsschädigende Wirkungen hervorrufen. Die Warnhinweise im Text zu den dargestellten Arten sind sorgfältig zu beachten; im Zweifelsfall konsultiere man den Hausarzt oder einen Apotheker.

Pflanzen oder Pflanzenteile (Blätter, Beeren, Wurzeln etc.), bei denen auch nur der geringste Zweifel an der korrekten Bestimmung besteht, dürfen nicht gegessen oder anderweitig verwendet werden.

Die Abkürzungen hinter den lateinischen Namen bezeichnen die Erstbeschreiber einer Art und denjenigen, der den ursprünglichen Artnamen in die nach neuesten Kriterien gültige Gattung gestellt hat. Die häufige Abkürzung „L." besagt demnach, dass die Pflanze vom Begründer der modernen Pflanzensystematik, dem schwedischen Arzt und Naturforscher Carl von Linné (1707–1778), beschrieben und benannt wurde, z. B. die Ringelblume, *Calendula officinalis* L. Wurde ein Artname in eine andere Gattung gestellt, erscheint der Originalautor oder die Abkürzung seines Namens in Klammern – z. B. bei der Mariendistel, *Silybum marianum* (Linné) Gaertner bzw. (L.) Gaertn.

Vorwort S. 8

Die Geschichte S. 10
Sammelhinweise S. 28
Inhalts- und Wirkstoffe S. 33
Verwendung und Zubereitung S. 36
Bestimmungstabelle S. 40

Heilpflanzen S. 46

Asterähnliche *Asteridae* S. 48
Korbblütler *Asteraceae* S. 50
Immergrüngewächse *Apocynaceae* S. 75
Raublattgewächse *Boraginaceae* S. 76
Enziangewächse *Gentianaceae* S. 80
Lippenblütler *Labiatae (Lamiaceae)* S. 84
Ölbaumgewächse *Oleaceae* S. 100
Sommerwurzgewächse *Orobanchaceae* S. 103
Wegerichgewächse *Plantaginaceae* S. 104
Rötegewächse *Rubiaceae* S. 108
Holundergewächse *Sambucaceae* S. 110
Braunwurzgewächse *Scrophulariaceae* S. 114
Nachtschattengewächse *Solanaceae* S. 116
Baldriangewächse *Valerianaceae* S. 118
Eisenkrautgewächse *Verbenaceae* S. 119

Nelkenartige *Caryophyllidae* S. 120
Nelkengewächse *Caryophyllaceae* S. 122
Gänsefußgewächse *Chenopodiaceae* S. 125
Knöterichgewächse *Polygonaceae* S. 126

Dillenienähnliche *Dilleniidae* S. 130
Kreuzblütler *Brassicaceae (Cruciferae)* S. 132
Heidekrautgewächse *Ericaceae* S. 146
Hartheugewächse *Hypericaceae* S. 149
Malvengewächse *Malvaceae* S. 150
Schlüsselblumengewächse *Primulaceae* S. 152
Weidengewächse *Salicaceae* S. 155

Lindengewächse *Tiliaceae* S. 157
Veilchengewächse *Violaceae* S. 158

Kätzchenblütler *Hamamelididae* S. 160
Birkengewächse *Betulaceae* S. 162
Hanfgewächse *Cannabaceae* S. 163
Haselgewächse *Corylaceae* S. 165
Buchengewächse *Fagaceae (Cupuliferae)* S. 166
Walnussgewächse *Juglandaceae* S. 169
Brennnesselgewächse *Urticacea* S. 170

Lilienähnlichen *Liliidae* S. 172
Liliengewächse *Liliaceae* S. 174
Afodillgewächse *Asphodelaceae* S. 178
Süßgräser *Poaceae* S. 179

Hahnenfußähnliche *Ranunculoidae* S. 182
Sauerdorngewächse *Berberidaceae* S. 184
Erdrauchgewächse *Fumariaceae* und
Mohngewächse *Papaveraceae* S. 185
Hahnenfußgewächse *Ranunculaceae* S. 190

Rosenähnliche *Rosidae* S. 196
Doldenblütler *Apiaceae (Umbelliferae)* S. 198
Stechpalmengewächse *Aquifoliaceae* S. 212
Efeugewächse *Araliaceae* S. 213
Hartriegelgewächse *Cornaceae* S. 214
Sonnentaugewächse *Droseraceae* S. 215
Ölweidengewächse *Eleagnaceae* S. 216
Schmetterlingsblütler *Fabaceae* S. 217
Storchschnabelgewächse *Geraniaceae* S. 224
Rosskastaniengewächse *Hippocastanaceae* S. 225
Leingewächse *Linaceae* S. 226
Nachtkerzengewächse *Onagraceae* S. 227
Kreuzdorngewächse *Rhamnaceae* S. 229
Mistelgewächse *Viscaceae* S. 231
Rosengewächse *Rosaceae* S. 232

Nadelgewächse, Nacktsamer
Pinopsidae, Kryptogamen S. 250
Zypressengewächse *Cupressaceae* S. 252
Ginkgogewächse *Ginkgoaceae* S. 253
Kieferngewächse *Pinaceae* S. 254
Schachtelhalmgewächse *Equisetaceae* S. 256
Bärlappgewächse *Lycopodiaceae* S. 257
Tüpfelfarngewächse *Polypodiaceae* S. 258
Algen *Algae* S. 260
Flechten *Lichenes* S. 261

Sonstige Bedecktsamer *Angiospermae* S. 262
Aronstabgewächse *Araceae* S. 264
Osterluzeigewächse *Aristolochiaceae* S. 266
Lorbeergewächse *Lauraceae* S. 268
Wasserlinsengewächse *Lemnaceae* S. 269

Heilen mit Kräutern S. 270
Atemwege – Nase, Bronchien, Lunge S. 272
Verdauungstrakt und Stoffwechsel S. 276
Herz und Blutkreislauf S. 282
Urogenitaltrakt & Gynäkologie S. 286
Haut, Augen S. 290
Bewegungsapparat S. 294
Nerven S. 298
Immunsystem, Leistungsrückgang S. 302
Krankheiten bei Kindern S. 304

Anhang S. 312
Literatur S. 313
Beschwerden und Krankheiten in Stichworten S. 315
Stichwortverzeichnis lateinisch S. 316
Stichwortverzeichnis deutsch S. 318
Bildnachweis S. 320
Danksagung S. 320
Impressum S. 320

Vorwort

Das vorliegende Buch wendet sich an all jene, die sich die Neugier an dem, was in Feld, Wald und Garten wächst und gedeiht, bewahrt haben und wissen wollen, was sich hinter vermeintlichem „Unkraut“ verbirgt. Es berichtet über alte Bräuche, vergessene Anwendungen, moderne wissenschaftliche Erkenntnisse und ökologische Themen. Es zeigt, an welchen Merkmalen man die Pflanzen erkennt, welche Heilkräfte sie enthalten und bei welchen Krankheiten und Gebrechen sie wirksam sind; aber es warnt auch vor Scharlatanerie und Aberglaube. Ein medizinisches Handbuch ist es indessen nicht, im Fall einer ernsten Erkrankung kann es auch keinesfalls den Arzt ersetzen.

Es gibt kaum ein Gebiet der Naturwissenschaften mit einer so weit in die Ursprünge der Zivilisation zurückverfolgbaren Tradition wie die Kräuterheilkunde. Angesichts der Jahrtausende, in denen Krankheiten und Leiden von Ärzten und Heilern, „weisen Frauen“ und Schamanen mithilfe pflanzlicher Extrakte in den verschiedensten Anwendungen geheilt oder gelindert wurden, nimmt sich die moderne „Chemie- und Gerätemedizin“ wie ein etwas altkluger Jugendlicher aus, der das Erfahrenswissen der Älteren als „total überholt“ abqualifiziert. Doch auch der „junge Herr Medicus“ greift beim ersten Anflug einer Erkältung zu Sonnenhutpräparaten und Salbeitee und inhaliert, wenn es denn schlimmer wird, Kamillendämpfe.

Dass Pflanzen heilen und lindern können, wird von kaum jemandem mehr bezweifelt – und doch hat die Phytotherapie ein Glaubwürdigkeitsproblem, oder, wenn man so will, deren zwei. Das eine liegt darin, dass die Wirkung eines pflanzlichen Heilmittels, obwohl durch die Genesung des Patienten oder die Linderung seiner Leiden augenfällig, nicht in jedem Fall anhand messbarer Faktoren nachvollziehbar ist. Dies gilt insbesondere für die Homöopathie, die mit stark verdünnten Pflanzenextrakten arbeitet und – ähnlich wie die Traditionelle Chinesische Medizin – der individuellen Befindlichkeit des Patienten ungleich größere Bedeutung einräumt als die Schulmedizin. Doch während die Entschlüsselung der Inhaltsstoffe und Wirkungsweisen dank immer ausgefeilterer Untersuchungsmethoden große Fortschritte macht, entzieht sich das zweite Glaubwürdigkeitsproblem der naturwissenschaftlichen Analyse hartnäckiger. Gemeint ist die enge Verknüpfung zwischen der Kräuterheilkunde auf der einen und religiösem Brauchtum, Glaubensheilung und Ritual auf der anderen Seite. Dass eine Wurzel, die nachweislich den nervösen Magen beruhigt oder bei Heiserkeit hilft, in der Nacht zum ersten Mai oder bei Vollmond unter streng vorgeschriebenen Beschwörungsformeln ausgegraben werden muss, ist mit wissenschaftlichen Methoden nicht zu erklären. Man kann es glauben – oder auch nicht. Viele dieser Praktiken stammen noch aus vorchristlichen Zei-

ten. Doch spätestens seit dem Mittelalter – bedingt durch die Klöster, die das Heil- und Kräuterwissen der Antike weitergaben, und zudem auch gefördert durch die dominierende Gestalt der kräuterkundigen Hildegard von Bingen – hat sich die Kirche der Thematik bemächtigt. In den Heilkräften der Kräuter ein Geschenk Gottes zu sehen, übt bis heute auf viele Menschen eine verführerische Faszination aus. Dabei wird leider oft verdrängt oder vergessen, dass die kirchliche Vereinnahmung der Kräuterheilkunde in den vergangenen Jahrhunderten auch Opfer schuf: „Weise" oder „wissende" Frauen, die tradiertes medizinisches Volkswissen bewahrten und anwendeten, wurden aus Unwissen, Aberglaube und Bigotterie als „Hexen" verfolgt, gefoltert und ermordet.

Der Glaube versetzt Berge – aber heilt er auch? Was Ethnobotaniker und Ethnomediziner aus Afrika, Lateinamerika und Asien berichten, wo Medizinmänner und Schamanen mit Pflanzenextrakten *und* elaborierten Ritualen verblüffende Erfolge erzielen, muss auch dem nüchternsten Naturwissenschaftler zu denken geben. Ohne Zweifel ist in den fortschrittsgläubigen, technologisch orientierten Gesellschaften des Westens viel altes Wissen verloren gegangen. Die Entfremdung von der Natur hat zum Teil erschreckende Ausmaße angenommen, während parallel dazu die Artenkenntnis drastisch zurückging. In einer digitalisierten Welt, in der die Kommunikation mit Chat-Partnern auf anderen Kontinenten zur Selbstverständlichkeit wird, trauen sich aus mediengehorsamer Angst vor Tollwut, Fuchsbandwurm und Vogelgrippe immer weniger Menschen in die heimischen Wälder, leiden unter Allergien und Hygieneticks, verbieten ihren Kindern das Beerensammeln, bekämpfen das essbare, heilkräftige Gänseblümchen und die alte, Vitamin-C-reiche Gemüsepflanze Giersch im Garten mit Gift.

Ein wenig Besinnung tut not. Eine Wiederbegegnung mit der heimischen Natur, ihrer bedrohten, aber noch immer reichen Flora und Fauna, wären ein erster Schritt. Wir möchten Sie mit diesem Buch einladen, die Vielfalt der Kräuter und ihrer Anwendungen kennen zu lernen und sich in Vergessenheit geratene Schätze neu zu erschließen.

Dr. Ute Künkele & Till R.Lohmeyer

Einführung

Das Wissen um die Heilkraft der Pflanzen ist ein gemeinsames Erbe aller Menschen auf dieser Erde. Die Freude am Suchen und Sammeln, am Bestimmen, Sortieren und Verarbeiten der Kräuter lässt uns traditionelles Wissen bewahren und neue Erkenntnisse aufnehmen – und animiert unsere Kinder zu einem sensibleren Umgang mit der Natur.

Die Geschichte

Das Wissen um die Heilkraft der Pflanzen ist älter als die Menschheit selbst. Was paradox und unglaubwürdig klingen mag, lehrt uns die moderne Zoologie: Der Verhaltensforscher Michael Huffman und seine Mitarbeiter von der Universität Kyoto beobachteten, wie sich Schimpansen in freier Wildbahn von Erkrankungen des Verdauungstrakts kurierten, indem sie das bittere Mark des Korbblütlers *Vernonia amygdalina* zu sich nahmen. Und mit den haarigen Blättern von *Aspilia mossambicensis*, einer wildwachsenden Sonnenblumenart, die sie unzerkaut schluckten, bürsteten sie auf mechanische Art und Weise lästige parasitische Würmer von der Darmwand. Als Lebewesen, die sich im Krankheitsfall nicht auf den Arzt verlassen können, sind sie auf die Mittel angewiesen, die ihnen die Natur bietet.

Als unsere tierischen Vorfahren von den Bäumen stiegen und sich in den afrikanischen Savannen an den aufrechten Gang gewöhnten, sollen nach der Theorie des Amerikaners Terence McKenna halluzinogene Pilzdrogen die Entwicklung einer artikulierten Sprache ermöglicht oder zumindest beschleunigt haben. Viele Kahlköpfe (*Psilocybe*-Arten), die heute im Visier der Rauschgiftfahnder stehen, wachsen auf Pflanzenfresserdung im offenen Grasland. Zunächst waren sie wohl eher zufällig über die Nahrungskette in die Mägen der Primaten gelangt. Was sie dann jedoch in deren Köpfen bewirkten, hatte, wenn man McKenna folgt, jene Bewusstseinssprünge zur Folge, die die „Menschwerdung" in entscheidendem Maße beeinflussten.

Die Pflanzenheilkunde war Jahrtausende lang eine Domäne der Priester, Schamanen und „weisen Frauen".

Auf dem langen Weg der Evolution sammelten die Menschen über Jahrtausende hinweg in einer unendlichen Kette von *trial and error* (Versuch und Irrtum) gute und schlechte Erfahrungen mit den Inhaltsstoffen der Kräuter, Bäume, Moose, Flechten und Pilze und integrierten das kontinuierlich wachsende Wissen in ihre Überlebensstrategien.

Am einfachsten – und folgenschwersten – war die Erkennung jener Gewächse, deren Anwendung die Gesundheit beeinträchtigten oder sogar zum Tod führte. Unfälle, Zufälle und Fahrlässigkeiten wiesen Mördern den Weg; dem tragischen, unbeabsichtigt herbeigeführten Geschehen folgten Anschläge: Gifte auf pflanzlicher Basis, oft erst mit Verzögerung wirkend und dem Mörder noch das Entkommen ermöglichend, begleiteten die Menschheitsgeschichte spätestens seit den Anfängen dessen, was wir heute Politik nennen. Der Schierlingsbecher, den zu leeren man Sokrates zwang, ist das berühmteste Beispiel aus der Antike, und Schneewittchens Tod durch einen vergifteten Apfel zeigt prototypisch, was Eifersucht und Missgunst sogar in der Familie anrichten können. Auch zur Bereitung von Pfeilgiften – keineswegs ein Privileg exotischer Kulturen – wurden Pflanzen verwendet. Gifte und Vergiftungen, Gift und Gegengift sind untrennbar mit der Pflanzenheilkunde verbunden; es handelt sich lediglich um zwei Seiten ein und derselben Medaille, und oft liegt, wie wir spätestens seit Paracelsus wissen, der Unterschied nur in der Dosierung.

Man kannte die heilende oder verhängnisvolle Wirkung der Pflanzen und nahm sie dankbar oder mit Schrecken hin, wusste aber nicht, wie sie zustande kam. In Zeiten, in denen niemand ahnte, was Vitamine sind und wie die Biochemie antiviraler und antibakterieller Wirkstoffe funktioniert, suchte man sich andere Erklärungen. Das Universum war beseelt und voller Magie: Ägypter, Griechen, Römer und Germanen verfügten jeweils über ein Pantheon, in dem die Zuständigkeiten verteilt waren wie in einem Regierungskabinett. Handel, Kunst und Kriegsgewerbe, die Jagd, die Elemente Wasser, Feuer, Luft und Erde – sie alle hatten ihre eigene Gottheit, der, zumal bei den Griechen, keine menschliche Schwäche fremd war. Heilkunst, Mystik und Magie waren untrennbar verbunden, Diagnose, Verschreibung, Anwendung und Ritual verschmolzen miteinander. Wer nach der Einnahme eines Kräutertranks von einer schweren Krankheit genas, dankte den Göttern der Heilkunst und den weisen Männern und Frauen, die mit ihrem Wissen die göttliche Heilung ermöglicht hatten.

Jenen aber, den Kundigen, wuchs Macht zu. Geheimnisvolle Rituale rankten sich um das Ausgraben bestimmter Wurzeln, das Sammeln von Früchten und die Herstellung von Salben und Tinkturen. Die nur Eingeweihten vorbehaltenen Rezepte, die Erprobtes und Bewährtes mit elaboriertem Hokuspokus verbrämten, bewahrten die Macht vor der Erosion. Exklusivität war gut fürs Geschäft: Nicht jeder, der ein paar Pflanzen und deren Kräfte kannte, sollte sich Heiler nennen dürfen. Der Duft einer Blüte, die Farbe, Form oder Beschaffenheit von Blatt, Stängel oder Wurzel, der Saft einer Pflanze, die Veränderungen, denen sie im Wandel der Jahreszeiten unterworfen waren, oder die Bedingungen, unter denen sie, um ihre Wirkung voll entfalten zu können, geerntet werden musste – allem und jedem wurde, zu Recht oder zu Unrecht, spezifische Bedeutung zugeschrieben.

Heilkundige wurden früher oft gleichzeitig als Magier und Mystiker angesehen.

Erregende, berauschende und bewusstseinserweiternde Pflanzen und Pflanzenextrakte, von Schamanen und Medizinmännern verabreicht, versetzten die Sinne in Aufruhr oder schmeichelten der Seele; manche erzeugten unstillbares Begehren nach mehr und immer mehr.

Glaube, Gebet, Zauber, Charisma, Geburt, Leben und Tod – und wohl auch das menschliche Streben nach Macht, Einfluss und Reichtum sind bis auf den heutigen Tag in vielerlei Gestalt mit der Kräuterheilkunde verbunden. Die nicht immer leichte Aufgabe, die mystische Spreu vom heilsamen Weizen zu sondern, muss jeder, der sich mit der Materie befasst, für sich selbst lösen. Auch die Leserinnen und Leser des vorliegenden Buchs werden sich dieser Frage nicht entziehen können.

Der „Gletschermann“ aus den Ötztaler Alpen wußte seinerzeit bereits von der blutstillenden Wirkung des Birkenporlings.

Der 1991 in den Ötztaler Alpen geborgene, vermutlich um 5400 Jahre alte „Gletschermann“ ist wahrscheinlich das erste menschliche Individuum in Europa, dem wir, wenn nicht den direkten Gebrauch, so doch zumindest den konkreten Umgang mit einer Heilpflanze nachwei-

Odysseus und die Sirenen. Römisches Mosaik (Dougge, Tunesien, um 300 n. Chr.)

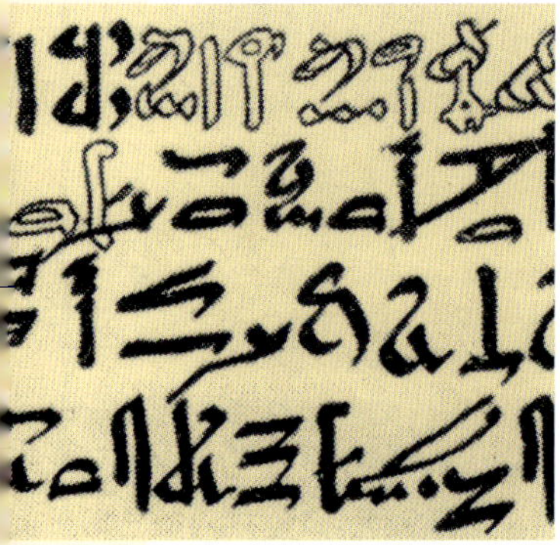

Der ägyptische „Papyrus Ebers" aus der Zeit um ca. 3550 v. Chr. (Detail)

sen können. Er trug bei seinem letzten Weg ins Gebirge Bruchteile eines Birkenporlings *(Piptoporus betulinus)* bei sich. Die blutstillende und unter Umständen auch magenfreundliche Wirkung dieses Pilzes, den man vor allem an alten absterbenden Moorbirken findet, ist bekannt – und offenbar, wie das Beispiel des „Ötzi" zeigt, schon viel länger, als wir bisher ahnten.

Eine differenzierte Kräuterheilkunde entwickelte sich im Ägypten der Pharaonenzeit. Der Ruhm der ägyptischen Ärzte drang über die Grenzen ihres Heimatlandes hinaus und wird z. B. in den Schriften des griechischen Historikers Herodot hervorgehoben. Eine wichtige Quelle ist der in der Leipziger Universitätsbibliothek aufbewahrte „Papyrus Ebers" aus der Zeit des Pharaos Amenhotep I. (um 3550 v. Chr.), der neben einer Vielzahl von magischen Sprüchen und Beschwörungsformeln auch konkrete Hinweise auf die Verwendung von Kräutern in der medizinischen Therapie enthält. Die Ägyptologin und Biologin Renate Germer hat in ihrem Buch *Die Heilpflanzen der Ägypter* eine Fülle von historischen Belegen für das Kräuterwissen der damaligen Zeit zusammengetragen.

Das Kräuterwissen der Griechen und Römer

Bereits in Homers „Odyssee" aus dem achten vorchristlichen Jahrhundert ist von den heilenden, ja magischen Kräften der Pflanzen die Rede. Als der weitgereiste Odysseus während seiner Irrfahrten durch das Mittelmeer mit seinen Kameraden auf die Insel Ääa verschlagen wird, droht ihnen großes Unheil, denn dort lebt Kirke – nicht nur „die schöngelockte, die hehre melodische Göttin", sondern auch eine erfahrene Zauberin, welche die halbe Mannschaft des Odysseus in Schweine verwandelt. Der Held entgeht dem gleichen Schicksal nur, weil ihn der Götterbote Hermes (Hermeias) rechtzeitig warnt und wappnet:

Also sprach Hermeias und gab mir die heilsame Pflanze,
Die er dem Boden entriss, und zeigte mir ihre Natur an:
Ihre Wurzel war schwarz, und milchweiß blühte die Blume,
Moly wird sie genannt von den Göttern …

Die Pflanze Moly schützt Odysseus gegen den Zauber der Kirke – eine frühe Art der Immunisierung, wenn man so will. Odysseus wird kein Schwein, sondern er hat es: Statt im Koben landet er auf Kirkes Lager und avanciert zu ihrem Liebhaber – und außerdem gelingt es ihm, die ebenso reizvolle wie gefährliche Dame dazu zu bewegen, seine verhexten Gefährten wieder in Menschen zurückzuverwandeln. Auf das Kraut Moly werden wir an späterer Stelle noch einmal zurückkommen.

Die zitierten Verse gehören zu den frühesten Zitaten aus der europäischen Literatur, in denen die Heilkraft der Pflanzen thematisiert wird. Bei den Griechen stand die Kräuterkunde hoch im Kurs – und mit ihr der Wert der Kräuter selbst. Anders ist es nicht zu erklären, dass, wie Jacob Burckhardt in seiner „Griechischen Kulturgeschichte“ berichtet, in der drakonischen Gesetzgebung auf das Stehlen von Kräutern die Todesstrafe stand wie auf Mord und Tempelraub. Unter den Autoritäten der griechischen Antike ragen drei Namen heraus, deren Werke bis in die frühe Neuzeit hinein die medizinische Praxis und die Anfänge der Botanik markierten: Theophrastos Eresios, Hippokrates und Dioskurides gelten als die Begründer der wissenschaftlichen Botanik, der Medizin und der Arzneimittelkunde. Theophrastos, geboren vermutlich im Jahr 371 v. Chr. auf der Insel Lesbos, war Schüler und Vertrauter des Philosophen Aristoteles und erbte dessen Bibliothek, die wohl umfangreichste der damaligen Zeit. Das neunte Buch seiner *Geschichte der Pflanzen* ist den Heilkräften der Gewächse gewidmet. Hier erfahren wir von den „Wurzelgräbern“ (Rhizotomen) und „Arzneihändlern“ (Pharmakopolen), gleichsam den Urvätern der griechischen Naturheilkunde, deren Ursprünge weit in die archaische Zeit zurückreichen. Doch selbst damals schon begegnen wir dem Phänomen, dass zum Zwecke der besseren Vermarktung Bewährtes mit Fantastischem verquickt wurde. „Was aber die Pharmakopolen und Rhizotomen sonst noch sagen“, schreibt Theophrastos, „davon scheint einiges zweckmäßig, anderes marktschreierisch zu sein.“ Für die Kräuterheilkunde und die Alternativmedizin generell ist dieses Problem bis heute aktuell: Wo endet die seriöse Therapie, wo beginnen Quacksalberei, Scharlatanerie und damit die psychische und ökonomische Ausbeutung der „Gläubigen“? Unheilbar Kranken, denen die Schulmedizin nicht mehr helfen kann, teure exotische „Wunderdrogen“ zu verkaufen, ist ein Gewerbe, das offenbar auf eine lange Tradition zurückblickt.

Aus den Schriften des Hippokrates, der um 460 bis 370 v. Chr. auf der Insel Kos wirkte, geht hervor, dass Pflanzenheilkunde im klassischen Griechenland integraler Bestandteil der Medizin war. Das einflussreichste erhaltene Werk ist jedoch die *Arzneimittellehre* (Materia Medica) des Pelanios Dioskurides (um 40 bis 90 n. Chr.), in der eine Vielzahl konkreter Heilanwendungen und Rezepte notiert sind. Dioskurides gehörte bis in die Frühe Neuzeit hinein zu den großen Autoritäten, deren Wort medizinisches Gesetz war. Es wurde schon früh in mehrere Sprachen übertragen, und in der Rennaissance

Eine Kamillenart, Illustration aus der Materia medica *des Pelanios Dioskurides, lateinische Ausgabe (15. Jahrhundert).*

gab es Gelehrte wie Pierandrea Mattioli (1501 bis 1577), die später einen Großteil ihres Arbeitslebens der Übersetzung, Erforschung und Interpretation seines Werkes widmeten.

Die Römer nahmen die von den Griechen empfohlenen Methoden auf und ergänzten sie. Plinius der Ältere, der große römische Enzyklopädist, der beim Ausbruch des Vesuvs (79 n. Chr.) ums Leben kam, befasste sich in den Büchern 20–27 seiner *Naturgeschichte* ausführlich mit den Pflanzen und ihren Wirkungen, und Claudius Galenus aus Pergamon (129–199 n. Chr.), der u. a. Leibarzt des römischen Kaisers Marc Aurel war, beeinflusste entscheidend die Fortentwicklung der Medizin.

Die christliche Tradition und die Anfänge einer wissenschaftlichen Botanik

Schon in der Bibel gibt es vereinzelte Hinweise auf Heilpflanzen. So heißt es z. B. in der Offenbarung des Johannes: „Zwischen der Straße der Stadt und dem Strom, hüben und drüben, stehen Bäume des Lebens. Zwölfmal tragen sie Früchte, jeden Monat einmal; und die Blätter der Bäume dienen zur Heilung der Völker." Für die frühchristliche Zeit, die Epoche der Völkerwanderung und das frühe Mittelalter ist die Quellenlage dürftig. Wir wissen, dass Karl der Große im 70. Kapitel seiner „Landgüterverordnung" *(Capitulare de villis vel curtis imperialibus)* aus dem Jahr 812 knapp hundert Obst-, Heil- und Gemüsepflanzen auflistete, die auf den königlichen Hofgütern angebaut werden sollten. Im Karlsgarten in Aachen-Melaten, der an diese Gesetzgebung erinnert, sind die im *Capitulare* aufgeführten Pflanzen zu sehen. Das wertvolle Dokument zeigt, dass trotz der Jahrhunderte langen Stagnation bei der wissenschaftlichen Erforschung der Pflanzen und ihrer Wirkstoffe kein Zweifel daran bestehen kann, dass die Kräuterheilkunde selbst in den „dunklen", überlieferungsarmen Zeiten gepflegt und das Erfahrungswissen – zunehmend fantasievoll angereichert mit Legenden teils heidnischen, teils christlichen, teils wohl auch verchristlichten heidnischen Ursprungs – regional und lokal von Generation zu Generation weitergegeben wurde. Hier und da begegnen uns in alten Märchen Hinweise auf die Heilkraft der Pflanzen, z. B. in der von den Brüdern Grimm aufgezeichneten, unheimlichen Geschichte *Die drei Schlangenblätter*. Darin erweckt eine Schlange eine totgeschlagene Partnerin wieder zum Leben, indem sie sie mit drei Blättern eines Zauberkrauts bedeckt. Ein trauernder Mann, der sie dabei beobachtet, verfährt bei seiner verstorbenen Frau ebenso und hat gleichfalls Erfolg.

Neben „Kräuterweiblein", die nicht selten als „Hexen" auf dem Scheiterhaufen endeten, neben Alchimisten, Wunderdoktoren und was sich um sie scharte, beschäftigten sich im Mittelalter und in der Frühen Neuzeit vor allem Mönche und Nonnen mit der Nutzbarmachung und Kultivierung der Pflanzen. Die weltabgeschiedene Lage der Klöster, oft in oder am Rande noch unerschlossener Waldungen, erforderte ein großes Maß an Autarkie. Kein Kraut war zu gering, als dass man es hätte missachten dürfen, sei es, dass man es verzehren konnte oder dass es half, Wunden und Krankheiten

Links: Ein klassischer Klostergarten mit einem reichen Fundus an Heilkräutern.

Unten: In Hildegard-Gärten – hier in Kirchberg bei Mattighofen (Oberösterreich) – werden in der Physica *erwähnte Kräuter angebaut.*

Oben links: Hildegard von Bingen. Die Nonne verfügte über ein für damalige Zeit beeindruckendes Wissen über Heilkräuter.

Oben rechts: Albertus Magnus. Er interessierte sich als einer der ersten nicht nur für die Wirkung der Kräuter, sondern betrieb auch botanische Studien.

zu heilen. Gewiss wurde auch in den Klöstern experimentiert – mit Rinden und Säften, Wurzelextrakten, Blättern und Blüten, Tees und Früchten sowie bekanntlich auch mit Hopfen und Malz. In den Klostergärten wurden Gemüse und Heilkräuter in getrennten Abteilungen angebaut, Wandermönche verbreiteten das Wissen in anderen Regionen. Noch heute gibt es Abteien, in denen die klösterliche Gartenbautradition mit großer Sorgfalt und Fachkenntnis gepflegt wird.

Eine herausragende Position in der praktischen Anwendung und Fortentwicklung der mittelalterlichen Kräutermedizin nimmt die Nonne und spätere Äbtissin des am Zusammenfluss von Nahe und Glan gelegenen Klosters Disibodenberg, Hildegard von Bingen (1098 bis 1179), ein. Das erste Buch ihres medizinischen Hauptwerks, der *Physica,* heißt *Von den Pflanzen*. Hildegard – die als Heilige gilt, obwohl eine formelle Heiligsprechung durch den Vatikan bis heute aussteht –, teilt die Kräuter in „warme" und „kalte" Arten auf und empfiehlt sie zur Heilung von allerlei Krankheiten, Gebrechen und seelischen Befindlichkeiten. Manche ihrer Ratschläge sind heute noch aktuell und wurden von berühmten Ärzten und Naturheilkundlern wie Paracelsus und Sebastian Kneipp bewusst wieder aufgegriffen, andere klingen eher befremdlich. So schreibt sie über die Heidelbeere *(Vaccinium myrtillus)*, deren Wert als Vitamin-C-haltige Frucht und Mittel gegen Durchfall heute unumstritten ist: „Die Frucht aber schadet dem, der sie isst, so dass sie Gicht in ihm hervorruft." Von der Pimpernelle *(Pimpinella saxifraga)*, die sich als Mittel gegen Bronchitis und Erkrankungen der Harnwege bewährt hat, heißt es in der *Physica:* „Zum Gebrauch der Menschen taugt sie nicht viel (...). Aber dennoch habe sie stets an deinen Hals gehängt. Und unterdessen wirst du nicht von Anrufungen der Dämonen, von magischen Worten und nicht von Zauber (...) getäuscht werden können." In Hildegards Werk vermischen sich christliche Visionen und mittelalterlicher Dämonenglaube mit Elementen der Volksmedizin, die heutzutage nicht mehr nachvollziehbar oder zumindest stark interpretationsbedürftig sind. Dennoch ist die charismatische Äbtissin aus dem Rheinland bis in unsere Zeit gegenwärtig wie kaum eine andere Frauengestalt aus dem Mittelalter. Es gibt liebevoll und mit großer Sorgfalt gestaltete „Hildegard-Gärten" – z. B. im oberösterreichischen Kirchberg (s. S. 15) –, in denen die in der *Physica* erwähnten Kräuter angebaut werden, und in vielen Ländern haben sich Gemeinschaften der Hildegard-Freunde der Aufgabe verschrieben, nicht nur das medizinische, sondern auch das spirituelle Vermächtnis Hildegards zu bewahren und an künftige Generationen weiterzugeben.

Mit der Erfindung der Buchdruckerei durch Johannes von Gutenberg wurden die in den Klosterarchiven aufbewahrten Werke der Klassiker, die von den Mönchen im Lauf der Zeit entdeckt, erschlossen, exzerpiert oder abgeschrieben und, sofern es sich um griechische Texte handelte, ins Lateinische sowie später auch ins Deutsche übersetzt worden waren, auch der lesekundigen Öffentlichkeit zugänglich. Die Jahrhunderte lang so gut wie vergessenen Lehren von Dioskurides, Theophrastos, Galenus und anderen Klassikern lebten im Zuge der Rückbesinnung auf die Antike aber nicht nur wieder auf, sondern wurden weitgehend unkritisch übernommen. Dass viele der in den alten Texten enthaltenen Pflanzennamen interpretationsbedürftig waren, kam den meisten Autoren der nun allenthalben erscheinenden Kräuterbücher gar nicht in den Sinn. Die Klassiker hatten ihre Erfahrungen – und ihre Pflanzen – im Mittelmeerraum gesammelt und von den kulturellen und merkantilen Beziehungen nach Nordafrika und in den Orient profitiert. Der Versuch, ihre im mediterranen Florenbereich erworbenen Kenntnisse auf die klimatischen und verbreitungsgeografischen Bedingungen Mittel- und Nordeuropas zu übertragen, erwies sich als Fehlerquelle ersten Ranges. Für kritische Bestimmungen und Interpretationen der klassischen Pflanzennamen war ein botanisches Fachwissen erforderlich, das den meisten Ärzten und Heilern fehlte, weil das wissenschaftliche Studium der Pflanzen, ihrer Morphologie, Inhaltsstoffe und natürlichen Verwandtschaftsverhältnisse noch in den Kinderschuhen steckte. Jahrhunderte lang hatten sich die Heilkundigen und Gelehrten von wenigen Ausnahmen, wie dem genialen Albertus Magnus (1193–1280) abgesehen, fast nur für die *Wirkung* der Kräuter interessiert und botanische Grundlagenforschung, die keinen unmittelbaren Nutzen versprach, vernachlässigt, ja man kann davon ausgehen, dass die Dominanz

Johannes von Gutenberg (1400–1468). Mit der Erfindung der Druckkunst begann die große Zeit der illustrierten Kräuterbücher.

Johann Wolfgang von Goethe (1749–1832). Der große Dichter und Denker verfasste auch umfangreiche botanische Abhandlungen.

der Heilkunde die Entwicklung der modernen Botanik lange Zeit behinderte oder sogar blockierte. Johann Wolfgang von Goethe schreibt in einer seiner botanischen Studien: „Rousseau sagt, es sei das Unglück der Botanik gewesen, mit der Medizin in Verhältnis gesetzt zu sein. Man kann ihm eine solche Äußerung wohl verzeihen, wenn man bedenkt, daß noch zu seiner Zeit der Botanik, ein abgesondertes Wissen sein zu können, streitig gemacht wurde, daß der teleologisch Gesinnte das Unkraut nicht als Pflanze wollte gelten lassen und daß der hilfsbedürftige Mensch mehr auf Rettung als auf Belehrung gestellt ist." Diese, naturwissenschaftlich gesehen unbefriedigende Situation änderte sich nur sehr langsam. Ernst F. H. Meyer beschreibt den Prozess in seiner „Geschichte der Botanik" (1854–1857) folgendermaßen: „So sagte sich die Pflanzenkunde (...) nicht auf einmal los vom lang gewohnten Dienst der Heilmittellehre, indess lockerten sich die Fesseln allmählich, eine Pflanze, die man bei den Alten nicht angegeben fand, und der man keine Heilkräfte zuzuschreiben wusste, blieb darum nicht mehr wie sonst unbeachtet, und die Menge solcher Pflanzen mehrte sich von Jahr zu Jahr."

Ein großer Name in der Geschichte der Heilkunst ist Aureolus Philippus Theophrastus Bombastus von Hohenheim, genannt Paracelsus (1493–1541). Sein umfangreiches Werk enthält neben wissenschaftlichen Erkenntnissen, die für seine Zeit revolutionär waren, auch sarkastische Pamphlete gegen Kollegen und Konkurrenten aus der medizinischen Zunft. Er warf ihnen – so in einem 1527 in Basel erschienenen Flugblatt – vor, zum Schaden der Kranken „allzu sklavisch am Worte des Hippokrates, Galenos und Avicenna u. a. geklebt zu haben" (zit. nach Löther & Wollgast). Paracelsus, den seine Anhänger glühend verehrten, starb verarmt in Salzburg, doch seine medizinischen und chemi-

Der „Fuchs-Garten" im bayerischen Bad Wörishofen erinnert an den berühmten Professor Leonhart Fuchs, Autor des New Kreüterbuch *aus dem Jahr 1543.*

schen Kenntnisse, seine Schriften und seine schillernde Biografie haben ihre Faszination bis heute nicht verloren. Die Heilkräuterkunde verdankt ihm die sogenannte Signaturenlehre, deren merkwürdige Symbolik, obwohl von der Naturwissenschaft längst ins Reich der Fantasie verwiesen, auch heute noch in allen Kräuterbüchern zitiert wird und auf keiner Kräuterwanderung unerwähnt bleibt. Die Signaturenlehre, deren Anfänge bis in die ägyptische Antike zurückreichen, schließt aus Form, Farbe und Struktur einer Pflanze oder bestimmter Pflanzenteile auf deren medizinisch-therapeutischen Wert. Die punktierten Blätter des Johanniskrauts *(Hypericum perforatum)*, die aussehen wie von feinen Nadeln durchstochen, lehren uns demnach, dass es gegen Stichwunden hilft. Das Milzkraut *(Chrysosplenium)* hat milzförmige, das Leberblümchen *(Hepatica nobilis)* leberlappenförmige Blätter, die Walnuss *(Juglans regia)* gehirnartige Windungen, und alle zeigen uns damit angeblich an, wie und wo sie uns helfen können. Gelbblühende Pflanzen wie der Löwenzahn *(Taraxacum officinalis)* werden zur Therapie von Galle- und Leberleiden eingesetzt, was aufgrund der in ihnen enthaltenen Bitterstoffe auch plausibel ist. Die gelegentliche Übereinstimmung von „Signatur“ und Wirkung mag daran liegen, dass die Anhänger der Lehre altbekannte Heilpflanzen auf „Signaturen“ hin untersuchten und diese dann natürlich auch fanden – sie standen ja durch die eigene Theorie unter einer Art Erfolgszwang. So war z. B. das Lungenkraut *(Pulmonaria officinalis)*, dessen Blattoberfläche an die Lunge mit ihren Bläschen erinnern soll, schon lange vor dem Entstehen der Lehre als Mittel gegen Lungenleiden bekannt. Nach Paracelsus wurde die Signaturenlehre von dem italienischen Naturforscher Giambattista Porta (um 1538 bis 1615) in seinem Werk *Physiognomica* aufgegriffen und weiterentwickelt.

Paracelsus, der berühmteste Arzt des Mittelalters, redete auch einer astrologischen Heilpflanzenkunde das Wort. Er sah in den Pflanzen beseelte Wesen, deren Eigenschaften vom Lauf der Gestirne bestimmt waren. Dieser Lehre wurde und wird bis in die Gegenwart hinein von Okkultisten und Esoterikern geradezu hymnisch gehuldigt.

Porträt von Paracelsus aus seinem Buch Astronomica et Astrologica *(1567).*

Fünf bedeutende botanische Autoren der frühen Neuzeit waren nur unwesentlich jünger als Paracelsus: Otto Brunfels (um 1500–1534), Hieronymus Bock (1498–1554), Leonhart Fuchs (1501–1566), Konrad Gesner (1516–1565) und Adamus Lonicerus (1528–1586), und wie Paracelsus waren auch sie allesamt als Ärzte tätig. Brunfels publizierte 1530 sein Werk *Herbarum vivae eicones*, das weniger seines noch immer stark an Dioskurides orientierten Textes als vielmehr seiner hervorragenden Abbildungen wegen als Meilenstein in der Geschichte der künstlerischen Pflanzendarstellung gilt – kein Wunder, wenn man berücksichtigt, dass der Illustrator, Hans Weiditz, ein Schüler Albrecht Dürers war. Die allmähliche Emanzipation von den klassischen Vorbildern zeigt sich in Hieronymus Bocks *New Kreutterbuch* (1539), das der Beschreibung der Pflanzenstandorte breiten Raum widmet und dessen sehr persönliche sprachliche Gestaltung von hervorragender Beobachtungsgabe zeugt, sowie im *New Kreüterbuch* (1543) des aus Wemding bei Donauwörth stammenden Professors Leonhart Fuchs.

Oben links: Der Echte Alant (Inula helenium), *Illustration aus dem Tafelwerk* A Curious Herbal (1737 bis 1739) *von Elisabeth Blackwell.*

Oben rechts: Carl von Linné. Der schwedische Naturforscher gilt als Begründer der modernen naturwissenschaftlichen Systematik.

In diesem Werk sind auf sorgfältig gearbeiteten Holzschnitten der Künstler Heinrich Füllmaurer, Albert Meyer und Veit Rudolf Speckle 500 Pflanzenarten dargestellt. Die Texte enden stets mit einem Absatz über „Die krafft und würckung“ der jeweiligen Pflanze.

Konrad Gesner aus Zürich, der Sohn eines Kürschners, studierte in Frankreich und in Basel und und wurde schließlich Stadtarzt und Professor der Philosophie in seiner Heimatstadt. Die Veröffentlichung seines umfangreichen botanischen Hauptwerks mit detailgenauen, großenteils von ihm selbst gefertigten Pflanzenbildern erlebte der universal gebildete und schon zu Lebzeiten weit bekannte Gelehrte nicht mehr; es erschien erst zweihundert Jahre nach seinem Tod. Mehr Glück und rascher Erfolg waren dagegen dem *Kreuterbuch* des Marburger Gelehrten Adamus Lonicerus beschieden. Erstmals veröffentlicht im Jahr 1551, erlebte es bis zum Tode seines Autors sechs Auflagen. Teils unverändert, teils von späteren Autoren korrigiert und ergänzt, wurde „der Lonicerus“ bis ins 18. Jahrhundert hinein in immer wieder neuen Auflagen angeboten und sollte für Generationen von Studenten das wichtigste botanische Lehrbuch bleiben.

Auch in anderen europäischen Ländern entstanden zwischen 1550 und 1800 bedeutende Tafelwerke, darunter 1737–1739 das zweibändige *A Curious Herbal* der englischen Pflanzenmalerin Elisabeth Blackwell mit 500 in Kupfer gestochenen und kolorierten Tafeln, die ausnahmslos Heilpflanzen darstellen. Die von dem Künstler Nicolaus Friedrich Eisenberger überarbeitete und ergänzte deutsche Fassung, die bereits die Systematik Linnés berücksichtigte, gehört zu den schönsten Pflanzenbüchern jener Zeit.

Der schwedische Naturforscher Carl von Linné (1707–1778), der in seinem bahnbrechenden Werk das Ziel verfolgte, jedem Lebewesen einen an der natürlichen Verwandtschaft orientierten Gattungs- und Artnamen zu geben, stellte das für die wachsenden Ansprüche an die

Seriosität der Pflanzenbenennung geeignete Handwerkszeug bereit. Neue, objektive Bestimmungskriterien – wie etwa der Feinbau der Blüten und Früchte – ließen die Mängel der älteren Beschreibungen deutlicher zu Tage treten als zuvor.

Obwohl sich die einerseits humanistisch gebildeten, nun aber auch mit Linnés Systematik vertrauten Naturwissenschaftler des 18. und 19. Jahrhunderts sehr intensiv – und nicht selten auch sehr kontrovers – mit der Interpretation der klassischen Texte und Beschreibungen befassten, sind noch längst nicht alle botanischen Rätsel gelöst, die uns die alten Autoren hinterlassen haben. Immer wieder eröffnen neue Untersuchungsmethoden neue Perspektiven. So hatte z. B. lange Zeit mehr oder weniger Einigkeit darüber bestanden, dass sich hinter der Pflanze „Moly" aus der *Odyssee*, die in der klassischen Literatur immer wieder als Zauberpflanze auftaucht, eine Lauchart verbirgt, vermutlich der Schwarze Lauch *(Allium nigrum)*. Doch dann stellten A. Plaitakis und R. C. Duvoisin aufgrund von Inhaltsstoffanalysen die These auf, es müsse sich bei Moly um das Schneeglöckchen *(Galanthus nivalis)* gehandelt haben. In Kirkes Zaubertrank, der den Gefährten die Sinne vernebelte und gegen den Hermes Odysseus mit Moly immunisierte, vermuten sie einen Extrakt aus Engelstrompeten *(Datura stramonium)*. Dass das aus Schneeglöckchen gewonnene Galanthamin heute in der Therapie von Alzheimerpatienten Verwendung findet, schließt den Kreis.

Die Homöopathie

Der Begriff Homöopathie leitet sich aus dem Griechischen ab und bedeutet soviel wie „mit Ähnlichem heilen", während die Schulmedizin als „allopathische" Lehre „mit Anderem" heilt. Hierin liegt bereits ein Kernsatz jener auf der Kräuterkunde basierenden medizinischen Schule, die der aus dem sächsischen Meißen gebürtige Arzt Samuel Hahnemann (1755–1843) in seiner Praxis entwickelte und 1810 in seinem umfangreichen Werk *Organon der rationellen Heilkunde* erläuterte. Sie stellte die Schulmedizin in mancherlei Hinsicht auf den Kopf. Ausgehend von der Prämisse, dass ein Mittel, welches bestimmte Krankheiten auslöst, in geringerer Dosis auch zu deren Heilung geeignet ist, probierte Hahnemann Hunderte von Pflanzen im Selbstversuch und an freiwilligen Testpersonen aus. Die nach genauen Regeln verdünnten („potenzierten") Inhaltsstoffe helfen auch bei psychischen Problemen, die in der ganzheitlichen Sicht des Homöopathen eng mit körperlichen Symptomen verbunden sind. Samuel Hahnemann, ein polyglotter Mann, der u. a. auch in England und Frankreich arbeitete, war ohne Zweifel ein großer, kreativer Denker, der seiner Zeit in vielerlei Hinsicht weit voraus war. Obwohl es bis heute nicht gelungen ist, mit den Methoden der Naturwissenschaft die Wirkungsweise der potenzierten Pflanzenextrakte nachzuvollziehen, werden homöopathische Mittel inzwischen auch von vielen Schulmedizinern therapiebegleitend eingesetzt. Hahnemanns Nachfolger haben zahllose weitere Pflanzen und Naturprodukte nach den Vorschriften des Gründers geprüft und damit dessen Lehre kontinuierlich fortentwickelt.

Samuel Hahnemann, der Begründer der Homöopathie.

Kräuterpfarrer, „berufene“ Heilerinnen und der „staunende Arzt“

Unter dem Einfluss der Lehren Linnés beschleunigte sich im 19. Jahrhundert einerseits die Emanzipation der Botanik von der Heilkunde, als deren Anhängsel sie viel zu lange eine Kümmerexistenz geführt hatte. Andererseits verlor die alte Kräuterheilkunde mit den Fortschritten in der Chemie und der Pharmazeutik allmählich auch ihre beherrschende Position innerhalb der medizinischen Wissenschaften. Dennoch – oder gerade deswegen – gab es im 19. und 20. Jahrhundert intensive Bestrebungen, die Kenntnisse der Alten und die über Jahrhunderte praktizierten und erprobten Verfahren der Kräutermedizin nicht in Vergessenheit geraten zu lassen.

Der Kneipp-Brunnen in Bad Wörishofen.

Ein großer Bewahrer und Neuerer gleichermaßen war der bekannte „Kräuterpfarrer“ Sebastian Kneipp (1821–1897), der nicht nur das Wassertreten zur Volksbewegung machte, sondern mit Beharrlichkeit, Wissen und Charisma eine regelrechte Weltanschauung formulierte. Wie viele andere Naturheilkundler war Kneipp Autodidakt, d. h., er hatte nicht Medizin studiert, sondern sich seine enormen Kenntnisse in Eigeninitative erarbeitet, durch seine hervorragende Beobachtungsgabe ergänzt und viele seiner Anwendungen auch im Selbstversuch getestet. Kneipp propagierte – hierin an Paracelsus anknüpfend – das naturnahe Leben und eine Rückbesinnung auf die Heilkräfte der Natur, insbesondere des frischen Wassers und der Pflanzen. Neben den berühmten Wassergüssen sind nach wie vor seine Heilbäder mit Kräuteressenzen sehr beliebt.

Pfarrer Kneipp hatte viele Anhänger und Nachfolger, die wie er vom Glauben inspiriert waren und seinen für heutige Ohren autoritär klingenden Stil nachahmten. Die einfache Sprache vieler erfolgreicher Kräuterbücher richtet sich an ein gottesfürchtiges Publikum, das nicht gewohnt ist, Respektspersonen in Frage zu stellen. Pfarrer Kneipps Epigonen übernahmen schon früher den erfolgversprechenden autoritären Ton: „Gegen Zahnfleischbluten sollst Du getrocknete Kalmuswurzeln kauen“, doziert Kräuterpfarrer Hermann Wagner (1907–2003) in seinem Büchlein mit dem Kneippschen Titel *Gegen jede Krankheit ist ein Kraut gewachsen*. Der Leser wird vertraulich geduzt und zum Beten, Kräutleinpflücken und einer gleichermaßen naturnahen wie gottgefälligen Lebensweise abkommandiert. Johann Künzle (1857–1945) dagegen, nach Kneipp einer der bekanntesten Vertreter der volkstümlichen, im Glauben wurzelnden Kräuterheilkunde, brachte es zum weit über die Grenzen seines Heimatlands hinaus

bekannten Bestsellerautor. Von seinem „Heilkräuterbüchlein“ mit dem Titel *Chrut und Uchrut* („Kraut und Unkraut“) wurden nach Verlagsangaben weltweit mehr als eine Million Exemplare verkauft. Der kurzweilig geschriebene Text verbindet fröhliches Gotteslob und Kräuterrezepte mit Werbung für Tees, Elixiere und Einreibemittel der *Kräuterpfarrer Künzle* AG. Wie Kneipp soll im Übrigen auch Künzle manche Hilfesuchenden vor der Behandlung erst zum Beichten geschickt haben.

Bekenntnisbedingt keine Pfarrerin, gleichwohl nach eigenem Bekunden von der Gottesmutter inspiriert, war die Österreicherin Maria Treben (1907–1991), deren Broschüre *Gesundheit aus der Apotheke Gottes* in viele Sprachen übersetzt wurde und, wie Künzles *Chrut und Uchrut,* eine Millionenauflage erreichte. Sie empfiehlt Kräutertees und -anwendungen gegen praktisch jedes Leiden und Gebrechen, darunter auch schwere Krebserkrankungen in Stadien, in denen die Schulmedizin nicht mehr helfen kann. Herkömmliche Ärzte, bzw. deren fachliche Qualifikation und Sozialprestige, werden in ihren (und ähnlichen) Publikationen vor allem dann akzeptiert, wenn sie zu ihrer eigenen grenzenlosen Verblüffung eine sensationelle Kräuterheilung zur Kenntnis nehmen müssen: „... wobei der Professor, eine Kapazität auf diesem Gebiet, von dem **Tumor nichts mehr feststellen konnte**.“ [Hervorhebung im Original]. Oder: „Ihr Hausarzt, der den Bericht des Krankenhauses bekam, hatte so etwas noch nicht erlebt.“ Der „staunende Arzt“ ist geradezu ein Markenzeichen des gesamten Genres. Trebens Kritiker bemängeln u. a., dass sie z. T. hohe Dosierungen empfiehlt, ohne auf mögliche Nebenwirkungen hinzuweisen.

Es gibt also eine Grauzone zwischen der herkömmlichen Kräuterheilkunde, deren Wirksamkeit durch wissenschaftliche Inhaltsstoffanalysen vielfach bestätigt wurde, der Homöopathie, deren Erfolge sichtbar, aber nur schwer messbar sind, und einer religiös-esoterischen Heilerszene, die Krankheiten im Auftrag oder mithilfe überirdischer oder übersinnlicher Partner behandelt und sich dabei – unter anderem – eben auch der Kräuter bedient. Wer von überlasteten Ärzten, die das Zuhören verlernt haben, unwirsch abgefertigt, als Hypochonder verunglimpft, nachweislich falsch behandelt oder schon als unheilbar aufgegeben wurde, ist für derartige Alternativen naturgemäß empfänglich, zumal der Glaube bekanntlich Berge versetzt und es in Einzelfällen durchaus Genesungsprozesse gibt, die die medizinische Wissenschaft allen technischen und biologischen Fortschritts zum Trotz nicht erklären kann. Dies sind jedoch seltene Ausnahmen.

Dr. Bachs Blüten

Um eine besondere Variante der Pflanzenheilkunde handelt es sich bei der sogenannten Bachblütentherapie, die von dem Engländer Dr. Edward Bach (1886–1936) entwickelt wurde. Für Bach, der weder Pfarrer noch medizinischer Laie war, sondern ausgebildeter Arzt und Homöopath, sind Krankheiten und Leiden Ausdruck eines seelischen Ungleichgewichts, das sich durch oberflächliches Herumkurieren an den Symptomen nicht zufriedenstellend behandeln lässt, sondern die Berücksichtigung der gesamten psychosomatischen Befindlichkeit des Patienten erfordert. Aus den Energien von

Sebastian Kneipp. Die Pflanzenheilkunde ist einer der fünf Grundpfeiler seiner ganzheitlichen Therapie.

Oben links: Zwischen der Kräuterheilkunde, der Homöopathie und der religiös-esoterischen Heilerszene existiert eine Grauzone.

Das Drüsige Springkaut (Impatiens glandulifera) *hat sich in jüngster Zeit stark ausgebreitet. Es spielt eine Rolle in der Bach-Blütentherapie.*

wildwachsenden Blumen, die der jeweiligen seelischen Verfassung des Patienten zugeordnet werden, erwachsen heilsame Kräfte. Bach teilt die Disharmonien zwischen der Persönlichkeit eines Menschen und seinem „höheren Selbst" in sieben Grundkategorien ein: *Angst, Unsicherheit, Ungenügendes Interesse an der Gegenwartssituation, Einsamkeit, Überempfindlichkeit gegenüber Einflüssen und Ideen, Mutlosigkeit und Verzweiflung* sowie *Übergroße Sorge um das Wohl anderer.* Für nervöse, hektische und daher mehr als andere von Unfällen bedrohte Menschen empfiehlt er z. B. eine Blütenessenz vom Drüsigen Springkraut *(Impatiens glandulifera).* Fallstudien, mit denen er die Wirkung seiner Blütentherapie illustriert, erinnern an Heilungsberichte, wie wir sie zeitgleich oder später bei den Kräuterpfarrern und Maria Treben finden. Auch der legitimierenden Figur des „staunenden Arztes" begegnen wir hier bereits: „Als sie zur zweiten Untersuchung in das Krankenhaus zurückkehrte, war der Arzt überrascht, daß er von der Wunde kaum mehr eine Spur finden konnte", heißt es im Fallbeispiel zu *Impatiens.* Inzwischen gibt es außer den 38 von Bach entdeckten und sanktionierten Blütenessenzen eine Reihe weiterer, deren Entdecker oder Erfinder sich auf Bach berufen, ohne dass dieser dazu noch hätte Stellung nehmen können.

Edward Bach muss, was immer man von ihm und seiner Lehre im Einzelnen halten mag, ein beeindruckender, überaus sensibler Mensch gewesen sein. Er konnte seine Patienten schon von ihrer äußeren Erscheinung her bestimmten Gemütszuständen zuordnen, und es wird von zahlreichen Heilungen allein durch seine Gegenwart oder Berührung berichtet. Wenn man seinen Biografen und Anhängern Glauben schenken kann, verfügte er sogar über seherische Fähigkeiten.

Der Dualismus zwischen alternativer Heilkunde und akademischer Medizin dauert bis heute an, doch gibt es auch ermutigende Ansätze dafür, dass die Gräben zwischen beiden Lagern zum Nutzen von „Endverbraucher Patient" vielleicht doch eines Tages überbrückt werden können. Längst nicht mehr alle Ärzte sehen im Homöopathen oder im Heilpraktiker von nebenan nur den unliebsamen Konkurrenten und Scharlatan, der ihnen mit unseriösen Versprechungen zahlungskräftige Patienten abspenstig macht. Manche haben ihr Medizinstudium durch eine Heilpraktikerausbildung ergänzt und versuchen, die „Chemie- und Gerätemedizin" mit alternativen Therapien zu verbinden oder zu ergänzen. Ein weiterer wichtiger Impuls resultiert aus dem wachsenden Einfluss ganzheitlich orientierter asiatischer Heilmethoden, insbesondere der Traditionellen Chinesischen Medizin. Andererseits wird kein seriöser Naturheilkundler, dem religiöses Sendungsbewusstsein und okkultistischer Fanatismus fremd sind, die Schulmedizin so radikal ablehnen, dass er Menschen, die sich ihm Hilfe suchend anvertrauen, davon abhält, im Ernstfall den Facharzt aufzusuchen.

Die Kräuterheilkunde in außereuropäischen Kulturen

In China nimmt die Kräuterheilkunde im Rahmen der Traditionellen Chinesischen Medizin (TCM) seit jeher einen höheren Stellenwert ein als in Europa und kann auf eine entsprechend reichere Tradition zurückblicken. Ihre Ursprünge werden auf den sagenhaften Kaiser Shennong (um 2900 v. Chr.) zurückgeführt, der die Wirkung vieler Kräuter im Selbstversuch ausprobiert haben soll. Auf ihn berufen sich auch frühe chinesische Kräuterbücher aus der Zeit der Qin- und der Han-Dynastie (255 v. Chr. bis 220 n. Chr.). Während der Ming-Dynastie entstand zu Beginn des 16. Jahrhunderts in China ein von Kaiser Xiao Zong in Auftrag gegebener, opulent bebilderter Kodex über die Heilpflanzenkunde *(Ben Cao)*, der das gesammelte Wissen der damaligen Zeit zusammenfasst. Einen Einblick in das erstaunliche Kompendium bietet eine von dem italienischen Sinologen Edoardo Fazzioli edierte und kommentierte Auswahl mit 36 Farbtafeln, die 1989 auch in deutscher Sprache erschien und nicht nur eine Fundgrube für Botaniker, Pharmakologen und Kulturhistoriker ist, sondern auch als Meisterwerk der chinesischen Buchkunst gilt. Die Zahl der Kräuter, die in der TCM Verwendung finden, geht in die Tausende (einige Beispiele für ihre Nutzung sind im vorliegenden Buch erwähnt). Auch das Heilen mit Pilzen ist in China und anderen ostasiatischen Ländern weit verbreitet; manche Arten wie der *Rei-shi* (Glänzender Lackporling, *Ganoderma lucidum*) werden inzwischen sogar nach Europa exportiert.

Auch im Nahen Osten gibt es eine lange botanische und naturheilkundliche Tradition. Arabische Gelehrte in Spanien und anderswo übersetzten im Mittelalter die Werke der griechischen Klassiker und ergänzten sie mit Informationen aus anderen Regionen der Welt wie beispielsweise Indien, wo sich schon vor Jahrtausenden die sogenannte ayurvedische Heilkunst entwickelt hatte, die auch heute noch weit verbreitet ist. Europa verdankt den Arabern die erste Bekanntschaft mit zahllosen Gewürz- und Heilpflanzen des asiatischen Raums. Unter den zahlreichen Schriften sei an dieser Stelle nur *Das Handbuch der pflanzlichen Heilmittel nach Rezepten von Ibn Sina* erwähnt. Ibn Sina (980–1037) stammte aus Buchara im heutigen Usbekistan. Der Universalgelehrte, der in Europa unter dem Namen

Abwiegen von Heilkräutern in einer chinesischen Apotheke.

Die Auswahl an Heilkräutern in den Apotheken Chinas ist beeindruckend.

Avicenna bekannt wurde, gehört zu den weltweit bedeutendsten und anerkanntesten Ärzten und Naturforschern des Mittelalters.

Die beiden noch jungen Forschungsdisziplinen Ethnobotanik und Ethnomedizin befassen sich auch mit den alten Traditionen der Pflanzenheilkunde bei den nord-, mittel- und südamerikanischen Indianern, den Völkern Sibiriens und Afrikas und bei den Ureinwohnern des fünften Kontinents. Es existieren detaillierte Beschreibungen über die erstaunlichen naturmedizinischen Kenntnisse der Indianer, und australische Forscher fanden heraus, dass die Aborigines mindestens dreißig Arten der Baumgattung *Acacia* zu medizinischen Zwecken nutzen. Je nach Befund werden Blätter, Rinde, Zweige oder Knospen in unterschiedlichen Darreichungsformen (äußerlich, als wässerige Auszüge, durch Inhalieren von Dämpfen etc.) verwendet. Holzbewohnende Porlinge aus der Gattung *Phellinus* (Feuerschwämme) werden z. B. gegen Erkältungskrankheiten eingesetzt. Gegen blutende Wunden und Schwellungen kommen Erbsenstreulinge *(Pisolithus tinctorius)*, eine auch in Europa vorkommenden Pilzart aus der Verwandtschaft der Boviste, zum Einsatz.

Ähnliches wird aus Afrika berichtet. Ein traditioneller Heiler in der südafrikanischen Provinz Natal muss fünf Jahre lang bei einem *Inyanga*-Meister in die Schule gehen, um die Heilpflanzen des Landes kennen und anwenden zu lernen. In vielen Fällen konnten inzwischen auch hier durch Laboranalysen die heilkräftigen Komponenten der Pflanzeninhaltsstoffe identifiziert werden. Heilkräuter sind in Südafrika derart gefragt, dass viele Arten in der Natur selten geworden oder sogar schon vom Aussterben bedroht sind; inzwischen wurde begonnen, sie in Plantagen anzubauen. Auch in anderen Teilen Afrikas stehen traditionelle Heiler, die die Kräutermedizin oft mit magischen Riten wie Geister- und Ahnenbeschwörungen verbinden, hoch im Kurs, besonders dort, wo

Unten links: Ibn Sina (Avicenna) unterhält sich mit Apothekern.

Unten rechts: Der Stand eines Medizinmannes in Afrika hält für fast jedes Leiden ein Mittel bereit.

Heilpflanzenanbau auf Kuba.

die moderne Medizin nicht verfügbar, nicht bezahlbar oder schlichtweg ratlos ist.

In jüngerer Zeit wirkt sich auch die weltweite ökologische Krise auf die Forschung aus und führt zu ungewöhnlichen Allianzen. Weil es viele Pflanzen gibt, die durch die Zerstörung ihrer Lebensräume und die Klimaveränderung vom Aussterben bedroht sind, ehe wir sie überhaupt kennen gelernt, geschweige denn ihre Inhaltsstoffe auf mögliche therapeutische Wirkungen hin analysiert haben, schicken Pharmakonzerne Botaniker und Umweltexperten in die entlegensten Weltregionen und fördern, sicher nicht nur aus reiner Menschenliebe, sondern auch aus handfesten Eigeninteressen, Naturschutzprojekte zur Erhaltung der genetischen Vielfalt der tropischen Regenwälder.

Auch in Europa wächst in einer Zeit, in der die herkömmlichen Gesundheitssysteme unter der Last der ständig steigenden Kosten zusammenzubrechen drohen, das Interesse an der Phytotherapie und an den Erkenntnissen der Erfahrungsmedizin. In einer kaum noch überschaubaren Fülle bieten Vereinigungen wie die *Gesellschaft für Arzneimittelforschung*, das französische *Institut technique interprofessionnel des plantes médicinales, aromatiques et industrielles (iteipmai)* oder der Förderverein *Artemisia e. V.*, Pharma- und Kosmetikfirmen, Apothekerverbände, Krankenkassen, Verbände der Anbauer und spezialisierte Gärtnereien Informationen über Heil- und Gewürzpflanzen, deren Zucht und Verwendung an. In Kräuter-, Natur- und Museumsgärten gedeihen die traditionellen, z. T. schon in Vergessenheit geratenen Arzneipflanzen, auf Kongressen, Symposien und Fortbildungsveranstaltungen werden ständig neue Forschungsergebnisse präsentiert. Die Grundlage für jeden, der sich für die Kräuter und ihre vielfältigen Anwendungsmöglichkeiten interessiert, ist jedoch ein solides Basiswissen über die Artenvielfalt vor der Haustür, im Park, in der näheren und weiteren Umgebung des Wohnorts oder auch im eigenen Garten – und dazu möchte das vorliegende Buch einen Beitrag leisten.

Sammelhinweise:

Die sechs Ws: Wo? – Was? – Wann? – Wie? – Wieviel ? – Wofür?

Die Beantwortung der sechs Ws zum Sammeln von Kräutern für die Küche, zur Teebereitung, für Umschläge, Bäder usw. steht am Anfang eines praxisnahen Kräuterbuchs.

Wo kann man Kräuter sammeln?

Kräuter sammelt man verständlicherweise nur an Stellen, die nicht verunreinigt sind. Besonders günstig sind Waldränder, extensiv genutzte Wiesen – z. B. Wald- oder Almwiesen –, trokkene Standorte wie Kiesgruben und vor allem der eigene Garten. In Naturschutzgebieten müssen die dort geltenden Bestimmungen beachtet werden. Hilfreich ist es auch, wenn man sich im Laufe des Jahres die Stellen aufschreibt, wo die gewünschten Kräuter vorkommen, sodass man sie dort zum richtigen Zeitpunkt immer wieder sammeln kann.

Was kann man sammeln?

Wie beim Pilzesuchen gilt, dass nur Kräuter gesammelt werden dürfen, die man sicher kennt. Viele Pflanzen haben Doppelgänger, die ungenießbar oder sogar giftig sind. Andere, wie die Orchideen, sind geschützt und damit tabu.

Ein Bestimmungs- und Kräuterbuch hilft nur dann, wenn man Bilder und Texte sorgfältig studiert – der einfache Vergleich von Foto bzw. Zeichnung und dem zu bestimmenden Gewächs genügt nicht! „Angelesenes“ Wissen vertieft man am besten bei geführten Kräuterwanderungen; sie bringen neue Informationen und geben Sicherheit für eigene Sammelausflüge in die Natur.

Gesammelt werden nur Pflanzen und Pflanzenteile, die weder von Krankheiten befallen noch von Insekten beschädigt sind.

Oben: Geschützte Pflanzen wie das Mannsknabenkraut (Orchis mascula) *und andere Orchideen sind für den Kräutersammler tabu.*

Rechts: Auf ungedüngten Bergwiesen – wie hier in den Dolomiten – haben viele Heilkräuter ein Refugium gefunden, die in landwirtschaftlich intensiv genutzten Gebieten längst ausgestorben sind.

Oben links: Scharbockskraut (Ranunculus ficaria) *mit Brutknöllchen.*

Oben rechts: Kräutertrocknung.

Wann sammelt man am besten?

Im Vorfrühling und im Frühling, wenn die jungen zarten Blättchen und Nadeln sprießen, ist die beste Zeit zum Sammeln für Salat, Suppe, Kräuterbutter, Tee (z. B. Löwenzahn, Gänseblümchen, Giersch, Fichtennadeln). Blüten sammelt man im Frühling (z. B. Echte Schlüsselblume, Wohlriechendes Veilchen) und Sommer (Johanniskraut, Ringelblume), wenn sie frisch und voll aufgeblüht sind. Die Rinde (Birke, Weide) und den Saft (z. B. für Ahorn-Sirup) gewinnt man ebenfalls im Frühling, wenn die Säfte steigen. Für Beeren und Wurzeln ist dagegen der Herbst, wenn Wirkstoffe und Kraft wieder in die Wurzeln zurückgeflossen sind, die günstigste Sammelzeit. Die Wurzeln von zweijährigen Pflanzen erntet man am Ende der Vegetationszeit, die von mehrjährigen im Herbst oder Frühjahr ab dem zweiten Jahr. Zum Sammeln sollte man sich unbedingt einen schönen Tag wählen, damit die Pflanzen nicht durch die hohe Luftfeuchtigkeit raschem Verschimmeln preisgegeben werden. Die Sammelzeit kann je nach Region, geografischer Höhenlage und Klima bis zu mehr oder weniger einem Monat variieren.

Keine Regel ohne Ausnahmen: Das von März bis Mai an schattigen Stellen in vielen Gärten sowie an humosen, feuchten Waldrändern leuchtend gelb blühende Scharbockskraut *(Ficaria verna)* ist ein gutes Beispiel dafür, wie sehr es darauf ankommt, die Sammelzeiten zu beachten: Die pikant-scharf schmeckenden keulenförmigen, hellbraunen Brutknöllchen erntet man erst nach der Blüte im Mai, Juni. Die vor der Blüte zu pflückenden jungen Blätter und Knospen schmecken angenehm mild und würzig und sind sehr reich an Vitamin C (früher wurde das „Skorbut-Kraut" gezielt gegen Vitamin-C-Mangel eingesetzt). Während und nach der Blüte sammelt sich dagegen Protoanemonin an, das scharf schmeckt und für den Menschen giftig ist. Das Scharbockskraut gehört zur Familie der Hahnenfußgewächse, in der es viele Giftpflanzen, darunter den hochtoxischen Eisenhut *(Aconitum),* gibt.

Wie sammelt man?

In der Literatur wird immer wieder empfohlen, die Kräuter in einen Korb zu sammeln. Noch besser geeignet sind aber Leinensäckchen bzw. Plastikbeutel. Im offenen Korb vertrocknen die

Eine Kräuterspirale mit Gewürz- und Heilkräutern sollte nicht allzu weit von der Küchentür angelegt werden.

Unter **„Drogen“** versteht man in der Pflanzenheilkunde gebrauchsfertig zubereitete Pflanzen oder Pflanzenteile (wie getrocknete Blätter, Blüten oder Wurzeln) bzw. aus ihnen gewonnene Wirkstoffe (wie ätherische Öle oder Fette).

Kräuter an warmen Frühlingstagen oder im heißen Auto sehr rasch, schauen dann bald unappetitlich aus und landen schließlich auf dem Kompost – schade um die Mühe, schade um den Genuss ... Sinnvoll ist es, für jede Art einen eigenen Beutel zu verwenden. Das erleichtert zuhause das Sortieren, Säubern und die Endkontrolle, bei der noch einmal ganz genau überprüft werden muss, ob nichts Ungenießbares oder gar Giftiges dabei ist. Vor allem, wenn Kinder beim Sammeln mitgeholfen haben, ist diese letzte Inspektion unbedingt erforderlich; allerdings sind auch Erwachsene nicht unfehlbar.

Wieviel darf man sammeln?

Eine Faustregel besagt, dass man nicht mehr Kräuter ernten soll, als man tatsächlich verarbeiten kann. Bei Tee-Kräutern soll man nicht über den Jahresbedarf für sich und die Familie hinausgehen, da die Wirkstoffe bei den getrockneten Pflanzen im Laufe der Zeit abnehmen. Von manchen Arten dürfen nur die oberirdischen Teile gesammelt werden. Das Ausgraben der Wurzeln ist in vielen Fällen verboten oder reglementiert, z. B. bei Enzianen *(Gentiana)*.

Wofür sammelt man?

Ein altes Sprichwort sagt: „Liebe geht durch den Magen“. Kräuter, Gräser, Blüten, Wurzeln, Beeren und Rinden wurden schon von unseren Urahnen gesammelt und waren ein wichtiger Bestandteil der Ernährung.

Die Verwendung reicht von leckeren Frühlingssalaten und Suppen über Kräuterbutter und Spinat bis hin zu Aufläufen und Pizzen. Würzkräuter und Kräutersalze verfeinern Fleisch-, Fisch-, Eier-, Käse- und Nudelgerichte. Die geschmacklichen Nuancen reichen von mild (Gänseblümchen, *Bellis perennis*) bis zu sauer (Sauerampfer, *Rumex acetosa*), von scharf (Schaumkraut, *Cardamine*) bis zu leicht bitter (Löwenzahn, *Taraxacum*), von aromatisch (Gundermann, *Glechoma hederacea*) bis zu harzig-zitronig (Fichtennadelspitzen, *Picea abies*).

Die heilkräftige Wirkung diverser Pflanzendrogen ist seit alters her überliefert. Bedenken Sie aber, dass auch die Einnahme pflanzlicher Heilmittel mit Nebenwirkungen verbunden sein kann. So darf der gleiche Tee nicht über einen längeren Zeitraum getrunken bzw. angewendet werden. Nach vier bis fünf Wochen sollten Sie den Tee oder die Teemischung wechseln. Der so beliebte Pfefferminztee kann z. B. zu Magenreizungen führen. Kamillentee sollte nur als „Heilmittel“ – z. B. bei Entzündungen – getrunken werden, nicht als Genussmittel. Bei über mehrere Tage andauernden Beschwerden kontaktieren Sie unbedingt den Arzt.

Die wirksamen Bestandteile der Heilkräuter sind u. a. ätherische Öle, Alkaloide, Bitterstoffe, Gerbstoffe und herzwirksame Glykoside, die bei falscher Dosierung starke Nebenwirkungen hervorrufen und unter Umständen sogar zum Tod führen können.

Verwendung finden Heilkräuter als Tees, Bäder, Umschläge, Salben oder Tinkturen.

Für eine Frühjahrskur ist eine Trinkkur – z. B. mit Brennnesseltee – sehr zu empfehlen. Eine blutreinigende, entschlackende Wirkung haben auch Giersch *(Aegopodium podagria)*, Zinnkraut *(Equisetum arvense)* und Birkenblätter *(Betula)*.

MAN SAMMELT:

- Nur was man sicher kennt
- Nur so viel, wie man für sich und seine Familie für 1 Jahr benötigt
- Vormittags, wenn der Tau getrocknet ist, oder gegen Abend, nicht in der Mittagshitze
- **Ganze Kräuter:** zu Beginn der Blütezeit; Erntegut wird einige Zentimeter oberhalb des Erdbodens abgeschnitten
- **Blätter:** ganz jung, doch voll entfaltet, vor dem Aufblühen, während der ganzen Vegetationszeit
- **Knospen:** vor dem Aufblühen
- **Blüten und Blütenstände:** vor ihrer vollständigen Entfaltung
- **Blüten und blühende Sprossspitzen:** zu Beginn der Blütezeit, bevor sich die Samen entwickeln
- **Früchte, Samen:** wenn sie ganz reif sind
- **Wurzeln:** wenn sie kräftig und voll entwickelt sind (vorwiegend im Herbst oder im zeitigen Frühling, wenn die Wirkstoffe in den Wurzeln konzentriert sind)
- **Zwiebeln:** nach dem Abblühen
- **Knollen:** während der Blütezeit
- **Rinden:** im Frühling von jungen Zweigen (drei- bis vierjährig) oder im Herbst nach dem Laubfall bei feuchtem Wetter
- **Saft:** im Frühling und Sommer, wenn die Säfte steigen

Verarbeitung, Trocknung, Aufbewahrung

Wenn die Zeit der Ernte gekommen ist, schneidet man die Blütenköpfchen oder die Sprossspitzen bzw. die ganzen Pflanzen mit einem scharfen Messer oder einer Garten- bzw. Baumschere ab. Wurzeln, Wurzelstöcke, Zwiebeln und Knollen werden bei möglichst trockenem Wetter ausgegraben und noch an Ort und Stelle vom gröbsten Schmutz und wurmigen, verfaulten Stellen befreit.

Wichtig ist der schonende Transport (nicht drücken und pressen) und die schnelle Weiterbehandlung der Pflanzenteile, damit die ursprüngliche Farbe so gut wie möglich erhalten bleibt. In einem Korb lassen sich die gesammelten Kräuter, nach Arten getrennt in Leinensäckchen, gut transportieren. Dabei müssen giftige Pflanzen getrennt von anderen gesammelt und weiterverarbeitet werden! Der Sammler darf an den Händen keine offenen Wunden haben und keine Speisen zu sich nehmen.

Trocknung der Kräuter in Sträußen.

Nachher müssen die Hände und Sammelgegenstände gründlich mit Wasser und Seife gereinigt werden. Das Kosten unbekannter Pflanzen kann lebensgefährlich sein.

Man kann die Ernte teilweise auch schon vor Ort zum Trocknen bündeln oder in Plastikbzw. Leinenbeuteln zur sofortigen Weiterverarbeitung vorsehen. Wurzeln, Wurzelstöcke, Zwiebeln und Knollen müssen vor dem Trocknen erst gründlich gereinigt werden.

Die von Verunreinigungen, Fremdbeimengungen und verdorbenen Teilen gereinigten Kräuter können an einem luftigen, schattigen Platz, auf Trockenhorden, Trockenrecks oder in einem Trockenapparat getrocknet werden. Als Ganzes gesammelte Pflanzen (z. B. Pfefferminze, *Mentha*, Zitronenmelisse, *Melissa officinalis* und Zweige von Bäumen und Sträuchern) bündelt man jeweils nach Arten getrennt und hängt die Büschel kopfüber an einer Wäscheleine zum Trocknen auf: Man bindet etwa 15–20 Stängel an der Basis mit einem Bindfaden zusammen, wobei ein Schnurende ca. 20 cm überstehen sollte, an dem die Büschel aufgehängt werden, und zwar zunächst kurzzeitig im prallen Sonnenschein, damit die Pflanzen rasch verwelken. Danach jedoch müssen sie an einem luftigen, schattigen Ort ohne üble Gerüche (z. B. Dachboden, Scheune) bei natürlicher Wärme möglichst rasch getrocknet werden, damit u. a. die ätherischen Öle erhalten bleiben, die sich bei Temperaturen über 40 °C verflüchtigen.

Kräuter werden in Kistchen zum Trocknen ausgebreitet.

Wurzeln und Knollen werden nach dem Waschen in 1–2 cm lange Stückchen geschnitten. Dicke, fleischige Wurzeln müssen halbiert werden. Zwiebeln werden dagegen nicht gewaschen, sondern nur von den Faserwurzeln und dem trockenen Kraut befreit.

Sprossspitzen, Blüten, Blätter und Wurzelstückchen breitet man einlagig auf Trockenhorden oder Sieben aus. Die Trockenhorde oder Trockenrecks bestehen aus einfachen Holzrahmen, die mit einem weitmaschigen Textil- oder rostfreien Gitternetz bespannt sind.

Beeren (z. B. Weißdorn, *Crataegus*; Heidelbeeren, *Vaccinium myrtillus*) und Samen lassen sich gut in einem flachen Pappkarton oder Kistchen trocknen, wenn die Früchte durch tägliches Schütteln gewendet werden. Mitgesammelte Blätter und Ästchen lassen sich leicht von den Beeren trennen, wenn man den Karton schräg hält. Dann rollen die Früchte nach unten, während die unerwünschten Pflanzenteile liegen bleiben und entfernt werden können.

Die Trocknung ist die einfachste Form der Konservierung. Weitere Möglichkeiten sind das Einfrieren oder die Bereitung von Tinkturen, Wein, Sirup, Salben (s. S. 37ff.). Manche Blätter (z. B. Petersilie, *Petroselinum crispum*; Bärlauch, *Allium ursinum;* Wasserminze, *Mentha aquatica*) verlieren beim Trocknen viel von ihrem Aroma und sollten nur frisch verwendet oder eingefroren werden. Für die optimale Trocknung der Kräuter kommt es sehr auf das richtige Klima an, damit die Wirkstoffe erhalten bleiben und Schimmelbefall verhindert wird (schimmlige Kräuter können zu gesundheitlichen Schäden führen). Pflanzenteile, vor allem die Blüten, müssen beim Trocknen ihre ursprüngliche Farbe, den Geruch und ihr Aussehen beibehalten.

Das Ende der Trockenzeit (bei Lufttrocknung nach ca. 1–2, spätestens 3 Wochen) ist erreicht, wenn die Stängel beim Brechen knacken, die Blätter an den Spreiten und Seitenrippen leicht brechen und rascheln, und wenn die Beeren sowie die klein geschnittenen Wurzeln hart geworden sind. Die Trocknungsdauer hängt vom jeweiligen Wassergehalt der Pflanzenteile und von der Trocknungstemperatur ab. Blüten und Blätter trocknen schneller als das ganze Kraut; Wurzeln, Knollen und Zwiebeln brauchen am längsten. Die Trockentemperatur darf bei Drogen, die ätherische Öle enthalten, 35°C, und bei Pflanzen mit herzwirksamen Glykosiden 50°C nicht überschreiten.

Der Gewichtsverlust des frischen Sammelgutes im Vergleich zur trockenen Droge beträgt:

Kräuter	1/4
Blätter	4/5
Blüten	5/6
Rinden	1/4
Wurzeln	2/3
Fleischige Früchte	6/7
Samen	1/5

Giftige Drogen müssen auf jeden Fall von anderen getrennt aufbewahrt und besonders gekennzeichnet werden.

Lagerung

Die Lagerung der Drogen erfolgt getrennt nach Sorten, geschützt vor Luft, Licht, Staub und Feuchtigkeit in gut verschließbaren dunklen Gläsern, Blech- oder Kunststoffdosen oder luftundurchlässigen Plastikbeuteln. Wichtig ist die genaue Beschriftung nach Art, Sammeljahr und Herkunft.

Der Lagerraum sollte kühl, dunkel und trocken sein. Die Lagerzeit sollte im Allgemeinen ein Jahr nicht überschreiten, da die Inhaltsstoffe im Laufe der Zeit ihre Wirkung verlieren. Restbestände sollten kompostiert werden.Von Zeit zu Zeit müssen die selbst gesammelten, aber auch die gekauften Drogen auf Schädlings- und Schimmelbefall hin kontrolliert werden.

Breiten Sie dazu die Kräuter auf einem Blatt weißen Papiers aus – wenn sie klumpen und eventuell sogar Fäden ziehen, kann man mit Hilfe einer Lupe meistens auch Maden entdecken. In diesem Zustand sind die Kräuter nur noch für den Kompost geeignet, eine Verwendung kann gesundheitsschädlich sein.

Inhaltsstoffe und Wirkstoffe

Die Arzneimittelforschung der vergangenen Jahrzehnte entschlüsselte die chemische Zusammensetzung vieler seit alters her bekannter Heilpflanzen und versetzte damit die pharmazeutische Industrie in die Lage, zahlreiche Stoffe chemisch rein nachzubauen und neu zu kombinieren – zum Segen der Patienten, aber auch zur Schonung der natürlichen Ressourcen. Dennoch sind in der Phytotherapie noch viele Fragen offen, gerade in Hinsicht auf die Wirkung der Drogen, die je nach Standort, Sammelzeit und Verarbeitung (Trocknung, Aufbewahrung etc.) starken Schwankungen ausgesetzt sein kann. Generell lässt sich sagen, dass der bislang fehlende wissenschaftliche Nachweis einer Wirkung eine solche nicht von vorn herein ausschließt; allein die Homöopathie liefert dafür eine Fülle von Beispielen.

Die folgende Übersicht enthält nur die wichtigsten Inhaltsstoffgruppen. Zu den anderen, die oft nur in sehr geringen Gewichtsanteilen enthalten sind, gehören Vitamine, Mineralstoffe (z.B. Kieselsäure) und Spurenelemente. Quantitativ und qualitativ von großer Bedeutung für die menschliche Ernährung sind die Öle, die aus den Samen verschiedener Pflanzen gewonnen werden, und die Eiweißstoffe (z.B. in der Bohne und anderen Schmetterlingsblütlern).

Im Labor werden die Kräuter auf ihre Inhaltsstoffe untersucht.

Oregano, Origanum

Pfefferminze, Mentha

Thymian, Thymus vulgaris

ÄTHERISCHE ÖLE

sind ein Gemisch flüssiger, leicht flüchtiger (d.h. bei Zimmertemperatur verdampfender), fettlöslicher Stoffe mit charakteristischem Geruch. Bestandteile sind Terpene und Phenylpropane (z.B. Camphen, Pinen, Thymol, Menthon etc.).

In Doldenblütlern, Korbblütlern, Zypressengewächsen, Lippenblütlern, Lorbeergewächsen, Kieferngewächsen, Süßgräsern und Rötegewächsen sind die ätherischen Öle für den jeweilig spezifischen, oft sehr intensiven Geruch und Geschmack – ob würzig-aromatisch, bitter oder scharf – sowie für die heilkräftige Wirkung verantwortlich. Sie wirken antibakteriell (z.B. Oregano, Origanum*), entkrampfend und durchblutungsfördernd (z.B. Pfefferminze,* Mentha*), (schleim-)hautreizend und damit sekretlösend (z.B. Thymian,* Thymus*), appetitanregend und verdauungsfördernd (z.B. Engelwurz,* Angelica*), und zwar entweder als Tee, Einreibung oder Inhalation.*

Ätherische Öle werden durch Destillation mit Wasser gewonnen, sei es durch Auszug oder Wasserdampfdestillation, durch Pressverfahren oder andere Extraktionsmethoden. Vielfältige Verwendung finden sie auch in der Kosmetik- und Nahrungsmittelindustrie (z.B. Fenchelöl, Bittermandelöl, Pfefferminzöl).

Berberitze, Berberis

Weißdorn, Crataegus

Arnika, Arnica montana

FLAVONOIDE

sind eine häufige Gruppe von Naturstoffen, die u.a. für die Färbung von Blättern, Blüten, Früchten und anderen Pflanzenteilen verantwortlich sind. Es gibt die drei Hauptgruppen Flavonole (z.B. Rutin, Quercitrin), Flavanone (z.B. Hesperidin) und Flavone (z.B. Apiin).

Sehr wichtig für die Pharmakologie sind die Flavonoide, da sie auf Grund ihrer unterschiedlichen chemischen Strukturen und Bindungen, z. B. an Glykoside (= Flavonoidglykoside), Auswirkungen auf die verschiedensten Organe haben. Rutin und Hesperidin (z.B. in der Rosskastanie, Aesculus hippocastanum*) wirken kapillarabdichtend und werden bei Venenleiden eingesetzt. Flavonoide werden auch als Antioxidantien, Antiexudativa, Antiphlogistica und Radioprotektiva wirksam und sind deshalb bei vielen Krankheiten einsetzbar. So stärken sie z.B. das Immunsystem, hemmen allergische Reaktionen und sorgen für eine Entspannung der glatten Herzmuskulatur. Dadurch kommt es zur Erweiterung der Blutgefäße, zur besseren Durchblutung, stärkeren Harnproduktion und krampflösenden Wirkung im Magen-Darm-Trakt. Durch die Steigerung der Gallensaftproduktion wird auch die Verdauung verbessert. Enthalten sind sie z.B. in Buchweizen* (Fagopyrum esculentum), *Weißdorn* (Crataegus), *Berberitze* (Berberis) *und Arnika* (Arnica).

Tollkirsche, Atropa belladonna

Eisenhut, Aconitum

Schlafmohn, Papaver somniferum

ALKALOIDE

sind stickstoffhaltige, meist basisch reagierende Naturstoffe, die aus Aminosäuren hervorgegangen sind. Sie tragen oft den Namen der Pflanze, in der sie als Hauptalkaloid zu finden sind. So heißt z.B. das Atropin nach der Tollkirsche (Atropa belladonna), *das Ranunculin nach den Hahnenfußgewächsen* (Ranunculaceae). *Alkaloide haben eine starke Wirkung auf die Organe. Zahlreiche gefährliche Gifte finden sich in dieser Gruppe, z.B. das Aconitin des tödlich giftigen Eisenhutes* (Aconitum) *. Auch finden sich darunter wichtige Arzneistoffe mit z.T. den Blutdruck senkender, z.T. den Blutdruck erhöhender Wirkung, mit anästhesierenden, krampflösenden, beruhigenden oder auch antiparasitischen Eigenschaften.*

Enzian, Gentiana lutea

Salbei, Salvia officinalis

Engelwurz, Angelica

BITTERSTOFFE

Bitterstoffhaltige Drogen regen über den Nervus vagus die Speichel- und Magensaftsekretion an, wirken appetitanregend und sorgen in Folge für eine bessere Verdauung der Nahrungsmittel. Die beste Wirkung erreichen die Amara, *wenn sie ca. 1/4 Stunde vor dem Essen eingenommen werden. Sie helfen auch gegen Völlegefühl und Blähungen und fördern den Gallefluss. Bitterstoffe sind vor allem in Enziangewächsen (Gelber Enzian,* Gentiana lutea), *Korbblütlern (Absinth,* Artemisia absinthum), *Lippenblütlern (Salbei,* Salvia officinalis) *und Doldenblütlern (Engelwurz,* Angelica) *enthalten.*

Heidelbeere, Vaccinium myrtillus

Blutwurz, Potentilla erecta

Brombeere, Rubus

GERBSTOFFE

werden mit ihrer adstringierenden Wirkung zum Gerben von Leder genutzt. Zwar sind sie Zellgifte, schützen aber durch ihre zusammenziehenden Eigenschaften die obersten Gewebeschichten gegen das Eindringen von Bakterien, Pilzen, Chemikalien sowie vor mechanischen Reizen. Sie wirken entzündungshemmend, antibiotisch und lokalanästhetisch auf die Schleimhäute im Mund- und Rachenraum, im gesamten Magen-Darm-Trakt sowie bei Hämorrhoiden und blutenden Wunden. Gerbstoffhaltige Pflanzen sind z.B. Eiche (Quercus), *Edelkastanie* (Castanea sativa), *Walnuss* (Juglans regia) *und Heidelbeere* (Vaccinium myrtillus) *sowie zahlreiche Vertreter der Familie der Rosengewächse wie Blutwurz* (Potentilla erecta), *Gänsefingerkraut* (P. anserina) *sowie Him- und Brombeere* (Rubus).

Maiglöckchen, Convallaria majalis

Fingerhut, Digitalis purpurea

Seifenkraut, Saponaria officinalis

GLYKOSIDE

sind weit verbreitete organische Verbindungen, die in einem Großteil pharmazeutisch wirksamer Präparate enthalten sind. Zu den Glykosiden gehören neben den Zuckern (Einfach- und Mehrfachzucker) u.a. herzwirksame Glykoside (Maiglöckchen, Convallaria majalis; *Fingerhut,* Digitalis purpurea), *Saponine (Seifenkraut,* Saponaria officinalis; *Vogelmiere,* Stellaria media), *magenwirksame Anthraglycoside (Faulbaum,* Frangula alnus) *und Glucosinulate (Senföle in Senf und verwandten Arten,* Sinapis).

Waldkiefer, Pinus

Fichte, Picea

Tanne, Abies

HARZE

sind harte, beim Erwärmen weich werdende, schmelzende, von Holzgewächsen (z.B. Kiefern, Pinus*) produzierte Naturstoffe, die in Wasser unlöslich sind. Harze, die in ätherischen Ölen gelöst vorkommen, heißen Balsame. Harze sind gegen Fäulnis unempfindlich und können, wie der Bernstein zeigt, Jahrtausende überdauern. Sie wirken desinfizierend und entzündungshemmend und sind vor allem im Exkret von Nadelbäumen enthalten.*

Meerrettich, Armoracia rusticana

Schwarzer Senf, Brassica nigra

SCHARFSTOFFE

sind sehr unterschiedlich zusammengesetzte Verbindungen aus verschiedenen Pflanzenfamilien, die einen scharfen Geschmack haben und auf die Wärme- und Schmerzrezeptoren in der Haut einen Reiz ausüben. Innerlich steigern sie die Speichel- und Magensaftproduktion, helfen somit gegen Blähungen und Magenbeschwerden. Äußerlich dienen die „Reizstoffe" zur Linderung von Muskelschmerzen und rheumatischen Beschwerden.

STÄRKE

ist im Pflanzenreich der häufigste Speicherstoff und deckt zu einem hohen Prozentsatz den menschlichen Kohlenhydratbedarf. Besonders stärkehaltig sind die Gräser und v. a. die Getreidearten sowie Kartoffeln (Solanum). *Stärke wird auch in der pharmazeutischen Industrie vielfältig verwendet, sei es als Trägerstoff bei der Tablettenherstellung, sei es als Puder- oder Salbengrundlage.*

Wegerich, Plantago

Eibich, Altheae

Lein, Linum

PFLANZLICHE SCHLEIMSTOFFE

bilden in Kombination mit Wasser zähe, kolloidale Lösungen, die reizmildernd z.B. bei Hustenreiz, Bronchitis (Wegerich, Plantago*), mild abführend (Leinsamen,* Linum*) sowie schützend gegen die Magensäure wirken und die Gleitfähigkeit erhöhen. Schleimstoffhaltige Pflanzen wie Eibischwurzel* (Althea), *Lein- und Flohsamen werden verwendet bei entzündlichen Magen-Darm-Erkrankungen, z.B. Magengeschwüren, dienen aber auch als mildes Abführmittel, als reizmildernde Droge sowie zur Anregung der Immunabwehr.*

ZULASSUNG ALS ARZNEIMITTEL

Von der sogenannten Kommission E wurden bis 1995 in Deutschland 330 Arzneipflanzen auf ihre Wirksamkeit hin überprüft und bewertet (s. Bisset & Wichtl). Diese Untersuchungen bildeten die Grundlage für ihre Zulassung als Arzneimittel in Deutschland. Auf europäischer Ebene ist seither die ESCOP (= European Scientific Cooperative on Phytotherapy) mit der Erstellung von Kriterien bezüglich Qualität, Sicherheit und Wirksamkeit der jeweiligen Heilpflanze befasst. Für die Zulassung müssen klinische Studien vorliegen, für die als Arzneimittel in den Handel gebrachten Präparate (Kapseln, Dragees, Tropfen, Elixiere) gilt die Apothekenpflicht. Viele traditionelle Heilpflanzen werden in Umgehung der strengen gesetzlichen Bestimmungen als Nahrungsergänzungsmittel auf den Markt gebracht und sind in Drogerien und Reformhäusern erhältlich. Sie unterliegen damit dem Lebensmittelrecht.

Inzwischen gilt auf europäischer Ebene ein weitgehend einheitliches Arzneimittelrecht.

Verwendung und Zubereitung

Die bekannteste Verwendung von Kräutern ist die Verabreichung als Tee. Aber auch als Sirup, Latwerge, Saft, Tinktur, Wein, Bad, Umschlag, Wickel, Salbe, Mittel zum Inhalieren und Gurgeln können die Kräuter ihre heilsame und wohltuende Wirkung entfalten. Heil- und Gewürzpflanzen werden frisch oder getrocknet, innerlich oder äußerlich, unverarbeitet oder nach bestimmten, oft schon sehr alten Rezepten zubereitet und einzeln oder in Mischungen angewendet. Meist – nicht immer – ist die Verwendung frischer Kräuter, sei es als Tee oder als Saft, am besten. Zum Aufschließen der Wirkstoffe werden die Drogen zerkleinert, zerrieben oder zerstoßen. Einige Kräuter enthalten nur einen oder zwei relevante Wirkstoffe, andere deren viele. Pflanzliche Medikamente, die als Fertigpräparate in der Apotheke angeboten werden, unterliegen dem Arzneimittelrecht, das auf dem Arzneimittelgesetz von 1976 beruht. In der Arzneimittelzulassung wird die Qualität, Wirksamkeit und Unbedenklichkeit der innerhalb der EU auf dem Markt befindlichen Arzneimittel dokumentiert.

Folgende **Maßangaben** *sind im allgemeinen Gebrauch:*

	Durchschnittsgewicht der getrockneten Kräuter	
	Inhalt in ml	*in g*
1 Messerspitze = Msp		*1 g*
1 Prise		*2–3 g*
1 Handvoll		*45–50 g*
1 gute Handvoll		*70 g*
1 gestrichener Kaffeelöffel	*5 ml*	*3 g*
1 gestrichener Tee-, Dessertlöffel	*10 ml*	*1–2 g*
1 gestrichener Esslöffel = Essl.	*15 ml*	*10 g*
1 Likörglas	*30 ml*	
1 Weinglas	*70 ml*	
1 Kaffeetasse	*150 ml*	
1 Haferl, Schale	*200 ml*	

Tee

Tees bestehen oft aus Mischungen verschiedener Heilpflanzen, die nach bestimmten Regeln zusammengestellt werden.

Regeln für Teemischungen:

- Grundarznei = *Remedium cardinale* (maximal 2–3 Grundarzneien)
- Unterstützungsdroge = *Adjuvans* (meist ein Mittel, das die Wirkung der Grundarznei verstärkt oder abmildert)
- Ergänzungsmittel = *Constituens* (Droge, die Aussehen und Farbe positiv beeinflusst) und Geschmacksverbesserer = *Corrigens* (Droge, die den Geschmack positiv beeinflusst), z. B. Pfefferminze, Anis, Echte Schlüsselblume, Hagebutte, Malve, Vanille, ungespritzte Zitronen- und Orangenschalen

Zur Zubereitung verwendet man Gefäße aus nichtrostendem Material wie Porzellan oder Glas. Eisen- oder andere metallhaltige Gegenstände können zur Zerstörung der Wirkstoffe führen. Tees, die über den Tag verteilt zu trinken sind, müssen immer zugedeckt aufbewahrt werden, damit es nicht zu Verschmutzungen oder zur Zersetzung der Wirkstoffe durch Sauerstoffkontakt kommt. Gut geeignet sind Thermoskannen.

Merke:

Kräutertees trinkt man zu Heilzwecken, aber nicht länger als 4–5 Wochen. Der Körper darf sich nicht an eine bestimmte Mischung gewöhnen, denn auch bei Kräutertees muss bisweilen mit Nebenwirkungen gerechnet werden. Eine Ausnahme bilden die sogenannten Haustees. So kann z. B. eine Mischung aus Erdbeer-, Brombeer- und Himbeerblättern oder auch mit getrockneten Apfelschalen oder Johannisbeerblättern täglich genossen werden.

Sirup, Latwerge

Zur Herstellung von Sirup wird der Auszug der Drogen (Extrakt oder Tinktur) entweder mit erkaltetem Zuckersirup (150–200 g Zucker in 100 ml Wasser unter langsamem Erwärmen lösen) versetzt oder mit Zucker im Verhältnis

Sirup ist nur begrenzt haltbar

Oben: Einige ätherische Öle, z. B. Lavendelöl, können tröpfchenweise dem Badewasser zugesetzt werden.

Oben rechts: Zur Herstellung von Creme oder Salbe werden die Blüten vom Johanniskraut im Mörser mit Öl oder Schmalz zerrieben.

Zubereitung:

- **Aufguss = Infusum:** Die Blätter, Blüten, Samen werden im Siebeinsatz der Kräutertasse mit kochendem Wasser übergossen. Nach 5–10 Minuten kann man den Siebeinsatz entfernen und den Tee am besten ungesüßt, aber auch mit Honig oder Kandis oder mit Zitronensaft aromatisiert, schluckweise genießen. Die meisten Tees müssen heiß getrunken werden. Gesüßte Tees haben oft eine beruhigende Wirkung, bittere werden kalt oder lauwarm getrunken.
- **Menge:** Als Faustregel gilt 1–3 Teelöffel pro Tasse, das entspricht 1,5 bis max. 6 g Droge. (Bei frischen Kräutern benötigt man entsprechend mehr Material.)
- **Für Kinder** dosiert man je nach Alter und ärztlicher Anordnung um die Hälfte oder ein Drittel geringer (s. S. 272).
- **Abkochung = Decoctum:** Harte, derbe Teile wie Rinde, Holz, Stängel oder Fruchtschalen müssen mit kaltem Wasser angesetzt und je nach der Härte der Droge 10–30 Minuten aufgekocht werden. Der Tee ist sofort heiß trinkbar.
- **Menge:** 1 Essl. entspricht 6–10 g Wurzeln oder Früchten.
- **Kaltwasserauszug = Mazeration:** Wurzeln, manchmal auch andere Pflanzenteile (z. B. Bärentraubenblätter), setzt man mit kaltem Wasser 6–12 Stunden bei Zimmertemperatur an und erhitzt sie anschließend. Je nach Droge muss der Auszug auch über mehrere Tage stehen gelassen werden.
- Manche Rezepte erfordern auch einen Auszug = **Extrakt** mit hochprozentigem Alkohol, Wein (rot oder weiß) oder Öl.
- **Warmwasserauszug = Digestion:** Harte Drogen wie Rinden und Holz werden in 30–40 °C heißem Wasser für mehrere Stunden angesetzt.

1:1 gemischt und unter ständigem Umrühren (mit einem Holzkochlöffel) dickflüssig eingekocht. Der Sirup ist auch im Kühlschrank nur begrenzt haltbar.

Latwerge wird aus reifen, saftigen Früchten hergestellt, die brei- oder teigartig eingekocht werden, und ist für den inneren Gebrauch bestimmt.

Frischsaft = Succus

Frische Pflanzen werden mit wenig Wasser versetzt, eventuell auch blanchiert, zerquetscht und anschließend filtriert oder durch ein Leintuch gepresst. Der Saft muss sofort verwendet oder mit Alkohol oder Zuckersirup versetzt werden.

Tinkturen

Frische, getrocknete, zerriebene oder pulverisierte Pflanzenteile werden mit 70-%igem Alkohol im Verhältnis 1:5 versetzt, 1–6 Wochen in einem geschlossenen Gefäß bei Zimmertemperatur stehen gelassen und hin und wieder kräftig geschüttelt. Anschließend filtriert man den Auszug ab und bewahrt ihn in dunklen Glasgefäßen auf. Man unterscheidet leicht flüssige Extrakte *(Extracta fluida)*, zähflüssige, honigartige. *(E. spissa)* und trockene Extrakte *(E. sicca)*.

Spülungen, Klistiere, Gurgelwasser

Der abgekühlte Kräuteraufguss oder Auszug

wird entweder direkt oder mit einer Spritze in die natürlichen Körperöffnungen (z. B. Nase, Ohren, Scheide) zum Spülen gebracht.

Klistiere = Einläufe werden mit einer „Klistierbirne“ oder einer „Darmkanüle“ zur Spülung des Dickdarms in den Enddarm eingeführt, z. B. bei chronischer Verstopfung oder gegen Darmparasiten. Gurgelwasser wirkt auf Mund, Rachen, Hals, Mandeln und Schleimhäute desinfizierend und beruhigend. Die Anwendung erfolgt mehrmals täglich. Gurgelwasser soll nicht geschluckt werden.

Aromatische Wasser = Duftwasser

Ätherische Öle werden destilliertem Wasser durch gründliches Schütteln beigemischt. Eine weitere Möglichkeit ist die Wasserdampfdestillation.

Inhalation

Die Dämpfe eines Aufgusses aus Drogen mit ätherischen Ölen (z. B. Latsche, Kamille) werden inhaliert. Der Kranke atmet dabei die Dämpfe 10–15 Minuten lang direkt ein, wobei er den mit einem Tuch bedeckten Kopf über das Gefäß hält. Inhalationen werden vor allem bei Erkrankungen der Atemwege angewendet.

Pulver

Die Drogen werden entweder im Mörser fein zerstoßen oder vermahlen und anschließend gesiebt. (Pulver lässt sich auf Reisen oder im Büro mit etwas Flüssigkeit auf einem Teelöffel leichter einnehmen als Tee.)

Bäder

Man unterscheidet Teil- bzw. Lokalbäder für besondere Körperteile (z. B. Fuß- oder Armbäder), Sitz- und Vollbäder sowie Dampfbäder. Dem Badewasser wird der Kräuterauszug bzw. -aufguss zugesetzt, je nachdem, welche Wirkung man erreichen möchte. Man füllt die benötigten Drogen in ein Mull- oder Stoffsäckchen, übergießt sie mit heißem Wasser und fügt sowohl den Auszug als auch das Säckchen dem Badewasser zu. Im Wellnessbereich wird das Wohlbefinden durch den Zusatz von duftenden ätherischen Ölen noch weiter gefördert. Bei Dampfbädern müssen die Kräuterdämpfe auf die zu behandelnden Körperteile (z. B. bei Hämorrhoiden) 10–20 Min. lang einwirken.

Wickel, Umschläge, Kompressen

Wickel, Umschläge und Kompressen sind altbewährte Heilmethoden. Wickel sind Umhüllungen einzelner Körperteile wie Hals, Brust, Waden oder des gesamten Körpers.

Man unterscheidet kalte und heiße, feuchte und trockene Wickel. Gegen Entzündungen, Blutergüsse und Fieber verwendet man in der Regel kalte Umschläge bzw. Wickel. Zur Linderung von Krämpfen (z. B. Bauch- oder Menstruationsschmerzen), bei manchen rheumatischen Beschwerden sowie zur Beschleunigung mancher Heilungsprozesse verwendet man warme bzw. heiße Umschläge. Trockene Umschläge sind auch Kräuterkissen, die angewärmt gegen Erkältungskrankheiten, Blähungen oder Durchfall bei Kleinkindern helfen oder gegen Schlafstörungen eingesetzt werden. Kompressen sind kleinere Auflagen (z. B. Stirnkompressen bei Kopfschmerzen).

Diese und die folgenden Behandlungsmethoden kommen auch im Wellnessbereich zur Anwendung.

Kräuterauszug (Mazeration).

Breiumschlag = Kataplasma

Die feingepulverte (z. B. Senfmehl) oder geschrotete Droge (z. B. Leinsamen) wird mit Wasser oder Milch zu einem Brei gekocht, auf ein dünnes Tuch (z. B. Mull) aufgetragen, warm (maximal 40 °C) auf die erkrankte Körperregion aufgelegt und mit einem Tuch abgedeckt. Breiumschläge verwendet man zur Behandlung von Hautkrankheiten, Erschöpfungszuständen und Fettleibigkeit (Adipositas).

Cremes, Salben, Einreibungen

Cremes, Salben und Einreibungen werden vor allem bei Hauterkrankungen, zur Pflege, Reinigung und zum Schutz der Haut verwendet, des Weiteren bei Beschwerden des Bewegungsapparates (z. B. Beinwellsalbe, Johanniskrautöl).

BESTIMMUNGSMERKMALE FÜR PFLANZEN

Wissenschaftliche Pflanzenbeschreibungen enthalten botanische Fachausdrücke, die für den Laien oft nicht verständlich sind. Auf diesen und den folgenden Seiten sind die wichtigsten Begriffe aufgeführt und illustriert.

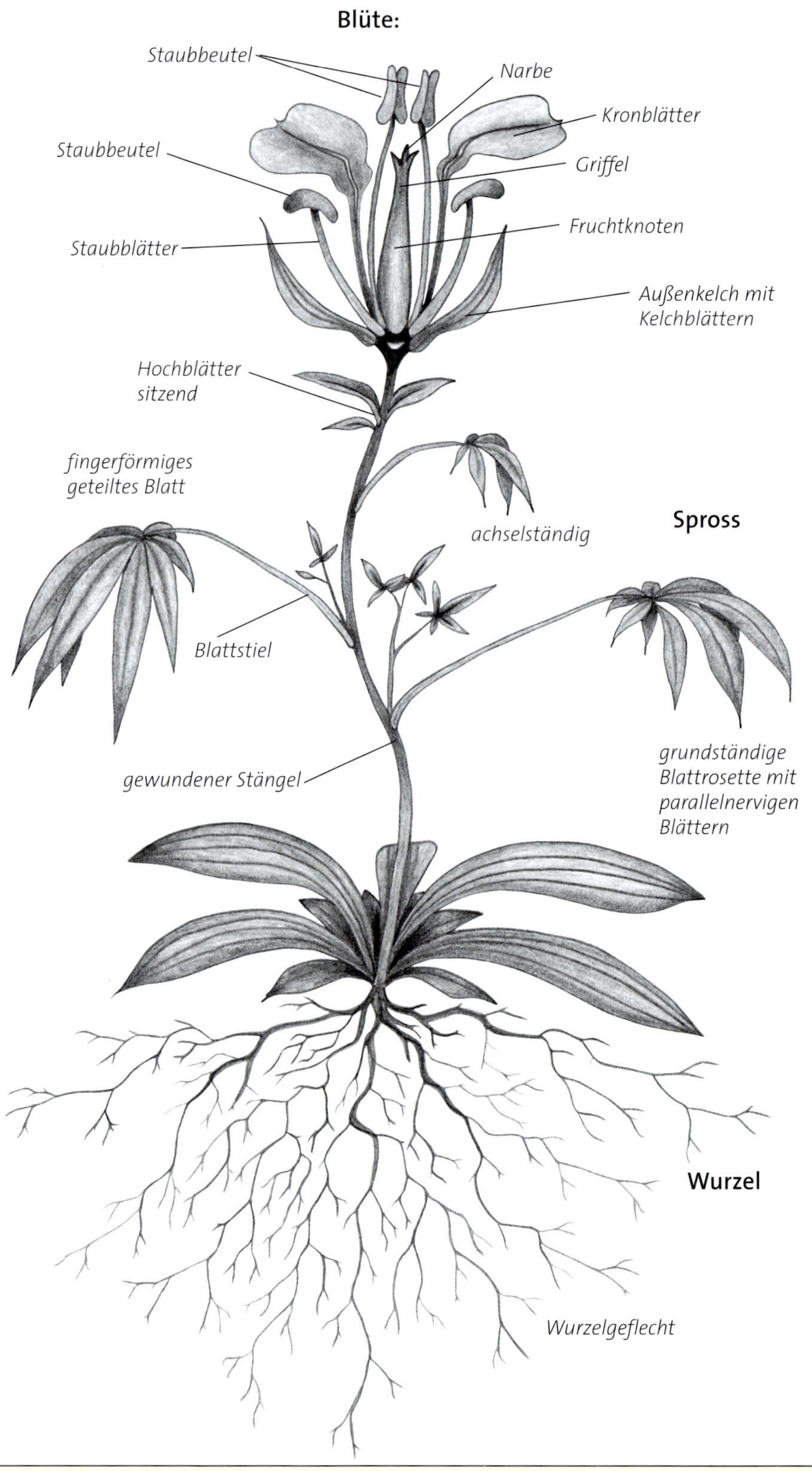

Blattformen:

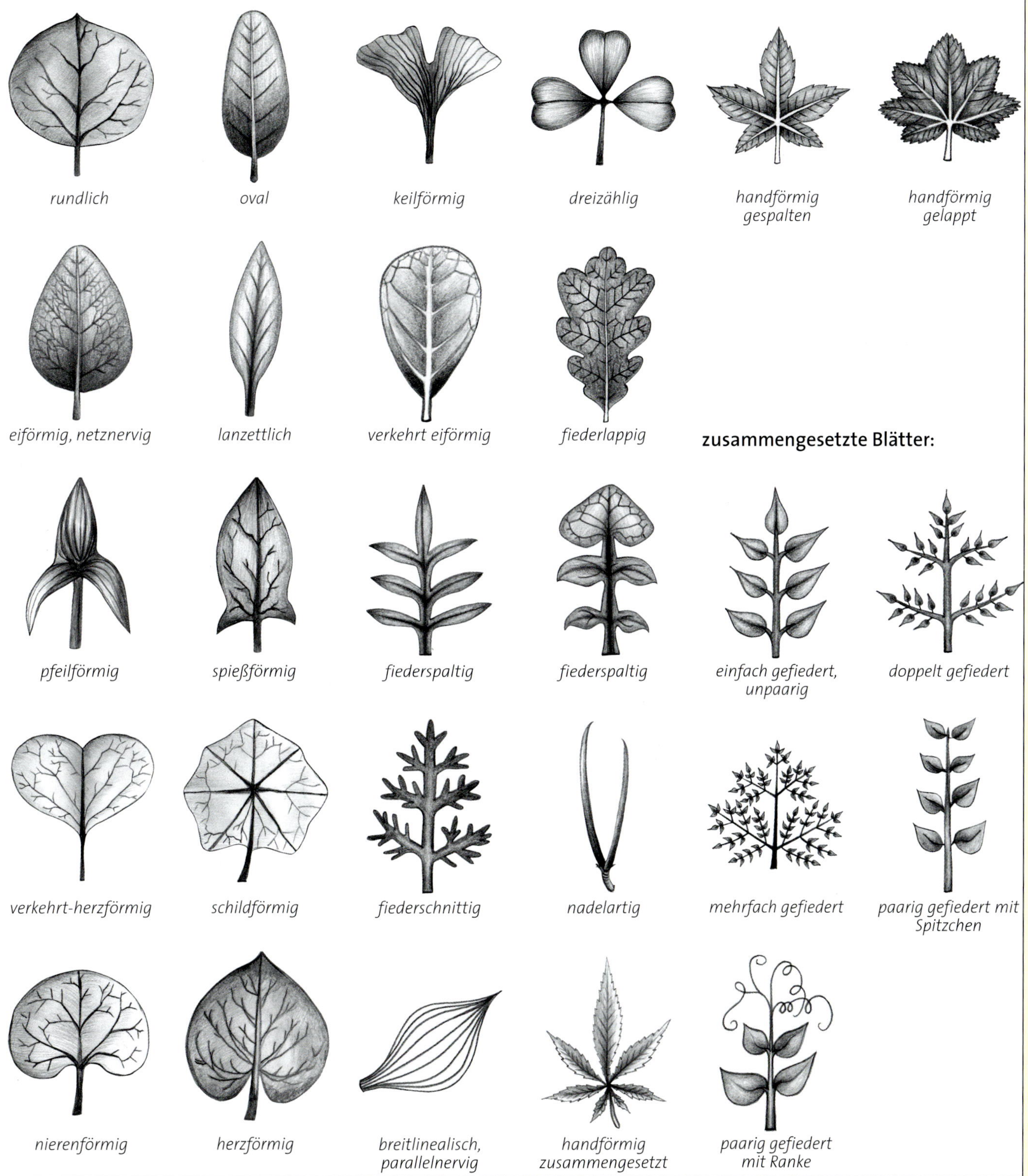

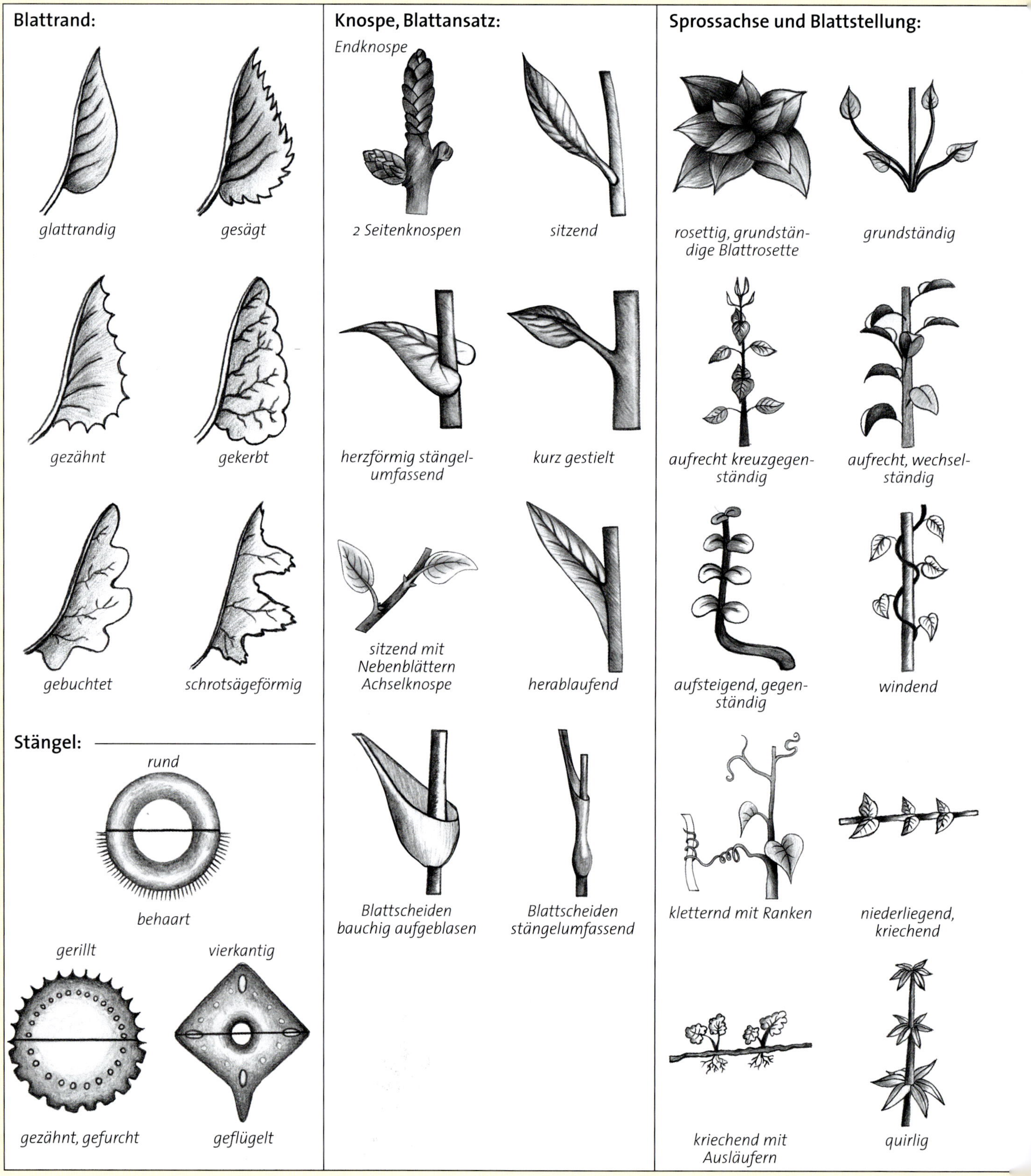

Blattrand:
glattrandig
gesägt
gezähnt
gekerbt
gebuchtet
schrotsägeförmig
Stängel:
rund
behaart
gerillt
vierkantig
gezähnt, gefurcht
geflügelt
Knospe, Blattansatz:
Endknospe
2 Seitenknospen
sitzend
herzförmig stängelumfassend
kurz gestielt
sitzend mit Nebenblättern Achselknospe
herablaufend
Blattscheiden bauchig aufgeblasen
Blattscheiden stängelumfassend
Sprossachse und Blattstellung:
rosettig, grundständige Blattrosette
grundständig
aufrecht kreuzgegenständig
aufrecht, wechselständig
aufsteigend, gegenständig
windend
kletternd mit Ranken
niederliegend, kriechend
kriechend mit Ausläufern
quirlig

Blütenformen symmetrisch:

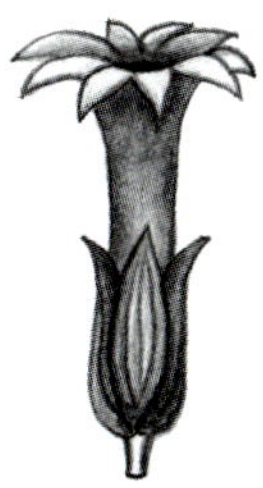

röhrig

keulig

glockig

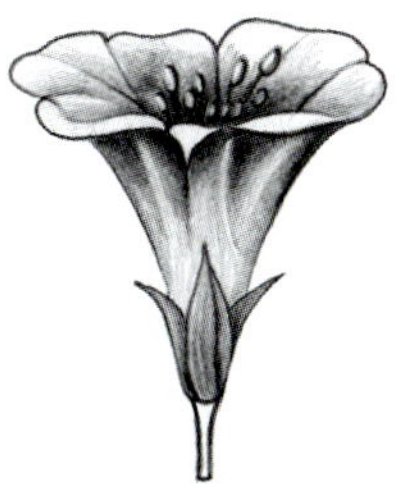

trichterförmig mit Außenkelch

trichterförmig verwachsen

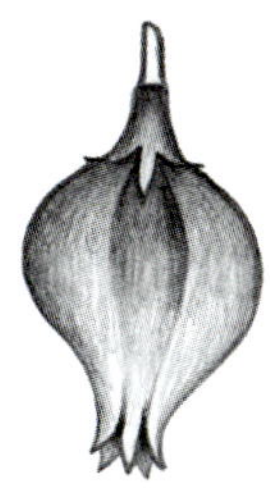

krugförmig

4-zählig frei

5-zählig frei

5-zählig verwachsen mit Kelchblättern

Nelkenblüte strahlig a

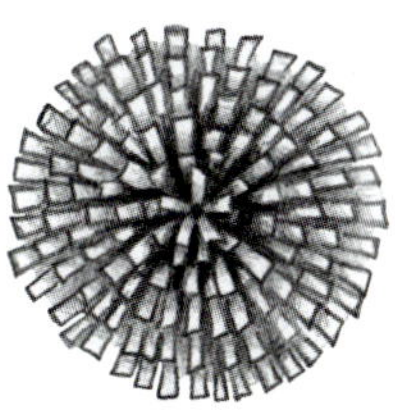

strahlig b

Röhrenblüte strahlig c

Zungenblüte strahlig d

Blütenformen asymmetrisch:

Veilchen

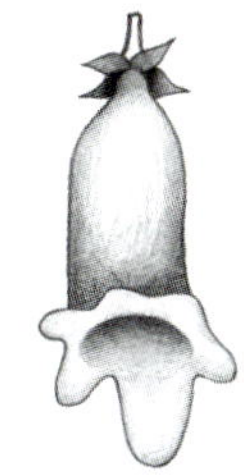

Fingerhut

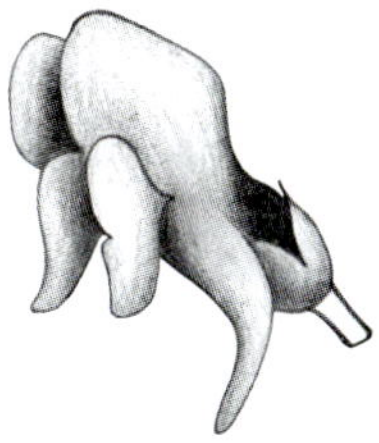

Rachenblüte mit Sporn

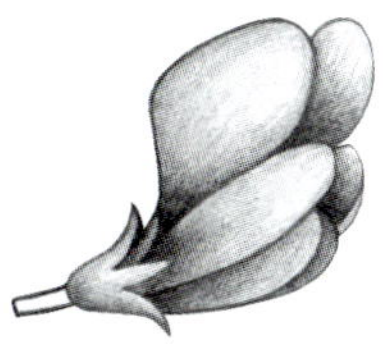

Schmetterlingsblüte Seitenansicht

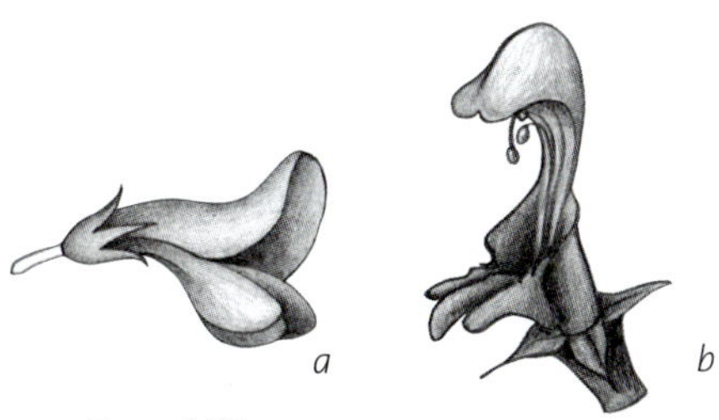

Lippenblüte

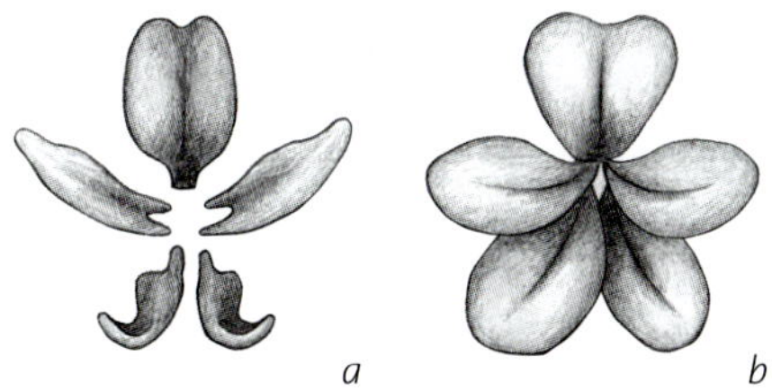

zygomorphe Blüte zerlegt

Blütenstände:

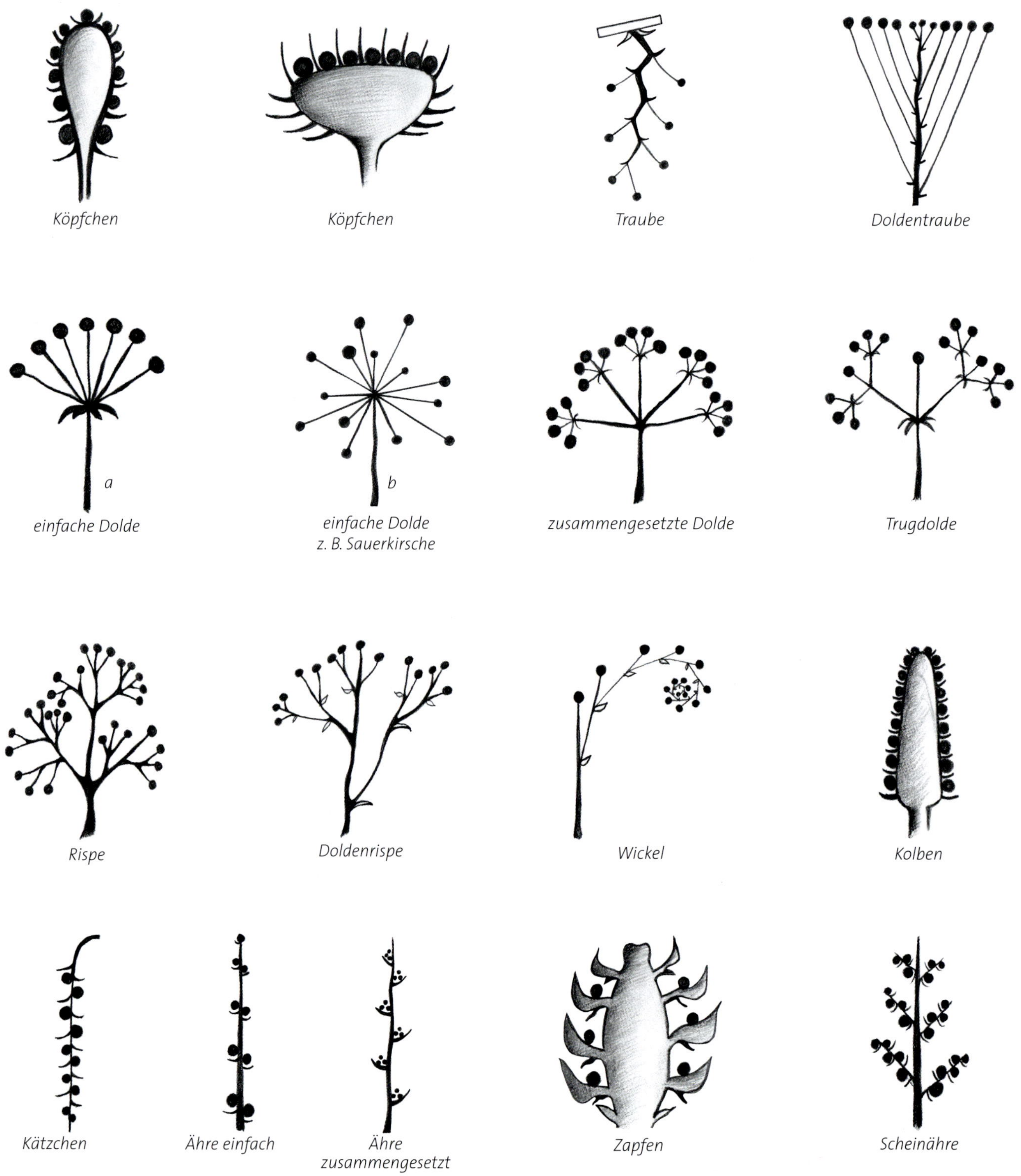

Früchte:

Steinfrucht:

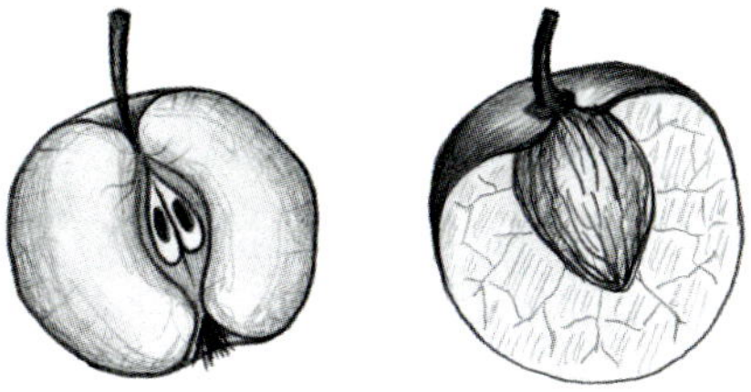

mit lederartig zäher Wand — *mit dicker Wand*

Schließfrucht:

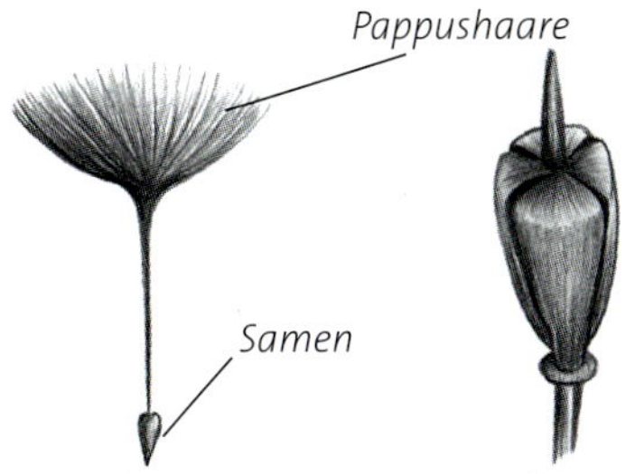

Achäne — *Klause*

Trockenfrucht:

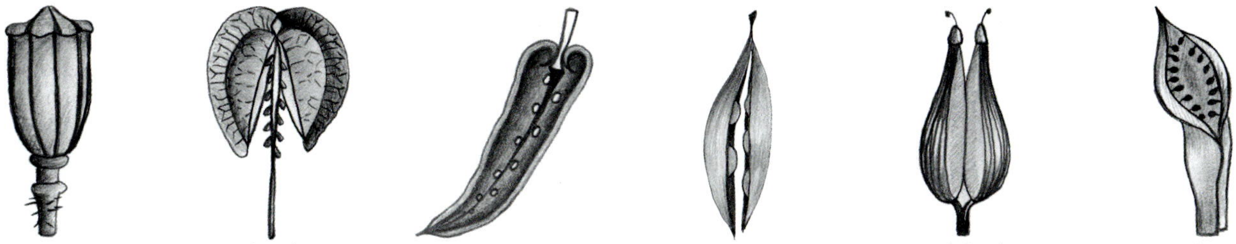

Kapsel — *Schötchen* — *Schote* — *Hülse* — *Spaltfrucht* — *Balg*

Sammelfrucht:

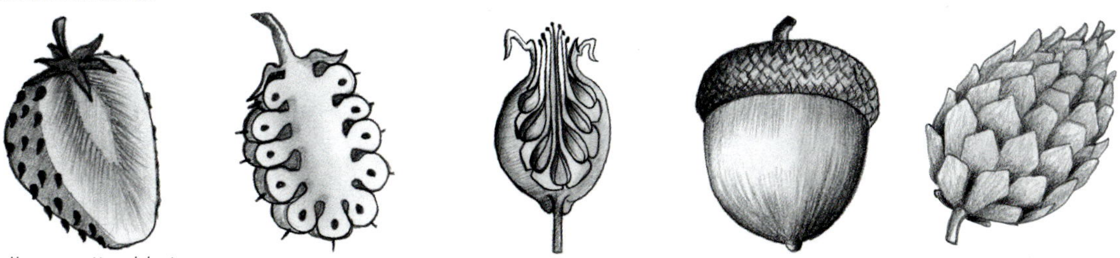

Erdbeere mit zahlreichen Nüsschen — *Himbeere mit zahlreichen Steinfrüchten* — *Scheinfrucht z. B. Hagebutte* — *Nuss z. B. Eichel* — *Zapfen*

Wurzel:

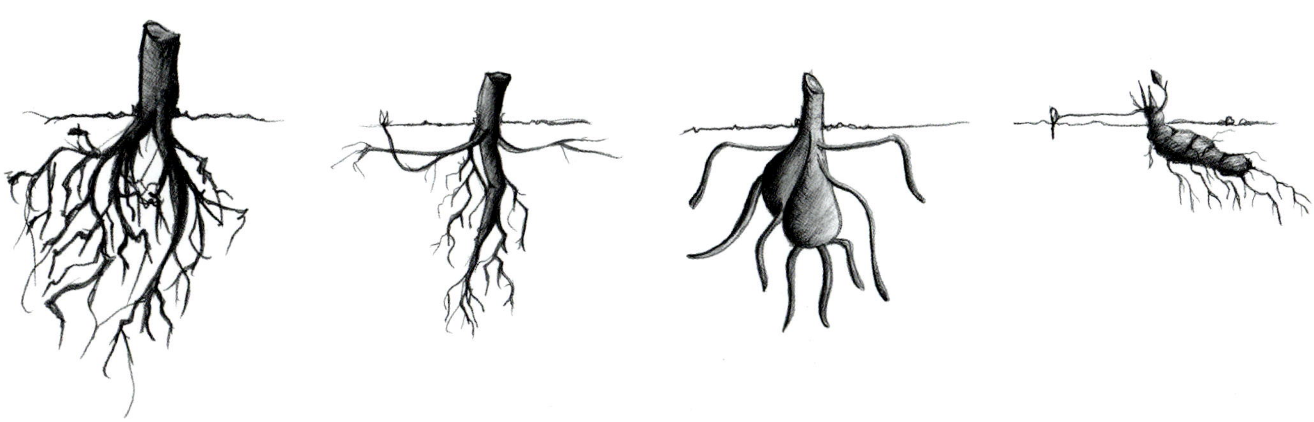

Wurzelgeflecht — *Pfahlwurzel mit unterirdischen Ausläufern* — *Wurzelknolle* — *Wurzelstock*

Heilpflanzen

Eine bunte Blumenwiese ist nicht nur ein Fest fürs Auge. Sie bildet eine harmonisch auf einander abgestimmte Lebensgemeinschaft, die sich aus Hunderten von Arten und Tausenden von einzelnen Pflanzen zusammensetzt, und zählt man die kleinen und kleinsten Bodenorganismen hinzu, steigt die Artenzahl ins Astronomische. Die verwirrende Vielfalt der Blätter, Blüten, Früchte, Stängel und Rhizome birgt heilende Kräfte, die der Mensch schon seit Jahrtausenden nutzt.

Die dargestellten Pflanzen sind in alphabetischer Reihenfolge unter Berücksichtigung der natürlichen Verwandtschaftsverhältnisse nach Unterklassen (Endungen auf „...idae“, z. B. „Rosidae“) geordnet. Innerhalb der Unterklassen erfolgt die Gliederung nach Familien (Endung „...aceae“, z. B. „Rosaceae“), Gattungen (z. B. „Rosa“) und Arten (z. B. „Rosa canina“). Im Abschnitt „Sonstige“ (S. 262) wurden aus organisatorischen Gründen verschiedene Familien zusammmengefasst.

Asteridae

ASTERNÄHNLICHE

Übersicht Asteridae:

Korbblütler *Asteraceae* S. 50
Hundsgiftgewächse *Apocynaceae* S. 75
Raublattgewächse *Boraginaceae* S. 76
Enziangewächse *Gentianaceae*
und Fieberklee *Menyanthaceae* S. 80
Lippenblütler *Labiatae* S. 84
Ölbaumgewächse *Oleaceae* S. 100
Sommerwurzgewächse *Orobanchaceae* S. 103
Wegerichgewächse *Plantaginaceae* S. 104
Rötegewächse *Rubiaceae* S. 108
Holundergewächse *Sambucaceae* S. 110
Braunwurzgewächse *Scrophulariaceae* S. 114
Nachtschattengewächse *Solanaceae* S. 116
Baldriangewächse *Valerianaceae* S. 118
Eisenkrautgewächse *Verbenaceae* S. 119

Die **Asternähnlichen** bilden nicht nur in der botanischen Klasseneinteilung die umfangreichste Gruppe, sondern auch in diesem Kräuterbuch, da allein schon die Familien der Korbblütler *(Asteraceae)*, Raublattgewächse *(Boraginaceae)* und Lippenblütler *(Lamiaceae)* eine große Anzahl an Heil- und Gewürzkräutern enthalten.

Sommerwiese mit Echter Kamille (Chamomilla recutita) und Klatschmohn (Papaver rhoeas)

Korbblütler

Asteraceae und Cichoriaceae

Die artenreiche Familie der Korbblütler umfasst Stauden und Kräuter. Die meist von Hüllblättern umgebenen Blüten setzen sich aus zahlreichen kleinen Einzelblüten zusammen. Die Frucht ist oft eine mit einer Flugausrüstung (Pappushaaren) versehene Schließfrucht (Achäne). Man unterscheidet röhrenblütige und zungenblütige Korbblütler. Bei den röhrenblütigen (Asteroidae) *sind entweder alle Teilblütchen röhrenförmig oder aber nur die Scheibenblüten in der Mitte, die dann jedoch von einem Kranz von Zungenblüten umgeben sind. Die vergrößerten Randblüten sind oft steril und dienen als Schauapparat zum Anlocken von Insekten. Die zungenblütigen Korbblütler* (Cichoroidae) *enthalten meist noch einen Milchsaft.*

Asteroidae

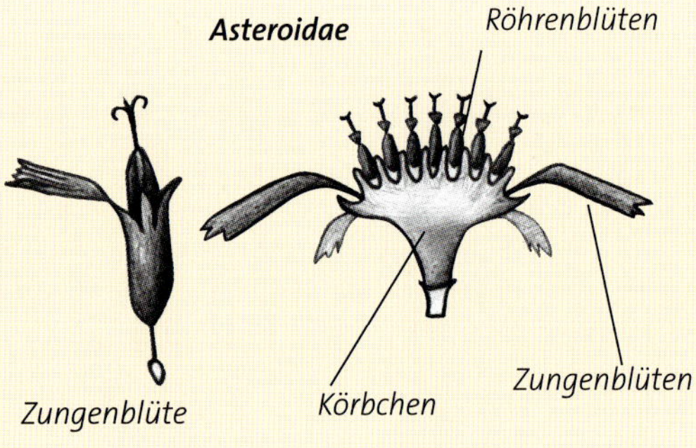

Cichoroidae Zungenblütler

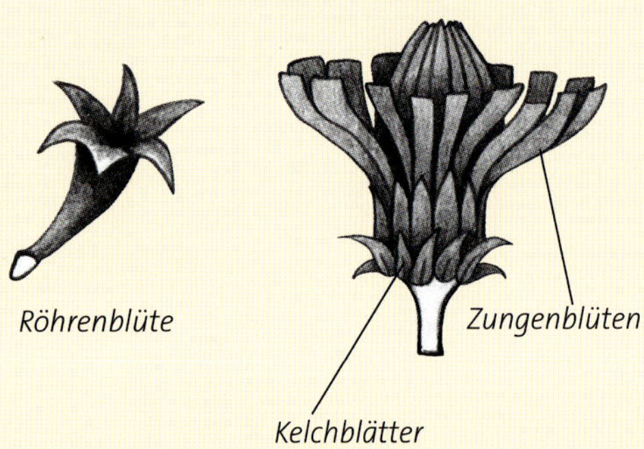

Achillea millefolium L.
GEMEINE SCHAFGARBE

Bauchwehkraut, Achilleskraut, Bertramsgarbe, Blutstillkraut, Schafrippe, Gänsezunge, Tausendblatt, Garbenkraut, Katzenschwanz

Die fein gefiederten Blätter der Schafgarbe wurden früher „Augenbraue der Venus" genannt.

Schafgarbentee wird vor allem bei Störungen im Magen-Darm-Trakt empfohlen („Bauchwehkraut"). Heute weiß man allerdings, dass manche Menschen allergisch auf Korbblütler reagieren und dass sich die zahllosen Kleinarten der Schafgarbe hinsichtlich ihrer Inhaltsstoffe durchaus unterscheiden. Beides sind mögliche Ursachen für Unverträglichkeitsreaktionen bis hin zum allergischen Schock. Auf keinen Fall sollte man die empfohlene Dosis von Schafgarbepräparaten überschreiten. Im Zweifelsfall gilt das Mantra der Pharmawerbung: Zu Risiken und Nebenwirkungen fragen Sie Ihren Arzt oder Apotheker.

- **Beschreibung:** Höhe bis 80 cm; Blätter dunkelgrün, länglich, fein 2–3-fach fiederspaltig zerteilt; Stängel aufrecht, meist behaart, beblättert; Blüten weiß oder lila, trugdoldig in wenigblütigen Körbchen, außen die Zungenblüten, innen die Röhren- oder Scheibenblüten; sehr formenreich, meist wintergrün
- **Blütezeit:** Juni bis Oktober
- **Geruch, Geschmack:** Geruch herb-würzig,

Geschmack jung würzig, später bitterlich, zusammenziehend

- **Standort:** trockene Wiesen, Weiden, Wegränder, Bahndämme
- **Vorkommen:** sehr häufig
- **Droge:** Herba, Flores Millefolii
- **Inhaltsstoffe:** ätherische Öle (Azulen, Cineol), Bitterstoffe, Gerbstoffe, Flavonoide, Cumarine, Samen Öl
- **Anwendung:** bei Bauchweh, Magen-Darm-Störungen, Blähungen, Leber- und Gallenleiden, Appetitlosigkeit, Menstruationsbeschwerden, blutenden Wunden, Geschwüren, Hauterkrankungen, Zahnfleischbluten, Weißfluss, krampfartigen Verspannungen der weiblichen Unterleibsorgane
- **Verwendung:** Tee, Presssaft, Umschläge, Spülungen, Bäder, Gewürz (Quark, Kräuterbutter, Salat, Suppen, Soßen); Blätter zum Gelbfärben von Wolle
- **Homöopathisch**: s. o. und vor allem gegen Blutungen
- **Sammelgut, Sammelzeit:** junge Blätter April bis Juni, Blüten und blühende Triebspitzen Juni bis August
- **Verwechslung:** keine
- **Sonstiges:** Tagesdosis ca. 4,5 g; Vorsicht bei Allergien gegen andere Korbblütler und Azulen

Antennaria dioica GEMEINES KATZENPFÖTCHEN

■ ***geschützt*** ■

Immortelle, Sand-Strohblume, Immerschön, Ruhrkraut, Mottenkraut, Sonnengold

Manche früheren Heilpflanzen können heute nicht mehr zum Sammeln empfohlen werden. Bei einigen hat man durch Inhaltsstoffanalysen Gifte festgestellt, die sich z. T. erst über längere Zeiträume bemerkbar machen; andere – darunter das Katzenpfötchen – sind durch Industrialisierung, Überdüngung, Entwässerung und andere Faktoren so stark zurückgegangen, dass sie als gefährdet eingestuft werden müssen. Früher wurde das Katzenpfötchen bei Leber- und Gallenleiden, Bronchitis und Durchfall empfohlen, und bis heute finden sich die Blütenstände in Trockensträußen, für die aber die kultivierte Sand-Strohblume *(Helichrysum arenarium)* und die aus Australien stammende Immortelle *(H. bracteatum)* ebenso geeignet sind. Weil auch das Katzenpfötchen bisweilen „Sand-Strohblume“ oder „Immortelle“ genannt wird und umgekehrt getrocknete *H.-arenarium*-Blüten auch als „Katzenpfötchenblüten“ im Umlauf sind, muss man sich an die wissenschaftlichen Namen halten.

Die weiblichen Blüten und Hüllblätter des Katzenpfötchens sind rosarot.

- **Beschreibung:** Höhe bis 30 cm; weißfilzig behaart; Blätter ganzrandig, ungestielt, wechselständig, halb stängelumfassend, unten spatelförmig, oben lanzettlich; Stängel rund, aufrecht; Blüten röhrenförmig, in vielblütiger Schirmtraube; zweihäusig, ausgebreitet, Hüllblätter weiß; weibliche rosarot, aufrecht; Achäne mit Pappus; ausdauernd
- **Blütezeit:** Mai bis August

Die männlichen Blüten haben weiße, trockenhäutige Hüllblätter.

Wie das Katzenpfötchen ist auch die Sand-Strohblume wollig bis weißfilzig behaart.

- **Geruch, Geschmack:** geriebene Blüten duften würzig, Geschmack bitterlich, zusammenziehend
- **Standort:** trockene, sandige, kalkarme Heiden, Magerrasen, Bergweiden, Wegränder, Gärten
- **Vorkommen:** zerstreut
- **Droge:** Flores Antennariae dioicae
- **Inhaltsstoffe:** Flavonoide, Kaempferolglykoside, Bitterstoffe, ätherische Öle, Cumarine
- **Anwendung:** Leber-, Gallenleiden, Gelbsucht, Bronchitis, Durchfall
- **Verwendung:** Tee, Schmuckdroge in Brusttees
- **Sammelgut, Sammelzeit:** Blütenköpfe Mai bis September
- **Verwechslung:** Sand-Strohblume: Hüllblätter gold- bis orangegelb, harntreibend, Schmuckdroge; Immortelle: Blüten gelb, rot, purpur, blau, weiß; Zierpflanze

Arctium lappa L. GROSSE KLETTE

Kladde, Klebern, Butzenklette

Vielen Städtern ist der Klettverschluss vertrauter als die Pflanze, die seinem Erfinder als Vorbild diente. Dabei kommt die Große Klette durchaus in der Stadt vor – an Bahndämmen z. B. oder auf verwilderten Grundstücken. Die hakenartigen Hüllblätter haben es dank ihrer „Anhänglichkeit“ zu sprichwörtlicher Berühmtheit gebracht: Menschen, die nicht voneinander lassen können, „hängen wie Kletten aneinander“.

Kletten werden seit alters her als Wildgemüse genutzt und zu Heilzwecken herangezogen. Moderne Analysen bestätigen laut Bisset & Wichtl die antibiotischen Qualitäten der Wurzelextrakte und die Stimulation der Leber- und Gallenfunktion, nicht jedoch die Hoffnungen der Glatzenträger und jener, die es zu werden fürchten. Die drei Klettenarten können in gleicher Weise verwendet werden. Die gerösteten Wurzeln dienen als Kaffeeersatz.

- **Beschreibung:** Höhe bis 2 m; Blätter in grundständiger Rosette, groß, herzförmig, lang gestielt, grob gezähnt, oberseits grün, unterseits weißgrau, filzig; Stängel sehr kräftig, markig, gerieft, oft behaart, Blätter wechselständig; Blüten groß (3–4 cm), in Scheindolden, rot bis rotviolett in fast runden, gestielten Köpfchen, Hüllblätter grün, hakenförmig nach oben gekrümmt (Kletten); Früchte hell rötlichbraun mit Haarkranz; blüht erst im zweiten Jahr; Wurzel spindelig, bis 50 cm lang, verzweigt; zweijährig
- **Blütezeit:** Juli bis September
- **Geruch, Geschmack:** Wurzel: Geruch muffig

Unten links: Blütenköpfchen der Großen Klette mit gekrümmten Hüllblättern.

Unten Mitte: Die Blattrosetten können leicht verwechselt werden.

*Unten rechts: Bei der Filzigen Klette (*Arctium tomentosum*) sind Blattunterseiten und Blütenkörbchen von dichter weißer „Wolle“ als Strahlenschutz umhüllt. Anstelle der Widerhaken hat sie Klebfäden.*

Blühende Arnika auf einer Almwiese.

bis intensiv scharf, Geschmack schleimig, süßlich bis bitter

- **Standort:** Wegränder, Bahndämme, Kiesgruben, Zäune
- **Vorkommen:** verbreitet
- **Droge:** Herba, Folia, Radix, Fructus Bardanae
- **Inhaltsstoffe:** ätherische Öle, Glykoside, Gerb-, Schleim-und Bitterstoffe, Inulin, fettes Öl
- **Anwendung:** bei Hautleiden, Gicht, rheumatischen Beschwerden, Diabetes, Wunden, Verdauungsstörungen, Leber- und Gallenbeschwerden
- **Verwendung:** Tee, Umschläge, Gemüse (junge Triebe, Wurzel)
- **Homöopathisch:** s. o.
- **Sammelgut, Sammelzeit:** Blätter April bis Mai, Wurzeln (September des 1. Jahres, März, April des 2. Jahres), Samen
- **Verwechslung:** Huflattich: junge Blätter beidseitig weißfilzig, lang gestielt, herzförmig, ledrig; Pestwurz, junge Blätter; Kleine Klette *(A. minus):* Höhe bis 120 cm, Blüte 1–2 cm im Durchmesser

Arnica montana L.
ARNIKA

■ ***geschützt, schwach giftig*** ■
Bergwohlverleih, Fallkraut, Johannisblume, Schnupftabaksblume, Stichwurzel, Kraftrose

Die Klassiker der griechisch-römischen Natur- und Heilkunde scheinen die Arnika nicht gekannt zu haben. Im 12. Jahrhundert wird sie von Hildegard von Bingen erwähnt, die jedoch davor warnt: „Und wenn ein Mann oder eine Frau in Begierde brennt und wenn ein Mensch jenen oder jene an der Haut mit grüner Arnika berührt, wird er in Liebe zu ihm entbrennen, und nachdem dann jenes Kraut vertrocknet ist, wird dann der Mann oder die Frau, die mit diesem Kraut berührt worden ist, von jener Liebe, in der er entbrannt ist, beinahe betört, so dass er fortan dumm sein wird."

Der phänomenale Aufstieg der Arnika in der Pflanzenheilkunde erfolgte erst im 17. und 18.

Für pharmazeutische Zwecke wird die nordamerikanische Wiesenarnika (A. chamissonis subsp. foliosa) *angebaut.*

Jahrhundert. Arnikapräparate werden bei Prellungen, Verstauchungen, Blutergüssen und Insektenstichen empfohlen, zerquetschte Blätter auch als Erste Hilfe. Schlucken sollte man Arnika nicht, da sie auch Inhaltsstoffe wie das Herzgift Helenalin enthält.

Der Arnika wurde so sehr nachgestellt, dass sie in vielen Gebieten nicht mehr zu finden ist. In Deutschland steht sie unter Schutz. Düll & Kutzelnigg empfehlen, auf *Calendula* (s. S. 59) auszuweichen, die die gleichen Wirkstoffe enthält.

- **Beschreibung:** Höhe bis 60 cm; Blätter in grundständiger Blattrosette, oval-eiförmig, deutlich 5-nervig, Stängelblätter gegenständig, sitzend; Stängel aufrecht, weich behaart, meist nicht verzweigt; Blüten dotter- bis orangegelb, Randblüten bis 2,5 cm lang; Früchte mit langen Pappushaaren; langer, ± kriechender Wurzelstock; ausdauernd
- **Blütezeit:** Juni bis August
- **Geruch, Geschmack:** Geruch aromatisch, Geschmack bitter
- **Standort:** saure Böden, Streu-, Almwiesen, Heiden, bis über 2500 m Höhe
- **Vorkommen:** selten
- **Droge:** Flores, Herba, Rhizoma Arnicae
- **Inhaltsstoffe:** Flavonoide, ätherische Öle (Chinon), Cholin, Cumarine, Alkaloide, Helenalin, Bitter-, Gerb- und Schleimstoffe, Harz; Rhizom: Stärke, Inulin
- **Anwendung:** bei Wunden, Kreislaufschwäche, Prellungen, Verstauchungen, Blutergüssen, rheumatischen Beschwerden, nach Insektenstichen
- **Verwendung:** Tinktur, Salbe, Umschläge
- **Homöopathisch:** s. o. und bei Blutungen, Herz- und Kreislauferkrankungen
- **Sammelgut, Sammelzeit:** Blüten Juni bis August, Blätter Mai, Wurzeln März, April, September
- **Verwechslung:** Breitwegerich (s. S. 106): ähnliche Blattrosetten, aber andere Blüten, anderer Standort
- **Sonstiges:** Tinktur nur verdünnt (4–5-fach), nicht auf offene Wunden und nicht innerlich anwenden

Artemisia spec.
BEIFUSS, WERMUT

Artemisia-Arten sind seit Urzeiten als Heil-, Opfer- und Zauberpflanzen, Aphrodisiaka und Rauschmittel genutzt worden. Christian Rätsch berichtet in seinem Artemisia-Kapitel, dass Beifuß bereits an den Siedlungsstätten der Rentierjäger von Lascaux in großer Menge nachgewiesen werden konnte und Wermut schon im alten Ägypten als Heilmittel bekannt war. Die die Sinne verwirrenden Qualitäten des Wermuts werden in der Bibel erwähnt: „Mit bitterer Not hat er mich gesättigt, mit Wermut berauscht" (Klagelieder 3, 15). Der bittere Geschmack der Pflanze führte später dazu, dass man das Wort im übertragenen Sinn auch als „bittere Not" verstand. Der „Wermutstropfen", der die Freude trübt, ist sprichwörtlich geworden.

Artemisia vulgaris L.
GEMEINER BEIFUSS

■ ***Vergiftungen möglich*** ■

Gänsekraut, Jungfernkraut, Weiberkraut, Wilder Wermut, Fliegenkraut, Besenkraut

Zur artenreichen Familie *Artemisia* gehören zahlreiche bekannte Gewürzkräuter wie der Gemeine Beifuß, der Wermut und der Estragon *(A. dracunculus)* sowie die nach Zitrone duftende, bis 1 m hoch werdende Eberraute *(A. abrotanum)* und der in Mittelasien beheimatete immergrüne Wurm- bzw. Zitwersamen *(A. cina)*.

In Europa findet der Beifuß heute fast nur noch als Küchengewürz Verwendung, und bei Allergikern sind die aggressiven Beifußpollen gefürchtet. Früher war das anders. Der Ethnobotaniker Wolf-Dieter Storl verweist auf eine Vielzahl von Anwendungen in der mittelalterlichen und frühneuzeitlichen Frauenheilkunde, z. B. zur Einleitung der Geburt, als Sitzbad gegen Unfruchtbarkeit, bei ausbleibender Menstruation sowie als Abtreibungsmittel.

Seit über zweitausend Jahren ist der Beifuß auch Bestandteil der „Moxibustion", einer Heilmethode der Traditionellen Chinesischen Medizin, die Edoardo Fazzioli wie folgt beschreibt: „Kleine Kegel aus getrockneten, fein zerriebenen Beifußblättern werden auf die Haut gesetzt und unten angezündet. Beifußpulver brennt ohne Flamme." Nach dem Heilpflanzenkodex Ben Cao aus dem frühen 16. Jahrhundert (s. S. 25) wurden Komakranke wieder zu Bewusstsein gebracht, indem man ihnen den Bauchnabel mit Küchensalz füllte, darüber eine frische Ingwerscheibe legte und auf dieser einen Beifußkegel entzündete.

Dass Beifuß, am Fuß getragen, vor Müdigkeit schützen soll, ist genauso eine Legende wie das Märchen, das Kraut helfe bei der Hundeerziehung, damit der Hund „bei Fuß" geht.

■ **Beschreibung:** Höhe bis 150 cm; Blätter gefiedert, gesägt, am Grund geöhrt, Oberseite

Der Gemeine Beifuß hat dunkelgrüne, oberseits kahle Blätter. Die blühenden Triebspitzen ergeben ein gutes Gewürz für Gänse- und Schweinebraten.

„Mit einer Pflanze, die dem Gewittergott geweiht ist, lässt sich gut Wetterzauber betreiben. Noch lange nach der Bekehrung zum Christenglauben sammelten die Bauern zur Jahreszeit Beifuß und steckten Zweiglein über die Haustür oder unter das Dach, um Blitzschlag abzuwenden."

Wolf-Dieter Storl,
Heilkräuter und Zauberpflanzen

Unten links: Der Französische Estragon, den man in vielen Kräutergärten findet. Die kahlen, ungeteilten, lanzettlichen Blätter verfeinern mit ihrem Aroma Gemüse-, Fisch- und Fleischgerichte.

Unten rechts: Der Zitwerbeifuß hat fein gefiederte Blätter. Noch nicht aufgeblühte Knospen, die sogenannten „Zitwersamen", wurden früher gegen Spulwürmer verwendet.

dunkelgrün, kahl, Unterseite silbern, filzig behaart; Stängel gerillt, unten kahl, oft rötlich, reich verzweigt, nicht verholzend; Blüten unscheinbar, gelblich oder rötlichbraun, in dichten beblätterten Rispen, Hüllblätter weichfilzig, oft bräunlich oder rötlich überlaufen; kein Haarkranz; Wurzelstock verholzt, ästig

- **Blütezeit:** August bis September
- **Geruch, Geschmack:** Geruch aromatisch, Geschmack bitter aromatisch
- **Standort:** Lehm- oder Tonboden, Wegränder, Gebüsche, Dämme, Ruderalstellen
- **Vorkommen:** häufig
- **Droge:** Herba, Radix Artemisiae
- **Inhaltsstoffe:** ätherische Öle (Cineol), Bitterstoffe, Gerbstoff, Schleim, Inulin, Vitamine
- **Anwendung:** bei Appetitlosigkeit, Verdauungsstörungen, Galleleiden, Menstruationsstörungen, gegen Fieber, Würmer, Insekten
- **Verwendung:** Tee, Gewürz
- **Homöopathisch:** s. o. und gegen Epilepsie
- **Sammelgut, Sammelzeit:** Kraut März, April, blühende Zweigspitzen Juli, August, Wurzel September, Oktober
- **Verwechslung:** andere *Artemisia*-Arten: Blätter anders gefärbt
- **Sonstiges:** Pollenallergiker sollten Beifuß nicht als Gewürz verwenden; bei Schwangerschaft ist wegen der abtreibenden Wirkung Vorsicht geboten

Der Wermut mit den gelben, nickenden Blütenköpfchen ist der einzige heimische Korbblütler mit verholzter Stängelbasis.

Artemisia absinthium L.
WERMUT, ABSINTH

▪ *giftig* ▪
Alsem, Wurmkraut

Der aus *Artemisia absinthium* destillierte Absinth-Schnaps hat Tausende von Abhängigen in einen elenden Tod getrieben und ist in Deutschland seit 1921 verboten. Das im alkoholischen Auszug gelöste Nervengift Thujon ruft epileptische Krämpfe und bleibende psychische Schäden hervor. Als Heilmittel bei Problemen im Magen-Darm-Trakt (Blähungen, Bauchschmerzen, Gallensteine) werden Wermut-Präparate nach wie vor angeboten, wobei Überdosierungen unbedingt vermieden werden müssen.

- **Beschreibung:** Höhe bis 80 cm; Blätter feinfilzig, grau, 2–3-fach gefiedert, gestielt; Stängel seidig, filzig, stark verästelt, im unteren Abschnitt verholzt; Blüten gelb, kugelig, kurz gestielt, nickend, in Trauben; windblütig; Köpfchenboden behaart; kein Haarkranz; Wurzelstock reich verzweigt
- **Blütezeit:** Juli bis September
- **Geruch, Geschmack:** Geruch aromatisch, Geschmack sehr bitter
- **Standort:** kalkarme, trockene Wegränder, Kiesgruben, Ruderalstellen
- **Vorkommen:** östliches Mittelmeergebiet, ansonsten kultiviert
- **Droge:** Herba, Flores, Absinthii
- **Inhaltsstoffe:** Bitterstoffe (Absinthin), ätherische Öle (Thujon, Proazulen), Vitamine
- **Anwendung:** bei Appetitlosigkeit, Verdauungsstörungen, Magen-Darm- und Leber-Gallen-Erkrankungen, Darmparasiten, Schnupfen
- **Verwendung:** Tee, Teemischungen, Pulver, Wein, Likör
- **Homöopathisch:** s. o. und bei nervösen Krampfleiden
- **Sammelgut, Sammelzeit:** blühendes Kraut Juli bis September
- **Verwechslung:** Beifuß (s. S. 55): Blätter oberseits nicht filzig behaart
- **Sonstiges:** Tagesdosis: 1 Tasse Tee

Bellis perennis L. GÄNSEBLÜMCHEN

Maßliebchen, Tausendschön, Marienblümchen, Möppelchen, Katzenblümchen

Gänseblümchen bilden mit ihren Blattrosetten dichte Teppiche auch im häufig gemähten Rasen.

Es ist erstaunlich, wo das Gänseblümchen überall wächst: auf Wiesen und Rasenflächen, in Parks und Gärten, auf trittstrapazierten Sportplätzen und Schulhöfen, auf dem unscheinbaren Grünstreifen zwischen Fahrradweg und Bundesstraße. Schade, dass diese Standorte oft verunreinigt sind, denn das anspruchslose Pflänzchen, das obendrein fast ganzjährig blüht, ist von der Wurzel bis zu den Blüten essbar. Weil es auch noch hübsch aussieht, wird es gern als Salatdekoration verwendet oder aufs Butterbrot gelegt.

In der Naturheilkunde gilt das Vitamin-C-haltige Gänseblümchen wegen seiner schleimlösenden Eigenschaften seit langem als Mittel bei Bronchialkrankheiten und Asthma; auch gegen Geschwülste, Nieren- und Leberleiden sowie Hautausschläge und Furunkel wird es eingesetzt. Zerquetschte Pflanzen können, ähnlich wie die Arnika (s. S. 53), als Erste-Hilfe-Mittel bei Verstauchungen und Prellungen dienen.

Der deutsche Name „Maßliebchen" hat nichts damit zu tun, dass das Gänseblümchen sich wie die verwandte Margerite gelegentlich für „Er-liebt-mich-er-liebt-mich-nicht"-Spielchen die Blütenblätter abrupfen lassen muss, man in ihm also ein „Maß für die Liebe" des oder der Angehimmelten zu sehen glaubt. Wie Wolf-Dieter Storl berichtet, bieten die Experten zwei völlig verschiedene Erklärungen an. Zum einen heißt es, „Maßliebchen" stamme vom keltischen Wort *mas* = Anger, Wiese ab, weil es auf der Wiese wächst. Die andere Version steht im *Herkunftswörterbuch* des Großen Dudens, das eine Ableitung vom mittelniederländischen *matelieve* konstatiert, was soviel wie „Esslust" bedeutet und auf die appetitanregenden Eigenschaften der Pflanze anspielt.

- **Beschreibung:** Höhe bis 15 cm; Blattrosette wintergrün, Blätter behaart, gekerbt, spatelförmig; Stängel kurzhaarig oder kahl, ohne Blätter, mit nur 1 Blüte; Blütenköpfchen mit gelben Röhrenblüten, Zungenblüten weiß, oft rosa überhaucht, Hüllblätter grün, länglich in 2 Reihen; Frucht klein, eiförmig, ohne Pappushaare; Wurzelstock kurz, dick; ausdauernd
- **Blütezeit:** ganzjährig
- **Geruch, Geschmack:** geruchlos, Geschmack mild, erst süßlich, dann bitter
- **Standort:** Wiesen, Weiden, Gärten, Parks
- **Vorkommen:** sehr häufig
- **Droge:** Flores, Herba Bellidis
- **Inhaltsstoffe:** Saponine, ätherische Öle, Schleim, Bitterstoffe, Gerbstoffe, Flavonoide, Inulin
- **Anwendung:** bei Quetschungen, Verstauchungen, Wunden, Hautkrankheiten, Husten, Angina, Asthma (schleimlösend), starken Menstruationsschmerzen, Leberleiden, Gelbsucht, zur Blutreinigung
- **Verwendung:** Tee, Saft, Sirup, Salat, Suppe, Kapernersatz
- **Homöopathisch:** s. o. und bei Blutungen, rheumatischen Beschwerden
- **Sammelgut, Sammelzeit:** Blüten, Blätter ganzjährig
- **Verwechslung:** keine

Calendula officinalis L.
RINGELBLUME

Garten-Ringelblume, Goldblume, Goldrose, Ringelrose, Sonnwendblume, Totenblume

Die Ringelblume hat auch im Zeitalter der chemisch-industriellen Pharmazeutik ihre Nische als entzündungshemmendes und antibakterielles pflanzliches Heilmittel erfolgreich verteidigt – nicht zuletzt dank des Einsatzes von Pfarrer Kneipp, der große Stücke auf sie hielt. Salben aus den Blüten zur Wundbehandlung und Ringelblumenextrakte zum Gurgeln bei Entzündungen der Mund- und Rachenschleimhaut gehören in vielen Hausapotheken zum Inventar. „Calendulatonikum" mit Rosenwasser und – bei Bedarf – 3 Tropfen Geranienöl wird von Stephanie Faber als Naturkosmetikum bei „großporiger, müder und schlecht durchbluteter Haut" empfohlen. Die innere Anwendung bei Leber-, Gallen- und Magenleiden spielt dagegen nach Bisset & Wichtl heutzutage nur noch eine untergeordnete Rolle. Hildegard von Bingen empfahl die Ringelblume gegen Vergiftungen, Kopfgrind und Verdauungsstörungen, letzteres allerdings nur bei Weidetieren.

In freier Natur wird man bei uns allenfalls in der Nähe menschlicher Siedlungen Gartenflüchtlinge dieser ursprünglich aus dem Mittelmeergebiet stammenden Heilpflanze finden. In einigen klimatisch begünstigten Gegenden kommt jedoch hier und da noch die Acker-Ringelblume *(C. arvensis)* mit kleineren, hellgelben Blüten vor. Sie darf aber wegen ihrer Seltenheit (RL 2) nicht gesammelt werden. Da sich die Garten-Ringelblume leicht züchten lässt – wegen ihrer heilenden Eigenschaften und ihrer attraktiven, auch zum Färben von Butter und Käse geeigneten Blüten fehlte sie früher in kaum einem Bauerngarten –, stammen die handelsüblichen *Calendula*-Präparate überwiegend aus angebauten Pflanzen.

- **Beschreibung:** Höhe bis 50 cm; Blätter fleischig, weichhaarig, spatelig, ungestielt, wechselständig; Stängel aufrecht, drüsig behaart, verzweigt; Blüten 2–5 cm groß, gelb bis orangegelb; Hüllblätter grün; Früchte stark gekerbt, ± einwärts gebogen (Name!); Wurzelstock spindelförmig; einjährig
- **Blütezeit:** Juni bis Oktober
- **Geruch, Geschmack:** Geruch der Blüten aromatisch, Geschmack bitter-herb
- **Standort:** kultiviert, Gärten
- **Vorkommen:** Mittelmeergebiet, verwildert
- **Droge:** Flores cum/sine calycibus, Herba Calendulae
- **Inhaltsstoffe:** ätherische Öle (mit Carotin und Lycopin), Bitterstoffe (Calendulin), Schleim, Saponine, Glykoside, Cumarine
- **Anwendung:** bei Leber- und Gallenleiden, Magen-, Darmgeschwüren, Wunden, Geschwüren (Ulcus cruris), Mund- und Rachenschleimhautentzündungen, Fieber, Krämpfen
- **Verwendung:** Tee, Salbe (Hautpflege), Tinktur, Presssaft, Bäder, Gewürz, Dekoration
- **Homöopathisch:** s. o.
- **Sammelgut, Sammelzeit:** ganze Blüten bzw. Zungenblüten ohne Hüllblätter Juni bis Oktober
- **Verwechslung:** Ackerringelblume *(C. arvensis):* wild auf Äckern und in Weinbergen, Blüten 1–2 cm, hellgelb, selten
- **Sonstiges:** Ringelblumen wurden früher auch als „falscher Safran" verwendet

Ringelblumen stammen aus dem Mittelmeerraum und kommen in Mitteleuropa vornehmlich in Gärten vor.

Chamomilla spec.
Matricaria spec.
Chamaemelum spec.
KAMILLEN

Keine andere Heilpflanze wird in Deutschland und in den meisten anderen europäischen Ländern so häufig verwendet wie die Kamille – und kaum ein anderer deutscher Pflanzenname wird auf so viele unterschiedliche Arten bezogen! Es gibt viele kamillenähnlich aussehende Korbblütler, duftende ebenso wie geruchlose, die ursprünglich bei uns nicht heimisch waren, sondern sich erst in jüngerer Zeit ansiedelten. Der Anbau der Echten Kamille war früher in Sachsen ein nicht unbedeutender Wirtschaftsfaktor. Heutzutage stammen die meisten Präparate aus West- und Südosteuropa oder gar aus Südamerika.

Chamomilla recutita (L.) *Rauschert*
ECHTE KAMILLE

Echte Kamille: Die Blüte setzt sich aus weißen Zungen- und gelben Röhrenblüten zusammen.

Die Echte Kamille *(Chamomilla recutita)* erkennt man daran, dass der kegelförmige Köpfchenboden der Blüten hohl ist, während er bei der Strahlenlosen *(Matricaria discoidea)* und der Römischen Kamille *(Chamaemelum nobile)* markig-gefüllt ist. Die angenehm duftende Römische Kamille oder Hundskamille hat ihr Hauptverbreitungsgebiet in West- und Südeuropa.

Die Anwendungsmöglichkeiten der Echten und der Römischen Kamille überschneiden sich. Bekannt ist ihre Wirkung gegen Krämpfe, verschiedene Magenleiden, bei Entzündungen des Mund- und Rachenraums und der Bronchien sowie bei Frauenleiden und Hauterkrankungen. Auch in der Kinderheilkunde und sogar in der Tiermedizin wird Kamille eingesetzt. Anders als bei vielen anderen in der Volksheilkunde empfohlenen und genutzten Pflanzen sind die antibakteriellen Wirkstoffe der Kamillen experimentell nachgewiesen (s. Bissett & Wichtl). Gewarnt wird allerdings vor allergischen Reaktionen und der regelmäßigen Einnahme von Kamillentee über längere Zeiträume hinweg. Nah verwandt mit der ausdauernden Römischen Kamille sind auch die Färberkamille *(Anthemis tinctoria)*, aus deren gelben Zungenblüten ein gelber Farbstoff gewonnen wurde, und die weit verbreitete, medizinisch nicht verwendbare Acker-Hundskamille *(A. arvensis)* mit weißen Zungenblüten, einem gewölbten, markigen Blütenboden und ohne aromatischen Geruch.

- **Beschreibung:** Höhe bis 50 cm; Blätter fein 2–3-fach gefiedert mit schmalen, linealen Blättchen; Stängel rund, aufrecht, verzweigt, mit einzelnen bzw. wenigen Blütenköpfchen (5–8 mm breit), Röhrenblüten goldgelb, Zungenblüten weiß, keine Spreublätter; Köpfchenboden kegelförmig, hohl; Frucht klein, 5-rippige Achäne ohne Pappushaare; Wurzel spindelförmig, einjährig
- **Blütezeit:** Mai bis August
- **Geruch, Geschmack:** charakteristischer Kamillengeruch; Geschmack würzig, bitter
- **Standort:** kalkarme, trockene Äcker, Brachen,

Wegränder, Wiesen, Kiesgruben, Schuttplätze, wärmeliebend

- **Vorkommen:** weit verbreitet, oft kultiviert und verwildert
- **Droge:** Flores Chamomillae
- **Inhaltsstoffe:** ätherische Öle (Chamazulen, Bisabolol), Flavonoide, Glykoside, Schleimstoffe, Cumarin, Bitterstoffe
- **Anwendung:** bei Krämpfen aller Art, Magenschleimhautentzündung, -geschwüren, Blähungen, Entzündungen, Magenverstimmung, Halsschmerzen, Stirn- und Nebenhöhlenvereiterungen, Zahnfleischbluten, Frauenleiden, im Wochenbett, bei Hauterkrankungen, Hämorrhoiden usw.
- **Verwendung:** Tee, Umschläge, Bäder, Gurgelwasser, Inhalation, Salbe, Öl, Haarwäsche (pflegend und bleichend)
- **Homöopathisch:** s. o. und bei reizbaren Verstimmungszuständen
- **Sammelgut, Sammelzeit:** Blütenköpfchen Mai bis August
- **Verwechslung:** Strahlenlose Kamille: Höhe bis 40 cm, Stängel stark verzweigt, Zungenblüten fehlen, Röhrenblüten grünlich-gelb, stark duftend; Duftlose Kamille *(M. inodora)*: Köpfchenboden markig, sehr häufig, enthält kein Proazulen – deshalb keine entzündungshemmende Wirkung; Acker-Hundskamille s. o.
- **Sonstiges:** Aus dem in den Blüten enthaltenen Proazulen (Chamazulen) entsteht durch Erhitzen (Überbrühen mit kochendem Wasser) das Azulen.

Der Strahlenlosen Kamille fehlen die weißen Zungenblüten.

Bei der Römischen Kamille ist der Köpfchenboden flach gewölbt, markig und mit trockenhäutigen Spreublättern besetzt.

Die purpurrot blühende Mariendistel ist im Mittelmeerraum beheimatet.

Cirsium spp. *Carduus spp.* *Carlina spp.*
DISTELN

Schmökert man in älteren Texten über die Disteln, ergibt sich ein ambivalentes Bild: Da ist auf der einen Seite das stachelige Gewächs, das einem schmerzhafte Kratzer zufügen kann und, wenn es überhand nimmt, gutes Weide- oder Ackerland in eine wertlose Wildnis verwandelt. Auf der anderen Seite sind viele Disteln essbar – darunter die Artischocke (Cynara scolymus), *eine der edelsten und teuersten Gemüsepflanzen Europas. Die skurrile Schönheit der Distelblüten und -blätter weckte nicht nur das Interesse der Botaniker, sondern auch die Neugier der Künstler, und einige Arten sind tief in Religion und Mythos verankert.*

Carlina acaulis L.
SILBERDISTEL

■ ***geschützt*** ■

Stängellose Eberwurz, Mariendistel, Schweinedistel, Wilde Artischocke, Jägerbrot, Wetterdistel, Karlsdistel

Früher wurde der Blütenboden der jedem Bergwanderer vertrauten Silberdistel als „Jägerbrot“ verzehrt, ebenso wie jener der Artischocke. In der Heilkunde fanden Wurzelextrakte als Gurgelwasser gegen Halsentzündungen sowie bei Nieren- und Magenleiden Verwendung; äußerlich bekämpfte man damit Hautausschläge (nach Bisset & Wichtl konnten in der Droge tatsächlich antibakterielle Wirkstoffe festgestellt werden). Verwendet werden die langen Pfahlwurzeln.

Rechts: Nur bei schönem Wetter öffnet die Silberdistel ihre Blüte.

- **Beschreibung:** Höhe bis 10 cm; grundständige Blattrosette, Blätter stachelig, fiederspaltig, gezähnt, unterseits wollig behaart; Stängel kurz oder fehlend; Blüten bis 15 cm groß, weißlich bis rotviolett, Hüllblätter silbrig weiß glänzend (= strahlend); Achänen dicht anliegend, gelb behaart; Wurzel dick, ca. 10 cm lang, gelblichbraun mit Milchsaft; ausdauernd
- **Blütezeit:** Juli bis September
- **Geruch, Geschmack:** Wurzel riecht frisch unangenehm scharf, getrocknet angenehm aromatisch, schmeckt erst süßlich, dann bitter, scharf
- **Standort:** trockene, sonnige Bergwiesen, Wegränder, kalkliebend
- **Vorkommen:** zerstreut, kultiviert
- **Droge:** Radix Carlinae
- **Inhaltsstoffe:** ätherische Öle, Inulin, Gerbstoffe, Bitterstoffe, Harz
- **Anwendung:** bei Appetitlosigkeit, Nieren-, Leber-, Magenleiden, Erkältungs- und Hautkrankheiten, Wunden, zur Mundspülung
- **Verwendung:** Tee, Tinktur, Pulver, Magenbitter, Umschläge; Tiermedizin als Mast- bzw. Brunftmittel
- **Homöopathisch:** s. o.
- **Sammelgut, Sammelzeit:** Wurzel (ungeschält) März, April und September, Oktober
- **Verwechslung:** Golddistel *(C. vulgaris)* Höhe bis 50 cm, Stängel beblättert, Hüllblätter strohgelb, zweijährig
- **Sonstiges:** Vorsicht: kann in höherer Dosis zu Durchfall und Erbrechen führen

Cirsium arvense **ACKERKRATZDISTEL**

Medizinisch genutzt wurde bzw. wird auch die Ackerkratzdisteln (Cirsium arvense) *mit dornigen Blättern.*

Cirsium oleraceum **KOHLDISTEL**

Kohldisteln (C. oleraceum) *gelten in der Volksheilkunde als Wundheil- und Stärkungsmittel (Magenbitter) und sind außerdem als Gemüse verwendbar.*

Weitere Distelarten

Die Arten der Gattung *Carduus* haben stachelig gezähnte Blätter und Früchte ohne gefiederten Pappus. Der bekannteste Vertreter ist die im Mittelmeergebiet beheimatete, purpurrot blühende Mariendistel (früher *Carduus marianus*, jetzt *Sylibum marianum)*, deren Blätter oberseits weiß marmoriert sind. Der Legende nach stammen die streifigen, hellen Flecken von der Muttergottes, die auf der Flucht vor den Schergen des Herodes ihre Milch verlor. Mariendistelpräparate werden zur Stabilisierung der Leber herangezogen, des Weiteren bei Herz-, Kreislauf- und Verdauungsbeschwerden. Wirksam sind vor allem die Bitterstoffe, die aus Blättern, Wurzeln und Samen extrahiert werden.

Cichorium intybus L.
WEGWARTE

Wilde Zichorie, Wilde Endivie, Wegeleuchte, Wegelungen, Sonnenwende

„Wegwart oder Wegweiß wird also genannt / dieweil es in allen Strassen oder Wegen gemein wächst. Heist auch Sonnenwendel / Sonnenwirbel / dieweil seine Blumen sich allwegen gegen der Sonnen wenden." So beginnt Adamus Lonicerus sein Kapitel über die Wegwarte, eine stattliche Pflanze, deren blaue, sternförmige Korbblüten erst im Hoch- und Spätsommer ihre Kelche öffnen, wenn die meisten anderen Wildblumen längst verblüht sind. Im Brauchtum symbolisiert sie das im Stich gelassene Mädchen, das ebenso treu wie vergeblich auf die Heimkehr des Geliebten wartet. Sogar zauberische Kräfte wurden ihr nachgesagt. Detlef Ernet berichtet: „Wenn jemand eine Person, die er liebt, mit einer am Karfreitag mittels einer Silbermünze unter Anrufung der Dreieinigkeit ausgegrabenen Wegwarte berührt, wird sie in glühender Liebe zu ihm entbrennen."

Wegwarte – die blaue Blume am Wegesrand.

Wie viele andere Kräuter mit Bitterstoffen wurde auch die Wegwarte bei Leber- und Gallenleiden und zu Frühjahrskuren herangezogen. Eine vom Löwenzahn (s. S. 73) her bekannte Verwendung besteht darin, die Wurzeln zu rösten und als „Zichorienkaffee" zu nutzen.

In der Blütentherapie von Dr. Edward Bach wird *Cichory* für Menschen empfohlen, die zu Egozentrik, Kontrollsucht und Selbstmitleid neigen und mit den daraus resultierenden Problemen nicht fertig werden. Nah verwandt mit der Wegwarte ist die als Salatpflanze kultivierte Winterendivie *(C. endivia)*.

- **Beschreibung:** Höhe bis 120 cm; grundständige Blattrosette mit verkehrt-eiförmigen Blättern, untere Blätter gefiedert und gelappt, obere ungeteilt, länglich, stängelumfassend; Stängel rauhaarig, hohl, steif, stark verzweigt; Zungenblüten hellblau, später weißlich bis rosarot; Achänen mit schuppigem Kelchsaum; Pfahlwurzel gelblichweiß mit Milchsaft; ausdauernd
- **Blütezeit:** Juli bis September
- **Geruch, Geschmack:** geruchlos, Geschmack würzig bitter
- **Standort:** Weg- und Straßenränder, Wiesen, Kiesgruben, Böschungen
- **Vorkommen:** sehr häufig
- **Droge:** Radix, Herba, Flores Cichorii
- **Inhaltsstoffe:** Inulin, Bitterstoffe (Intybin), Cholin, Gerbstoffe, Cichoriin, ätherische Öle, Vitamine, Anthocyan-Farbstoff (blau)
- **Anwendung:** bei Leber- und Gallenleiden, Gelbsucht, Verdauungsschwäche, nervösen Erschöpfungszuständen, Diabetes, Appetitlosigkeit
- **Verwendung:** Tee, Wurzel, Gemüse (geröstet als Kaffeeersatz)
- **Homöopathisch:** s. o.
- **Sammelgut, Sammelzeit:** junge Blätter April, Mai; Kraut Juni, Juli; Wurzel September, Oktober
- **Verwechslung:** keine
- **Sonstiges:** Das Wässern der Blätter und der Wurzel vor der Zubereitung reduziert den bitteren Geschmack

Cnicus benedictus L.
BENEDIKTENDISTEL

Kardobenediktenkraut, Bitterdistel, Benediktinerdistel, Kardobenedikte, Spinnendistel

Da mit „Benediktenkraut" oder „Benediktenwurz" im Deutschen oft auch die Bach-Nelkenwurz und/oder die Echte Nelkenwurz (s. S. 239) bezeichnet werden, sei *Cnicus benedictus* hier „Benediktendistel" genannt. Sie kommt in Deutschland fast nur kultiviert in Kräutergärten vor und wird manchmal mit der ebenfalls aus dem Mittelmeergebiet stammenden Mariendistel (s. S. 63) verwechselt, die sich jedoch durch ihre milchigweiß marmorierten Blätter unterscheidet und mehr als doppelt so groß werden kann.

Die Benediktendistel galt zu Beginn der Neuzeit fast als eine Art Allheilmittel, das gegen Magen-, Darm-, Galle- und Leberbeschwerden, ja sogar gegen die Pocken eingesetzt wurde. Oertel & Bauer empfahlen sie noch 1962 bei Entzündungen im Darm- und Gallenbereich und ergänzten: „Die Wirkung wird durch Zusatz von Tausendgüldenkraut, Schafgarbe, etwas Kalmuswurzel und Wermut verstärkt."

Obwohl es inzwischen recht still um sie geworden ist, wird die Droge nach wie vor hergestellt und angeboten. Sie regt die Magensaft- und Speichelproduktion an, sollte aber nur vorübergehend und in kleinen Mengen eingenommen werden, da es bei Überdosierungen zu Vergiftungen kommen kann.

- **Beschreibung:** Höhe bis 60 cm; Blätter hellgrün, fiederig gelappt, dornig gezähnt, stachelspitzig; Stängel eckig, aufrecht, behaart, stark verzweigt; Blütenköpfchen zottig behaart, klebrig, gelblich-weiße Röhrenblüten, Hüllblätter stachelig; Achänen mit Pappus; Wurzelstock rotbraun; einjährig
- **Blütezeit:** Mai bis August
- **Geruch, Geschmack:** Geruch stark würzig, getrocknet geruchlos, Geschmack sehr bitter
- **Standort:** wärmeliebend, kalkliebend

Die Blüte der Benediktendistel erinnert an einen exotischen Seestern.

- **Vorkommen:** im Mittelmeergebiet und in Kräutergärten
- **Droge:** Herba Cardui benedicti
- **Inhaltsstoffe:** ätherische Öle, Bitterstoffe (Cnicin), Flavonoide, Mineralsalze, Vitamine
- **Anwendung:** bei Appetitlosigkeit, Magen-Darm-Erkrankungen, Leber- und Gallenleiden, Herzfunktionsstörungen, rheumatischen Beschwerden, Fieber; äußerlich bei Geschwüren, Frostbeulen, Menstruationsbeschwerden
- **Verwendung:** Tee, Umschläge, Badezusatz, Likör, Kräuterextrakte
- **Homöopathisch:** bei chronischen Lebererkrankungen
- **Sammelgut, Sammelzeit:** Blätter, Triebspitzen mit Blüten Juni bis August, entrindeter Stängel April
- **Verwechslung:** Mariendistel (*Silybum marianum*, s. S. 63): größer, Blätter weiß marmoriert
- **Sonstiges:** Vorsicht, Dosierung (Tagesdosis 2 Tassen) einhalten, da sonst Übelkeit und Darmreizungen auftreten können; nicht bei Nierenentzündung trinken!

Der Purpurfarbene Sonnenhut, der über 1 m hoch werden kann, wächst hier in einem Garten gemeinsam mit einer gelb blühenden, nahe verwandten Rudbeckia-*Art.*

Echinacea angustifolia DC.
SCHMALBLÄTTRIGER SONNENHUT

Schmalblättrige Kegelblume, Schmalblättriger Igelkopf

In vielen Kräuter- und Heilpflanzenbüchern fehlen die Sonnenhüte. Die Ursachen dafür liegen auf der Hand: Zum einen handelt es sich bei *Echinacea* um eine Gattung, die in Europa nicht heimisch ist und sich bei uns im Kreis der ehrwürdigen „alten Heilpflanzen", die schon den klassischen Griechen und Römern vertraut waren, wie ein Parvenü ausnimmt. In Nordamerika, der Heimat der Sonnenhüte, sind die Heilkräfte von *Echinacea* dagegen schon lange bekannt. Die Indianer benutzten Wurzelextrakte als Antiseptikum gegen Entzündungen und setzten sie auch bei Zahnschmerzen, Erkältungskrankheiten und Schlangenbissen ein. Die Wissenschaft kümmerte sich erst in der zweiten Hälfte des 20. Jahrhunderts intensiv um die Inhaltsstoffe und stellte interessante antibakterielle Wirkungen fest. Diese wurden dann zur Grundlage verschiedener Präparate, die sich auf dem Weltmarkt rasch durchsetzten und inzwischen zu den umsatzstärksten Produkten der Phytopharmazeutik gehören. Wer an Tuberkulose, AIDS, Multipler Sklerose oder anderen Autoimmunkrankheiten leidet, sollte jedoch keine *Echinacea*-Präparate einnehmen.

Schmalblättriger Sonnenhut im Antheringer Kräutergarten bei Salzburg.

- **Beschreibung:** Höhe bis 60 cm; Blätter schmal, behaart, Stängel rauhaarig, verzweigt; Blüten ausgebreitet, die wenigen schmalen Zungenblüten sind auffallend rosa bis purpurrot, Röhrenblüten braunrot, Köpfchenboden hochgewölbt, Spreublätter gelborange, Fruchtboden stachelig; Wurzelstock kräftig; ausdauernd
- **Blütezeit:** Juli bis Oktober
- **Geruch, Geschmack:** Geruch der Wurzel schwach, Geschmack erst leicht süßlich, würzig, später bitter, zusammenziehend
- **Standort:** Gärten, gepflanzt
- **Vorkommen:** Heimat Nordamerika, kultiviert
- **Droge:** Radix Echinaceae angustifoliae und E. purpureae, Herba Echinaceae purpureae
- **Inhaltsstoffe:** Kaffeesäurederivate (Echinacosid, Cynarin), ätherische Öle, Alkaloide (Tussilagin), Glucoside
- **Anwendung:** Vorbeugung (Prophylaxe) vor Erkältungskrankheiten, bei Verletzungen, schlecht heilenden Wunden, Entzündungen, Verbrennungen, Insektenstichen, Schmerzen, Zahnschmerzen
- **Verwendung:** Tinktur, Salben, Tropfen, Injektionen
- **Homöopathisch**: bei schweren, fiebrigen Infektionen
- **Sammelgut, Sammelzeit:** Wurzel, Kraut von *E. purpurea*
- **Verwechslung:** Purpurfarbener Sonnenhut *(E. purpurea):* über 1 m hoch, Blüten ca. 10 cm im Durchmesser, Zungenblüten breiter und zahlreicher, Blätter breit-lanzettlich, rauhaarig
- **Sonstiges:** Der Purpurfarbene Sonnenhut und der Blasse Sonnenhut *(E. pallida)* werden ebenfalls pharmazeutisch genutzt

Eupatorium cannabinum L.
WASSERDOST

Wasserhanf, Kunigundenkraut, Blauwetterkühl, Grundheil, Lämmerschwanz, Hirschklee, Leberkraut

Zur Gattung *Eupatorium* gehören weltweit mehr als 500 Arten, darunter sogar einige Bäume. In Mitteleuropa ist sie dagegen kaum vertreten – mit der großen Ausnahme des weit verbreiteten Wasserdosts. Seinen Artnamen *cannabinum* verdankt er der Ähnlichkeit seiner Blätter mit jenen des Hanfs *(Cannabis sativa*, s. S. 163); der Gattungsname *Eupatorium* ist abgeleitet vom Namen des Königs Mithridates Eupator von Pontus aus dem ersten nachchristlichen Jahrhundert. Bei der deutschen Bezeichnung „Wasserdost" stand die Ähnlichkeit der Blüte mit jener des Dosts oder Oreganos (s. S. 94) Pate.

Obwohl seine heilkundliche Tradition bis in die Antike zurückgeht, wird dem Wasserdost heutzutage nur noch geringe Bedeutung zugemessen. Düll & Kutzelnigg bezeichnen ihn gar als „ehemalige Heilpflanze", was nicht ganz korrekt ist, weil in der Homöopathie die drei nordamerikanischen Verwandten Weiße Schlangenwurzel *(E. aromaticum)*, Durchwachsenblättriger Wasserhanf *(E. perfoliatum)* und Roter Wasserhanf *(E. purpureum)* nach wie vor Verwendung finden. Früher wurden Präparate aus Kraut und Wurzel u. a. bei Leberleiden und bei Geschwülsten eingesetzt. Nach Hieronymus Bock stärkt der Wasserdost auch die Manneskraft.

- **Beschreibung:** Höhe bis 150 cm; Blätter hanfähnlich, kurz gestielt, gegenständig; Stängel kantig, aufrecht, verzweigt, oft rötlich, behaart; wenige, dunkelrosa bis rotlila Röhrenblüten pro Körbchen bilden zusammengefasst dichte Doldenrispen; Achäne schwarz, mit Pappus; Wurzelstock verzweigt, ausdauernd
- **Blütezeit:** Juli bis September
- **Geruch, Geschmack:** Geruch der Wurzel sehr unangenehm scharf, Geschmack bitter, beißend
- **Standort:** Gräben, Ufer, Hochstauden; Stickstoffzeiger
- **Vorkommen:** verbreitet
- **Droge:** Herba, Radix Eupatorii cannabini
- **Inhaltsstoffe:** ätherische Öle, Flavonoide (Euparin), Alkaloide, Gerbstoffe, Inulin, Polysaccharide
- **Anwendung:** bei Leber- und Gallenleiden, äußerlich bei Geschwülsten, Quetschungen, rheumatischen Beschwerden; als Immunstimulans und leichtes Abführmittel
- **Verwendung:** Tee, Umschläge, Färbemittel (schwarz)
- **Homöopathisch**: s.o. und bei grippalen Infekten
- **Sammelgut, Sammelzeit:** Blätter Mai bis Juni, Wurzel April, Mai, Oktober, November – möglichst frisch verwenden
- **Verwechslung:** keine
- **Sonstiges:** Vorsicht: Überdosierung kann zu Brechreiz führen! Verwendung früher: gegen Ruhr und Schlangenbisse; vergleichbar in der Anwendung ist *E. perfoliatum*

Der attraktive Wasserdost wächst häufig an Grabenrändern und in Hochstaudenfluren.

Oben: Die Sonnenblume richtet ihre Blüten nach der Sonne aus.

Unten: Topinambur blüht erst spät im Jahr, von August bis Oktober, und vermehrt sich durch Sprossknollen, die sehr viel Inulin und Eiweiß, Kalium und Vitamine enthalten.

Helianthus annuus L. EINJÄHRIGE SONNENBLUME

Das Staunen der Gärtner und Blumenfreunde war groß, als nach der Entdeckung Amerikas die ersten Sonnenblumen in Europa eintrafen und sich, wie man bald herausfand, aus den Samen leicht züchten ließen. Anfangs nannte man den Exoten „Indianische Sonne". Auch die Kunst hat sich der Faszination dieser Blume nicht entziehen können – man denke nur an die berühmten Sonnenblumenbilder Vincent van Goghs. Heutzutage sind in Amerika und Europa Sommer für Sommer große landwirtschaftliche Anbauflächen mit Sonnenblumen bedeckt. Die Kerne werden zum Brotbacken oder als Vogelfutter genutzt, vor allem aber gewinnt man daraus ein wertvolles Öl, das u. a. bei der Margarineherstellung verwendet wird. In der Naturkosmetik werden pulverisierte Sonnenblumenkerne, gemischt mit Bienenhonig und diversen Pflanzenölen, als Gesichtsmaske zur besseren Durchblutung, Glättung und Erfrischung der Haut empfohlen (Stephanie Faber).

Wie ein kleiner Bruder der Sonnenblume sieht der ebenfalls aus Südamerika stammende Topinambur *(Helianthus tuberosus)* aus, der in Bauerngärten weit verbreitet ist und stellenweise auch schon verwildert vorkommt. Seine Wurzelknollen sind reich an Mineralstoffen und Fruchtzucker; bekannt wurde er vor allem als „Diabetikergemüse".

- **Beschreibung:** Höhe bis 4 m; Blätter groß, herzförmig, rauhaarig; Stängel kräftig, markig, im oberen Teil verzweigt; Blüte bis zu 40 cm im Durchmesser, nickend, aus Tausenden von braunen Röhrenblüten zusammengesetzt; Zungenblüten sonnengelb, steril; Achänen nackt, Spreublätter zahlreich; Wurzel reicht bis in 2 m Tiefe; einjährig
- **Blütezeit:** Juli bis September
- **Geruch, Geschmack:** geruchlos, Geschmack der Samen nussig
- **Standort:** Gärten, Äcker, licht- und nährstoffliebend
- **Vorkommen:** kultiviert, Heimat subtropisches Mittelamerika
- **Droge:** Flores Folii, Semen, Oleum Helianthi
- **Inhaltsstoffe:** Flavonolglykoside, Saponine (Helianthussaponin), Histidin, Gerbstoffe; Samen: fettes Öl, Eiweiß, Kohlenhydrate
- **Anwendung:** Blüten gegen Fieber (v. a. Malaria bei Chininresistenz), bei Leber- und Galleleiden, Ascites, Hämorrhoiden, Augenentzündung; Öl gegen Arterienverkalkung (cholesterinsenkend), zur Schleimlösung, hautpflegend
- **Verwendung:** Tee, Samen (Brot, Müsli, Vogelfutter), Öl (Massageöl), Margarineherstellung
- **Homöopathisch**: s. o. und bei Magen-Darm-Erkrankungen, Nesselsucht, Prellungen, Wunden
- **Sammelgut, Sammelzeit:** frisch aufgeblühte Zungenblüten Juli bis September, Blätter Juli, Samen (Kerne) September
- **Verwechslung:** Topinambur, Erdapfel *(H. tuberosus):* Röhrenblüten gelb, Köpfchen kleiner, aufrecht, Sprossknollen (Diabetikermehl, Gemüse, Viehfutter, Kartoffelersatz, Schnaps)
- **Sonstiges:** Öllieferant (ca. 35 % fettes Öl und reichlich Eiweiß): Sonnenblumenöl

Inula helenium L.
ECHTER ALANT

Brustalant, Galantwurzel, Helenenkraut, Darmwurz

Wer den in West- und Zentralasien heimischen Echten Alant in Mitteleuropa in freier Natur sehen will, muss sehr viel Glück haben. Häufiger sieht man die attraktive, bis zu zwei Meter hohe Pflanze in Kloster- und Kräutergärten, deren Gestalter sich der über zweitausendjährigen Tradition des Echten Alants als Heil- und Zauberpflanze bewusst sind. Hildegard von Bingen empfahl ihn gegen Lungenkrankheiten. Die Alantwurzel enthält antiseptische Wirkstoffe, die bei Reiz- und Keuchhusten eingesetzt werden. Auch in der Homöopathie wird mit Alantextrakten gearbeitet. Während zu Zeiten des Nationalsozialismus noch von den möglichen Vorteilen eines „Massenanbaus" geschwärmt wurde – so von M. Lassel in seinem damals weit verbreiteten Buch *Kräutergold* –, mehren sich inzwischen Stimmen, die wegen Allergiegefahren vor der Einnahme von Alantpräparaten eher warnen (vgl. Bisset & Wichtl).

Der deutsche Name leitet sich vom Griechischen *helenion* ab und bedeutet somit „Helenenkraut". Der Sage nach schmückte sich die schöne Helena mit Alantblüten, ehe Paris sie entführte. Später galt der Alant als Schutz gegen Hexenzauber und wurde wie ein Amulett an einer Schnur um den Hals getragen.

- **Beschreibung:** Höhe bis 200 cm; Blattlänge der Grundblätter bis 30 cm, eiförmig bis elliptisch, gezähnt, behaart, Stängelblätter schmal, herzförmig, ungestielt, halbstängelumfassend, unterseits weißfilzig behaart; Stängel kräftig, aufrecht, behaart; Blütenköpfchen 6–8 cm Durchmesser, gelbe Röhrenblüten, zahlreiche große gelbe Zungenblüten, Hüllblättchen ungleich lang; Achäne mit langen rötlichen Pappushaaren; Rhizom kräftig, bis 5 cm dick, reich verzweigt, außen braunrot, innen weißlich; ausdauernd
- **Blütezeit:** Juli bis September
- **Geruch, Geschmack:** Geruch frisch angenehm kampferartig-aromatisch, getrocknet veilchenartig, Geschmack würzig-bitter
- **Standort:** feuchte Wiesen, Bäche, Waldränder, Hecken, Kräutergärten
- **Vorkommen:** selten, Heimat Zentralasien
- **Droge:** Rhizoma, Folia Helenii
- **Inhaltsstoffe:** Rhizom: ätherische Öle (Helenin, Lactone), Inulin, Bitterstoffe
- **Anwendung:** bei Reizhusten (Raucherhusten), Bronchitis, Appetitlosigkeit, Herz-, Verdauungs- und Gallebeschwerden, Stoffwechselstörungen, Menstruationsbeschwerden, Harnwegsentzündungen, Hämorrhoiden, Würmern
- **Verwendung:** Tee, Tonikum, Öl, Tinktur, Pulver, Gemüse, Parfümindustrie, Konditoreien, Diabetikerprodukte
- **Homöopathisch**: bei chronischem Husten, Magengeschwüren, Ausfluss
- **Sammelgut, Sammelzeit:** ungeschältes Rhizom von 3–4-jährigen Pflanzen März, April, September, Oktober, Blätter Juni
- **Verwechslung:** Wiesenalant *(I. britannica):* gleiche Verwendung
- **Sonstiges:** Vorsicht, Alantwurzel kann bei Kontakt Allergien auslösen! Das Oleum Helenii ist braun und dickflüssig und enthält Alantkampfer und Azulen. Es wirkt ähnlich wie Santonin gegen Würmer, ist aber weniger giftig

Echter Alant im Kräutergarten.

Petasites hybridus (L.) P. Gaertn.
GEWÖHNLICHE PESTWURZ

Rote Pestwurz, Wasserklette, Großblättriger Huflattich, Kraftwurz

Die Weiße Pestwurz wächst in den Mittelgebirgen sowie in den Alpen und deren Vorland. Sie hat kleinere Blätter als die Gewöhnliche Pestwurz.

Immer wieder hört man auf Kräuterwanderungen die Frage, ob es sich bei den herzförmigen, bis zu einem Meter breiten, unterseits graufilzigen Blättern, die in großen Beständen die Uferzonen säumen, um „wilden Rhabarber" handelt. Die Gartenpflanze Medizinalrhabarber (s. S. 128) ist ein Knöterichgewächs mit glatten, rinnigen Stielen. Auch mit dem Huflattich (s. S. 74), der an ähnlichen Standorten wächst, aber viel kleinere Blätter und ganz andere Blüten hat, wird die Pestwurz bisweilen verwechselt. Aufsehen erregen oft die großen Blütenstände, die im Vorfrühling noch vor den Blättern aus dem feuchten Boden hervorbrechen.

In früheren Zeiten setzten die Menschen große Hoffnungen auf die Pestwurz: Wegen ihrer schweißtreibenden, schleimlösenden Wirkung sah man darin ein Heilmittel gegen die Pest, die im Mittelalter und in der frühen Neuzeit ganze Landstriche entvölkerte. Bei neueren Forschungen wurde jedoch festgestellt, dass die Pestwurz in allen Teilen giftige Pyrrolizidinalkaloide enthält, die das Erbgut verändern können und als kanzerogen gelten. Aus diesem Grund wird heute von der Verwendung von Pestwurzdrogen eher abgeraten.

Unten links: Die großen Blätter der Gewöhnlichen Pestwurz säumen oft kilometerweit Bach- und Flussufer.

Unten rechts: Im Vorfrühling erscheinen die Blütenstände.

- **Beschreibung:** Höhe zur Blüte bis 40 cm, zur Samenreife bis 100 cm; Blätter mit langem, gerippten Stiel, 30–100 cm breit, herz- bis nierenförmig, unregelmäßig gezähnt, unterseits dicht graufilzig behaart; Stängel aufrecht, hohl, spinnwebartig behaart, rötliche, längliche Schuppenblätter; Blüten zahlreich, gestielt, fleischrot bis rötlichweiß, in walzenförmiger Traube, keine Zungenblüten; Achänen mit seidig-weißen Pappushaaren; Wurzelstock knollig, Sprosse waagerecht, hohl, lang kriechende Ausläufer
- **Blütezeit:** März bis Mai
- **Geruch, Geschmack:** Blüten nahezu geruchlos, Geruch der Wurzel süßlich, des Blattstiels unangenehm, Geschmack schleimig, etwas bitter
- **Standort:** Bach-, Flussufer, Böschungen, feuchte Wiesen, Bruchwälder
- **Vorkommen:** verbreitet
- **Droge:** Radix, Folia, Flores Petasitis
- **Inhaltsstoffe:** Blätter: Schleimstoffe, ätherisches Öl, Bitterstoffe, Alkaloide (Pyrrolizidinalkaloide), Flavonoide (Astragalin); Wurzelstock: zusätzlich Petasin, Gerbstoffe, Inulin
- **Anwendung:** bei Gicht, Menstruationsbeschwerden, Husten, Erkältungskrankheiten, Wunden, Gelenkschmerzen, nervösen Magenbeschwerden, Leber- und Galleleiden, gegen Würmer
- **Verwendung:** Tee (Blätter und Blüten, Wurzelstock), Umschläge (frisch zerquetschte Blätter), Tinktur (Wurzelstock)
- **Homöopathisch**: s. o. sowie bei Genick- und Kopfschmerzen, Harnleiterentzündung, Erkrankungen der Bauchspeicheldrüse
- **Sammelgut, Sammelzeit:** Blüten März bis Mai, Blätter April bis Mai, Wurzelstock September bis Oktober
- **Verwechslung:** Weiße Pestwurz *(Petasites albus)*: Blüten gelblich-weiß, Blätter rundlicher, unterseits noch dichter filzig behaart; Huflattich (s. S. 74): Blätter handgroß, eckig herzförmig, Rand feingesägt, Blüten einzeln, gelb

Solidago virgaurea L.
GEMEINE GOLDRUTE

Goldraute, Echte Goldrute, Fuchsschwanz, Ochsenbrot, Heidnisch Wundkraut, St. Petristab

Die Goldrute gehört zu jenen Heilpflanzen, bei denen sich heilkundliche Anwendungen früherer Jahrhunderte durch neuzeitliche Analysen der Inhaltsstoffe, durch Tierversuche und klinische Erfahrungen bestätigt haben. Der Schweizer Arzt Dr. Martin Furlenmeier schreibt: „Solidago ist ein organspezifisches Nierenmittel ersten Ranges und wirkt ausgezeichnet bei chronischen Nierenleiden, aber auch bei akuten entzündlichen Nieren- und Blasenleiden, wenn (...) die Besserung langsamer fortschreitet, als sie sollte." Die Dosierung des Medikaments sollte man aber auf jeden Fall dem Arzt überlassen. Früher wurde die Goldrute auch als Mittel zur Wundheilung hoch geschätzt.

Die Gemeine Goldrute hat einige nahe Verwandte, die aus Nordamerika stammen, in Europa als Gartenpflanzen oder Fasanenfutter angebaut wurden und inzwischen große Teile des Kontinents besiedelt haben. Nach den von Bisset & Wichtl zitierten Untersuchungen haben die Kanadische Goldrute *(S. canadensis)* und die Späte Goldrute *(S. gigantea)* z. T. andere Wirkstoffe. Zweifellos wurden die beiden Arten aber auch schon mit der Gemeinen Goldrute verwechselt und vermischt.

Im Garten kann es passieren, dass sich Goldruten sehr schnell und auf Kosten anderer Pflanzen ausbreiten. Es wird daher empfohlen, die Blütenrispen vor der Samenbildung abzuschneiden.

- **Beschreibung:** Höhe bis 100 cm; Blätter länglich, lanzettlich, gesägt; Stängel rutenförmig, aufrecht, oben verzweigt, reich beblättert, Blütenstand aufrechte, dichte Traubenrispe, Röhrenblüten zwittrig, goldgelb, 8–12 große, gelbe, weibliche Zungenblüten; Frucht mit Pappushaaren; Wurzel bis 1 m tief, keine Ausläufer; ausdauernd

- **Blütezeit:** Juli bis September
- **Geruch, Geschmack:** Blüten duften würzig, Kraut geruchlos, Geschmack bitter, zusammenziehend
- **Standort:** lichte Wälder, Magerweiden, Waldschläge, Heiden
- **Vorkommen:** häufig
- **Droge:** Herba Solidaginis virgaureae
- **Inhaltsstoffe:** Kautschuk, ätherische Öle, Flavonoide, Saponine, Glykoside, Gerbstoffe
- **Anwendung:** bei Nieren- und Blasenerkrankungen, Bettnässen, Durchfall, schlecht heilenden Wunden, Husten, Halsentzündung, rheumatischen Beschwerden, Gicht, Prostataerkrankungen, Insektenstichen (zerquetschte Blätter), zur Blutreinigung
- **Verwendung:** Tee, Tinktur, frische Blätter
- **Homöopathisch:** s. o. und bei Erkrankungen von Leber, Galle, Bauchspeicheldrüse
- **Sammelgut, Sammelzeit:** blühendes Kraut Juli bis September
- **Verwechslung:** Kanadische Goldrute: Blütenkörbchen kleiner

Oben links: Die Gemeine Goldrute – hier eine Gartenform – blüht in einer dichten Traubenrispe.

Oben rechts: Die Kanadische Goldrute wurde von Indianern Nordamerikas als Mittel gegen Schlangenbisse verwendet.

Oben: Die Blätter des Rainfarns erinnern an Farnkräuter; die knopfförmigen Blüten leuchten noch im September.

Tanacetum vulgare L. (*Syn. Chrysanthemum vulgare*) RAINFARN

■ ***giftig*** ■

Raingerte, Muttergottesrute, Wurmkraut, Wurmtod, Knöppchenkraut

Vor jeder Verwendung des Rainfarns zu Heilzwecken muss die Warnung stehen, dass diese Pflanze in allen Teilen das Gift Thujon enthält, das Nieren- und Leberschäden verursacht und im schlimmsten Fall über das zentrale Nervensystem zu einer Lähmung des Atemzentrums führen kann. Was auf den ersten Blick wie ein unlösbarer Widerspruch aussieht, ist ein schon seit Paracelsus bekannter Grundsatz: Die Dosis ist entscheidend. Hildegard von Bingen empfahl Sitzbäder aus Rainfarn und anderen Kräutern bei Harnverhaltung und ausbleibender Menstruation. Lange Zeit galten Rainfarnpräparate als probates Wurmmittel – daher die Volksnamen „Wurmkraut" oder „Wurmtod" – und wurden auch gegen Kopfläuse eingesetzt. Heutzutage wird dringend angeraten, sie, wenn überhaupt, nur unter ärztlicher Kontrolle und niemals in der Schwangerschaft einzunehmen.

Eine gewisse Rolle spielt der Rainfarn in der biologischen Schädlingsbekämpfung. Als Spritzmittel gegen Kohlfliegen und Obstmaden verwendet man eine Mischung aus je 500 g Rainfarn und Wermut (s. S. 57) auf 10 l Wasser. In Kombination mit Alaun wird Rainfarn auch als Färbepflanze genutzt.

Das verwandte Balsamkraut *(Tanacetum balsamita)* kommt bei uns nur angepflanzt vor.

- **Beschreibung:** Höhe bis 120 cm; wintergrün, Blätter wechselständig, dunkelgrün, fiederteilig, stark gezähnt; Stängel aufrecht, kaum verzweigt, kantig, hohl; zahlreiche Blütenköpfchen in flacher Schirmrispe mit goldgelben Röhrenblüten, keine Zungenblüten; Früchte ohne Pappus, aber mit krönchenförmigem, hautförmigem Saum; Wurzelstock reich verzweigt, ausdauernd
- **Blütezeit:** Juli bis September
- **Geruch, Geschmack:** Geruch intensiv, unangenehm, kampferartig, Geschmack würzig-bitter
- **Standort:** Wegränder, Bahndämme, Böschungen, steinige Flussufer, Gärten
- **Vorkommen:** häufig
- **Droge:** Flores, Herba Tanaceti
- **Inhaltsstoffe:** ätherische Öle (Thujon, Kampfer, Borneol), Bitterstoffe (Tanacetin), Glykoside, Flavonoide, Gerbstoffe, Cumarine, Inulin
- **Anwendung:** gegen Würmer, Insekten (Motten), bei Verdauungs-, Harnbeschwerden, Stoffwechselstörungen, Rheumatismus
- **Verwendung:** Tee, Öl, Bäder, Waschungen, Kräuterkissen, Kräutersträuße, Gewürz
- **Homöopathisch:** s. o. und bei nervöser Erschöpfung, Muskelkrämpfen
- **Sammelgut, Sammelzeit:** blühendes Kraut, Blüten Juli bis September
- **Verwechslung:** Balsamkraut Blätter kräftiger, oval, fein gezähnt, Duft wie Melisse, Balsamöl als Wundheilmittel, bei uns nur angepflanzt
- **Sonstiges:** Vorsicht: Nur unter ärztlicher Aufsicht und nicht bei Schwangerschaft einnehmen!

Taraxacum officinale Wiggers
LÖWENZAHN

Kettenblume, Kuhblume, Pusteblume, Ackerzichorie, Pissblume

Löwenzahnblüten tauchen im April Wiesen und Weiden in leuchtendes Gelb. Die Pflanze wächst an Wegrändern und in Gärten, zwängt sich mitten in der Stadt zwischen den Trottoirfugen hervor, besiedelt Bahndämme, Grünstreifen, Kiesgruben. Immer wieder verblüffend ist die rasche Metamorphose der Blüte zur „Pusteblume" mit fallschirmartigen Samen, die davonfliegen, wenn man sie anbläst. Kein Wunder, dass die Blume auch als Symbol für die Verbreitung des christlichen Glaubens angesehen wurde. So einfach es ist, einen Löwenzahn als Löwenzahn zu erkennen – die Fülle von bereits beschriebenen Kleinarten und Varietäten machen es selbst studierten Botanikern schwer, die einzelne Art zu bestimmen.

Junge Löwenzahnblätter gehören in den ersten Wildkräutersalat der Saison, die Knospen werden wie Kapern verwendet, und aus den gerösteten Wurzeln lässt sich ein Ersatzkaffee brauen wie aus jenen der Wegwarte (s. S. 64). Der Löwenzahn ist darüber hinaus eine gute Bienenweide und eine beliebte Futterpflanze für Stallhasen. Tee aus Löwenzahnblättern hat blutreinigende Wirkung und wird auch bei Erkältungskrankheiten empfohlen. Extrakte aus Kraut und Wurzeln sind in vielen Medikamenten zur Unterstützung der Leber- und Gallefunktionen sowie zur Anregung des Appetits enthalten. Aus den Blüten werden köstliche Gelees, Honig und Löwenzahnwein hergestellt.

- **Beschreibung:** Höhe bis 40 cm; grundständige Blattrosette, Blätter tief buchtig gezähnt mit deutlicher Mittelrippe; Stängel glatt, hohl, mit Milchsaft; Blütenköpfchen einzeln mit ca. 200 goldgelben Zungenblüten, Hüllblätter grün; Achäne mit fallschirmartigem Pappus; Wurzel spindelförmig, fleischig, bis ca. 2 m tief wurzelnd; ausdauernd
- **Blütezeit:** April bis Juli
- **Geruch, Geschmack:** geruchlos, Geschmack bitter
- **Standort:** Wiesen, Weiden, Wegränder, Gärten
- **Vorkommen:** sehr häufig
- **Droge:** Herba, Folium, Radix, Succus Taraxaci
- **Inhaltsstoffe:** Bitterstoffe (Taraxacin), Flavonoide, Inulin, Gerbstoffe, ätherische Öle, Vitamine, Kautschuk (Milchsaft), fettes Öl (Achänen), Xanthophylle
- **Anwendung:** bei Appetitlosigkeit, Völlegefühl, Blähungen, Leber- und Galleerkrankungen, Leberzirrhose, Ascites, Gelbsucht, Gallensteinen, Hämorrhoiden, zur Blutreinigung, gegen rheumatische Beschwerden
- **Verwendung:** Tee, Saft, Salat, Gemüse, Wein, Gelee, Kapernersatz, Kaffeeersatz
- **Homöopathisch:** s. o.
- **Sammelgut, Sammelzeit:** Blätter März, April, Knospen April, Mai, Blüten April bis Juni, Wurzel September, Oktober
- **Verwechslung:** Stinkender Hainsalat *(Aposeris foetida)*: Blätter gleichmäßig gezähnt, Geruch der zerriebenen Blätter unangenehm

Reife Löwenzahnsamen – kurz vor dem „Abflug".

Nur wenige Wildpflanzen sind so weit verbreitet und so bekannt wie der Löwenzahn.

Oben links: Wenn der Huflattich blüht, ist der Frühling nicht mehr weit.

Oben rechts: Einige Wochen später erscheinen die unterseits weißfilzigen Blätter und die Samenstände.

Tussilago farfara L.
HUFLATTICH

Brustlattich, Brandlattich, Märzblume

Wenn der Schnee zu schmelzen beginnt, steht der Huflattich gewissermaßen schon in den Startlöchern. Mit Schneeglöckchen *(Galanthus nivalis)* und Seidelbast *(Daphne mezereum)* ist er ist einer der ganz Frühen im Jahr – und auch bei der Standortswahl einer der Ersten: Als „Pionierpflanze" besiedelt er nackte Böden wie Schuttplätze, Dämme, frisch aufgeschüttete Straßenböschungen, Hinterhöfe und Wege. Die Blätter erscheinen wie bei der Pestwurz (s. S. 70), die früher manchmal als „Großblättriger Huflattich" bezeichnet wurde, erst nach der Blüte.

Huflattichpräparate gehören zu den klassischen Naturheilmitteln bei Erkältungskrankheiten, chronischer Bronchitis und Asthma. In alten Kräuterbüchern findet sich die Empfehlung, den Rauch getrockneter Blätter oder gerösteter Wurzeln zu inhalieren (s. u.). Heutzutage werden eher gesüßte Tees aus Huflattichblüten oder -blättern empfohlen. Man weiß allerdings auch, dass Huflattich geringe Mengen an Pyrrolizidinalkaloiden enthält, die leber- und erbgutschädigend sein können. Auf Spaziergängen können zerquetschte Huflattichblätter Erste Hilfe bei Insektenstichen leisten.

- **Beschreibung:** Höhe zur Blüte bis 15 cm, zur Samenreife bis 30 cm; Blätter lang gestielt, handgroß, eckig herzförmig, Rand grob ausgebuchtet, fein gesägt, erst weißlichgrün, später grün, unterseits weißfilzig behaart; Stängel blattschuppig, bräunlich, weißfilzig behaart; gelbe Einzelblüte an der Stängelspitze, in der Mitte 30–40 männliche Röhrenblüten, randlich ca. 300 weibliche Zungenblüten, nach der Blüte nickend; Achäne mit Pappus; Wurzelstock schuppig, kriechend, Ausläufer treibend; ausdauernd
- **Blütezeit:** Februar bis April
- **Geruch, Geschmack:** geruchlos, Geschmack mild, schwach würzig, zusammenziehend
- **Standort:** Wegränder, Kiesgruben, Schuttplätze, Dämme, Eisenbahnböschungen
- **Vorkommen:** sehr häufig
- **Droge:** Folia, Flores Farfarae
- **Inhaltsstoffe:** Schleimstoffe, ätherische Öle, Bitterstoffe, Gerbstoffe, Tussilagin, Flavonide, Salpetersalze, Inulin, gelber Farbstoff (Xanthophyll)
- **Anwendung:** bei Erkältungskrankheiten, chronischer Bronchitis, Asthma, schlecht heilenden Wunden, Durchfall, Schwellungen; Erste Hilfe bei Insektenstichen, Tabakersatz
- **Verwendung:** Tee, Saft, Extrakt, Inhalation, Umschläge (frische, zerquetschte Blätter)
- **Homöopathisch**: s. o.
- **Sammelgut, Sammelzeit:** Blüten (nicht voll aufgeblüht) März, April, Blätter April bis Juni
- **Verwechslung:** Pestwurz *(Petasites spec.*, s. S. 70): Die Blätter sind viel größer, die Stiele sind dicker, wächst an Bach- und Flussufern
- **Sonstiges:** Vorsicht: Die Blüten können je nach Standort giftige Pyrrolizidinalkaloide enthalten (leber-, erbgutschädigend, kanzerogen); bei Langzeitbehandlung besteht die Gefahr der Vergiftung auch mit Blättern; die Tagesdosis beträgt 4,5–6 g

Hundsgiftgewächse

Apocynaceae

Zur Familie der Hundsgiftgewächse gehören vorwiegend tropisch oder subtropisch verbreitete Arten. Die Blätter sind meist immergrün, ungeteilt, ganzrandig und gegenständig. Die dunkelgrün glänzenden Blätter des Immergrüns und die Form der Blüten ähneln dem verwandten, im Mittelmeergebiet beheimateten Oleander (Nerium oleander).

Vinca minor L.
IMMERGRÜN

■ ***giftig*** ■

Kleines Immergrün, Kleines Sinngrün

Aus der Ausdauer, mit der das Immergrün allmählich immer größere Flächen in Besitz nimmt und Jahr für Jahr seine schönen himmelblauen Blüten treibt, erklärt sich, dass diese wintergrüne Pflanze im Volksglauben Treue und Beständigkeit symbolisiert. Immergrünkränze verhießen das ewige Leben und wurden daher oft den Verstorbenen mit ins Grab gelegt. Auch heute noch sieht man das Kraut oft auf Friedhöfen.

Als Heilpflanze ist das Immergrün seit langem bekannt; die Anwendungsbereiche variieren jedoch je nach Quelle. Am verbreitetsten war offenbar der Einsatz bei Appetitlosigkeit und Blutarmut. Delaveau und Mitarbeiter berichten von Forschungen, nach denen das aus dem Immergrün isolierte Alkaloid Vincamin gefäßerweiternd und blutdrucksenkend wirkt. In der Homöopathie werden Ekzeme der Kopfhaut und heftiger, schmerzender Juckreiz mit Immergrünpräparaten bekämpft.

- **Beschreibung:** Höhe bis 20 cm, wintergrüner Halbstrauch; Blätter dunkelgrün, glänzend, lederig, länglich-lanzettlich, kurz gestielt, gegenständig; Blüten hell- bis violettblau, lang gestielt, einzeln; 5 ausgebreitete Blütenblätter mit schräg abgeschnittenen Blattzipfeln, 5 trichterförmige Kelchblätter und 5 Staubblätter; Balgfrüchte; bis 1 m lange, kriechende, wurzelnde Ausläufer
- **Blütezeit:** März bis Mai
- **Geruch, Geschmack:** Geruch aromatisch, frisch, Geschmack bitter
- **Standort:** Laubwälder, Buchenwälder, Bodendecker in schattigen Gärten
- **Vorkommen:** im Norden selten, im Süden oft bestandsbildend
- **Droge:** Folia Vincae pervincae
- **Inhaltsstoffe:** Alkaloide (Vincamin), Flavonoide, Phenole, Gerbstoff, Pektin, Mineralsalze
- **Anwendung:** bei Appetitlosigkeit, Anämie, Diabetes, Quetschungen, Blutergüssen, Herz-Kreislauf-Erkrankungen, Nieren- und Blasenleiden, Blutdrucksenker, zum Abstillen
- **Verwendung:** Tonikum, Gurgelwasser
- **Homöopathisch:** s. o. und gegen Hautkrankheiten, Blutgerinnungsstörungen
- **Sammelgut, Sammelzeit:** Blätter ganzjährig, zum Trocknen im März
- **Verwechslung:** Gartenformen, z. B. *Vinca major:* großblütig, Blätter oft weiß gefleckt (= panaschiert)

Blühendes Immergrün in einem schattigen Laubwald. Die blauen Blüten erinnern an jene des Leberblümchens (Hepatica nobilis), *das ebenfalls schon früh im Jahr blüht.*

Raublattgewächse
Boraginaceae

Die Raublattgewächse haben nicht nur rauhaarige Blätter, sondern auch behaarte Stängel und Blüten. Bei empfindlichen Menschen können die Borsthaare Hautausschläge verursachen. Die Früchte haben oft ölreiche Anhängsel (= Eleiosomen), die als Nahrung für Ameisen dienen und auf diese Weise die Verbreitung der Art sichern.

Borago officialis L.
BORRETSCH

Gurkenkraut

Der aus dem Mittelmeergebiet eingeführte Borretsch ist eines der bekanntesten Gewürzkräuter, das auch als Bienenweide geschätzt wird und in keinem Kräutergarten fehlen sollte. Stellenweise findet man ihn in der Nähe menschlicher Siedlungen auch schon verwildert vor. In der Küche verwendet man Borretsch vor allem zu Salaten (insbesondere Gurkensalat) und in Kräutersuppen, doch kann man die Blätter auch wie Spinat kochen. Mit den hübschen blauen Blüten werden Salate garniert; sie eignen sich aber auch zum Blaufärben von Essig.

Die Ärzte-Botaniker der frühen Neuzeit empfahlen Borretsch u. a. gegen Gedächtnisstörungen, Schwindelgefühle und Melancholie (Leonhart Fuchs: „Die blümlin von der Burretsch in wein gelegt und daruon getruncken / machen frölich /... unnd vertreiben die traurigkeit unnd allerley schwermütigkeyt").

- **Beschreibung:** Höhe bis 60 cm; Blätter groß, oval, wechselständig, runzelig; Stängel hohl, aufrecht, verzweigt; Blüten sternförmig, himmelblau, seltener weiß, nickend in lockeren Wickeln, weiße Schlundschuppen aus der Blüte herausragend, Staubbeutel schwarz-violett; Früchte mit Eleiosomen; Pfahlwurzel; einjährig
- **Blütezeit:** Mai bis September
- **Geruch und Geschmack:** gurkenartig
- **Standort:** nährstoffreiche, kalkhaltige Böden, Gärten kultiviert, verwildert (Weinberge, Ruderalstellen)
- **Vorkommen:** Mittelmeergebiet
- **Droge:** Flores, Herba, Oleum Boraginis
- **Inhaltsstoffe:** Schleime, Allantoin, Harz, ätherisches Öl, Gerbstoffe, blauer Anthocyanfarbstoff, Kieselsäure, Vitamin C, Kaliumsalze
- **Anwendung:** bei Erkrankungen der Harn- und Atemwege, Verstopfung, Fieber, Wunden, Geschwüren, Wechseljahrebeschwerden, Hautausschlägen (Öl)
- **Verwendung:** Tee, Medizinalwein, Umschläge, Gewürz (Salat, Spinat, Suppe), Viehfutter

Blühender Borretsch; Blüten, Stängel und Blätter sind borstig behaart.

- **Homöopathisch**: bei Atemwegserkrankungen
- **Sammelgut, Sammelzeit:** Blüten und Kraut zu Beginn der Blüte, junge Blätter frisch als Würze, Saft der Blätter und Stängel Juni bis August
- **Verwechslung:** keine
- **Sonstiges:** Vorsicht: Das Kraut enthält Pyrrolizin, das krebserregende und erbgutverändernde Eigenschaften aufweist; nur sparsam verwenden!

Lithospermum officinale L. ECHTER STEINSAME

Meerhirse, Meergries, Steinhirse, Steinsaat, Eisenkraut

Der deutsche Name dieser Pflanze ist eine direkte Übersetzung des lateinischen Gattungsnamen, der seinerseits auf die griechischen Wörter *líthos* = Stein und *spérma* = Same zurückgeht. In der Tat sind die kleinen weißen, wie polierte Porzellanherzchen aussehenden Nüsschen des Steinsamens sehr hart. Der Gattungsname *officinale* weist, wie bei vielen anderen Kräutern, auf die medizinische Nutzung der Pflanze hin, die heutzutage allerdings kaum noch eine Rolle spielt; nicht einmal in der umfangreichen *Materia medica* der Homöopathie wird er noch erwähnt. In früheren Jahrhunderten glaubte man, Blasensteine mit Steinsamen bekämpfen zu können. Die Blätter werden als Ersatz für Schwarzen Tee unter der Bezeichnung „Böhmischer" oder „Kroatischer Tee" angeboten. Als attraktive Gartenpflanze beliebt ist der Blaurote Steinsame *(L. purpurocaeruleum)*.

- **Beschreibung:** Höhe bis 100 cm; Blätter wechselständig, lanzettlich, ungestielt, oben dunkelgrün, glänzend, unten heller, Nerven gut sichtbar; Stängel aufrecht, reich verzweigt; Blüten klein, grünlichgelb oder weiß; Frucht glatt, porzellanartig weiß glänzend; Wurzelstock dick, hart; ausdauernd
- **Blütezeit:** Mai bis Juli
- **Geruch, Geschmack:** geruchlos, Geschmack adstringierend, Früchte süßlich
- **Standort:** Auwälder, sonnige Hügel, kalkliebend
- **Vorkommen:** zerstreut
- **Droge:** Herba, Fructus Lithospermi
- **Inhaltsstoffe:** Calzium, Silizium, Lithospermsäure, Pyrrolizidinalkaloide
- **Anwendung:** Volksmedizin: bei Harnwegserkrankungen, Blasensteinen, zur Empfängnisverhütung
- **Verwendung:** Tee
- **Sammelgut, Sammelzeit:** Früchte, Blätter, blühende Sprossspitzen Juli, August
- **Verwechslung:** Ackersteinsame *(L. arvense)*: Blüten weiß (April bis Juni), Samen braun, fast glanzlos
- **Sonstiges:** Vorsicht bei Überdosierung: Pyrrolizidinalkaloide sind mutagen, kanzerogen und leberschädigend

Typisch für den Echten Steinsamen sind die wechselständigen, sitzenden Blätter.

Pulmonaria officinalis L.
ECHTES LUNGENKRAUT

Blaue Schlüsselblume, Hirschmangold, Unser-Lieben-Frauen-Milchkraut, Hänsel und Gretel, Blut- und Leberwurst, Fuchslungenkraut, Hirschkohl, Lungenwurz

Hat eine Pflanze so amüsante Namen wie „Blut- und Leberwurst" oder „Hänsel und Gretel", so kann man darin ein Indiz für ihre Volkstümlichkeit sehen. Dafür, dass das Echte Lungenkraut so bekannt ist, gibt es mehrere Gründe. Zum einen erscheint und blüht es schon zeitig im Jahr, wenn die Aufmerksamkeit des Beobachters nach dem langen Winter noch geschärft ist; zum anderen fällt auch Laien sofort auf, dass an ein und demselben Stängel verschiedenfarbige Blüten sitzen. Dabei handelt es sich aber nicht um unterschiedliche Blütentypen, sondern um Blüten verschiedenen Alters: Anfangs rosarot, verfärben sie sich allmählich blau.

Nicht zuletzt hat das Lungenkraut auch eine lange volksmedizinische Tradition als Heilpflanze. Wegen der gefleckten Blätter, die an die menschliche Lunge mit ihren Bläschen erinnern, sprach die mittelalterliche Signaturenlehre (s. S. 18f.) dem Kraut besondere Fähigkeiten bei der Heilung von Lungenkrankheiten zu. Wie so oft ergaben auch in diesem Fall moderne Inhaltsstoffanalysen ernüchternde Ergebnisse, die es einem schwer machen, in der Signaturenlehre etwas anderes als einen fantasievollen Irrglauben zu sehen. Tees aus Lungenkrautblättern oder -blüten werden heute aber immerhin noch zur Schleimlösung bei Erkältungskrankheiten empfohlen; ein Pulver aus zerstoßenen Blättern hat sich als Mittel gegen Durchfall gehalten.

Blühendes Lungenkraut in einem Auwald.

- **Beschreibung:** Höhe bis 30 cm; Grundblätter gestielt, breit-eiförmig, deutlich weiß gefleckt, Stängelblätter wechselständig, sitzend, länglich bis eiförmig; Blüten trichterförmig am Stängelende in Wickeln, erst rosarot, später blau; Früchte mit Eleiosom; dünnes, kriechendes Rhizom; ausdauernd
- **Blütezeit:** März bis Mai
- **Geruch, Geschmack:** geruchlos, Geschmack schleimig, zusammenziehend, muffig
- **Standort:** Laub- und Mischwälder, Bachufer, Gebüsche
- **Vorkommen:** verbreitet, häufig; reg. geschützt
- **Droge:** Herba Pulmonariae maculosae
- **Inhaltsstoffe:** Schleim, Kieselsäure, Flavonoide, Gerbstoffe, Saponine, Calzium, Allantoin, Vitamin C
- **Anwendung:** bei Erkältung, Heiserkeit, Husten, Lungenleiden, Erkrankungen der Harnorgane, des Magen-Darm-Trakts, Hämorrhoiden, Wunden, Hautunreinheit
- **Verwendung:** Tee, Gemüse (Suppe, Spinat, Salat)
- **Homöopathisch:** s. o.
- **Sammelgut, Sammelzeit:** blühendes Kraut, junge Blätter März bis Mai, Rosettenblätter Juli, August
- **Verwechslung:** Gemeine Ochsenzunge *(Anchusa officinalis)* und Braunes Mönchskraut *(Nonea pulla):* Blätter nicht weiß gefleckt, trockene Standorte
- **Sonstiges:** Die nach der Blüte erscheinenden Sommerblätter sind lang gestielt, eiförmig, zugespitzt und an der Basis herzförmig oder abgerundet

Symphytum officinale L.
GEMEINER BEINWELL

Wallwurz, Schwarzwurz, Schneewurzel, Beinwurz, Beinheil, Comfrey

Die Verwendung von Beinwell als Heilpflanze geht bis ins Altertum zurück. Der wissenschaftliche Gattungsname nimmt auf seine besonderen Fähigkeiten Bezug: Das griechische Wort *symphein* bedeutet „zusammenwachsen lassen". Die deutschen Namen „Beinwell" und „Wallwurz" leiten sich von dem annähernd gleichbedeutenden, heute ungebräuchlichen Wort *wallen* = „zuwachsen, heilen" ab.

Während sich die Wirkungen der meisten anderen Heilkräuter auf Beschwerden der inneren Organe, der Atemwege oder äußerlich auf Hautkrankheiten konzentrieren, sind das „Spezialgebiet" des Beinwells Verletzungen und Leiden des Bewegungsapparats, namentlich Brüche, Prellungen, Verstauchungen, Gelenk- und Knochenhautentzündungen, Verrenkungen, Zerrungen und arthritische Beschwerden. „Die Wurtzel zerstossen und auf zerknirschte Glieder gelegt, heilet sie", heißt es kurz und bündig bei Adamus Lonicerus, und im Grunde hat sich an dieser Behandlungsmethode seither wenig geändert, auch wenn Beinwell heute meist in Salbenform auf die betroffenen Körperpartien aufgebracht wird.

Moderne Untersuchungen haben den Wirkstoff Allantoin als den knochenheilenden Wohltäter im Beinwell entlarvt. Leider enthält die Pflanze auch Pyrrolizidinalkaloide, die bei Überdosierung und langfristiger Verwendung kanzerogen wirken und das Erbgut schädigen können. Es wird daher empfohlen, Beinwellpräparate nur äußerlich anzuwenden.

Links: Die rosaviolett blühende Normalform des Beinwells.

Unten: Die Unterart bohemicum *blüht weißgelb und hat schmalere Blätter, ist in der Anwendung jedoch identisch.*

- **Beschreibung:** Höhe bis 1 m; Blätter groß, breit-eiförmig, länglich, ganzrandig, Blattgrund am verzweigten, kräftigen, stachelig rauen Stängel flügelartig herablaufend; Blüten glockenförmig, blaurot, rosaviolett, dunkelblau oder gelbweiß mit Schlundschuppen, in einseitswendigen, nickenden Wickeln; Früchte mit Eleiosom; kräftige, über 1 m lange, schwarze, innen weiße Pfahlwurzel, an der Luft schnell schwärzend
- **Blütezeit:** Mai bis Juli
- **Geruch, Geschmack:** nahezu geruchlos, Geschmack schwach würzig, süßlich, schleimig
- **Standort:** Auwälder, Bachufer, Gräben, feuchte Wiesen, Wegränder
- **Vorkommen:** verbreitet, häufig
- **Droge:** Radix, Herba Consolidae
- **Inhaltsstoffe:** Allantoin, Glykoside, Pyrrolizidinalkaloide, Inulin, Schleim- und Gerbstoffe
- **Anwendung:** äußerlich bei Prellungen, Verstauchungen, Zerrungen, Knochenbrüchen, chronischen Entzündungen
- **Verwendung:** Tinktur, Umschläge, Breipackung, Salbe, Pulver, Gurgelwasser
- **Homöopathisch:** bei Knochenbrüchen, Quetschungen
- **Sammelgut, Sammelzeit:** junge Triebe und Blätter April bis August, Wurzel März, April, September, Oktober
- **Verwechslung:** keine
- **Sonstiges:** Pyrrolizidinalkaloide können in hoher Dosierung die Leber schädigen und Krebs erregen, deshalb nicht bei Schwangerschaft anwenden und nicht auf offene Wunden aufbringen

Enziangewächse

Gentianaceae und

Fieberklee

Menyanthaceae

Die Enziangewächse haben meist gegenständige Blätter und oft fünfzipfelige Blüten; ihre Wurzeln enthalten Bitterstoffe. Sämtliche Enziangewächse stehen unter Naturschutz. Die Arznei- und Genussmittel, die nach wie vor aus den Wurzeln einiger Arten gewonnen werden, stammen aus gezüchteten Pflanzen, von lizenzierten Enzianwurzelgräbern – oder aus Importware. Der Fieberklee (Menyanthes trifoliata) *wurde früher auch zu den Enziangewächsen gerechnet, steht jedoch seit neuerem in der Familie der* Menyanthaceae.

Ein attraktiver Bestand des Gelben Enzians.

Gentiana lutea L.
GELBER ENZIAN

▪ ***geschützt*** ▪

Edler Enzian, Bitterwurz, Hochwurz, Enznerwurz, Janzerwurz, Zintalwurz, Alpenenzian, Kreuzwurz, Sauerwurz, Ritterwurz, Darmwurz, Gelbsuchtwurz, Halunkenwurz, Branntweinwurz, St. Ladislaikraut

Den stattlichen Gelben Enzian, der bis zu anderthalb Meter hoch und an die 60 Jahre alt werden kann, findet man in Deutschland hauptsächlich in den höheren Lagen der Alpen und des Schwarzwalds. Wegen der in seinen Wurzeln enthaltenen Bitterstoffe wurde ihm schon in der Vergangenheit arg nachgestellt. Bis heute übersteigt die Nachfrage die Anbauerträge, weshalb die natürlichen Bestände in Europa trotz diverser Schutzmaßnahmen durch Raubbau gefährdet sind. Wer sich Enzianwurzel zu therapeutischen Zwecken beschaffen möchte, sollte sich über die exakte Herkunft informieren; guten Gewissens empfohlen werden können nur noch Produkte angebauter Pflanzen. Es schadet sicher auch nicht, gelegentlich beim Schnapsbrenner nachzufragen, woher er seinen Rohstoff bezieht.

Von Laien wird der an ähnlichen Standorten vorkommende Weiße Germer *(Veratrum album)*, ein Liliengewächs, bisweilen mit dem Gelben Enzian verwechselt. Diese Giftpflanze wird von den Kühen auf der Alm instinktiv gemieden. In der Homöopathie wird Weißer Germer nach Furlenmeier u. a. bei Kreislaufschwäche mit Kollapsneigung sowie bei manisch-depressiven Zuständen angewendet. Mehrere andere Enzianarten wurden früher ebenfalls für Heilpflanzen gehalten, darunter auch der dunkelblau blühende Lungenenzian *(Gentiana pneumonanthe)*, bei dem es jedoch umstritten ist, ob er bei Lungenkrankheiten tatsächlich hilft. In der Bachblütentherapie kommt *Gentianella amarella*, der Bittere Enzian, bei bestimmten Formen der Depression zur Anwendung.

▪ **Beschreibung:** Höhe bis 150 cm, Blätter herzeiförmig, mit 5–7 bogenförmigen Rippen, gegenständig, die unteren gestielt, die oberen sitzend, bis 30 cm lang und bis 15 cm breit; Stängel dick, glatt, rund, hohl; kelchförmige, gelbe Blüten mit roten Staubbeuteln, in 3–10-blütigen Scheindolden, in den Blattachseln sitzend; Wurzel fleischig, außen braun, innen bräunlichgelb, etwas ästig

- **Blütezeit:** Juni bis August
- **Geruch, Geschmack:** Geruch intensiv, Geschmack sehr bitter
- **Standort:** kalkhaltige Böden, auf Bergwiesen und alpinen Matten, Weiden, angebaut
- **Vorkommen:** Gebirge, Schweiz, Tirol, Bayern, Schwarzwald, selten
- **Droge:** Radix Gentianae
- **Inhaltsstoffe:** glykosidische Bitterstoffe (Amarogentin, Gentiopikrin, Gentianin, Gentianose), fettes Öl, Schleim, Pektin, Zucker, Gummi
- **Anwendung:** gegen Appetitlosigkeit, Verdauungsschwäche, Magenschwäche, Blähungen, zur Wundheilung
- **Verwendung:** Tee, Schnapsherstellung, Umschlag bei schlecht heilenden Wunden
- **Homöopathisch:** bei Verdauungsbeschwerden

Auch der Punktierte Enzian (G. punctata) *wird gelegentlich zur Schnapsherstellung verwendet.*

- **Sammelgut, Sammelzeit:** Wurzel und Wurzelstock im Frühjahr, aber auch Herbst
- **Verwechslung:** Weißer Germer: Blätter wechselständig, unterseits behaart, Blüten weiß, giftig
- **Sonstiges:** Bei längerer Anwendung oder Überdosierung tritt leichter Kopfschmerz, Gesichtsröte und Nasenbluten auf; Vorsicht bei Schwangerschaft

Unten links: Der kräftige Wurzelstock des Gelben Enzians.

Unten rechts: Verwechslungen mit dem Weißen Germer haben in der Vergangenheit zu schweren Vergiftungen geführt.

Centaurium erythraea Rafn.
ECHTES TAUSENDGÜLDENKRAUT

▪ ***geschützt*** ▪

Bitterkraut, Erdgallenkraut, Fieberkraut, Gottesgnadenkraut, Muttergotteskraut, Roter Aurin, Aurenkraut, Sintau, Gallkraut, Laurinkraut, Gemeiner Rötling

Die hübschen rosa Blüten dieser Blume beobachtet man am besten um die Mittagszeit – sie öffnen sich nämlich erst im Laufe des Vormittags und schließen sich bald nach dem Sonnenhöchststand wieder. Durch die Intensivierung der Landwirtschaft ist das Echte Tausendgüldenkraut vielerorts selten geworden. Stickstoffverseuchte Böden verträgt es nicht. Man findet es vor allem noch in Schutzgebieten und an Sonderstandorten, die, wie z. B. begrünte Hochwasserschutzdämme, von der landwirtschaftlichen Nutzung ausgenommen sind.

Seine Heilkräfte werden seit alters her gerühmt. Hildegard von Bingen empfahl Tausendgüldenkraut zur Heilung von Knochenbrüchen. Lonicerus schreibt: „Diß kraut ettlich tag abends und morgens getruncken / toedt und treibt aus die würm.“ Die Bitterstoffe des Tausendgüldenkrauts sind nachweislich appetitfördernd und regen die Magensaftproduktion an; dies erklärt die Verwendung bei Magen-, Leber- und Galleleiden. Die Blütentherapie des Dr. Bach sieht *Centaury* für Menschen vor, die aus Willensschwäche dazu neigen, stets nur für andere da zu sein und eigene Interessen chronisch hintanzustellen.

Die fünfzipfeligen Blüten des Tausendgüldenkrautes verraten die Verwandtschaft mit den Enzianen.

Der deutsche Name der Pflanze entspringt einem Missverständnis. Ursprünglich ist der Gattungsname *Centaurium* vom griechischen *Kéntauroi* (Zentauren) abgeleitet. Dies waren Fabelwesen mit menschlichem Oberkörper und Pferdeleib. Ein prominenter Vertreter dieses Geschlechts, der weise Chiron, wurde angeblich durch das Kraut geheilt. Da eine fundierte griechisch-klassische Bildung schon im deutschen Mittelalter ein Minderheitenprivileg war, geriet die Etymologie in Vergessenheit, und man versuchte, das Wort aus dem Lateinischen zu erklären. Man las *centum* = hundert und *aurum* = Gold heraus, machte aus hundert tausend und dachte, die Pflanze sei tausend Goldgulden wert. Am Ende der Fehlschlusskette stand das schöne deutsche Wort „Tausendgüldenkraut“.

- **Beschreibung:** Höhe bis 50 cm; grundständige Blattrosette, Blätter verkehrt-eiförmig, 5-nervig, Stängel vierkantig, erst im obersten Abschnitt gabelig verzweigt, Stängelblätter gegenständig, eiförmig-lanzettlich, 3-nervig; Blüten 1–2 cm lang, rosenrot, trichterförmig, kurz gestielt, in büscheliger Doldentraube, 5-zipfelig, Kelch kürzer als die Kelchröhre, 5 Staubblätter; Kapselfrucht schmal, walzenförmig, vielsamig; Wurzel kurz; ein- oder zweijährig
- **Blütezeit:** Juni bis September
- **Geruch, Geschmack:** geruchlos, extrem anhaltend bitter
- **Standort:** lehmig-tonige, magere, eher trockene Wegränder, Trockenhänge, auf Waldlichtungen, bis 1400 m
- **Vorkommen:** Europa, zerstreut
- **Droge:** Herba Centaurii
- **Inhaltsstoffe:** Bitterstoffe (Gentiopicrin, Swertiamarin, Swerosid, Gentiopikrosid),

Alkaloide, Flavone, Xanthonderivate, Triterpene, Harz, wenig ätherisches Öl

- **Anwendung:** bei Appetitlosigkeit, Leber- und Gallenleiden, Sodbrennen, Magenschwäche, Darmparasiten
- **Verwendung:** Tee, Pulver, Likör
- **Homöopathisch:** bei Magen-, Leber- und Gallenbeschwerden
- **Sammelgut, Sammelzeit:** blühendes Kraut, Triebspitzen (oberste 20 cm), Juni bis August; Trocknung gebündelt, in Papiertüten (zur Erhaltung der Farbe)
- **Verwechslung:** keine
- **Sonstiges:** Vorsicht, Dosierung nicht überschreiten! Nicht bei Magen- und Darmgeschwüren anwenden!

Die charakteristischen, bärtig gefransten Blüten des Fieberklees.

Menyanthes trifoliata L.
FIEBERKLEE, BITTERKLEE

■ ***geschützt*** ■

Biberklee, Dreiblatt, Gallkraut, Magenklee, Sumpfklee, Wasserklee, Wiesenmangold

Der gut eingeführte deutsche Name „Fieberklee" ist aufgrund neuerer Erkenntnisse gleich in zweifacher Hinsicht nicht korrekt: Zum einen verbindet die elegante, weißblühende Pflanze mit dem Klee lediglich die oberflächliche Ähnlichkeit der dreiteiligen Blätter, und zum anderen enthält *Menyanthes* Bitterstoffe, die nach Bisset & Wichtl als Fiebermittel entgegen der volksmedizinischen Überlieferung ungeeignet sind.

Wer Fieberklee entdeckt, steht wahrscheinlich in einem geschützten Feuchtgebiet auf kalkarmem Boden und wird nicht nur eine einzelne Pflanze vor sich haben, sondern zumindest eine Gruppe, wenn nicht sogar einen größeren, sich über viele Quadratmeter erstreckenden Bestand. Der Fieberklee ist optimal an seine nassen Standorte angepasst. Der Stängel geht an der Basis in ein kriechendes Rhizom über, das auf dem schlammigen Boden gut Halt findet.

- **Beschreibung:** Höhe bis 30 cm; Blätter groß, kleeähnlich dreizählig gefiedert, langgestielt, am Grund scheidenartig verbreitert; Stängel glatt, ohne Blätter; Blüten 5–15, weiß bis rötlichweiß, trichterförmig, am Rand bärtig gefranst, in endständiger, aufrechter Traube, Staubbeutel violett; Fruchtkapsel 2-klappig, vielsamig; Wurzelstock dick, kriechend (1–3 m) mit schuppenartigen Niederblättern
- **Blütezeit:** Ende April bis Juni
- **Geruch, Geschmack:** fast geruchlos, Geschmack intensiv, anhaltend bitter
- **Standort:** Flachmoore, moorige Gräben, nasse, torfige Wiesen
- **Vorkommen:** selten
- **Droge:** Folia Menyanthis, Folia Trifolia fibrini
- **Inhaltsstoffe:** Bitterstoffe (Foliamenthin, Menthiafolin, Loganin, Gentianin), Gerbstoffe, Flavonglykoside, Saponine, Harze
- **Anwendung:** gegen Appetitlosigkeit, Verdauungsschwäche, Magenschwäche, Gallen-, Leber- und Lungenleiden
- **Verwendung:** Tee, Likör
- **Homöopathisch:** bei Erkrankungen des Zentralnervensystems, Fieberanfällen
- **Sammelgut, Sammelzeit:** Blätter während oder nach der Blüte, April bis Juni
- **Verwechslung:** keine
- **Sonstiges:** Vorsicht, nicht in der Schwangerschaft anwenden; kann in höherer Dosis Erbrechen verursachen

Lippenblütler

Labiatae (Lamiaceae)

Zur Familie der Lippenblütler gehören zahlreiche Duft- und Gewürzpflanzen, die reich an ätherischen Ölen sind. Im Mittelmeergebiet haben viele ihre Heimat und wurden nördlich der Alpen in Kloster- und Bauerngärten kultiviert. Der Stängel ist vierkantig. Die meist ungestielten, dicht gedrängten Einzelblüten stehen quirlförmig in den Achseln von Hochblättern. Die asymmetrischen Blüten haben eine aus drei Blütenblättern gebildete Unter- sowie eine aus zwei Blütenblättern entstandene, ± gewölbte Oberlippe. Der glocken- oder röhrenförmige Kelch läuft meist in fünf Zähne aus. Die Früchte bestehen aus vier Nüsschen, die je einen Samen enthalten (Klause). Siehe Zeichnungen:

Lippenblüte *Lamiaceae*

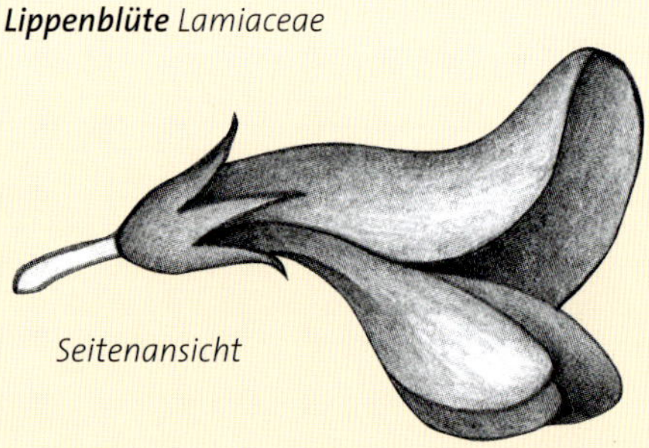

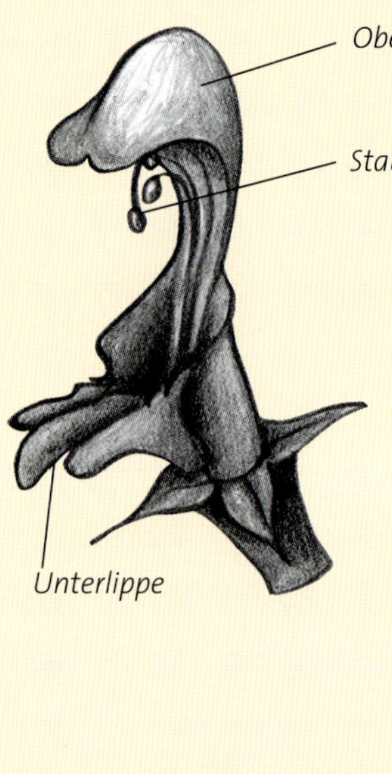

Ajuga reptans L.
KRIECHENDER GÜNSEL

Gurgelkraut

Der wintergrüne Kriechende Günsel fehlt in kaum einem Garten oder Park und auf kaum einer Wiese. Über seine Ausläufer verbreitet er sich rasch und kann viele Quadratmeter Fläche bodendeckend beherrschen. Von Laien wird er oft mit anderen Kräutern wie der Kleinen Braunelle und dem Gundermann (s. S. 85) verwechselt.

- **Beschreibung:** Höhe bis 30 cm; wintergrün; Blätter mit verschmälerter Basis am Stängel ansitzend, spatelförmig, gekerbt, in grundständiger Blattrosette; Blüten blau, Oberlippe sehr kurz, Unterlippe 3-lappig, Blütenstand pyramidenförmig, in Ähren; Früchte mit ölhaltigen Anhängseln; bis 20 cm lange, beblätterte Ausläufer treibend, ausdauernd
- **Blütezeit:** April bis Juni

Die Blätter der Kleinen Braunelle sind eiförmig, ganzrandig und gestielt.

An seinem pyramidenförmigen Blütenstand und den blauen Lippenblüten ist der Kriechende Günsel leicht zu erkennen.

GUNSEL, GÜNSEL,
auch gunzel, günzel, m., f., ein heilkraut, ajuga reptans. aus mlat., lat. consolida, das von consolidare 'festmachen' hergeleitet ist und die dieser pflanze zugeschriebene zusammenschweißende kraft bezeichnet.

Jacob & Wilhelm Grimm,
Deutsches Wörterbuch

- **Geruch, Geschmack:** geruchlos, Geschmack intensiv würzig, bitter
- **Standort:** Wiesen, Wegränder, Wälder, Gärten
- **Vorkommen:** sehr häufig
- **Droge:** Herba Ajugae
- **Inhaltsstoffe:** Gerbstoffe, Glykoside, ätherische Öle, Saponin, Mineralsalze
- **Anwendung:** bei Mund- und Kehlkopfentzündungen, Gallenbeschwerden, Wunden, Blutungen, Durchfall
- **Verwendung:** Tee, Umschläge, Bäder, Gurgelwasser, Gewürz
- **Homöopathisch:** s. o. und bei Stoffwechselerkrankungen, rheumatischen Beschwerden
- **Sammelgut, Sammelzeit:** ganze Pflanze zu Beginn der Blüte April, Juni
- **Verwechslung:** Genfer Günsel *(A. genevensis):* keine Ausläufer, mehrere Blütenstängel pro Pflanze; Gundermann *(Glechoma hederaceum):* Blätter herzförmig, kreuz-gegenständig, Blüten 2–6, lila; Kleine Braunelle *(Prunella vulgaris):* Blüten lila, Kelch purpurbraun in endständiger, dichter Scheinähre, Juni bis Oktober, wirkt gegen Halsentzündung, essbar
- **Sonstiges:** Ameisenverbreitung

Glechoma hederaceum L.
GUNDERMANN

■ ***schwach giftig*** ■
Gundelrebe, Zaungucker, Efeu-Gundermann, Erdefeu, Donnerrebe, Heilrauf

Wolf-Dieter Sporl und Christian Rätsch nennen in ihren Arbeiten über „Zauberpflanzen" das berühmte Bayerische Reinheitsgebot von 1516 „eines der ersten Drogengesetze". Die Bestimmung, dass fortan nur noch Hopfen (s. S. 164), Gerstenmalz und Wasser im Brauwesen verwendet werden durften, bedeutete für andere, ältere „Bierkräuter" das Aus. Eines der bekanntesten war der Gundermann, dem unsere Vorfahren auch sonst erstaunliche Kräfte zuschrieben, sei es als Zauberkraut gegen Hexerei, sei es als Heilkraut. Hildegard von Bingen widmet der Gundelrebe eines ihrer längsten Kapitel und empfiehlt sie vor allem bei Lungen- und Halskrankheiten sowie bei Rauschen in den Ohren. Die Volksmedizin rät bei Halsentzündungen zum Gurgeln mit Gundermannwasser; gelegentlich wird auch in Milch gekochter Gundermann empfohlen. Auf eiternde Verletzungen – *gund* ist Althochdeutsch für „Eiter" – wurden Gundermannblätter aufgelegt oder Gundermanntinktur aufgetragen. Außerdem wurde und wird Gundermann als Gewürz für Suppen, Quark, Kräuterbutter und Gemüse verwendet.

Überall verbreitet ist der Gundermann. Der ähnliche Kriechende Günsel (s. S. 84) hat einen pyramidenförmigen Blütenstand und spatelförmige Blätter.

- **Beschreibung:** Höhe bis 50 cm; wintergrün; Blätter gestielt, kreuz-gegenständig, herzförmig, oben glänzend, unten mattgrün; Stängel dünn, behaart, kriechend, nur der blühende Trieb aufsteigend; 2–6 lila bis blaue Blüten in Scheinquirlen, die Unterlippe ist größer als die flache Oberlippe, kurzer Kelch; zahlreiche an den Knoten wurzelnde Ausläufer
- **Blütezeit:** März bis Juli
- **Geruch, Geschmack:** Geruch schwach aromatisch, Geschmack würzig, etwas bitter
- **Standort:** feuchte, nährstoffreiche Standorte, Wiesen, Wege, Zäune, Misch- und Auwälder, Gärten
- **Vorkommen:** sehr häufig
- **Droge:** Herba Hederae, Glechomae
- **Inhaltsstoffe:** Gerbstoffe, Bitterstoffe (Glechomin), ätherische Öle, Flavonoide, Vitamin C, Kalium
- **Anwendung:** bei Husten, Asthma, Magen-Darm-Erkrankungen, Durchfall, Bettnässen, Blasenkatarrh, Menstruationsbeschwerden; äußerlich: bei kleinen, eiternden Verletzungen, Entzündungen der Mundschleimhaut, rheumatischen Beschwerden, Gicht
- **Verwendung:** Tee, Saft, Gurgelwasser, Umschläge, Gewürz (Suppe, Quark, Butter, Gemüse, Fleischgerichte, Bowle)
- **Homöopathisch:** s. o. und bei Hämorrhoiden
- **Sammelgut, Sammelzeit:** junge Blätter und Triebe des blühenden Krauts (ohne Wurzeln) April bis Juni
- **Verwechslung:** Kriechender Günsel *(Ajuga reptans,* s. S. 84): Blätter spatelförmig, Blüten blau, in pyramidenförmigem Blütenstand
- **Sonstiges:** Die größere, unangenehm riechende, behaarte Unterart *hirsuta* wird nicht gesammelt; bei Pferden, die zu viel von dem Kraut gefressen haben, wird von tödlichen Vergiftungen berichtet

Hyssopus officinalis L.
ECHTER YSOP

Essigkraut, Ipsen, Kirchenseppli, Klosterysop, Kirchenysop

Das im Mittelmeergebiet seit alters her als Heilpflanze gesammelte Kraut wird nördlich der Alpen nur sehr selten in freier Natur angetroffen. Angepflanzt gedeiht der Halbstrauch aber recht gut in sonnigen Stein- und Kräutergärten auf kalkhaltigen Böden und ist eine hervorragende Bienenweide. Das dunkle, tiefe Blau seiner Blüten erinnert an den Wiesensalbei (s. S. 96). In früheren Zeiten, berichtet Marianne Beuchert, wurde der Ysop, dessen deutscher Name sich direkt vom griechischen *hyssópos* ableitet, „als Spreng- und Weihbüschel von den Priestern benutzt". Schon in vorchristlicher Zeit galt er als ein Kraut der Reinigung und der Sühne. Im *Macer floridus* des Mönchs Odo Magdunensis, einem Werk, das im frühen Mittelalter noch vor den Schriften Hildegard von Bingens entstand, wird ihm als Mittel gegen Katarrh, Verstopfung, Spulwürmer, Zahnschmerzen und sogar gegen die Schwindsucht eine fast universelle Bedeutung zugemessen. Viele dieser Anwendungen sind allerdings inzwischen in Vergessenheit geraten oder hielten modernen pharmakologischen Überprüfungen nicht stand.

- **Beschreibung:** Höhe bis 60 cm, Halbstrauch; Blätter gegenständig, ungestielt, schmal lanzettlich, derb, glänzend; Stängel dicht verzweigt; Blüten blauviolett bis rötlich, seltener gelblichweiß in einseitswendiger, beblätterter, ca. 10 cm langer Scheinähre, Kelch und Blütenblätter fast gleich lang, Oberlippe kurz, Unterlippe doppelt so groß, 3-lappig; Wurzelstock holzig
- **Blütezeit:** Juli bis September
- **Geruch, Geschmack:** Geruch aromatisch, würzig, Geschmack würzig, bitter
- **Standort:** felsige Hänge, Mauern, wärme-, nährstoffliebend
- **Vorkommen:** Mediterrangebiet, kultiviert
- **Droge:** Herba, Oleum Hyssopi

Der Echte Ysop ist eine aromatisch duftende Heil- und Gewürzpflanze, die jeden Kräutergarten ziert. Im Mittelmeerraum wächst sie auch wild.

- **Inhaltsstoffe:** ätherische Öle (Pinocamphon, Pinen, Thujon), Gerbstoffe, Flavonoide, Bitterstoffe, Farbstoff
- **Anwendung:** gegen Entzündungen der Harnwege, Darmerkrankungen, chronischen Bronchialkatarrh, Angina, Asthma, Husten, Menstruationsbeschwerden, Kreislaufschwäche, Herzbeschwerden, übermäßige Schweißabsonderung, Nachtschweiß, Würmer
- **Verwendung:** Tee, Öl, Waschungen, Gurgelwasser, Gewürz (Fleisch, Salat, Suppe), pharmazeutische Industrie, Parfüm- und Likörherstellung (Benediktiner, Chartreuse)
- **Sammelgut, Sammelzeit:** weiche, reich beblätterte Triebspitzen 1. Schnitt im Juni, 2. Schnitt im August
- **Verwechslung:** Rosmarin *(Rosmarinus officinalis,* s. S. 95): Blüten rosa, nicht einseitswendig, anderes Aroma; Thymian *(Thymus vulgaris,* s. S. 99): Blätter kleiner, Blüten rosa, anderer Duft
- **Sonstiges:** Vorsicht: Bei nervösen Beschwerden wegen der starken Reizwirkung nur in niedriger Dosierung verwenden. Die Heilwirkung ist mit Salbei *(Salvia officinalis,* s. S. 96) vergleichbar

„Der Ysop ... verströmt einen starken, aromatischen Geruch. Aus diesem Grund legten ihn in manchen Gegenden ältere Frauen in die Gebetbücher, damit der scharfe Geruch sie daran hinderte, in der Kirche einzunicken."

Pierre Delaveau et al.,
Geheimnisse und Heilkräfte der Pflanzen

Lamium album L. WEISSE TAUBNESSEL

Bienensaug, Falsche Brennnessel, Tote Nessel, Zahme Nessel, Zauberkraut, Wurmnessel, Blumennessel

Noch weiter verbreitet als die Weiße ist die rotblühende Gefleckte Taubnessel, die eßbar, aber keine Heilpflanze ist.

Die nektarreichen Blüten der Weißen Taubnessel schmecken honigsüß, wenn man sie aussaugt.

Die Weiße Taubnessel gehört zu den häufigsten einheimischen Kräutern und ist als stickstoffliebende Pflanze vor allem in der Nähe menschlicher Behausungen, in Gärten, Anlagen, Gebüschen und auf gedüngten Wiesen verbreitet. Die Blätter ähneln in der Form denen der oft an den gleichen Standorten vorkommenden Brennnessel, haben jedoch keine Brennhaare. Die zusammenziehenden Gerbstoffe der Weißen Taubnessel eignen sich zur Wundheilung; Tee wurde in der Volksmedizin als schleimlösendes Mittel verwendet. In der Frauenheilkunde kam die Weiße Taubnessel, bisweilen in Kombination mit Frauenmantel (s. S. 234), bei Unterleibsbeschwerden verschiedenster Art zur Anwendung. Im Tierexperiment konnten nach Bisset & Wichtl entzündungshemmende Triterpene nachgewiesen werden; viele andere Inhaltsstoffe sind noch nicht ausreichend untersucht. Taubnesselblüten sind Bestandteile diverser Kräutertees mit beruhigender Wirkung. Die Vitamin-C-haltigen jungen Blätter der Weißen und der nah verwandten Gefleckten Taubnessel *(Lamium maculatum)* können Salaten beigegeben werden.

- **Beschreibung:** Höhe bis 60 cm; Blätter gestielt, brennnesselähnlich, gegenständig, fein behaart, keine Brennhaare; Stängel hohl; Blüten weiß, zu 5–8 in Scheinquirlen, Oberlippe helmförmig, Unterlippe 2-lappig; Wurzelstock kriechend, mehrfach verzweigt, mit Ausläufern; ausdauernd
- **Blütezeit:** April bis September
- **Geruch, Geschmack:** Geruch schwach honigartig, Geschmack mild würzig, aromatisch, schwach bitter
- **Standort:** Wege, Waldränder, Gebüsche, Wiesen, Zäune, Schutt; stickstoffliebend
- **Vorkommen:** sehr häufig
- **Droge:** Herba, Flores Lamii albi
- **Inhaltsstoffe:** Saponine, Flavonoide (Isoquercitrin, Kämpferol), Glykoside, Schleime, Gerbstoffe, ätherische Öle, Aminosäuren
- **Anwendung:** bei Atemwegserkrankungen, Reizhusten, Verschleimungen, Durchfall, Magen-Darm-Störungen, Blähungen, Frauenleiden, Weißfluss, Menstruationsstörungen, Wechseljahre-, Prostatabeschwerden, zur Blutreinigung, gegen Krampfadern, Hautkrankheiten, Brandwunden
- **Verwendung:** Tee, Pulver, Umschläge, Gurgelwasser, Gemüse, Suppe; Wurzeln gekocht als Salat
- **Homöopathisch:** s. o. und bei Tuberkulose
- **Sammelgut, Sammelzeit:** junge Blätter und Triebe vor der Blüte März bis April; Blüten (ohne Kelch) oder blühendes Kraut April bis August, Wurzeln September
- **Verwechslung:** Brennnessel *(Urtica dioica,* s. S. 170): Brennhaare an der Unterseite der Blätter, kätzchenförmige, unscheinbare Blüten, zweihäusig
- **Sonstiges:** Vorsicht: Tagesdosis von 2–3 Tassen sollte nicht überschritten werden; Wurzelauszug zum Gelbfärben geeignet

Lavandula angustifolia Mill.
ECHTER LAVENDEL

Kleiner Speik, Lavander

Es gibt zahlreiche Lavendelarten und -züchtungen, die alle reich an wohlriechenden ätherischen Ölen sind. Neben dem Echten Lavendel sind besonders der Echte Speik *(L. latifolia)* und der purpurblütige Schopflavendel *(L. stoechas)* hervorzuheben. Die begehrten Lavendelöle werden durch Wasserdampfdestillation aus frischen Blüten oder Blütenständen gewonnen.

Abgesehen von seiner Verwendung in der Parfüm-, Kosmetik- und Lebensmittelindustrie hat der Lavendel auch medizinische Qualitäten. Die beruhigenden Eigenschaften von Lavendelextrakten waren schon vor Jahrhunderten bekannt: Unruhigen Säuglingen legte man Lavendel in die Wiege. Andererseits gilt der Duft des Lavendels als belebend und erfrischend, weshalb man das Öl bei der Herstellung von Badeessenzen und Erfrischungstüchern verarbeitet.

- **Beschreibung:** Höhe bis 60 cm, Halbstrauch; Blätter gegenständig, 2–5 cm lang, linear-lanzettlich, Rand eingerollt, jung graufilzig, später grün; Stängel aufrecht, stark verzweigt; Blüten blauviolett, in endständigen Ähren; Wurzelstock verholzt
- **Blütezeit:** Juni bis August
- **Geruch, Geschmack:** Geruch sehr aromatisch, Geschmack bitter
- **Standort:** trockene, sandige Böden, frostempfindlich, Gärten
- **Vorkommen:** Mediterrangebiet, kultiviert
- **Droge:** Aetheroleum, Flores, Herba Lavandulae
- **Inhaltsstoffe:** ätherische Öle (Linanylacetat), Cumarin, Gerbstoffe, Bitterstoffe
- **Anwendung:** bei Einschlafstörungen, nervöser Unruhe, nervösen Oberbauchschmerzen, Magen-Darm- und Kreislaufbeschwerden, Blähungen, rheumatischen Beschwerden, Gicht, Nerven-, Kopfschmerzen, Migräne, Ohnmacht
- **Verwendung:** Tee, Einreibung, Bäder, Umschläge, Gewürz, Lebensmittel- und Parfümindustrie
- **Homöopathisch:** s. o.
- **Sammelgut, Sammelzeit:** Blüten und Blütenstände kurz vor dem Aufblühen Juni bis August
- **Verwechslung:** keine
- **Sonstiges:** Vorsicht, Überdosierung und Dauergebrauch kann zu Kopfschmerzen führen!

Oben links: Was für die Holledau und die Hallertau in Bayern der Hopfen ist, ist für die Provence der Lavendel: eine Pflanze von großer wirtschaftlicher Bedeutung, die das Landschaftsbild prägt und mit der die Region von Besuchern aus aller Welt identifiziert wird. Über die Hälfte der Weltproduktion an Lavendel stammt nach wie vor aus Südfrankreich.

Oben rechts: Der Speik-Lavendel wird vor allem bei akuten und chronischen Bronchialerkrankungen und rheumatischen Beschwerden verwendet.

„Wenn Ludwig XIV. eine Dame begehrte, so sandte er ihr in Ambra getauchte Lavendelblüten-Ähren. War sie geneigt, seinen Wünschen zu folgen, so schob sie im Angesicht des Königs eine dieser Ähren in den Mund."

Marianne Beuchert,
Symbolik der Pflanzen

Oben: Der Uferwolfstrapp wird oft mit dem Herzgespann verwechselt. Er hat tief gezähnte und gesägte Blätter und weiße Blüten. Als Heilpflanze findet er bei leichter Schilddrüsenüberfunktion Anwendung.

Unten: Das Echte Herzgespann hat ahornblattartige, tief handförmig gespaltene Blätter und rötliche Blüten.

Leonurus cardiaca L.
ECHTES HERZGESPANN

Löwenschwanz, Herzheil, Bärenschweif, Wolfstrapp, Mutterkraut

In den alten Bundesländern ist die Zahl der bekannten Standorte des Echten Herzgespanns seit 1950 um ca. 50 Prozent zurückgegangen. Es wäre schade, würde diese uralte Heilpflanze, die dort, wo sie noch vorkommt, gelegentlich als „Unkraut" vernichtet wird, aus unserer heimischen Flora verschwinden. In Heilkräutergärten, diesen lebendigen Museen der Medizingeschichte, ist die stattliche Pflanze regelmäßig zu sehen. In früheren Zeiten hielt man große Stücke auf sie. „Hertzgespan ist fürtreffenlich gut zu dem klopffen des hertzens", schreibt Leonhart Fuchs 1543, und Adamus Lonicerus ergänzt 1582: „Mit seiner Wurtzel gestossen / und auff die Brust gelegt / benimmt es den Zwang am Hertzen. Und macht auch / also gebraucht / weit um die Brust." Auch der deutsche Name nimmt auf diese Eigenschaft Bezug; man verstand darunter eigentlich die Beschwerden, bei denen das Kraut Abhilfe schaffen soll, nämlich „Herzklopfen", „Herzkrämpfe" oder „Herzbeklemmung". Bei der Inhaltsstoffanalyse wurden tatsächlich „3 glykosidische Bitterstoffe gefunden, die digitalisartige Wirkung haben" (Aichele & Schwegler). Die moderne Forschung scheint also die alten Anwendungen zu bestätigen.

- **Beschreibung:** Höhe bis 150 cm; Blätter gestielt, oberseits dunkelgrün, unterseits grau, flaumig behaart, kreuzgegenständig, tief handförmig gespalten, herzförmig, obere 3–5-lappig; Stängel aufrecht, oft rötlich überlaufen, hohl, bis zur Spitze beblättert; Blüten rosarot oder blassviolett in langen, dichten, „buschigen" Scheinähren; ausdauernd
- **Blütezeit:** Juni bis September
- **Geruch, Geschmack:** Geruch unangenehm, intensiv, Geschmack bitter, scharf
- **Standort:** Hecken, Zäune, Wege, Ruinen, Schuttplätze, Klostergärten
- **Vorkommen:** selten
- **Droge:** Herba Leonuri cardiacae
- **Inhaltsstoffe:** Bitterstoffe (Leonurin), Gerbstoffe, ätherische Öle, Alkaloide (Leonucardin), Glykoside
- **Anwendung:** bei Herzschwäche, nervösen Herzbeschwerden, Herzklopfen, Angina pectoris, Schilddrüsenüberfunktion, Migräne, Angstattacken, Wechseljahre- und Prostatabeschwerden, Hämorrhoiden, Blutarmut, Blähungen, Durchfall
- **Verwendung:** Tee, Pulver
- **Homöopathisch:** s. o.
- **Sammelgut, Sammelzeit:** blühende, weiche Triebe Juni bis September
- **Verwechslung:** Uferwolfstrapp *(Lycopus europaeus):* Blätter schmaler, hellgrün, Blüten weiß, innen rot punktiert, mit 2 Staubbeuteln, feuchte Standorte, häufig
- **Sonstiges:** Vorsicht! Tee sollte nur in Absprache mit dem Arzt getrunken werden, auf keinen Fall während der Schwangerschaft!

Oben links: Hilfe bei Stress und vielfach verwendbares Gewürz: die Zitronenmelisse.

Oben Mitte: Der aromatische Minzgeruch der seltenen Katzenminze (Nepeta cataria) *zieht Katzen an. Als Heilpflanze wird sie bei Durchfall und chronischer Bronchitis eingesetzt, gilt aber auch als nervenberuhigend und schmerzstillend.*

Oben rechts: Der Gemeine Andorn unterscheidet sich von der Zitronenmelisse durch filzig behaarte, weißlichgrüne Blätter. Außerdem fehlt ihm das Aroma.

Melissa officinalis L.
ZITRONENMELISSE

Bienenkraut, Frauenkraut, Mutterkraut, Zitronenkraut, Citronelle, Herzkraut

Die Vielfalt der Anwendungsmöglichkeiten, mit denen die Zitronenmelisse das menschliche Leben bereichert, sucht ihresgleichen, und deshalb fehlt die ursprünglich im östlichen Mittelmeerraum beheimatete, angenehm nach Zitrone duftende Pflanze auch in kaum einem Kräutergarten. Wer z. B. an Schlafstörungen und Erschöpfungszuständen leidet, die keine organischen Ursachen haben, sollte es, bevor er zu den radikaleren Mitteln der Pharmazeutik greift, mit Zitronenmelissentee versuchen. Auch bei Appetitlosigkeit und nervösen Störungen des Magen-Darm-Trakts wird Melisse empfohlen. Darüber hinaus ist Zitronenmelisse als Gewürz vielseitig verwendbar.

- **Beschreibung:** Höhe bis 80 cm; Blätter gelblichgrün, kurz gestielt, eiförmig, zugespitzt, Rand grob gesägt, weich behaart; Stängel stark ästig-verzweigt, behaart; Blüten sehr klein, weiß, z. T. rosa, blau oder gelb überlaufen, flache Oberlippe, 3-lappige Unterlippe, 3–6 Blüten im Halbquirl; Wurzelstock stark verzweigt; ausdauernd
- **Blütezeit:** Juni bis September
- **Geruch, Geschmack:** Geruch beim Zerreiben intensiv nach Zitrone, Geschmack würzig, leicht bitter
- **Standort:** nährstoffreiche Böden, sonnig, Weinberge, Gärten
- **Vorkommen:** Mediterrangebiet, kultiviert
- **Droge:** Folia, Herba, Oleum Melissae = Folia Citronellae
- **Inhaltsstoffe:** ätherische Öle (Citral, Citronellal, Neral, Geranial), Gerbstoffe, Flavonoide, Bitterstoffe, Cumarine
- **Anwendung:** bei Erschöpfungszuständen, depressiver Verstimmung, Hysterie, nervösem Herzklopfen, Appetitlosigkeit, Verdauungsstörungen, Schlaflosigkeit, kolikartigem Durchfall, schmerzhafter Menstruation, Krämpfen, Brechreiz, Kopf-, Zahnschmerzen, Rheumatismus
- **Verwendung:** Tee, Saft, Bäder, Umschläge, Kräuterkissen, Gewürz (Soßen, Suppen, Fleischgerichte, Süßspeisen, Getränke), Parfüm- und Likörherstellung
- **Homöopathisch:** s. o.
- **Sammelgut, Sammelzeit:** Kraut und Blätter kurz vor der Blüte Juni bis August, ein- bis zweimal bis September
- **Verwechslung:** Gemeiner Andorn *(Marrubium vulgare):* ganze Pflanze wollig-filzig behaart, Blätter weißlichgrün, runzelig, kein Zitronenaroma
- **Sonstiges:** Tagesdosis 3 Tassen

Mentha spec.
MINZE

Die Gattung *Mentha* (Minzen) ist nicht nur sehr artenreich – die Arten neigen auch noch, wie der Botaniker sagt, stark zur „Bastardisierung“, d. h. sie kreuzen sich und sind dann noch schwerer zu bestimmen als ohnehin schon. Die Blüten sind meist violett und stehen entweder stockwerkartig in dichten Quirlen oder, bei den hohen Arten, in endständigen Scheinähren. Einer der bekanntesten Bastarde, die meist steril sind, sich aber sehr stark durch Ausläufer vermehren, ist die intensiv duftende Echte Pfefferminze *(M. piperita var. piperita* „Mitcham“)

Eine der kräftigsten und häufigsten, hier nicht abgebildeten Minzearten, die Rossminze *(M. longifolia)* mit dicht grau behaartem Stängel und länglich-lanzettlichen, scharf gesägten Blättern, wird gegen Kopfschmerzen und Magen-Darm-Erkrankungen verwendet.

- **Beschreibung:** Höhe bis 50 cm bzw. 1 m; Blätter kreuzweise gegenständig, breit eiförmig bis lanzettlich, Rand meist gesägt oder gekerbt; Stängel meist aufrecht, oben verzweigt, oft behaart und rötlich überlaufen; Blüten hell-violett, rosa bis weißlich, Kelch 5-zähnig, Krone röhrig, Unter- und Oberlippe fast gleich, in dichten blattachselständigen Scheinquirlen oder end- bzw. seitenständigen, länglich-walzlichen Scheinähren; Ausläufer bildend, ausdauernd
- **Blütezeit:** Juli bis September
- **Geruch, Geschmack:** Geruch nach Pfefferminze, Geschmack brennend, aromatisch, kühlend
- **Standort:** nasse bis feuchte, nährstoffreiche Standorte
- **Vorkommen:** verbreitet, kultiviert
- **Droge:** Herba, Folia, Oleum Menthae piperitae; M. crispae
- **Inhaltsstoffe:** ätherische Öle (Menthol, Menthon – *M. piperita*), Gerbstoffe, Bitterstoffe
- **Anwendung:** bei Appetitlosigkeit, Magen-Darm-Störungen, Übelkeit, nervösem Erbrechen, Koliken, Blähungen, Unterleibskrämpfen, Galleleiden, Migräne, Nervenschmerzen, Nervosität, Schlaflosigkeit, Schwindel, Bronchialkatarrh, Schnupfen
- **Verwendung:** Tee, Mundwasser, Inhalation, Bäder, Kompressen, Kräuterkissen, Salbe, Gewürz (Quark, Soßen, Getränke, Süßspeisen), Parfüm- und Lebensmittelindustrie
- **Homöopathisch:** s. o. und bei Erkältungskrankheiten
- **Sammelgut, Sammelzeit:** Blätter und blühende Triebe Juli bis September, getrennt von anderen Kräutern trocknen und lagern
- **Verwechslung:** über 200 Arten und verschiedene Bastarde, alle riechen ± aromatisch

Unten links: Die intensiv duftende, scharf-würzige „Mitcham-Pfefferminze“, eine Kreuzung aus der Grünen und der Wasserminze, pflanzt sich nur steril fort. Das Pfefferminzöl wird durch Wasserdampfdestillation gewonnen.

Unten Mitte: Die Blüten der angenehm aromatischen Wasserminze (M. aquatica) *stehen in nahezu kugeligen Scheinquirlen am Ende des beblätterten Stängels. Die Wasserminze enthält kein Menthol und kann deshalb auch Säuglingen und Kleinkindern verabreicht werden.*

Unten rechts: Die Blätter der Krausen Minze (M. spicata *var.* crispata) *sind kraus, breiteiförmig, mit tief eingeschnittenem Rand; die Blüten stehen in langen, rosavioletten Scheinähren.*

- **Sonstiges:** Vorsicht: Nicht anwenden bei schweren Leber- und Galleerkrankungen und bei Kleinkindern und Säuglingen (Menthol kann Kehlkopfkrämpfe und Atemnot auslösen); Poleiminze *(M. pulegium)* nicht während der Schwangerschaft einnehmen. Japanisches Minzöl wird aus *M. japonica* gewonnen

Ocimum basilicum L.
BASILIKUM

Basilienkraut, Deutscher Pfeffer, Königskraut, Herrenkraut

Kulinarische Trends können den Bekanntheitsgrad einer Pflanze bestimmen. So wurden vor einiger Zeit Mozzarellascheiben mit Tomate, Pfeffer und einem Basilikumblatt als Antipasto sehr beliebt, und auch der Basilikumessig („Aceto basilico") hat längst die Supermärkte erobert. Dass der „König der Gewürze" – der Name stammt vom griechischen Wort *basileus* = König ab – auch eine Heilpflanze ist, gerät dabei leicht in Vergessenheit. Basilikumtee wird vor allem bei Verdauungsproblemen wie Blähungen und Völlegefühl, als beruhigendes und krampflösendes Mittel empfohlen. In der Volksmedizin wurden auch Salben aus Basilikumextrakten hergestellt, die bei Hautentzündungen verordnet wurden.

Christian Rätsch berichtet, dass die Pflanze bereits zur Zeit der Pharaonen von Indien her nach Ägypten kam und dass ihr von Plinius aphrodisierende Eigenschaften zugeschrieben wurden. In Mitteleuropa dürfte sie spätestens im frühen Mittelalter eingeführt worden sein. Als noch etwas aromatischer gilt das Kleine Basilikum *(O. minimum)* mit deutlich kleineren Blättern. Die meisten Feinschmecker sind sich darüber einig, dass man frische Blätter verwenden muss, weil beim Trocknen wichtige Inhaltsstoffe verloren gehen.

Basilikum ist sehr kälteempfindlich und wird daher meist als Topfpflanze kultiviert.

- **Beschreibung:** Höhe bis 50 cm; buschig, Blätter dunkelgrün, kreuzgegenständig, gestielt, eiförmig bis lanzettlich; Stängel leicht abbrechend; Blüten weiß, gelblichweiß oder rot; einjährig
- **Blütezeit:** Juni bis September
- **Geruch, Geschmack:** Geruch aromatisch muffig, Geschmack würzig
- **Standort:** wärmeliebend, nährstoffreiche Böden, Gärten
- **Vorkommen:** kultiviert
- **Droge:** Herba, Oleum Basilici (= Ocimi)
- **Inhaltsstoffe:** ätherische Öle (Methylchavicol, Eugenol, Estragol, Thymol), Gerbstoffe
- **Anwendung:** bei Verdauungsproblemen, Blähungen, Übelkeit, Erbrechen, Hautentzündungen (Wolf), Hysterie, Kopfschmerzen, Husten, Fieber
- **Verwendung:** Tee, Salbe, Gewürz (Salat, Suppe, Fleisch), Parfümindustrie, Räucherkerzen
- **Homöopathisch:** s. o.
- **Sammelgut, Sammelzeit:** Kraut zu Beginn der Blüte, mehrmals im Jahr, am besten frisch verwenden
- **Verwechslung:** keine
- **Sonstiges:** Öl nur äußerlich anwenden, da eine mutagene, erbgutschädigende Wirkung vermutet wird

Origanum vulgare L.
GEMEINER DOST, OREGANO

Wilder Majoran, Kostets, Dorant, Wohlgemut

Unten: Der Oregano stellt nur geringe Ansprüche an den Standort – er lässt sich fast in jedem Garten ansiedeln.

Ganz unten: Der Echte Majoran (Majorana hortensis) *wird oft mit dem Gemeinen Dost verwechselt; er wird zum Würzen von Fleisch- und Wurstwaren wie Leberknödeln und Leberwürsten verwendet. In der Homöopathie gilt Majoran als „Anaphrodisiakum" zur Dämpfung übermäßiger sexueller Erregung.*

Anders als das auch als „Wasserdost" bezeichnete Kunigundenkraut (s. S. 67), dem er von der Blütenfarbe her ähnelt, wächst der Gemeine Dost auf Trockenrasen und an anderen sonnenexponierten Standorten.

Schon in der Antike wurden er und der ähnliche, kleinere Majoran *(Majorana hortensis = Origanum majorana)* zur Heilung und Linderung bei den verschiedensten körperlichen Gebrechen herangezogen. Im dämonengläubigen Mittelalter hielt man den Dost für hilfreich bei der Abwehr von Hexen und bösen Geistern, wenngleich Hildegard von Bingen Leprakranken empfiehlt, sich nach einem Schwitzbad mit einem Gemisch aus Andorn, Dost und Bilsenkraut einzureiben. Heutzutage findet man Dost in Kräuterkissen, auch werden Tees und Gurgelwasser aus Dost (oder gemischt mit Dost) zusammengestellt; ein durch Wasserdampfdestillation gewonnenes Öl wird gegen Zahnschmerzen empfohlen. Am verbreitetsten ist jedoch die Verwendung als Gewürz – z. B. auf der Pizza.

- **Beschreibung:** Höhe bis 60 cm; Blätter kreuzgegenständig, kurz gestielt, eiförmig, ganzrandig, weich behaart; Stängel oben verzweigt, rot überlaufen, behaart; Blüten zahlreich, rosa bis violett in lang gestielten, ± kugeligen, dichten Doldenrispen, Oberlippe flach, Unterlippe 3-lappig, behaart; Wurzelstock dünn, verzweigt, verholzt; ausdauernd
- **Blütezeit:** Juli bis September
- **Geruch, Geschmack:** Geruch stark aromatisch, Geschmack bitter, herb-würzig
- **Standort:** Trockenrasen, Gebüsch, Wald- und Wegränder
- **Vorkommen:** Süddeutschland häufig, Norddeutschland selten
- **Droge:** Herba, Oleum Origani
- **Inhaltsstoffe:** ätherische Öle (Thymol, Carvacrol, Origanen), Flavonoide, Rosmarinsäure, Gerbstoffe, Bitterstoffe, Harze
- **Anwendung:** gegen Schmerzen, Appetitlosigkeit, Verdauungsstörungen, Leber-, Gallestörungen, Blähungen, Menstruationsbeschwerden, Husten, Keuchhusten, Heiserkeit, Hautkrankheiten, Zahnschmerzen, rheumatische Beschwerden, Parasitenbefall
- **Verwendung:** Tee, Gurgelwasser, Bäder, Umschläge, Kräuterkissen, Gewürz (Butter, Quark, Pizza), Lebensmittel- und Parfümherstellung
- **Homöopathisch:** s. o. und bei gesteigerter sexueller Erregbarkeit, Erkrankungen der männlichen Geschlechtsorgane
- **Sammelgut, Sammelzeit:** blühendes Kraut, blühende Sprossspitzen Juli bis September
- **Verwechslung:** Echter Majoran, Wurstkraut: würziger, Blätter graugrün, Blüten sehr klein, weißrosa, einjährig, verwendet als Räuchermittel und Badezusatz

Rosmarinus officinalis L.
ROSMARIN

Kranzenkraut

Thymian, Lavendel und Rosmarin – Erinnerungen an Sommertage im Süden stellen sich ein! Das Mittelmeergebiet ist Europas Gewürzgarten. Viele der bei uns nur in Gärten zu bewundernden Heil- und Gewürzpflanzen verströmen dort ihre betörenden Düfte in freier Natur. Rosmarin stand schon bei Griechen und Römern in hoher Gunst und spielt auch in ihrer Mythologie eine Rolle. Angeblich wurde er im Mittelalter von den Benediktinern nach Mitteleuropa gebracht. Als immergrüne Pflanze wird Rosmarin mit ewiger Treue und dem ewigen Leben (und dadurch mit Sterberitualen) assoziiert.

Rosmarin ist vielseitig verwendbar und wird kommerziell angebaut. Menschen mit niedrigem Blutdruck und depressiven Verstimmungen, die morgens schlecht in die Gänge kommen, wird empfohlen, Rosmarinblätter zu kauen. Auch bei schlechtem oder nachlassendem Gedächtnis soll Rosmarin schon gute Dienste geleistet haben. Generell ist bei der Verwendung jedoch Vorsicht angesagt. Schauenberg & Paris berichten, dass nach Überdosierungen tödliche Vergiftungen bekannt geworden sind.

- **Beschreibung:** Höhe bis 1,5 m; immergrüner Strauch; Blätter dunkelgrün, gegenständig, sitzend, schmal lanzettlich, ledrig, hart, Rand eingerollt, oberseits dunkelgrün, unterseits weißfilzig; Zweige stark verästelt, rutenartig; Blüten klein, kurz gestielt, blau oder hellviolett, Kelch glockig, Oberlippe 2-spaltig, Unterlippe 3-lappig
- **Blütezeit:** April bis Juli
- **Geruch, Geschmack:** Geruch intensiv, aromatisch, kampferartig, Geschmack aromatisch, bitter
- **Standort:** kalkhaltige, nährstoffreiche Heiden, Macchien, Gärten, frostempfindlich
- **Vorkommen:** Mediterrangebiet, kultiviert
- **Droge:** Folia, Flores, Aetheroleum Rosmarini
- **Inhaltsstoffe:** ätherische Öle (Kampfer, Borneol, Cineol, Pinen), Gerbstoffe, Rosmarinsäure, Flavone, Glykoside, Bitterstoffe, Harz, Saponine
- **Anwendung:** gegen Appetitlosigkeit, Verdauungsprobleme, Magen-Darm-Störungen, Leber- und Gallebeschwerden, Menstruationsbeschwerden, depressive Verstimmung, Erschöpfungszustände, niedrigen Blutdruck, rheumatische Beschwerden, Wunden, Quetschungen, Ekzeme, Mundfäule, Zahnschmerzen
- **Verwendung:** Tee, Spiritus, Gurgelwasser, Wein, Salben, Einreibung, Bäder, Kräuterkissen, Gewürz (Fleisch, Fisch, Gemüse), Parfüm- und Kosmetikindustrie
- **Homöopathisch:** s. o. und bei Erkrankungen des Zentralnervensystems sowie der weiblichen Geschlechtsorgane
- **Sammelgut, Sammelzeit:** Blätter und blühende Sprosse das ganze Jahr
- **Verwechslung:** Die Droge wurde früher immer wieder verfälscht mit den Blättern des seltenen Sumpfporsts *(Ledum palustre)*, des Berggamanders *(Teucrium montanum)* und der im Moor wachsenden Rosmarinheide *(Andromeda polifolia)*.
- **Sonstiges:** Vorsicht: Bei innerlicher Anwendung sind bei Überdosierung Nierenschäden und tödliche Vergiftungen möglich; Anwendung nur in Absprache mit dem behandelnden Arzt!

Links: Blühender Rosmarin.

Oben: Der giftige Sumpfporst ist eine seltene, geschützte Pflanze des Nordens und Ostens.

Oben: Der Wiesensalbei – wunderschön, aber als Heilpflanze nicht so wertvoll wie der Gartensalbei.

Unten links: Blühender Gartensalbei in einem Bauerngarten.

Unten rechts: Der bis 1,20 m hohe, aus dem Mittelmeergebiet stammende Muskatellersalbei (Salvia sclarea) *wurde früher u. a. dazu verwendet, dem Muskatellerwein sein charakteristisches Aroma zu verleihen.*

Salvia officinalis L.
ECHTER SALBEI

Gartensalbei, Edelsalbei, Rauchsalbei

Mit annähernd 900 verschiedenen Arten ist *Salvia* eine der artenreichsten Blütenpflanzengattungen der Welt. In Mitteleuropa ist freilich nur etwa eine Handvoll dieser Arten heimisch, darunter der attraktive Wiesensalbei *(S. pratensis)*, der mit seinen helmartigen, dunkelblauen bis blauvioletten Blüten im späten Frühjahr und im Frühsommer Wiesen und Wegränder schmückt und 2003 zur „Heilpflanze des Jahres" gewählt wurde. Der Echte Salbei ist nördlich der Alpen meist nur in Kräutergärten zu sehen. Wie der vom lateinischen Wort *salvare* („heilen") abgeleitete Name schon vermuten lässt, verbindet sich mit seiner Nutzung eine lange Tradition, die bis in die Zeit der Pharaonen zurückreicht.

Salbeiextrakte werden vor allem bei Erkältungskrankheiten und Entzündungen des Mund- und Rachenraums eingesetzt (Gurgelwasser, Hustenbonbons). Salbeitee wird darüber hinaus bei Nachtschweiß und krankheitsbedingten Schweißabsonderungen empfohlen und soll auch bei depressiven Verstimmungen helfen. Bei Dauergebrauch und erhöhten Dosen kann es jedoch zu Vergiftungserscheinungen kommen.

- **Beschreibung:** Höhe bis 80 cm; immergrüner Halbstrauch, Basis verholzt; Blätter gestielt, gegenständig, graugrün, länglich-oval, runzlig, jung weißfilzig; Stängel aufrecht, filzig behaart, stark verzweigt; Blüten violettblau oder weiß, in Ähren, Oberlippe fast gerade, Unterlippe 3-lappig
- **Blütezeit:** Mai bis Juli
- **Geruch und Geschmack:** Geruch kampferartig aromatisch, würzig, Geschmack adstringierend, bitterlich
- **Standort:** trockene, nährstoffreiche Kalkböden, Klöster- und Bauerngärten, kultiviert
- **Vorkommen:** Mittelmeergebiet, kultiviert
- **Droge:** Folia, Oleum Salviae
- **Inhaltsstoffe:** ätherische Öle (Thujon, Cineol, Salviol, Kampfer), Bitterstoffe, Gerbstoffe, Saponin, Flavonoide, Glykosid, Harz, Vitamine
- **Anwendung:** bei Halsschmerzen, Entzündungen im Hals-, Rachenraum, Diabetes, Nachtschweiß, Nervenstörung, Depressionen, Durchfall, Blähungen, Hautkrankheiten, Menstruationsstörungen, Schwindel, Wechseljahrebeschwerden, zum Abstillen
- **Verwendung:** Tee, Pulver, Öl, Gurgelwasser, Tinktur, Waschung, Bad, Desinfiziens, Kosmetik-, Lebensmittel- und Likörindustrie, Gewürz
- **Homöopathisch:** s. o. und bei Erkrankungen des Zentralnervensystems
- **Sammelgut, Sammelzeit:** Blätter vor der Blüte, blühende Sprossspitzen Mai bis Juli, getrennt von anderen Kräutern trocknen!
- **Verwechslung:** Wiesensalbei *(S. pratensis)*: Stängel nicht verholzt, Blätter kahl, gezähnt, Blüten groß, dunkelblau, auf trockenen Wiesen, enthält weniger ätherische Öle
- **Sonstiges:** schweißhemmende Wirkung setzt spätestens ca. 2 Std. nach Einnahme ein und kann mehrere Tage anhalten
- **Vorsicht:** Bei Dauergebrauch und in höherer Dosis kann es zu Vergiftungserscheinungen kommen – nur in Absprache mit dem Arzt verwenden!

Satureja hortensis L.
BOHNENKRAUT

Bergminze, Pfefferkraut, Weinkraut

Als verdauungsfördernde Beigabe, die fetten Braten bekömmlicher macht und den durch Genuss von Hülsenfrüchten entstehenden Blähungen entgegenwirkt, hat das Bohnenkraut seinen festen Platz in der Küche und liefert ein gutes Beispiel dafür, dass sich würzende und heilende Eigenschaften der Kräuter nicht selten überschneiden. Doch die Liebe geht in diesem Fall nicht nur durch den Magen: Schon im Altertum wurde das äußerlich so unscheinbare Bohnenkraut als Aphrodisiakum gepriesen, und ganz im Sinne dieser Überlieferung ist der wissenschaftliche Gattungsname von den „Satyrn" abgeleitet, jenen stets lüsternen Fruchtbarkeitsdämonen aus dem Tross des griechischen Weingottes Dionysos. Was die Alten liebten, war im christlichen Mittelalter verpönt – jedenfalls bei den Kirchenoberen, die, wie Christian Rätsch berichtet, den Mönchen nicht bloß den Genuss, sondern sogar den Anbau der Pflanze untersagten.

- **Beschreibung:** Höhe bis 30 cm; Blätter klein, lineal-lanzettlich, drüsig punktiert, am Rand behaart; Stängel aufrecht, buschig verzweigt, Basis ± verholzt, oft violett überlaufen; Blüten sehr klein, gestielt, helllila oder weiß, innen grün oder violett; Wurzel holzig; ein- bis zweijährig
- **Blütezeit:** Juni bis September
- **Geruch, Geschmack:** Geruch intensiv aromatisch, Geschmack intensiv würzig
- **Standort:** trockene, kalkhaltige Böden, Kräutergärten
- **Vorkommen:** Mittelmeergebiet, kultiviert
- **Droge:** Herba, Oleum Saturejae
- **Inhaltsstoffe:** ätherische Öle (Carvacrol, Cymol)
- **Anwendung:** gegen Halsschmerzen, Appetitlosigkeit, Verdauungsprobleme, Blähungen, Durchfall, Menstruationsprobleme, lästige Insekten und als Aphrodisiakum
- **Verwendung:** Tee, Gurgelwasser, Kosmetik- und Lebensmittelindustrie, Gewürz (Bohnen, Lammfleisch, Wurstwaren, Suppen, Eintöpfe)
- **Sammelgut, Sammelzeit:** blühendes Kraut Juli, August
- **Verwechslung:** Winter-Bohnenkraut *(S. montana)*: höher, Stängel verholzt, Blüten größer, rosa oder violett in Ähren, Blätter breiter

Blühendes Bohnenkraut im Kräuterbeet, im Hintergrund Petersilie (s. S. 208).

Betonica officinalis L.
GEMEINE BETONIE

Echter Ziest, Heilziest, Flohblume, Zehrkraut, Antoniustee

Während viele Heilkräuter unter den Lippenblütlern trockene und steinige Standorte bevorzugen, findet man den Heilziest eher an feuchteren Stellen auf Moorwiesen und Heiden. Seine historische Bedeutung ist kaum zu überschätzen. Schon im 9. Jahrhundert pries ihn Walahfrid Strabo in seinem „Gartengedicht" *Hortulus sanitatis* und Odo Magdunensis widmete ihm in seinem ebenfalls noch stark von den Autoritäten der Antike geprägten Werk *Macer floridus* (11. Jahrhundert) ein langes Kapitel, in dem er behauptet, von Schwindsucht über Schädelbruch und von Augenkrankheiten bis zu Leistenbruch, Frauenleiden und sogar Epilepsie könne alles mit Betonie geheilt werden. Es ist oft schwer zu sagen, woher es kommt, dass einst hoch geschätzte Pflanzen in der Volksheilkunde allmählich an Bedeutung verlieren, während andere bis in die Gegenwart hinein genutzt werden. Interessant ist ein Hinweis von Delaveau und Mitarbeitern: „Als Tabakersatz gebraucht, kann die Betonie eine Raucherentwöhnungskur erleichtern."

Blühende Betonie in einem Garten.

- **Beschreibung:** Höhe bis 60 cm; grundständige Rosette mit herzförmigen, lang gestielten, gekerbten Blättern, Stängelblätter oval-länglich, gezähnt, behaart; Stängel aufrecht, behaart; Blüten purpur- oder rosarot in endständiger, dichter Ähre, 2-lippig; ausdauernd
- **Blütezeit:** Juni bis September
- **Geruch, Geschmack:** Geschmack bitter, scharf
- **Standort:** Moorwiesen, Heiden, Magerwiesen
- **Vorkommen:** verbreitet
- **Droge:** Herba Betonicae
- **Inhaltsstoffe:** Betonicin, Stachydrin, Bitterstoffe, Gerbstoffe
- **Anwendung:** früher: gegen Erkältungskrankheiten, Asthma, Verdauungsstörungen, Durchfall, Sodbrennen, Kopfschmerzen, Raucherentwöhnung, Wunden, Niesreizmittel
- **Verwendung:** Tee, Pulver, Umschläge (frische Blätter), Tabakersatz
- **Homöopathisch:** s. o. und bei Erkrankungen des Magen-Darm-Trakts, der Leber, Galle und Bauchspeicheldrüse
- **Sammelgut, Sammelzeit:** blühendes Kraut Juni bis August (Wurzelstock)
- **Verwechslung:** Wald-Ziest *(Stachys sylvatica)*: Blätter herzförmig, riecht nach Wanzen, in Wäldern; Sumpfziest *(Stachys palustris)*: Blätter länglich, Blüten rot, weiß gefleckt, an Gräben – beide Arten haben krampflösende Eigenschaften, die Knollen der beiden Ziestarten ergeben ein nährstoffreiches Gemüse
- **Sonstiges:** Vorsicht, der frische Wurzelstock und die Blätter wirken in hohen Dosen als Brech- und Abführmittel!

Thymus vulgaris L.
GARTENTHYMIAN

Die Gattung *Thymus* umfasst an die 350 Arten, deren genaue Bestimmung selbst für Botaniker nicht einfach ist. In Deutschland ist der Feldthymian oder Gewöhnliche Arznei-Thymian *(T. pulegioides)* am weitesten verbreitet. Er hat kleine, immergrüne, ledrige Blätter, kommt auf kargen, steinigen Böden vor und siedelt sich sogar in Felsspalten und auf Ameisenhaufen an. Der Quendel oder Sandthymian *(T. serpyllum)* ist eine schutzbedürftige, auf sandige Kiefernwälder und Dünen beschränkte Art, während sich der Frühblühende Thymian *(T. praecox)* weitgehend auf süddeutsche Kalkgebiete beschränkt. Der hier dargestellte Gartenthymian *(T. vulgaris)* ist im Mittelmeergebiet heimisch, wird aber schon seit dem Mittelalter bei uns angebaut.

Die Inhaltsstoffe können je nach Art, Standort und Sonnenexposition stark variieren. Bekannt ist vor allem das Thymol als wirksames Antiseptikum. Die Heilwirkungen des Thymians bei Erkältungskrankheiten aller Art sowie bei Magen-Darm-Erkrankungen werden auch von der Schulmedizin anerkannt.

- **Beschreibung:** Höhe bis 40 cm; immergrüner Zwergstrauch; Blätter graugrün, länglich-eiförmig, gegenständig, unterseits dicht weißfilzig, Rand eingerollt; Stängel aufrecht, stark verzweigt, viereckig, verholzt; Blüten klein, purpurrosa bis zartlila in Doldentrauben, 2-lippig; Wurzel spindelförmig, manche Formen bilden Ausläufer
- **Blütezeit:** Mai bis Oktober
- **Geruch, Geschmack:** sehr intensiv würzig, aromatisch, Geschmack aromatisch, leicht bitter
- **Standort:** sandige, steinige Böden, Magerrasen
- **Vorkommen:** Heimat Mittelmeergebiet, kultiviert
- **Droge:** Herba, Oleum Thymi vulgaris
- **Inhaltsstoffe:** ätherische Öle (Thymol, Cymol, Carvacrol), Bitterstoffe, Gerbstoffe
- **Anwendung:** bei Appetitlosigkeit, Verdauungsstörungen, Magen-Darm-Beschwerden, Krampfhusten, Keuchhusten, Bronchitis, Asthma, Mundgeruch, nervösen Magen- und Herzbeschwerden, Schlafstörungen, rheumatischen Beschwerden, Quetschungen, Verstauchungen, gegen Würmer – starkes Antiseptikum
- **Verwendung:** Tee, Tinktur, Öl, Gurgelwasser, Bäder, Kräuterkissen, Gewürz (Butter, Soße, fette Fleischgerichte, Fisch, Pizza, Bratkartoffeln, Hülsenfrüchte usw.), Arzneimittel-, Lebensmittel- und Kosmetikindustrie (Zahnpasta, Mundwasser, Parfüm)
- **Homöopathisch:** s. o.
- **Sammelgut, Sammelzeit:** ganze Pflanze (ohne Wurzel) kurz vor und während der Blüte Mai bis Oktober
- **Verwechslung:** viele Gartenformen im Handel mit den verschiedensten Duftnoten
- **Sonstiges:** Vorsicht, bei Überdosierung giftig! Es kommt zu Reizungen des Magen-Darm-Traktes und schweren Stoffwechselstörungen (Schilddrüsenüberfunktion); tödliche Vergiftungen sind möglich

Oben links: Der Gartenthymian (T. vulgaris) *hat Blätter mit eingerolltem Rand, die unterseits dicht weichfilzig sind. Er ist meist nicht winterhart.*

Oben rechts: Oft mit dem Thymian verwechselt wird der Edelgamander (Teucrium chamaedrys), *eine alte Heilpflanze, die heute aber nur noch selten verwendet wird.*

Ölbaumgewächse

Oleaceae

Die große Familie der Ölbaumgewächse ist in Europa vor allem im Mittelmeerraum vertreten. Die einzige heimische Baumart aus dieser Gruppe ist die Esche (Fraxinus). *Auch einige Ziersträucher gehören zu den Ölbaumgewächsen, darunter die Flieder- und Forsythienarten* (Syringa *und* Forsythia) *sowie der giftige Liguster* (Ligustrum). *Namensgeber ist der berühmte Ölbaum, dem es nördlich der Alpen zu kalt ist.*

Fraxinus excelsior L.
ESCHE

Steinesche

Die bis zu 40 m hohe Esche ist einer unserer stattlichsten Waldbäume. Natürliche Vorkommen sind die Flussauen („Hartholzauen") sowie Berg- und Schluchtwälder. Oft sind die Bestände aber angepflanzt, denn die Esche ist wegen ihres harten, elastischen Holzes ein wichtiger Forstbaum. In früheren Zeiten profitierte eher die Rüstungsindustrie: Ganze Heere wurden mit Speeren, Lanzen und Bögen aus Eschenholz ausgestattet. Im Frühjahr suchen Pilzfreunde die Eschenauen auf, weil dort die begehrten Speisemorcheln *(Morchella esculenta)* wachsen. In der Volksheilkunde wurden die Rinde und die ausgekochte Wurzel der Esche als Wundheilmittel verwendet.

In der nordischen Mythologie nimmt die Esche eine zentrale Stellung ein. Bedroht von der Schlange Nidhögg, die beharrlich an ihrer Wurzel nagt, verbindet die Weltesche Yggdrasil Unterwelt, Erde und Himmel. Göttervater Wotan schuf den Menschen aus einer Erle und einer Esche: Die Frau hieß Embla, der Mann Ask – und *ask* ist bis auf den heutigen Tag das schwedische Wort für „Esche".

- **Beschreibung:** Höhe bis 40 m; Baum mit hellgrauer, glatter, im Alter feinrissiger Rinde; Knospen schwarz, samtig, kappenartig; Blätter lang gestielt, gegenständig, unpaarig gefiedert, mit 7–11 lanzettlichen

Unten links: Die geflügelten Samen der Esche können getrocknet und gemahlen als Backgewürz verwendet werden.

Unten rechts: Aus der Rinde der in Südeuropa vorkommenden Mannaesche gewinnt man einen zuckerreichen Saft (Mannit-Zucker), der getrocknet als „Himmelsbrot" oder „Manna" gegessen werden kann und als mildes Abführmittel dient.

bis eirunden, gesägten Fiederblättchen; Blüten in dichten büscheligen Rispen, grünlichgelb mit rötlichbraunen Staubbeuteln; Früchte geflügelt, Samen nussartig

- **Blütezeit:** April, Mai
- **Geruch, Geschmack:** Geruch der Blüten schwach; Samen schmecken würzig, bitterlich, Blätter bitter, zusammenziehend
- **Standort:** Auwälder, Mischwälder, Bach- und Flussufer, oft gepflanzt
- **Vorkommen:** weit verbreitet
- **Droge:** Folia, Cortex Fraxini
- **Inhaltsstoffe:** Glykoside (Fraxin), Zucker, Mannitol, Flavonoide (Rutin), Gerbstoffe, Schleime, ätherische Öle, Vitamine, Farbstoffe, fettes Öl (Samen)
- **Anwendung:** bei rheumatischen Erkrankungen, Nieren- und Blasenleiden, Fieber (Rinde), Wunden, Würmern, als Kräftigungsmittel
- **Verwendung:** Tee, Extrakt, Einreibung (Franzbranntwein aus den Früchten)
- **Homöopathisch:** bei Weichteilrheumatismus
- **Sammelgut, Sammelzeit:** junge Blätter Mai bis Juni, Rinde der 2–3-jährigen Zweige April bis Juni, Samen September bis November
- **Verwechslung:** Mannaesche *(F. ornus):* weiße Blüten, in hängenden Rispen; Eberesche *(Sorbus aucuparia,* s. S. 249): Fiederblättchen scharf gesägt, Blüten weiß, rote Beeren, Rosengewächse
- **Sonstiges:** Die Blätter erscheinen wie bei vielen windblütigen Baum- und Straucharten erst nach der Blüte. Durch die gleichzeitige Blüte der Birke ist die Belastung für Pollenallergiker im April, Mai extrem hoch

Olea europaea L.
ÖLBAUM

Olivenbaum

Was wäre das Heilige Land, ja der gesamte Mittelmeerraum ohne seine Olivenhaine! Wer sich an einem heißen Sommertag im Schatten eines tausendjährigen Ölbaums zu einem Picknick mit Schafskäse, Eselsalami, Weißbrot, einer Handvoll Oliven und einem Schoppen herben Landweins niederlässt, fühlt sich alsbald in eine frühere Epoche der Menschheitsgeschichte versetzt, in der das Wort „Stress" noch nicht erfunden war.

Alter Olivenbaum auf dem Ölberg in Jerusalem.

Im klassischen Griechenland war die Göttin Athene Schutzpatronin des Olivenbaums. Im Alten Testament wird berichtet, wie die Taube, die Noah aussandte, mit einem Olivenzweig im Schnabel zur Arche zurückkehrt – seither gelten Taube und Ölbaumzweig als Symbole des Friedens. Bei Hildegard von Bingen bezeichnet der Ölbaum die Barmherzigkeit. Die Symbolkraft ist bis heute ungebrochen, sonst hätte sich nicht erst in jüngster Zeit eine politische Allianz in Italien unter dem Zeichen des Olivenbaums zusammengefunden.

Oben links: Blühender Ölbaumzweig; die Blätter sind teilweise mit Blütenstaub bestäubt, der Allergien auslösen kann.

Oben rechts: Grüne Oliven.

Die verschiedenen Verwendungsmöglichkeiten des aus den Oliven gewonnenen Öls zu schildern, würde Seiten füllen. Außer als gesundes Lebensmittel, das aus der Küche der Mittelmeeranrainer gar nicht wegzudenken ist, wurde und wird es als Lampenöl, in der Pharmazeutik, zur Hautpflege und Kosmetik sowie in der Naturheilkunde genutzt. Die Quellen belegen, dass es bereits vor fünftausend Jahren von den alten Ägyptern verwendet wurde. Sanft in die Kopfhaut einmassiertes Olivenöl wird als Hausmittel gegen Migräneanfälle empfohlen.

- **Beschreibung:** Höhe bis 15 m, wird über 1500 Jahre alt; stark verästelt, knorrig, verdreht, immergrün; Blätter gegenständig, länglich oder lanzettlich, ledrig, oberseits graugrün, unterseits silbrig; Blüten klein, weißlichgrün, in 3–6 cm langen Rispen; Früchte 2–3 cm lang, oval, unreif grün, dann rot, schließlich schwarz, mit hartem Samen
- **Blütezeit:** April, Mai
- **Geruch, Geschmack:** Geruch schwach, Geschmack roh bitter, Öl je nach Qualität aromatisch bis nussig
- **Standort:** wärmeliebend
- **Vorkommen:** Mittelmeergebiete, kultiviert
- **Droge:** Folia, Oleum Olivae
- **Inhaltsstoffe:** Terpenoide, Flavonoide, fettes Öl (Ölsäuren), Glykoside, Vitamine, Mineralsalze (Kalzium)
- **Anwendung:** bei Bluthochdruck, Diabetes, Fieber, Wunden, Gicht, rheumatischen Beschwerden, Appetitlosigkeit, Hautleiden
- **Verwendung:** kalt gepresstes Öl, Pharmazeutische und Lebensmittelindustrie, Hautpflege, Wellness
- **Homöopathisch:** s. o.
- **Sammelgut, Sammelzeit:** Blätter, Früchte grün, schwarz (für Öl) Oktober bis März
- **Verwechslung:** keine
- **Sonstiges:** windblütig, potenziell allergieauslösend

„Angenommen, wir könnten uns von all den Bäumen, die in unseren Breiten nicht gedeihen, einen in unseren Garten wünschen (...) Meine Wahl fiele nicht auf die Kokospalme, auch nicht auf die Blaue Zypresse aus Kaschmir, sondern auf den Öl- oder Olivenbaum. Der Ölbaum hat Anmut und Würde ...“

Hugh Johnson,
Das große Buch der Bäume

Sommerwurz-gewächse
Orobanchaceae

In der Familie der Sommerwurzgewächse sind die Blätter oft gezähnt oder tief gelappt, während die meist in Trauben stehenden Blüten oft zu einer Röhre verwachsen sind. Die Früchte sind vielsamige Kapseln.

Euphrasia rostkoviana Hayne
GEMEINER AUGENTROST

Augustinuskraut, Milchdieb, Hirnkraut, Spöttlich, Ziegerkraut, Tageleuchte

Der schöne Augentrost entzieht als Halbschmarotzer den von ihm befallenen Wiesengräsern Nährstoffe und Mineralsalze, verfügt aber auch über Chlorophyll (Blattgrün), mit dem er Sonnenlicht in Energie umsetzt. Vollschmarotzer wie die verwandte Sommerwurz *(Orobanche)* kommen ohne Chlorophyll aus.

Die Heilwirkung des Augentrosts bei Entzündungen von Augen, Augenlidern sowie bei Erkältungskrankheiten basiert auf Erkenntnissen der Volksmedizin und der Homöopathie, d. h., sie konnte bisher durch die Forschung nicht verifiziert werden. Damit ist nicht gesagt, dass es sie nicht gibt – nur fehlt eben der wissenschaftliche Beweis. Vorerst bleiben nur die Suggestivkraft des Namens und die unerfindlichen Wege der Heilung durch den Glauben an das, was Ärzte früherer Jahrhunderte sowie charismatische Kräuterfrauen und Pfarrer ihren Patienten und Kunden zu empfehlen wussten. Vor Selbstbehandlungen wird heute aus hygienischen Gründen abgeraten.

- **Beschreibung:** Höhe bis 25 cm; Stängel glänzendgrün, verästelt, dicht drüsig behaart; Blätter graugrün, kreuzweise gegenständig, ungestielt, eiförmig-länglich, gekerbt gezähnt; Blüte weiß, oft violett geadert, Oberlippe helmförmig, 2-lappig, Unterlippe 3-lappig mit gelbem Schlundfleck in endständiger, beblätterter Traube; Wurzel kurz; einjährig
- **Blütezeit:** Juni bis Oktober
- **Geruch, Geschmack:** Geruch balsamisch, Geschmack bitter, scharf
- **Standort:** Wiesen, trockene Böschungen, Waldränder
- **Vorkommen:** sehr häufig
- **Droge:** Herba Euphrasiae
- **Inhaltsstoffe:** Gerbstoffe, ätherische Öle, Glykoside (Aucubin), Bitterstoffe, Harz
- **Anwendung:** bei Augenentzündung, Augenschwäche, Gerstenkorn, Husten, Halsschmerzen, Heiserkeit, leichten Magenbeschwerden
- **Verwendung:** Tee, Umschläge, Augenbäder, Kompressen
- **Homöopathisch:** s. o. und bei Fließschnupfen
- **Sammelgut, Sammelzeit:** blühendes Kraut Juni bis Oktober
- **Verwechslung:** viele sehr schwer unterscheidbare Kleinarten; Steifer Augentrost *(E. stricta)*: Blüten rötlichviolett, am heilkräftigsten
- **Sonstiges:** Tee für Waschungen und Kompressen immer frisch zubereiten und filtrieren – bei Verunreinigung droht Erblindung; bei Augenkrankheiten unbedingt den Arzt konsultieren

Zumindest optisch eine Wohltat für die Augen – der Augentrost.

Wegerichgewächse

Plantaginaceae

Nach der alten Nomenklatur wurden nur Wegerich (Plantago) *und Strandling* (Litorella) *zur Familie der Wegerichgewächse gerechnet. Neuere phylogenetische Erkenntnisse stellen auch die ehemals zu den Braunwurzgewächsen gehörenden Gattungen wie Fingerhut* (Digitalis), *Gottesgnadenkraut* (Gratiola), *Leinkraut* (Linaria) *und Ehrenpreis* (Veronica) *zu den Wegerichgewächsen. Es sind überwiegend krautige Pflanzen mit zwittrigen, oft zygomorphen Blüten, die zu einer Röhre verwachsen sind; die Früchte sind oft vielsamige Kapseln.*

Digitalis purpurea L.
ROTER FINGERHUT

■ *stark giftig* ■

Der Rote Fingerhut ist in vielen Gegenden die Sommerblume schlechthin, und wenn sie sich auf einem Höhenzug im Mittelgebirge in dichten Beständen über Kahlschläge und Windwurfflächen ausbreitet, prägen die bis zu anderthalb Meter hohen Pflanzen mit den purpurroten Blüten sogar das Landschaftsbild.

Die Art ist ein klassisches Beispiel für den von Paracelsus stammenden Satz *Dosis facit venenum* – die Dosis macht das Gift. Einerseits sind schon 0,3 g getrocknete Blätter für einen Erwachsenen giftig, andererseits sind die aus Fingerhut gewonnenen Glykoside wirksame, viel verwendete Medikamente zur Senkung der Herzschlagfrequenz. *Digitalis*-Präparate dürfen aber nur vom Arzt verordnet und verabreicht werden! Sie stammen heutzutage meistens aus angebauten Pflanzen.

- **Beschreibung:** Höhe bis 150 cm; Blätter sehr groß, lanzettlich, weich behaart, in grundständiger Rosette; Stängel aufrecht, Blätter spiralig angeordnet; Blüten purpurrot, innen gefleckt und behaart, ca. 6 cm lang, fingerhutförmig, bauchig, in einseitswendigen Trauben; Wurzel spindelförmig, viele Seitenwurzeln; zweijährig
- **Blütezeit:** Juni bis August
- **Geruch, Geschmack:** Geruch eher unangenehm, Geschmack sehr bitter
- **Standort:** Kahlschläge, lichte Wälder, kalkmeidend
- **Vorkommen:** lokal verbreitet, sonst kultiviert und verwildert
- **Droge:** Folia Digitalis
- **Inhaltsstoffe:** Glykoside (Digitalin, Digitoxin, Glucogitaloxin, Purpureaglykosid), Schleim, Saponine
- **Anwendung:** bei Herzinsuffizienz, Herzmuskelkrankheiten
- **Verwendung:** Fertigpräparate, nur auf ärztliche Verordnung einnehmen!
- **Homöopathisch:** s. o. und bei Migräne
- **Sammelgut, Sammelzeit:** im ersten Jahr Blätter der grundständigen Rosette, im zweiten Jahr die Stängelblätter an sonnigen Tagen um die Mittagszeit; immer getrennt von anderen Kräutern trocknen und aufbewahren
- **Verwechslung:** Wolliger Fingerhut *(D. lanata):* Blüten hellbräunlich, innen dunkelbraun, wollig behaart, Blätter lineal-lanzettlich, kultiviert

Wie der Rote Fingerhut enthält auch das Gottesgnadenkraut (Gratiola officinalis) *herzwirksame Glykoside. Es ist ein starkes Abführmittel („Purgierkraut"), wirkt harntreibend, erbrechenerregend und herzstärkend. Die ca. 1 cm langen gelblichweißen, rötlich geaderten Blüten sind lang gestielt. Die geschützte Pflanze ist auch für Weidetiere giftig.*

Links: Der Rote Fingerhut wird oft auch als Gartenstaude kultiviert.

Plantago
WEGERICH

Hundsblätter, Rippenkraut, Spießkraut, Fünfaderkraut

Die drei Wegericharten gehören zu den „Erste-Hilfe-Pflanzen", da sie fast überall zu finden sind und so charakteristische Merkmale besitzen, dass selbst Kinder sie ohne Probleme erkennen können. Die zerquetschten Blätter bringen bei Insektenstichen, kleinen Schnittwunden oder nach dem schmerzhaften Kontakt mit Brennnesseln rasche Linderung.

Im Mittelmeerraum werden der Flohwegerich *(P. afra)* und der Sandwegerich *(P. arenaria)* als Heilpflanzen verwendet. Der Samen des Flohwegerichs ist stark schleimhaltig und als gutes Abführmittel bekannt.

Plantago lanceolata L.
SPITZWEGERICH

Heilwegerich, Wundwegerich, Lämmerzunge, Lungenblatt, Rippenkraut, Rossrippe

Die Blätter des Spitzwegerichs sind, wie bei den anderen Arten, in grundständiger Rosette angeordnet, aber viel schmaler als beim Mittleren und Breitwegerich. In der Küche ist der Spitzwegerich vielseitig verwertbar: feingeschnitten im Salat, im Mischgemüse, getrocknet als Gewürz, ausgebacken im Pfannkuchen- oder Bierteig. Darüber hinaus ist er eine anerkannte Heilpflanze, die vor allem als Bronchialtee bei Erkältungskrankheiten gereicht wird. Auch Hustensäfte und -bonbons auf Spitzwegerichbasis sind verbreitet. Spitzwegerichsamen mit reichlich Wasser genossen gelten als probates Mittel gegen Verstopfung. Stephanie Faber empfiehlt Spitzwegerich in der Naturkosmetik für trockene ebenso wie für „fleckige, nervöse und schuppige" Haut: „Man beträufelt einen angefeuchteten Wattebausch mit der Spitzwegerichlotion und reibt sanft Gesicht, Hals und Dekolleté damit ab."

- **Beschreibung:** Höhe 50 cm; Blätter 3–7-nervig, schmal lanzettlich, parallelnervig; Stängel unbeblättert, gefurcht; Blüten zahlreich, unscheinbar, in kurzer, länglich-eiförmiger Ähre, Staubfäden und Staubbeutel weiß, deutlich abstehend, Kapselfrucht, ausdauernd
- **Blütezeit:** Mai bis September
- **Geruch, Geschmack:** geruchlos, leicht bitter, zusammenziehend
- **Standort:** Wiesen, Weiden, Wegränder
- **Vorkommen:** in Europa, sehr häufig
- **Droge:** Herba Plataginis lanceolatae
- **Inhaltsstoffe:** Glykoside (Aucubin, Catalpol, Iridoidglykosid), Schleimpolysaccharide, Flavonoide, Gerbstoffe, Mineralstoffe, Kieselsäure, Phenolcarbonsäuren, Aesculetin (Cumarin)
- **Anwendung:** bei Katarrh, Husten, Bronchitis, Asthma, Entzündungen im Mund-, Rachenraum, Insektenstichen, Hauterkrankungen, zur Behandlung von kleinen Wunden, gegen Verstopfung, Augenentzündung
- **Verwendung:** Bronchialtee, Salat, Suppe (Kraut und Wurzel)
- **Homöopathisch:** s. o.
- **Sammelgut, Sammelzeit:** junge ganze Pflanze (vor der Blüte)
- **Verwechslung:** breitblättrige Gräser (Poaceae, s. S. 179): kein Stängel mit ähriger Blüte

Der häufige Spitzwegerich mit den unverwechselbaren schmal-lanzettlichen Blättern.

Plantago major L.
BREITWEGERICH

Sohlenkraut, Wegebreit, Wegtritt

Der Breitwegerich ist an seinen breiten, lang gestielten Rosettenblättern und vor allem an seinem Blütenstand in Form einer bis zu 10 cm langen Ähre erkennbar. Die grünen Samenstände eignen sich roh zum Abknabbern („Müsliriegel aus der Natur"), können aber auch in Butter geröstet oder als Tee genossen werden. Die Samen bleiben an den Sohlen haften und werden so verschleppt.

- **Beschreibung:** Höhe bis 40 cm; Blätter 3–7-nervig, breit-eiförmig, meist kahl, lang gestielt; Ähre 2–10 cm lang; walzenförmig; Blüten zahlreich, unscheinbar, grünlich bis rötlich, Staubfäden gelblichweiß; variabel in der Form, Kapselfrucht, mehrjährig
- **Blütezeit:** Juni bis Oktober
- **Geruch, Geschmack:** geruchlos, leicht bitter, zusammenziehend; grüne Ähre nussig
- **Standort:** sandig-lehmige Böden; auf Wegen, Schuttplätzen, an Wegrändern
- **Vorkommen:** in Europa, bis 2350 m, sehr häufig
- **Droge:** Herba, Semen Plantaginis majoris
- **Inhaltsstoffe:** s. Spitzwegerich
- **Anwendung:** s. Spitzwegerich
- **Verwendung:** Tee, grüne Samenstände roh oder in Butter geröstet, reife Samenstände als Vogelfutter
- **Homöopathisch:** gegen Schmerzen im Kopfbereich, Zahnschmerzen (Wurzel), Hautausschläge, Bettnässen, Durchfall
- **Sammelgut, Sammelzeit:** Kraut während der Blüte, Samen, wenn sie reif sind Juni bis Oktober
- **Verwechslung:** Mittlerer Wegerich *(P. media,* s.u.): Ähre kürzer, Blüte rosa bis lila

Plantago media L.
MITTLERER WEGERICH

Die breiten Blätter des Mittleren Wegerichs erinnern an die des Breitwegerichs, sind jedoch kurz gestielt. Die zart rosa bis lila gefärbte Blüte ähnelt von der Form her eher jener des Spitzwegerichs.

- **Beschreibung:** Höhe bis 50 cm; Blätter 5- bis 9-nervig, locker behaart, kurz gestielt, breit-elliptisch; Stängel 2–5-mal so lang wie die walzliche Blütenähre; Blüten zahlreich, zart rosa bis lila, duftend mit langen Staubfäden; Kapselfrucht; mehrjährig
- **Blütezeit:** Mai bis Juli
- **Geruch, Geschmack:** Blüte süßlich, Blätter geruchlos, Geschmack leicht bitter, zusammenziehend
- **Standort:** kalkhaltiger Lehmboden; Halbtrockenrasen, Wiesen, Wegränder, Wege

Links: Der Breitwegerich mit typischer Blattrosette und langen, ährigen Blüten.

Rechts: Der Mittlere Wegerich ist weniger häufig als die beiden anderen Arten. Hier steht er in voller Blüte.

- **Vorkommen:** in Europa, bis 1800 m, verbreitet
- **Droge:** Herba Plantaginis mediae
- **Inhaltsstoffe:** Glycoside (Aucubin, Catalpol), Schleimpolysaccharide, Flavonoide, Gerbstoffe, Kieselsäure
- **Anwendung:** bei Katarrh, Husten, Bronchitis, Asthma, Entzündungen im Mund-, Rachenraum, Insektenstichen
- **Verwendung:** Tee
- **Homöopathisch:** bei Hautentzündung, Insektenstichen, Kopf-, Zahn-, Ohrenschmerzen, zur Wundbehandlung
- **Sammelgut, Sammelzeit:** Kraut Mai bis September (vor der Blüte)
- **Verwechslung:** Breitwegerich *(P. major)*: Ähre so lang wie der Stiel, Blätter lang gestielt

Veronica officinalis L.
ECHTER EHRENPREIS

Männertreu, Waldehrenpreis, Grundheilkraut, Wundkraut, Hühnerraute, Köhlerkraut, Heil aller Welt

Die Popularität mancher Heilpflanzen ist im Laufe der Zeit großen Schwankungen unterworfen. Es kommt vor, dass ein Kraut über Jahrhunderte hoch geschätzt wird und dann in relativ kurzer Zeit fast in Vergessenheit gerät. Der Name „Grundheilkraut", unter dem der Echte Ehrenpreis auch bekannt ist, geht angeblich auf einen französischen König zurück, der durch die Pflanze von einer üblen Hautkrankheit geheilt wurde und sie daher als „Grundheil aller Schäden" bezeichnete. Obwohl die moderne Pharmakologie im Ehrenpreis bisher keine Wirkstoffe nachweisen konnte, die diese Ansprüche rechtfertigen, wird Ehrenpreistee nach wie vor bei Bronchitis empfohlen, und die würzig-bitterlich schmeckenden Blätter können Wildkräutersalaten beigegeben werden.

- **Beschreibung:** Höhe bis 60 cm, behaart; Blätter kurz gestielt, kreuzgegenständig, verkehrteiförmig, Rand gesägt; Stängel aufrecht oder aufsteigend, sich bewurzelnd; Blüten hellblau bis blasslila, radförmig, mit 4 Blütenblättern und 2 Staubblättern in dichten, ährenähnlichen Trauben; Kapsel herzförmig; Wurzel spindelförmig; ausdauernd
- **Blütezeit:** Mai bis August
- **Geruch, Geschmack:** Geruch schwach aromatisch, würzig, Geschmack bitterlich, zusammenziehend
- **Standort:** sonnige Waldränder, trockene, magere Wiesen, Böschungen, Gebüsche
- **Vorkommen:** verbreitet
- **Droge:** Herba Veronicae
- **Inhaltsstoffe:** Bitterstoffe, Glykoside (wenig Aucubin), Flavonoide, Gerbstoffe, ätherische Öle
- **Anwendung:** zur Blutreinigung, bei Erkrankungen der Atemwege, des Magen-Darm-Traktes, der Leber, Nieren, Blase, Hauterkrankungen, Juckreiz, Entzündungen der Mund- und Rachenschleimhaut, rheumatischen Beschwerden, Gicht
- **Verwendung:** Tee, Gurgelwasser, Salat, Presssaft, Umschläge, Franzbranntwein
- **Homöopathisch:** bei chronischer Bronchitis, Hauterkrankungen, Blasenkatarrh
- **Sammelgut, Sammelzeit:** blühendes Kraut Mai bis August
- **Verwechslung:** es gibt zahlreiche ähnliche Ehrenpreisarten, die aber nicht medizinisch verwendet werden

Der Bachehrenpreis (Veronica beccabunga) *mit eiförmigen, gesägten, saftig glänzenden Blättern wächst wie die Brunnenkresse (s. S. 140) an Bachufern und in sauberen, fließenden Gewässern. Er eignet sich für Salate und kann während einer Blutreinigungskur auch als Tee getrunken werden.*

Der Echte Ehrenpreis wird oft mit dem Gundermann (s. S. 85) verwechselt.

Rötegewächse
Rubiaceae

Zur Familie der Rötegewächse gehören Färbepflanzen wie die gelbblühende Färberröte (Rubia tinctorum), *deren Wurzel das Krapprot liefert. Auch die Kaffeepflanze ist ein Rötegewächs. Die Blätter sind gegenständig und quirlständig, die Blüten stehen in lockeren Trugdolden, die Früchte zerfallen in zwei Teilfrüchte.*

Galium odoratum (L.) Scop.
WALDMEISTER

Maikraut, Wohlriechendes Meierkraut, Herzensfreund, Sternleberkraut

Der Waldmeister wächst in nährstoffreichen Buchenwäldern auf Mullböden – und zwar mit solcher Beständigkeit, dass die Pflanzensoziologen nach ihm einen bestimmten Typ des Buchenwalds *Galio-Fagetum* („Waldmeister-Buchenwald") genannt haben. Populär wurde der Waldmeister u. a. durch seine Verwendung als Färbe- und Aromamittel bei Götterspeisen („Wackelpudding") und dem Berliner Nationalgetränk „Weiße mit Schuss". Da die Inhaltsstoffe jedoch in Verdacht gerieten, kanzerogene Eigenschaften zu besitzen, wurde die Verwendung in der Lebensmittelindustrie 1981 gesetzlich verboten. Dies bedeutet allerdings nicht, dass man auf den alljährlich einmaligen Genuss der Waldmeister-Frühjahrsbowle verzichten muss. Es genügen schon wenige Blätter, um der Bowle das begehrte Waldmeisteraroma zu verleihen. Wichtig ist, dass sie vor der Verwendung leicht angetrocknet sind, da das Cumaringlykosid erst beim Welken freigesetzt wird.

In der Naturheilkunde findet Waldmeistertee vor allem als Beruhigungsmittel Verwendung und wurde gegen Bauchweh, Kopfschmerzen und Migräne verordnet (nicht überdosieren, da sonst eher ein gegenteiliger Effekt eintritt!). Furlenmeier empfiehlt das Kraut auch gegen Leberstauungen und Harnverhaltung. Die in den alten Kräuterbüchern aufgeführten Anwendungen gegen Nierensteine und Leberleiden wie Gelbsucht – bei Adamus Lonicerus heißt der Waldmeister noch „Sternleberkraut" – spielen heute kaum noch eine Rolle.

- **Beschreibung:** Höhe bis 20 cm; Blätter ungestielt, lanzettlich, am Rand borstig behaart, zu 6–8 quirlständig; Stängel vierkantig; Blüten klein, weiß, sternförmig mit kurzer Röhre; Frucht hakig, borstig; Wurzelstock dünn, kriechend; ausdauernd
- **Blütezeit:** April bis Juni
- **Geruch, Geschmack:** Geruch der zerriebenen und getrockneten Blätter nach Heublumen (Cumarine), Geschmack aromatisch, bitterlich, nach Waldmeister
- **Standort:** schattige Buchenwälder
- **Vorkommen:** häufig
- **Droge:** Herba Asperulae odoratae
- **Inhaltsstoffe:** Cumarine, Flavone, Glykoside (Asperulosid), Bitterstoffe, Gerbstoffe
- **Anwendung:** gegen Kopfschmerzen, Migräne, Schlaflosigkeit, Nervosität, Durchblutungsstörungen, Lebererkrankungen, Gelbsucht, Nieren- und Blasensteine, Hämorrhoiden
- **Verwendung:** Tee, zerquetschtes Kraut, Bowle, Süßspeisen, Likör, Parfümherstellung, Mottenschutz
- **Homöopathisch:** s. o.

Blühender Waldmeister im „Waldmeister-Buchenwald".

- **Sammelgut, Sammelzeit:** ganzes Kraut vor und während der Blüte Mai, Juni
- **Verwechslung:** andere Labkrautarten *(Galium spec.)*: anderer Standort und Blühzeitpunkt, ohne den typischen Geruch, höher
- **Sonstiges:** Vorsicht bei Schwangerschaft; Cumarin kann in höherer Dosierung heftige Kopfschmerzen auslösen; es besteht der Verdacht auf kanzerogene Eigenschaften

Galium verum L.
ECHTES LABKRAUT

Liebfrauenstroh, Herrgottsstroh, Gelbes Sternkraut, Gliederkraut, Käslabkraut

Das Echte Labkraut ist mit seinen goldgelben, nach Honig duftenden kleinen Blüten eine sehr attraktive, wenn auch nicht besonders auffällige Pflanze.

Wie so oft verbergen sich auch beim Echten Labkraut besondere Kräfte in Eigenschaften, die erst offenbar werden, wenn man sich mit den über Jahrtausende gesammelten Erfahrungen früherer Generationen und mit der modernen Inhaltsstoffforschung beschäftigt.

Nach der Legende bestand die Streu, auf die das Jesuskind in Bethlehem gebettet wurde, aus Adlerfarn *(Pteridium aquilinum)* und Echtem Labkraut. Im Englischen wird die Pflanze folglich „Our Lady's bedstraw" genannt, dessen deutsche Entsprechung der alte Name „Liebfrauenstroh" ist. Unter „Maria-Bettstreu-Pflanzen" verstand man der Jungfrau Maria heilige Pflanzen, mit der auch die Lager von Wöchnerinnen bestreut wurden, um Unheil von den werdenden Müttern und ihren Kindern zu wenden, darunter auch Schafgarbe (s. S. 50), Thymian (s. S. 99), Oregano (s. S. 94) und natürlich das „Mutterkraut" Kamille (s. S. 60). Seinen heutigen Namen verdankt das Labkraut schließlich einer sehr ungewöhnlichen Eigenschaft: Das in ihm enthaltene Labferment bringt Milcheiweiß zum Gerinnen. Daher wurde das Kraut vor der Entwicklung der modernen Fermentierungstechniken zur Käseherstellung benutzt.

Ein Tee aus Labkraut wirkt harn- und schweißtreibend. Außerdem wurde Labkraut äußerlich zur Wundheilung und gegen Hautkrankheiten eingesetzt, doch gibt es laut Bisset & Wichtl bislang keine wissenschaftliche Bestätigung der volksmedizinischen Anwendungen.

- **Beschreibung:** Höhe bis 80 cm; Blätter glänzend, schmal lanzettlich, stachelspitzig, am Rand zurückgerollt, in 8–12-blättrigen Quirlen; Stängel aufrecht, 4-kantig bis rund, verzweigt; Blüten hellgelb, in endständiger Trugdolde; Frucht kahl, glatt; Wurzelstock walzenförmig, kriechend; ausdauernd
- **Blütezeit:** Juni bis September
- **Geruch, Geschmack:** Geruch stark süß, honigartig; Geschmack adstringierend, säuerlich
- **Standort:** trockene Wiesen, Böschungen, Wegränder, lichte Wälder
- **Vorkommen:** verbreitet
- **Droge:** Herba Galii lutei
- **Inhaltsstoffe:** Labferment, Glykoside, ätherische Öle
- **Anwendung:** bei Leber-, Galle-, Nieren- und Blasenerkrankungen, äußerlich bei Hautkrankheiten, Nasenbluten, Wunden, geschwollenen Knöcheln
- **Verwendung:** Tee, zerquetschte Blätter, Abkochung, Färbemittel (für Chesterkäse)
- **Homöopathisch:** s. o.
- **Sammelgut, Sammelzeit:** blühendes Kraut Juni bis September
- **Verwechslung:** keine
- **Sonstiges:** Die Labkrautblüte enthält einen gelben, die Wurzel einen roten Farbstoff

Das weiß blühende Kletten-Labkraut (G. aparine) *kann ebenso verwendet werden wie das Echte Labkraut.*

Holundergewächse

Sambucaceae

Zu dieser Familie zählen neben dem Holunder (Sambucus) *auch die Schneebälle* (Viburnum). *Die ungeteilten oder gefiederten Blätter wachsen gegenständig, die Fruchtstände sind Trugdolden. Früher rechnete man beide Gattungen zur nahestehenden Familie der Geißblattgewächse* (Caprifoliaceae), *zu der u. a. die Heckenkirsche* (Lonicera), *aber auch Ziersträucher wie Schneebeere* (Symphoricarpus) *und Weigelie* (Weigelia) *gehören.*

Zwergholunder mit rötlichweißen Blüten.

Sambucus ebulus L.
ATTICH, ZWERGHOLUNDER

Feldholunder, Eppich

Der Attich ist, verglichen mit dem Baumhöhe erreichenden Schwarzen Holunder, ein eher unscheinbares Gewächs mit krautigen Stängeln, das sich durch rötlich-weiße, widerlich süßlich duftende Blüten mit rotvioletten Staubbeuteln auszeichnet. Die Fruchtstände stehen im Gegensatz zu jenen des Schwarzen Holunders aufrecht, und die Blätter riechen beim Zerreiben ziemlich ekelhaft. Attich wächst an Wald- und Wegrändern, Bahndämmen, auf Schlagfluren und vergleichbaren Standorten. In Süddeutschland ist er verbreitet, während er in Norddeutschland nur sehr vereinzelt auftritt.

Als Heilpflanze wurde dem Attich früher die gleiche Bedeutung zugemessen wie dem Schwarzen Holunder. Die schwarzen Beeren können im Extremfall tödliche Vergiftungen hervorrufen. Ein Mus aus den Beeren wurde noch in der ersten Hälfte des 20. Jahrhunderts als Abführmittel gepriesen. Da es aber ebenfalls Übelkeit, Erbrechen und Schwindel hervorrufen kann, wird von seiner Verwendung abgeraten. Aus der Wurzel wurde ein stark harntreibender Extrakt gewonnen, der bei Nierenerkrankungen zum Einsatz kam.

- **Beschreibung:** Höhe bis 2 m, krautig, nicht verholzt, Stängel gerillt mit weißem Mark; Blätter unpaarig gefiedert, Nebenblätter lanzettlich, gesägt; Blüten rötlich-weiß in dichter schirmartiger Trugdolde, Staubbeu-

Die reifen Fruchtstände stehen aufrecht – im Gegensatz zu den hängenden des Schwarzen Holunders.

tel violett; Frucht kleine schwarze, glänzende Beere mit 3 Samen, Saft intensiv färbend; Wurzelstock faserig, weiß, kriechend

- **Blütezeit:** Juni bis August
- **Geruch, Geschmack:** Geruch der Blüten und Blätter unangenehm, beim Zerreiben widerlich, Geschmack scharf und bitter, Früchte bitterlich, süß
- **Standort:** Waldlichtungen, Waldränder, steinige Böschungen
- **Vorkommen:** verbreitet
- **Droge:** Radix, Folia, Fructus Ebuli
- **Inhaltsstoffe:** Bitterstoffe, Glykoside (Sambunigrin), Flavonoide, Gerbstoffe, Saponine, ätherische Öle
- **Anwendung:** bei Nieren- und Blasenleiden, Halsentzündung, rheumatischen Beschwerden, als Blutreinigungs- und Abführmittel
- **Verwendung:** Tee, Gurgelwasser, Färbemittel (Beeren)
- **Homöopathisch:** s. o.
- **Sammelgut, Sammelzeit:** Früchte August, September, Wurzelstock März bis Mai, September bis Oktober
- **Verwechslung:** Schwarzer Holunder *(S. nigra,* s. unten): hoher Strauch, Blüten cremeweiß; Traubenholunder *(S. racemosus):* Blüten grünlichgelb, in eiförmigen oder kegeligen Rispen, Früchte rot, Samen giftig!
- **Sonstiges:** Das Mus aus den Beeren hat abführende Wirkung, wegen der leichten Giftigkeit (Übelkeit, Erbrechen, Schwindel) sollte von der Verwendung abgesehen werden

Sambucus nigra L.
SCHWARZER HOLUNDER

Holler, Flieder, Aalhorn, Holder

Holundersträucher finden fast überall eine Überlebensnische: hinterm Haus, in den entlegenen, feucht-schattigen Winkeln des Gartens sowie an Bachufern, in Schluchtwäldern und kleinen Feldgehölzen. Da sie auch größere Stickstoffmengen tolerieren, gedeihen sie gut in der Nähe von Mist- und Komposthaufen. Sogar die Flüssiggülle, die auf die Felder und Raine gesprüht wird und Dutzende von sensibleren Pflanzen auf die Roten Listen der gefährdeten Arten gebracht hat, erträgt der Holunder mit Fassung und wächst am stinkenden Waldrand neben dem Maisfeld unverdrossen weiter. Von Sträuchern an solchen Standorten mag man weder Blüten noch Beeren ernten.

Holunderblütentee ist ein erfolgversprechendes Mittel bei fiebrigen Erkältungen. Er treibt den Schweiß und senkt das Fieber. Man kann die Blütendolden aber auch in einem Pfannkuchen- oder Bierteig zu „Hollerküchlein“ ausbacken und mit Zimt und Zucker bestreut servieren. Auch der Saft – der in Norddeutschland, botanisch nicht ganz korrekt, „Fliederbeersaft“ genannt wird – ist so beliebt, dass er nicht nur am heimischen Herd hergestellt wird, sondern sich auch in Reformhäusern und Bioläden einen Platz erobert hat. Wenn man nach einer langen Winterwanderung nach Hause kommt, gibt es kaum etwas Besseres als ein Glas heißen Holundersafts. In größeren Mengen wirkt er als Abführmittel und soll – nach Eva Aschenbrenner – auch gegen Gürtelrose helfen. Vor der Verwendung von Rinden-, Blätter- und

Die kugeligen, glänzend schwarzen Beeren des Ligusters werden immer wieder mit Holunderbeeren verwechselt. Sie sind äußerst giftig und haben bei Kindern sogar schon zu Todesfällen geführt. Erwachsene kommen meist mit schweren Magen-Darm-Entzündungen, Krämpfen und Durchfällen davon.

Unten: Die hängenden, reifen Trugdolden des schwarzen Holunders.

Holunderblüten – eine duftende Leckerei im Juni.

Wurzelextrakten, wie sie in älteren Kräuterbüchern empfohlen werden, wird heutzutage gewarnt, da diese Teile des Holunders, ebenso wie die unreifen Beeren, giftig sind.

- **Beschreibung:** Höhe bis 7 m; Strauch, Rinde grau, warzig (= Lentizellen), junge Zweige grün, Mark weiß, weich; Blätter 5–7-zählig, unpaarig gefiedert, gezähnt; Blüten cremeweiß, in ausgebreiteten Trugdolden; Frucht schwarzviolette, glänzende Beeren mit blaurotem Saft
- **Blütezeit:** Juni, Juli
- **Geruch, Geschmack:** Blüten intensiv süßlich duftend; Blätter und Rinde riechen intensiv, eher unangenehm; Geschmack: Blätter und Rinde scharf und bitter, Blüten süßlich, Beeren aromatisch, säuerlich, sehr charakteristisch
- **Standort:** Auwälder, Hecken, Gebüsche, Gärten, stickstoffliebend
- **Vorkommen:** sehr häufig
- **Droge:** Flores, Fructus, Folia, Cortex Sambuci
- **Inhaltsstoffe:** ätherische Öle, Glykoside (Sambunigrin, Rutin), Flavonoide, Saponin, Schleim, Alkaloide (Blätter und Rinde), Bitterstoffe, Gerbstoffe, Vitamine (Beeren)
- **Anwendung:** bei Appetitlosigkeit, Fieber, Erkältungskrankheiten, zur Blutreinigung, gegen rheumatische Beschwerden, neuralgische Schmerzen
- **Verwendung:** Tee, Gurgelwasser, Likör, Sirup, Saft, Suppe, Wein, Hollerkücherl, Holunderkompott (Hollerkoch), Lebensmittelindustrie, Färbemittel
- **Homöopathisch:** bei Erkrankungen der Atemwege
- **Sammelgut, Sammelzeit:** Blüten Juni, Juli bei trockenem Wetter, Beeren September, Oktober (nur voll ausgereift), Blätter und Triebspitzen April bis Juni, Rinde (nur die grüne Schicht zwischen Außenrinde und Holz) Februar bis April, Wurzelrinde September bis November
- **Verwechslung:** Attich (s. S. 110): krautig, Blätter etwas schmaler; Blüten rötlich; junge Blätter vom Giersch *(Aegopodium podagria,* s. S. 198): krautig, Doldenblütler, essbar, Liguster *(Ligustrum vulgare):* schwarze Beeren in Rispen, Blätter länglich lanzettlich, wintergrün, giftig
- **Sonstiges:** Die Blüten produzieren reichlich Pollen, obwohl sie insektenblütig sind; Mark wird für mikroskopische Schnitte verwendet; Vorsicht: unreife und rohe Beeren sowie eine zu hohe Dosierung kann zu Übelkeit, Magenschmerzen und Brechreiz führen

„Was den Holunder angeht,
so gibt es drei Sorten von Menschen:
Solche, die schon von Brechreiz ergriffen werden,
wenn sie Holunder nur von weitem riechen;
solche, die Holundersuppe immerhin vertragen;
und solche, die darüber hinaus rohe Holunderbeeren
mit Milch und Zucker zu essen nicht nur imstande sind,
sondern sich sogar darauf freuen."

Jürgen Dahl

Viburnum opulus L.
GEMEINER SCHNEEBALL

Wasserholder, Wasserschneeball

Zur Blütezeit zwischen Ende April und Juni ist der Gemeine Schneeball leicht zu erkennen: Um die kleinen fruchtbaren Blüten im Zentrum der Trugdolde gruppiert sich ein Ring aus größeren, schneeweißen, sterilen Scheinblüten, die weithin sichtbar sind. Im Winter sorgen die glänzend roten, einsamigen Beeren im verschneiten Wald oder Garten für Farbtupfer – die Vögel verschmähen sie selbst in der kältesten Zeit. Auch für den menschlichen Genuss sind sie ungeeignet, obwohl die Fachleute sich bis heute darüber streiten, *wie* giftig sie nun eigentlich sind und bis zu welchem Grad man die darin enthaltenen Giftstoffe durch Erhitzen zerstören kann. In der Heilkunde finden vor allem Rindenextrakte Verwendung. Sie werden – auch homöopathisch – in der Frauenheilkunde eingesetzt, z. B. bei drohenden Fehlgeburten und Menstruationsstörungen.

- **Beschreibung:** Höhe bis 4 m; Strauch, Zweige glatt, glänzend, biegsam; Blätter gestielt, 3–5-lappig, gezähnt; Blüten weiß mit großen, unfruchtbaren, „strahlenden", 5-fach gelappten Scheinblüten am Rand, innere Blüten klein, fruchtbar, in Trugdolden; Beeren rot, kugelig, mit 1 Samen
- **Blütezeit:** Juni, Juli
- **Geruch, Geschmack:** Geschmack adstringierend, bitter
- **Standort:** feuchte Gebüsche, Waldränder, Laub- und Auwälder, Gärten
- **Vorkommen:** verbreitet
- **Droge:** Cortex Viburni opuli
- **Inhaltsstoffe:** Bitterstoff (Viburnin), Gerbstoffe, Glykoside
- **Anwendung:** Frauenheilkunde bei Menstruationsstörungen, drohenden Fehlgeburten, falschen Wehen
- **Verwendung:** flüssige Extrakte
- **Homöopathisch:** bei Erkrankungen der weiblichen Geschlechtsorgane, schmerzhaften Menstruationsblutungen

Links: Eine beliebte Gartenpflanze ist der Wollige Schneeball, der keine Scheinblüten besitzt. Seine Früchte reifen nacheinander, sodass man gleichzeitig grüne, rote und schwarze Beeren am Strauch beobachten kann. Die Blätter werden bei Mund- und Rachenerkrankungen als Gurgelwasser verwendet.

- **Sammelgut, Sammelzeit:** Rinde Februar bis April
- **Verwechslung:** Wolliger Schneeball *(V. lantana):* weich behaarte, ungeteilte Blätter, Blüten weiß, keine strahlenden Scheinblüten, zur gleichen Zeit unreife grüne, rote und reife schwarze Früchte; Gartenform *(V. opulus* var. *roseum)* mit kugeligem Blütenstand, Blüten steril
- **Sonstiges:** Die unreifen Früchte rufen Magen- und Darmentzündung hervor, gekocht kann man sie als Kompott oder Marmelade verwenden.

Unten: Herbststimmung: Die Beeren des Gemeinen Schneeballs sind reif, das Laub hat sich bereits verfärbt.

Braunwurzgewächse

Scrophulariaceae

Die früher als „Rachenblütler" bezeichnete Familie der Braunwurzgewächse enthält über 200 Gattungen. Bei den mitteleuropäischen Arten handelt es sich durchwegs um krautige Pflanzen. Die Blüten, die oft in einem traubenförmigen Blütenstand stehen, sind mehr oder weniger asymmetrisch. Von den meist fünf miteinander verwachsenen Blütenblättern „maskiert" das vordere Kronblatt den Eingang zur Kronröhre entweder durch einen Nektarsporn oder eine Aufwölbung. Die Frucht ist meist eine vielsamige Kapsel.

Scrophularia nodosa L.
KNOTIGE BRAUNWURZ

■ ***giftig*** ■

Drüsenwurz, Skrofelkraut, Wurmkraut, Sauerwurz, Wundblatt

Auf den ersten Blick ist die Knotige Braunwurz eine Pflanze, die in der Vielfalt der Kräuter an Ufern von Gewässern und in feuchten Wäldern leicht übersehen werden kann. Erst beim näheren Hinschauen fällt uns die Farbe der kleinen Blüten auf – sie sind purpurbraun! Dem „knotigen", d. h. mehrfach verdickt-höckerigen Wurzelstock verdankt die Pflanze den Artnamen. Ob sie deshalb auch als Heilmittel gegen Geschwülste, ja sogar Krebserkrankungen, empfohlen wurde (vgl. Signaturenlehre, s. S. 18f.), ist fraglich, denn nicht die Wurzel, sondern zerstoßene und gesalzene Blätter legte man dem Geschwür auf (Leonhart Fuchs). In Wurzelextrakten wurden inzwischen blutzuckersenkende Inhaltsstoffe entdeckt, die in der Diabetes-Therapie verwendet werden können.

- **Beschreibung:** Höhe bis 100 cm; Blätter kreuzgegenständig, eiförmig oder herzeiförmig, Rand doppelt gesägt, Unterseite netzadrig; Stängel aufrecht, scharf vierkantig, kahl, nicht geflügelt, an den Blattansätzen knotig verdickt, erst im Blütenstand verzweigt; Blüten max. 1 cm groß, rundlich, purpurbraun, am Grund olivgrün, Kelchblätter abgerundet, häutig berandet, in endständiger Rispe; Kapsel eiförmig zugespitzt, Samen klein; Wurzel knotig verdickt; mehrjährig
- **Blütezeit:** Juni bis August
- **Geruch, Geschmack:** Geruch beim Zerreiben unangenehm, Geschmack bitter
- **Standort:** feuchte Wälder, Waldränder, Flussufer
- **Vorkommen:** verbreitet
- **Droge:** Herba, Radix Scrophulariae
- **Inhaltsstoffe:** Glykoside (in geringer Menge herzwirksame Glykoside), Saponine, Flavonoide, Iridoide, Alkaloide
- **Anwendung:** bei Lymphdrüsenschwellung, Halskrankheiten, Wunden, Hautkrankheiten (Ausschlägen), Geschwülsten, Hämorrhoiden, leichten Herzerkrankungen, rheumatischen Beschwerden, Gicht, Augenkrankheiten, Diabetes (Wurzel), zur Blutreinigung
- **Verwendung:** Tee, Tinktur, Brei-Umschläge, Gurgelwasser, Salbe
- **Homöopathisch:** s. o.
- **Sammelgut, Sammelzeit:** Kraut Juni bis Juli; Wurzel Oktober
- **Verwechslung:** Geflügelte Braunwurz *(Scrophularia alata)*: geflügelter Stängel

Die Blüten der Knotigen Braunwurz sind klein und unscheinbar.

- **Homöopathisch:** bei Fieberkrämpfen, Erkrankungen des Nervensystems
- **Sammelgut, Sammelzeit:** Kraut vor der Blüte Mai, Juni, Wurzel Februar, März, September, Oktober. Die Droge muss wegen der Giftigkeit getrennt von anderen Kräutern aufbewahrt werden!
- **Verwechslung:** Früchte: Kirschen haben einen Stein, Heidelbeeren sind kleiner
- **Sonstiges:** Vorsicht! Alle Teile, besonders aber die Früchte, sind lebensgefährlich giftig!

Datura stramonium L.
WEISSER STECHAPFEL

■ ***giftig*** ■
Teufelsapfel, Tollkraut, Asthmakraut, Stachelnuss, Kratzkraut

Die meisten Arten der Gattung *Datura*, zu denen auch die Engelstrompete *(D. suaveolens)* gehört, stammen aus Mittel- und Südamerika. Der in allen Teilen stark giftige Weiße Stechapfel ist inzwischen in Mitteleuropa verwildert, sodass ihn die Botaniker als eingebürgerten „Neophyten" bezeichnen. Er braucht stickstoffhaltige Böden und wächst daher vor allem auf Schutthalden, überwucherten Mülldeponien, Brachland und manchmal in verwilderten Gärten. Er darf keinesfalls mit den essbaren Gemüsepflanzen Spinat *(Spinacia oleracea)* und Mangold *(Beta vulgaris)* verwechselt werden. Charakteristisch ist die stachelige Frucht, der die Pflanze ihren deutschen Namen verdankt.

Früher wurde verschiedentlich empfohlen, getrocknete Stechapfelblätter zu rauchen, um damit asthmatische Beschwerden zu bekämpfen („Asthmazigarette"). In der Homöopathie werden *Datura*-Extrakte bei Parkinson-Krankheit und bestimmten Gehirn- und Nervenleiden eingesetzt. Wie dem auch sei, der Umgang mit dieser hochtoxischen Heilpflanze ist nichts für Amateure! Nur der Arzt kann entscheiden, unter welchen Umständen *Datura*-Extrakte eingenommen werden dürfen. Überdosierungen können lebensgefährlich sein.

- **Beschreibung:** Höhe bis 120 cm; strauchförmig; Blätter lang gestielt, groß, auffallend geädert; Stängel kahl, gabelig verzweigt; Blüten bis 8 cm lang, trichterförmig, faltig, weiß oder violett, Blütenzipfel zugespitzt; Frucht stachelige, 4-klappig aufspringende Kapsel; Wurzel spindelförmig; einjährig
- **Blütezeit:** Juni bis September
- **Geruch, Geschmack:** Geruch unangenehm
- **Standort:** Gärten, Schutt, Stickstoffzeiger
- **Vorkommen:** Mittelmeergebiet; verwildert
- **Droge:** Folium, Semen Stramonii (= Daturae)
- **Inhaltsstoffe:** Alkaloid (Hyoscyamin, Scopolamin), Gerbstoffe, Samen fettes Öl
- **Anwendung:** früher gegen Asthma, Krampfhusten
- **Verwendung:** Tinktur, Asthmazigaretten, Räucherpulver, Tiermedizin
- **Homöopathisch:** bei Parkinson-, Gehirn- und Nervenkrankheiten, Keuchhusten, hochfieberhaften Erkrankungen
- **Sammelgut, Sammelzeit:** Blätter Juni, Juli, Samen vor der Fruchtreife. Die Droge muss wegen der Giftigkeit getrennt von anderen Kräutern aufbewahrt werden!
- **Verwechslung:** Spinat *(Spinacia oleracea)*: obere Blätter pfeilförmig, dunkelgrün, Blüten anders; Mangold *(Beta vulgaris)*: Blätter groß hellgrün, rosettig, nicht verzweigt
- **Sonstiges:** Nach dem Verzehr der Samen treten vergleichbare Vergiftungserscheinungen wie bei der Tollkirsche auf

Die großen, trichterförmigen weißen Blüten des Stechapfels.

Stachelige, mit vier Klappen aufspringende Früchte („Kapseln") des Stechapfels.

Baldriangewächse

Valerianaceae

Die Blätter der Baldriangewächse stehen gegenständig; die meist länglichen, röhrenförmigen Einzelblüten wachsen in rispigen Trugdolden. Es gibt weibliche, männliche und zwittrige Pflanzen.

Valeriana officinalis L.
ECHTER BALDRIAN

Balderbracken, Balderjan, Bullerjan, Katzenkraut, Augenwurz, Mondwurz

Dass die Wurzel des Echten Baldrians eines der wirksamsten Beruhigungsmittel auf pflanzlicher Basis liefert, ist allgemein anerkannt – nur sind sich die Wissenschaftler trotz intensiver Untersuchungen nach wie vor nicht einig, welche der zahlreichen Inhaltsstoffe oder Inhaltsstoffkombinationen letztlich für den sedativen Effekt verantwortlich sind. Baldrianwasser wurde noch bis in die erste Hälfte des 20. Jahrhunderts hinein als Augentonikum empfohlen. Unheimlich war den Menschen in früheren Zeiten die rauschartige Verzückung, in die Kater verfallen, wenn sie Baldrian riechen – möglich, dass die magischen Kräfte, die man der Pflanze zusprach, mit dieser Beobachtung zusammenhingen.

Zur Familie der Baldriangewächse gehört der Vitamin-A-reiche, als Wintersalat bekannte Feldsalat *(Valerianella locusta)*.

- **Beschreibung:** Höhe bis 150 cm; Blätter gegenständig, unpaarig gefiedert; Stängel hohl, gerippt, unverzweigt; Blüten klein, weißlich bis hellrosa, 5-zipfelig, leicht asymmetrisch in ausgebreiteter Trugdolde; Früchte 1-samig mit federigem, später abfallendem Haarkranz; Wurzelstock kurz, mit zahlreichen, dünnen, hellbraunen Wurzeln; Ausläufer treibend
- **Blütezeit:** Juli bis August
- **Geruch, Geschmack:** Blüten angenehm duftend, Wurzel sehr intensiver, charakteristischer schweißartiger Geruch und Geschmack
- **Standort:** feuchte Wiesen, Gräben, Ufer, Gebüsche, Mischwälder
- **Vorkommen:** verbreitet, häufig
- **Droge:** Radix Valerianae
- **Inhaltsstoffe:** ätherische Öle (Borneol), Isovaleriansäure, Alkaloide (Valerin, Chatinin u. a. = Valepotriate), Gerbstoffe, Polysaccharide
- **Wirkung:** bei Schlafstörungen, Nervosität, Unruhe, Erschöpfungszuständen, Stress, Hysterie, Migräne
- **Verwendung:** Tee, Öl
- **Homöopathisch:** s. o. und bei Erkrankungen des Zentralnervensystems, des Herzens, Magen-Darm-Traktes, Stütz- und Bewegungsapparates
- **Sammelgut, Sammelzeit:** Wurzelstock mit Würzelchen des 2. oder 3. Jahres August bis Oktober
- **Verwechslung:** Kleiner Baldrian *(V. dioica)*: Grundblätter nicht gefiedert, kleiner, männliche Blüten rötlich, weibliche weiß; Speik *(V. celtica)*: alle Blätter ungeteilt, Blüten gelb, Gebirge
- **Sonstiges:** Vorsicht! Bei Dauergebrauch und Überdosierung können Gewöhnung und Abhängigkeit auftreten; Lähmungserscheinungen, Seh- und Gehörstörungen sind möglich

Die Blattrosetten des wild wachsenden oder im August/September angebauten Feldsalats kann man, wenn man die Standorte kennt, mitten im Winter aus dem Schnee graben.

Wurzelstock des Echten Baldrians.

Blühender Baldrian mit kleinen, weißlich bis hellrosa Blüten.

Eisenkrautgewächse

Verbenaceae

Die bekanntesten Arten aus der Familie der Eisenkrautgewächse sind die farbenfrohen Verbenen, mit denen, da sie das volle Sonnenlicht lieben, oft südexponierte Balkonkästen geschmückt werden. Charakteristisch für die Familie sind die gegenständigen Blätter und die zygomorphen, zweilappigen Blüten. Die Früchte zerfallen ebenfalls in vier einsamige Nüsschen (Klause).

Verbena officinalis L.
ECHTES EISENKRAUT

Eisenbart, Katzenblutkraut, Sagenkraut

Das Echte Eisenkraut ist eine der ältesten bekannten Heilpflanzen und legendenumwoben wie kaum eine andere. Bereits der römische Naturforscher Plinius schreibt, dass gallische Druiden Eisenkraut zum Weissagen verwendeten. Mehrfach liest man auch in alten Quellen, in mit Eisenkrautwasser besprengten Zimmern herrsche eine angeregtere, lustigere Stimmung als zuvor. Als Amulett getragen, sollte Eisenkraut vor Gespenstern, bösem Zauber und Unwettern schützen; als Heilmittel empfahl man *Verbena* besonders zur Behandlung von Wunden, die durch eiserne Waffen geschlagen worden waren. „Von all dieser Tradition und all dem Ruhm", schreiben Delaveau und Mitarbeiter, „ist heute kaum etwas geblieben", und weisen darauf hin, dass selbst der bekannte Eisenkrautaufguss heutzutage aus einer verwandten, nicht einheimischen Art *(V. odorata)* hergestellt wird.

In der Blütentherapie des Dr. Edward Bach soll *Vervain* stressgeplagten Menschen mit festgefügten Meinungen und missionarischem Sendungsbewusstsein helfen, die nicht mehr entspannen können.

- **Beschreibung:** Höhe bis 80 cm; Blätter gegenständig, lanzettlich, grob gekerbt bis gefiedert; Stängel lang, dünn, steif aufrecht, verzweigt, kantig, auf zwei Seiten rinnig, durch kurze, borstige Haare rau; Blüten klein, blasslila in langen, dicht drüsigen, rutenförmigen, blattachselständigen Ähren; dünne Wurzel; ausdauernd
- **Blütezeit:** Juni bis September
- **Geruch, Geschmack:** geruchlos, Geschmack bitter
- **Standort:** kiesige Flussufer, Wegränder, Mauern, Schutt, stickstoffliebend
- **Vorkommen:** verbreitet
- **Droge:** Herba Verbenae
- **Inhaltsstoffe:** Glykoside (Verbenalin, Verbenin), Flavone, Schleim, ätherische Öle, Gerb- und Bitterstoffe
- **Wirkung:** bei Erkrankungen der Atemwege, Harnwege, Verdauungsorgane, Mund- und Rachenschleimhäute, Menstruationsproblemen, schwer heilenden Wunden
- **Verwendung:** Tee, Pulver, Gurgelmittel, Tinktur, Medizinalwein
- **Homöopathisch:** s. o. und bei Blutergüssen
- **Sammelgut, Sammelzeit:** Kraut und Triebspitzen während der Blüte Juni bis August
- **Verwechslung:** keine
- **Sonstiges:** wird heute nur noch homöopathisch verwendet, die Gartenformen werden nicht gesammelt; Verbenalin gilt als schwach giftig

Viel starres, hartes Kraut und kleine, hübsche Blüten: das Echte Eisenkraut.

Die Kronzipfel sind unterschiedlich lang, sodass die blasslila Blüte zweilippig erscheint.

Caryophyllidae

NELKENARTIGE

Übersicht Caryophyllidae:

Nelkengewächse *Caryophyllaceae* S. 122
Gänsefußgewächse *Chenopodiaceae* S. 125
Knöterichgewächse *Polygonaceae* S. 126

Die **Nelkenartigen** sind vorwiegend krautige Pflanzen, deren radiäre Blüten je fünf Blüten-, Kelch- und Staubblätter aufweisen. Sie enthalten Saponine sowie Kieselsäure und die sauer schmeckende Oxalsäure. Die Saponine wirken schleimlösend und entwässernd.

Das Seifenkraut wächst gern an kiesigen, sonnigen Standorten, wird aber auch in Kräutergärten gepflanzt.

Nelkengewächse

Caryophyllaceae

Die Nelkengewächse sind meist krautige, gabelig verzweigte Pflanzen mit kreuzgegenständigen, ganzrandigen, sitzenden Blättern. Die oft sehr attraktiven Blüten sind radiär, die Kronblätter in einem linearen Abschnitt (= Nagel) zusammengezogen. Die Samen reifen meist in Kapseln, seltener – wie beim Bruchkraut (Herniaria) *– in Nüssen. Die Stängel sind oft knotig verdickt.*

Nelkengewächse
Blüten 5-zählig, radiär, strahlig, Blütenblätter tief gespalten

Herniaria glabra
KAHLES BRUCHKRAUT

Harnkraut, Tausendkorn

Das Kahle Bruchkraut liebt sandige Böden.

In älteren Kräuterbüchern wird das Bruchkraut auch als „Sanikel“ bezeichnet. Dies ist jedoch irreführend, da die Pflanze mit der Echten Sanikel (*Sanicula europaea*, s. S. 211) nichts zu tun hat.

Eine botanische Besonderheit: das Behaarte Bruchkraut (H. hirsuta).

Das Kahle Bruchkraut wurde früher zur Heilung von Bruchleiden *(Hernie)* verwendet und verdankt dieser Krankheit auch seinen Namen. Es wirkt harntreibend und galt lange Zeit als probates Mittel zur Linderung von Blasen- und Nierenleiden. Der sogenannte „Herniatee“, den Adolf Dinand in seinem *Handbuch der Heilpflanzenkunde* empfahl, setzte sich im Verhältnis von 45:55 aus Bruchkraut- und Bärentraubenblättern (s. S. 146) zusammen. Wie viele andere Kräuter, die bei Entzündungskrankheiten zur Anwendung kamen, geriet auch das Kahle Bruchkraut mit dem Siegeszug der Antibiotika in Vergessenheit. Es wird aber noch in Fertigpräparaten als Nierentee und -dragees angeboten. Die meisten Autoren empfehlen das frische Kraut, da getrocknetes Bruchkraut rasch an Wirksamkeit verliert. Bruchkraut findet man vor allem in sommerwarmen Gebieten mit trockenen Sand- und Kiesböden, wo es ein recht unscheinbares Dasein fristet – weder die Blätter noch die kleinen grüngelblichen Blüten der Kriechpflanze sind sonderlich auffällig. Das verwandte Behaarte Bruchkraut *(H. hirsuta)* ist erheblich seltener und sollte geschont werden.

- **Beschreibung:** Höhe bis 15 cm; Blätter sehr klein; Stängel gelblichgrün, zart, niederliegend, stark verzweigt; Blüten klein, gelbgrün; Wurzeln dünn; einjährig bis ausdauernd
- **Blütezeit:** Juli bis September
- **Geruch, Geschmack:** geruchlos, Geschmack schwach bitter
- **Standort:** Heiden, sandige, trockene Plätze
- **Vorkommen:** zerstreut
- **Droge:** Herba Herniariae
- **Inhaltsstoffe:** Saponine, Flavonoide, Cumarine (Herniarin, Umbelliferon), ätherische Öle, Alkaloide
- **Anwendung:** bei Nieren- und Blasenleiden, chronischer Blasen- und Harnleiterentzündung, zur Blutreinigung
- **Verwendung:** Tee, Teemischung
- **Homöopathisch:** s. o.
- **Sammelgut, Sammelzeit:** blühendes Kraut Juli bis September
- **Verwechslung:** Behaartes Bruchkraut *(Herniaria hirsuta):* Blätter und Stängel graugrün behaart, Cumaringeruch; geschützt; Vogelknöterich (*Polygonum aviculare,* s. S. 127): größer, Stängel mit Knoten

Saponaria officinalis L.
ECHTES SEIFENKRAUT

Seifenwurz, Waschkraut

Wenn auf Kräuterwanderungen an Uferböschungen und auf spärlich bewachsenen Kiesböden das Seifenkraut gefunden wird, kann man ein kleines Experiment machen. Man lässt einige Blätter abpflücken, befeuchten und reiben. Zwischen den Fingern der „Testpersonen" zeigen sich sehr schnell Schaumbläschen, als hätten sie die Hände in grüner Seifenlauge gebadet (aufgefordert wird allerdings nur, wer keine offenen Wunden an den Händen hat, da es zu

Seifenkraut mit Blüten und länglichen Samenkapseln.

Hautreizungen kommen kann). Für den verblüffenden Effekt verantwortlich sind die in der ganzen Pflanze enthaltenen Saponine. Sie kommen nur bei wenigen heimischen Arten in so reichlichen Mengen vor (z. B. in der Schlüsselblumenwurzel, s. S. 153). Schon Hippokrates (um 460 bis 370 v. Chr.) empfahl das Seifenkraut als Waschmittel. Für Allergiker, die normale Seife nicht vertragen, ist *Saponaria* eine Alternative. Zur Schleimlösung wird Seifenkrautwurzel bei Bronchialerkrankungen verwendet.

- **Beschreibung:** Höhe bis 70 cm; Blätter groß, lanzettlich bis elliptisch, 5-nervig, fast kahl, sitzend; Stängel aufrecht, kantig, weich behaart, rot bis violett überhaucht, z. T. oben verzweigt; Blüten groß, weiß bis blassrosa, lange Kronröhre, in endständigen büscheligen Blütenständen (= Zymen); Kapsel länglich, viele Samen; Wurzelstock braun, innen zitronengelb, stark verzweigt; ausdauernd
- **Blütezeit:** Juni bis September
- **Geruch, Geschmack:** Blüten schwach duftend, Wurzel geruchlos, Geschmack herb, würzig
- **Standort:** Wegränder, Uferböschungen, Brachland, Gärten, kalkliebend
- **Vorkommen:** zerstreut, oft angepflanzt
- **Droge:** Radix, Herba Saponariae
- **Inhaltsstoffe:** Glykoside, Saponine, Flavonoide, Harze, Vitamin C
- **Anwendung:** bei Leber- und Galleleiden,

Gelbsucht, Husten (schleimlösend, auswurffördernd), Hautkrankheiten (Ekzemen, Akne, Furunkeln), rheumatischen Beschwerden, zur Blutreinigung

- **Verwendung:** Tee, Waschungen, Haarshampoo, Fleckenwasser
- **Homöopathisch:** s. o. sowie bei Kopf- und Augenschmerzen
- **Sammelgut, Sammelzeit:** Blätter April bis Juni, Wurzelstock März, April, September, Oktober
- **Verwechslung:** Rotes Seifenkraut *(S. ocymoides):* kleiner, rote Blüten, polsterbildende Gartenpflanze; Phlox *(Phlox spec.):* Blätter gestielt, schäumen beim Reiben nicht
- **Sonstiges:** Vorsicht: In hoher Dosierung wurde eine zelltoxische Wirkung festgestellt

Stellaria media (L.) Vill.
VOGELMIERE

Hühnerdarm, Mäusedarm, Vogelsternmiere

In einem umfangreichen Gartenlexikon aus dem Jahr 1961 (Meyer & Andresen) steht die Vogelmiere unter der Rubrik „Unkräuter, die im Garten besonders lästig sind". Bei Düll & Kutzelnigg (1992) heißt es dagegen: „Die Vogelmiere wird meist als 'Unkraut' bezeichnet, doch ist ihr Nutzen gerade in Kulturen wie Weinbergen und Gärten recht groß, indem sie den Boden feucht hält, Erosion verhindert und auch im Winter den Boden deckt." Wer die Vogelmiere, weil sie in seinem Garten überhand nimmt, entfernen möchte, sollte sie zunächst einmal ohne die zähen Stiele als Gemüse- und Salatpflanze nutzen, denn sie schmeckt nicht nur gut, sondern enthält auch reichlich Vitamin C, Kalium und Mineralsalze. Was übrig bleibt, gehört auf den Kompost, dessen Qualität durch die kieselsäurehaltige Vogelmiere verbessert wird. Der deutsche Name „Hühnerdarm" rührt daher, dass das Federvieh die Pflanze gerne frisst und dass die über den Boden kriechenden, gewundenen Stängel fantasievolle Betrachter an das Gedärm der Hühner erinnern.

Die Vogelmiere ist eine Pionierpflanze auf nährstoffreichen Böden.

- **Beschreibung:** Höhe bis 50 cm; Blätter oval, spitzeiförmig; untere gestielt, obere sitzend; Stängel weich, saftig, einreihig behaart, niederliegend, gelegentlich aufsteigend, stark verzweigt; Blüten weiß, klein, sternförmig, an den Triebenden, mit 5 tief geteilten Blütenblättern; 6-zähnige Kapselfrucht; ein- bis zweijährig
- **Blütezeit:** März bis November
- **Geruch, Geschmack:** Geschmack mild, leicht zusammenziehend
- **Standort:** Wegränder, Äcker, Weinberge, Gärten, Schuttplätze, nährstoffreiche Böden
- **Vorkommen:** häufig
- **Droge:** Herba Stellariae media
- **Inhaltsstoffe:** Saponine, Mineralsalze, Kieselsäure, Kalium, Vitamin C, Rutin
- **Anwendung:** bei Erkältungen, Lungenerkrankungen, rheumatischen Beschwerden, Berührungsschmerzen, Hämorrhoiden, kleinen Wunden, Ausschlägen, Geschwüren, Quetschungen, zum Abstillen
- **Verwendung:** Tee, Saft, Auflage, Gemüse, Salat
- **Homöopathisch:** s. o.
- **Sammelgut, Sammelzeit:** blühendes Kraut April bis September
- **Verwechslung:** andere Mierenarten *(Stellaria spec.):* größere Blüten, aufrecht

Gänsefußgewächse

Chenopodiaceae

Die Gänsefußgewächse sind meist krautige Pflanzen mit unscheinbaren kleinen Blüten. Mit der Blütenhülle fallen die von ihr umschlossenen Samen ab. Gemüse- und Futterpflanzen wie die Rüben (Beta vulgaris) *mit Mangold, Roter Rübe, Zucker- und Futterrübe sowie die auch als Heilkräuter genutzten Gänsefüße* (Chenopodium) *und die Melde* (Atriplex) *gehören hierher. Manche Arten der Familie werden inzwischen zu den Fuchsschwanzgewächsen* (Amaranthaceae) *gerechnet.*

Chenopodium album L.
WEISSER GÄNSEFUSS

Melde

Mit fortschreitender Entfremdung des Menschen von der Natur geriet das Wissen um die Verwertbarkeit zahlreicher einheimischer Pflanzen in Vergessenheit. Ab und zu wurde es durch neue Informationen ersetzt, doch gab es auch dabei Irrwege. Generationen von Kindern wurden so z. B. aufgrund eines Rechenfehlers zum Verzehr des angeblich so „eisenhaltigen" Spinats genötigt. Im Weißen Gänsefuß dagegen, der ein wohlschmeckendes, spinatartiges Gemüse liefert, sehen viele Gärtner heute nur noch das lästige Unkraut, das es möglichst rückstandslos auszurotten gilt. Dass er früher auch als Heilkraut bei Nieren- und Blasenleiden sowie bei Lungenkrankheiten Verwendung fand, ging bei dieser einseitigen Betrachtungsweise ebenfalls unter. Ein ähnliches Schicksal erlitten zwei weitere Gänsefußgewächse, der Gute Heinrich *(C. bonus-henricus)* und die durch ihre blaugrünen Blätter gekennzeichnete, sehr Vitamin-C-haltige Gartenmelde *(Atriplex hortensis).*

- **Beschreibung:** Höhe bis 1,50 m; Blätter kurz gestielt, rautenförmig bis 3-lappig, blaugrau, mehlig bestäubt; Stängel stark verzweigt; Blüten unscheinbar grünlichweiß in end- oder achselständigen, pyramidenförmigen Scheinähren; einjährig
- **Blütezeit:** Juli bis September
- **Geruch, Geschmack:** geruchlos, Geschmack mild, würzig
- **Standort:** Äcker, Brachland, Ruderalstellen
- **Vorkommen:** häufig
- **Droge:** Herba Chenopodii
- **Inhaltsstoffe:** Saponine, Betalaine, Flavonoide, Oxalsäure, Proteine, Mineralstoffe
- **Anwendung:** zur Blutreinigung, bei Nieren- und Blasenleiden, Lungenkrankheiten, blutenden Wunden
- **Verwendung:** Tee, Gemüse, Suppe, Salat
- **Homöopathisch:** s. o.
- **Sammelgut, Sammelzeit:** junge Blätter Mai bis August
- **Verwechslung:** Guter Heinrich *(C. bonus-henricus):* niedriger, etwas klebrig, Blätter lang gestielt, spießartig, wohlriechend

Oben: Die Gartenmelde (Atriplex hortensis) *ist wie der Weiße Gänsefuß und der Gute Heinrich ein nur noch in der Volksheilkunde bekanntes Heilkraut, wird aber als Gemüse angebaut.*

Links unten: Esset eure Feinde! Der in der Landwirtschaft unbeliebte Weiße Gänsefuß liefert ein wohlschmeckendes Gemüse ...

Rechts unten: ... ebenso wie der Gute Heinrich, der früher gegen Entzündungen und Geschwüre eingesetzt wurde.

Knöterichgewächse

Polygonaceae

Merkmale der Knöterichgewächse sind der knotige Stängel sowie die von den verwachsenen Nebenblättern am Grund der Blattstiele gebildete tütenförmige Röhre („Ochrea“). *Die Blätter sind wechselständig, die Blüten klein. Die dreikantigen Früchte fallen oft mit den sie umhüllenden Blütenblättern ab.*

Fagopyrum esculentum Moench
BUCHWEIZEN

Heidekorn, Blende, Griken

Mit dem Weizen hat der Buchweizen nichts zu tun – die bekannte Getreidepflanze ist, botanisch gesehen, ein Gras, der Buchweizen gehört zu den Knöterichen. Zu dem deutschen Namen kam er, weil seine Früchte den Bucheckern ähneln und die Samen wie Reis zubereitet, aber auch gemahlen und wie Getreidemehl verarbeitet werden können.

Der Buchweizen hatte seine große Zeit im Mittelalter und in der Frühen Neuzeit, als die Menschen entdeckten, dass die Pflanze auch auf nährstoffarmen Sandböden angebaut werden kann. Durch die Einführung von Kartoffel und Mais verlor er an Bedeutung, bis ihn die „Biowelle“ gleichsam wiederentdeckte und man seine Inhaltsstoffe analysierte. Der Buchweizen ist besonders für Menschen geeignet, die wegen Gluten-Unverträglichkeit keine Getreideprodukte vertragen. In Russland ist der Buchweizen aus der Volksmedizin kaum wegzudenken. Wie Dr. Karine Markarian, Ärztin für Naturheilverfahren, berichtet, ist die Buchweizengrütze *Kascha* dort Bestandteil von Schlankheitskuren. Bei verschiedenen Anwendungen wird erhitzter Buchweizen in ein Leintuch gehüllt und auf erkrankte Körperpartien gelegt. Ein Tee aus Buchweizenblütenspitzen und Brennnesselblättern gilt als allgemeines Stärkungsmittel.

- **Beschreibung:** Höhe bis 50 cm; Blätter pfeilherzförmig, zugespitzt; Stängel knotig, aufrecht, rötlich, Blüten weiß oder rosarot, am Triebende oder in blattachselständigen Trauben; Nuss schwarz glänzend, scharf dreikantig; einjährig
- **Blütezeit:** Juni bis August
- **Geruch, Geschmack:** geruchlos, Geschmack mehlig
- **Standort:** Wildäcker, kultiviert und verwildert
- **Vorkommen:** Heimat Russland
- **Droge:** Herba Fagopyri
- **Inhaltsstoffe:** Albumin, Gerbstoffe, Mineralstoffe (Phosphat, Kalzium, Eisen, Kupfer), Vitamine, Rutin
- **Anwendung:** bei Magen-Darm-Problemen (Gluten-Unverträglichkeit, Allergien), in der Rekonvaleszenz, gegen Krampfadern, venöse Stauungen, Prophylaxe von Arterienverkalkung, Bluthochdruck
- **Verwendung:** Tee, Tonikum, Umschläge, Brei, Diätkost, Grütze
- **Homöopathisch:** Kopfschmerzen, Haut- und Lebererkrankungen mit Juckreiz
- **Sammelgut, Sammelzeit:** blühendes Kraut Juni bis August, Samen August, September
- **Verwechslung:** keine

Blühender Buchweizen auf einem Wildacker.

Polygonum aviculare L.
VOGELKNÖTERICH

Flohkraut, Blutkraut, Wegtritt, Vogelgras, Knotengras, Tausendknoten, Weggras

Zu den „heilsamen Unkräutern", die den Gärtner ärgern, aber in vielfacher Weise therapeutisch und kulinarisch genutzt werden können, zählt auch der Vogelknöterich. Als „trittfestes" Gewächs kommt er mitunter direkt auf Gehwegen vor, zählt auf Brachland zu den Pionieren und scheut auch Schuttplätze oder Kiesgrubenränder nicht. Seine Vorliebe für besiedeltes Gelände ist augenfällig – und so geriet er auch schon früh ins Blickfeld der Menschen, die in Zeiten, in denen es weder Supermärkte noch Krankenkassen gab, mit heimischen oder eingeführten Kräutern ihren Speisezettel bereicherten und, wenn möglich, auch ihre Krankheiten kurierten.

In der Vergangenheit wurde der Vogelknöterich vor allem zur Blutstillung verwendet. Auch als harntreibendes und fiebersenkendes Mittel war er bekannt. Heutzutage ist er wegen seiner schleimlösenden Wirkung Bestandteil von Bronchial- und Hustentees und wird laut Delaveau & Mitarbeitern „bei der Behandlung von Diabetes zur Durstbekämpfung eingesetzt".

- **Beschreibung:** Höhe bis 50 cm; Blätter klein, lanzettlich bis eiförmig, Ochrea häutig, silbrig, hellbraun geadert; Stängel dunkelgrün, niederliegend, kriechend bis aufrecht, stark verzweigt, Knoten rötlichbraun; Blüten klein, grünlichweiß oder rosa, zu 2–5 in den Blattachseln; Wurzel faserig; einjährig
- **Blütezeit:** Mai bis November
- **Geruch, Geschmack:** geruchlos, Geschmack zusammenziehend, herb, würzig
- **Standort:** Wege, Äcker, Brachland
- **Vorkommen:** häufig
- **Droge:** Herba Polygoni avicularis
- **Inhaltsstoffe:** Kieselsäure, Gerbstoffe, Flavonoide, Schleimstoffe, ätherische Öle
- **Anwendung:** bei leichtem Katarrh, Entzündungen der Mundschleimhaut, Durststiller bei Diabetes, früher auch gegen Lungenleiden, Tuberkulose, Husten, Nieren-, Magen-Darm-Erkrankungen, Harngrieß, Hämorrhoiden, Durchfall, blutende Wunden
- **Verwendung:** Tee, Teemischungen, Saft, Gemüse, Vogelfutter
- **Homöopathisch:** bei Rheumatismus der Finger
- **Sammelgut, Sammelzeit:** junge Stängel und Blätter Mai bis September
- **Verwechslung:** viele Kleinarten, Floh-Knöterich *(P. persicaria)* an feuchten Standorten
- **Sonstiges:** Andere Knötericharten wie der Wasserpfeffer *(P. hydropiper)* wurden auch als Pfefferersatz genutzt

Links: Der weit verbreitete Vogelknöterich.

Rechts: Der Schlangenknöterich (Polygonum bistorta) *wächst oft in großen Beständen auf feuchten Wiesen und ist neben seiner Heilwirkung bei Durchfall und blutenden Wunden auch als Spinat verwendbar.*

Rheum palmatum L.
MEDIZINALRHABARBER

Palmblättriger Rhabarber, Chinesischer Rhabarber

Der aus Ostasien stammende Medizinalrhabarber wird oft in Parkanlagen und Gärten gepflanzt, wo er mit seinen bis 1 m breiten, handförmig gelappten Blättern und einer Gesamthöhe von bis zu 3 m nicht zu übersehen ist. In der Heilkunde sind seine Wurzelextrakte gefragt: Sie sind ein gutes Mittel gegen Verstopfung, v. a. in Fällen mit schmerzhaften Analfissuren und/oder Hämorrhoiden, wo nur ein weicher Stuhl hilfreich ist. Vorsicht ist jedoch geboten, da eine Überdosierung stopfend wirkt. Die Droge sollte weder regelmäßig (Gewöhnungsgefahr!) noch in der Schwangerschaft eingenommen werden. Rheuma-, Gicht- und Nierenkranken wird wegen des hohen Gehalts an Oxalsäure vom Genuss von Rhabarberprodukten generell abgeraten. Dies gilt auch für den bekannten Gartenrhabarber *(R. rhabarbarum)*, dessen rote Blattstiele ein hervorragendes Kompott ergeben. Er und einige weitere verwandte Arten enthalten die gleichen Wirkstoffe wie der Medizinalrhabarber, wiewohl in erheblich geringerer Konzentration. Die großen Blätter können beim Verzehr sogar tödlich wirken.

- **Beschreibung:** Höhe bis 3 m; große, handförmig gelappte Blätter (Durchmesser bis 1 m) mit langen, fleischigen Stielen; Stängel hohl, rotbraun gestreift, aufrecht; Blüten klein, dunkelrot, an aufrechten, beblätterten, rispigen Blütenständen; Frucht breit geflügelt; dickes, fleischiges Rhizom, außen schwarzbraun, innen gelb; mehrjährig
- **Blütezeit:** Mai bis Juli
- **Geruch, Geschmack:** Geruch der Wurzel charakteristisch, Geschmack der Wurzel bitter-herb
- **Standort:** Gärten, kultiviert
- **Vorkommen:** Heimat Nordchina, Tibet
- **Droge:** Rhizoma Rhei
- **Inhaltsstoffe:** Glykoside (Antrachinon), Gerbstoffe
- **Anwendung:** bei Verstopfung, Durchfall, Appetitlosigkeit, Alkoholmissbrauch, Würmern
- **Verwendung:** Pulver, Tinktur, Sirup, Fertigpräparate
- **Homöopathisch:** bei Durchfall, Verhaltensstörungen bei Kindern, Zahnungsbeschwerden
- **Sammelgut, Sammelzeit:** Wurzel September, Oktober, Blattstiele Mai, Juni
- **Verwechslung:** Gartenrhabarber *(R. rhabarbarum):* Höhe bis 2 m, Blätter ungeteilt, Ränder gewellt, Blüten weißlich-rosa; andere Rhabarberarten
- **Sonstiges:** Der Harn kann sich gelbbraun verfärben

Links: Den Medizinalrhabarber, eine übermannshohe Staude mit geschlitzten Blättern, findet man vor allem in Kräuter- und Klostergärten.

Rechts: Nur die Stängel des Gartenrhabarbers werden verwendet – die schönen, großen Blätter sind giftig.

Links: Sauerampfer mit stängelumfassenden Blättern.

Rechts: Beim Krausen Ampfer sind die Blattränder auffallend gewellt.

Rumex actosa L.
SAUERAMPFER

▪ ***schwach giftig*** ▪
Feldampfer, Wiesenampfer

Er fehlt auf kaum einer Wiese, kommt selbst auf kümmerlichen Grünstreifen im Großstadtdschungel vor – und gehört zu den bekanntesten einheimischen Kräutern. Sauerampfersuppe, früher ein Arme-Leute-Essen, steht heutzutage auf den Speisekarten der Feinschmeckerrestaurants. Häufig, bekannt, Vitamin-C-haltig und schmackhaft – was soll da noch schiefgehen?

Aber man täusche sich nicht, der Sauerampfer ist nicht ohne Tücken. Für seine Verwendung gilt Ähnliches wie für die verwandten Rhabarberarten: Die in ihm enthaltene Oxalsäure – die im Übrigen für den charakteristischen säuerlichen Geschmack verantwortlich ist – kann bei Überdosierung heftige Durchfälle, ja lebensbedrohliche Nierenschäden auslösen.

Einige Blättchen können roh genascht oder daheim dem Salat beigegeben werden, auf den Verzehr größerer Mengen ist aber unbedingt zu verzichten, es sei denn, der Sauerampfer wird zuvor gekocht – bei der Suppe im Drei-Sterne-Restaurant ist also nichts zu befürchten!

- **Beschreibung:** Höhe bis 80 cm; wintergrün; Blätter pfeilförmig, fleischig, die unteren lang gestielt, die oberen sitzend; Stängel aufrecht, verzweigt, oft rot überlaufen; Blüten unscheinbar, rötlich-grün, in großer, lockerer Rispe; Nüsschenfrüchte dreieckig; Wurzelstock dunkelbraun bis fast schwarz; ausdauernd
- **Blütezeit:** Mai, Juni
- **Geruch, Geschmack:** geruchlos, Geschmack sauer
- **Standort:** feuchte Wiesen, Wegränder
- **Vorkommen:** verbreitet
- **Droge:** Herba Rumicis acetosae
- **Inhaltsstoffe:** Kaliumhydrogenoxalat (= Kleesalz), Oxalsäure, Vitamin C
- **Anwendung:** zur Blutreinigung, schwach abführend
- **Verwendung:** Tee, Suppe, Kräuterbutter
- **Homöopathisch:** gegen Reizhusten, Hautleiden, Krämpfe
- **Sammelgut, Sammelzeit:** junge Blätter und Stängel April bis September
- **Verwechslung:** Krauser Ampfer *(R. crispus):* Blattrand gewellt, bei Verdauungsproblemen; Stumpfblättriger Ampfer *(R. obtusifolius):* Blätter nicht pfeilförmig, nicht sauer, bis 2 m tief wurzelnd
- **Sonstiges:** Aufgrund der hohen Pollenproduktion ist der windblütige Ampfer auch für Pollenallergiker relevant

Dilleniidae

DILLENIENÄHNLICHE

Übersicht Dilleniidae:

Kreuzblütler *Brassicaceae (Cruciferae)*	*S. 132*
Heidekrautgewächse *Ericaceae*	*S. 146*
Hartheugewächse *Hypericaceae*	*S. 149*
Malvengewächse *Malvaceae*	*S. 150*
Schlüsselblumengewächse *Primulaceae*	*S. 152*
Weidengewächse *Salicaceae*	*S. 155*
Lindengewächse *Tiliaceae*	*S. 157*
Veilchengewächse *Violaceae*	*S. 158*

Zu den **Dillenienähnlichen,** deren Name von den tropischen *Dillenia*-Arten abgeleitet ist, gehören u. a. so pikant schmeckende Pflanzen wie Rettich und Senf aus der Familie der Kreuzblütler *(Brassicaceae)*, Vitaminspender wie die Heidelbeere *(Ericaceae)*, Frühlingsblüher wie die Schlüsselblume *(Primulaceae)* und Bäume wie die Linde *(Tiliaceae)*.

Blühendes Tüpfeljohanniskraut (Hypericum perforatum, s. S. 149). *Es wächst an steinigen Böschungen und trockenen Wegrändern.*

Kreuzblütler

Brassicaceae (Cruciferae)

In der Familie der Kreuzblütler findet man häufig eine grundständige Blattrosette. Die oberen Stängelblätter sind oft anders geformt als die meist wechselständigen Grundblätter. Die weißen, gelben oder rotvioletten Blüten stehen fast immer in Trauben. Man unterscheidet nach der Form und Länge schoten- (Frucht mindestens 3-mal so lang wie breit) oder schötchenfrüchtige (Frucht höchstens 3-mal so lang wie breit) Arten.

Viele Arten der Kreuzblütler haben wirtschaftliche Bedeutung als Gewürzpflanzen (z. B. Kresse, Senf), als Salat- bzw. Gemüsepflanzen (z. B. Kopfsalat, Rettich, alle Kohlarten – (Weiß- bzw. Rotkraut, Kohlrabi) oder Öllieferanten (z. B. Raps), aber auch als „Ackerunkräuter" (z. B. Hirtentäschel) und natürlich als Genuss- und Heilpflanzen.

Die schwefelhaltigen Senfölglykoside (Glukosinulate) sind für den intensiv würzigen, oft kresseartig scharfen, rettichartigen oder Knoblauchgeschmack und Geruch verantwortlich.

Kreuzblütler
Kronblätter 4-zählig, kreuzförmig

Alliaria petiolata (M. Bieb.) Cavara & Grande
GEWÖHNLICHE KNOBLAUCHSRAUKE

Lauchhederich, Lauchkraut, Knoblauchskraut, Knofelkraut, Hasekehl, Bloderkraut, Wilder Chnobloch

Die Blätter der Knoblauchsrauke erinnern in der Form an jene der Brennnessel (s. S. 170). Zerrieben riechen sie kräftig nach Knoblauch.

Die Blätter dieses eher unscheinbaren Krauts mit seinen kleinen weißen Blüten, das schattige Standorte in Wäldern, Parks und verwilderten Gärten liebt, riechen und schmecken beim Zerreiben kräftig nach Knoblauch. Zu verwechseln ist es allenfalls mit dem an ähnlichen Orten wachsenden, aber nicht nach Knoblauch riechenden Hexenkraut *(Circaea lutetiana)*, das noch kleinere Blüten hat und später blüht.

Die Knoblauchsrauke eignet sich sehr gut als aromatische Würze für Kräuterquarks, Suppen und verschiedene Salate. Als Heilpflanze kann die Knoblauchsrauke nach Delaveau et al. zur Wundheilung herangezogen werden, da sie antiseptische Eigenschaften besitzt; sie sollte allerdings nur frisch verwendet werden.

- **Beschreibung:** Höhe bis 100 cm; Grundblätter langgestielt, groß, nierenförmig, grob buchtig gekerbt, Stängelblätter kürzer gestielt, am Grund dreieckig bis herzförmig, grob buchtig gekerbt; Stängel kantig, unten behaart; Blüten weiß; Schoten 3–6 cm lang, vierkantig, aufrecht abstehend; Samen braun, gestreift; zweijährig

- **Blütezeit:** April bis Juni
- **Geruch, Geschmack:** beim Zerreiben intensiver Knoblauchgeruch und -geschmack
- **Standort:** Waldränder, Hecken, Zäune, Laubwälder, schattenliebend
- **Vorkommen:** häufig
- **Droge:** Herba Alliariae officinalis, nur frisch verwenden!
- **Inhaltsstoffe:** Senfölglykoside, Vitamine (v. a. Vitamin A und C)
- **Anwendung:** gegen Erkältungskrankheiten, rheumatische Beschwerden, Gicht, schlecht heilende Wunden
- **Verwendung:** Saft, Tee, frisch zerquetschtes Kraut als Wundauflage, Alkoholischer Auszug; Gewürz zu Quark, Salat, Suppe, Sauce
- **Sammelgut, Sammelzeit:** Blätter, frische blühende Pflanze mit Wurzel April bis Juni
- **Verwechslung:** Hexenkraut *(Circaea lutetiana):* kleiner, Blüten anders, riecht nicht nach Knoblauch
- **Sonstiges:** Verwendung wie Bärlauch, Knoblauch oder Senf, Wirkung aber schwächer; Samen (Geschmack scharf) auch als Ersatz für Schwarzen Senf *(Brassica nigra,* s. S. 136*)*

Armoracia rusticana Ph. Gärtn.
MEERRETTICH

Kren

Die Senfölglykoside des Meerrettichs sind nicht jedermann bekömmlich. Wer an Magen- oder Darmgeschwüren oder Nierenerkrankungen leidet, muss auf Meerrettich verzichten. Auch Schwangeren wird vom Genuss abgeraten. Andererseits wird der Meerrettich aufgrund seiner antibiotischen Eigenschaften als Heilpflanze empfohlen, vor allem bei Erkältungskrankheiten, aber auch gegen Gicht und Rheuma. Sein Vitamin-C-Gehalt ist höher als der der Zitrone. Erst in der frühen Neuzeit aus Westasien in Europa eingeführt, hat sich der Meerrettich längst eine kleine, aber stabile Agrarmarktlücke erobert. Vereinzelt büxt der Meerrettich auch aus den Gärten und Feldern aus und siedelt sich in freier Wildbahn an. Wer solche Stellen kennt, kann dort jahrelang ernten.

- **Beschreibung:** Höhe bis 125 cm; Grundblätter bis 100 cm lang, herzförmig, gekerbt, untere Stängelblätter eiförmig-lanzettlich, gekerbt bis gesägt, obere länglich; Stängel kantig, gefurcht, kahl; Blüten weiß, Schötchenfrucht kugelig, 4–6 mm lang; Wurzel lang, gelblichgrau, fleischig, mehrjährig
- **Blütezeit:** Mai bis Juli
- **Geruch, Geschmack:** Geruch und Geschmack scharf, würzig, zu Tränen reizend
- **Standort:** feuchte, schattige Standorte in Gärten, Wiesen, an Wegen, Waldrändern, Gräben
- **Vorkommen:** Südosteuropa verbreitet, Europa, oft verwildert
- **Droge:** Radix Armoraciae
- **Inhaltsstoffe:** Senfölglykosid (Gluconasturtiin und Sinigrin, aus denen Senföle entstehen)
- **Anwendung:** gegen Blutarmut, bei Husten, Heiserkeit, Bronchitis, Appetitlosigkeit, gegen Blähungen, Gicht, rheumatische Beschwerden (hautreizender Umschlag), gegen Frostbeulen (Bad), gegen Skorbut, Harnwegsinfekte
- **Verwendung:** frische Wurzel für Umschlag, Auflage, Bad, Gewürz
- **Homöopathisch:** gegen Augenentzündungen, Bronchitis, Oberbauchkolik

Die begehrte, lange Wurzel ist manchmal nicht leicht zu ernten, doch die Mühe lohnt sich.

Blühender Meerrettich an einem Feldrain.

- **Sammelgut, Sammelzeit:** frische Wurzel Juli, August
- **Verwechslung:** Krauser Ampfer *(Rumex crispus)* und Stumpfblättriger Ampfer *(Rumex obtusifolius):* Blätter kleiner, kein Geruch nach Senföl, auf Wiesen
- **Sonstiges:** Tagesdosis 20 g frische Wurzel. Vorsicht! Nicht verwenden bei Magen-, Darmgeschwüren und Nierenerkrankungen sowie in der Schwangerschaft

Barbarea vulgaris R. Br. GEWÖHNLICHES BARBARAKRAUT

Barbenkraut, Winterkresse

Auch für den Kräuterfreund ist der Winter eine eher stille Zeit, aber mit etwas Glück und Artenkenntnis kann er sich zwischen November und Februar doch noch einen frischen Wildsalat pflücken. Das wintergrüne Barbenkraut, das auch Winterkresse genannt wird, ist ein häufiger Bewohner von Ruderalstandorten wie Bahndämmen, Schuttplätzen und Brachfeldern und tritt auf nackten, durch Erdarbeiten zerwühlten Böden als Pionierpflanze auf. Unsere Vorfahren benutzten das Barbenkraut vor allem zur Heilung von Wunden. Zur Herkunft des deutschen Namens gibt es – mindestens – zwei Theorien. Die weiter verbreiterte, vertreten u. a. von E. & K. Hollerbach, vermutet einen Zusammenhang mit dem Barbaratag (4. Dezember), „an dem die Blätter noch zu einem Wildsalat eingesammelt werden können". Die andere These, die sich bereits im 16. Jahrhundert Leonhart Fuchs zu Eigen machte, sieht in der deutschen Bezeichnung „Barbarakraut" eine verkürzte Verballhornung des lateinischen Begriffs *Carpentariorum herba.* Das „Zimmermannskraut" war demnach bei Schreinern, Wagnern und Zimmerleuten ein beliebtes Wundheilmittel.

Die leuchtend gelben Blüten des Barbarakrauts bilden einen lebhaften Kontrast zu den dunkelgrünen Blättern.

- **Beschreibung:** Höhe bis 90 cm; wintergrün; Grundblätter in grundständiger Rosette, glänzend, etwas fleischig, tief leierförmig eingeschnitten, Endlappen rundlich, obere Stängelblätter stängelumfassend, fast ungeteilt, gezähnt; Stängel gerieft, oft zu mehreren, ästig verzweigt; Blüten goldgelb in verzweigter, auffallender, endständiger Traube; Schoten 1,5 bis 2,5 cm lang, aufrecht, abstehend, zweiklappig; zweijährig
- **Blütezeit:** April bis Juli
- **Geruch, Geschmack:** Geruch schwach, Geschmack kresseartig, würzig, säuerlich, scharf
- **Standort:** Sand- und Kiesböden, feuchte Äcker, Wegränder, Bahndämme, Ufer
- **Vorkommen:** Europa, verbreitet
- **Droge:** Herba Barbaraea
- **Inhaltsstoffe:** Senfölglykoside, Vitamin C
- **Anwendung:** bei Appetitlosigkeit, gegen Gicht, Hautkrankheiten, Skorbut
- **Verwendung:** Tee, frisch für Salat, Gemüse
- **Sammelgut, Sammelzeit:** Blattrosetten September bis März
- **Verwechslung:** Raps *(Brassica napus):* Blätter blaugrün bereift, Stängel einzeln

Brassica napus L. emend. Metzg.
ÖLRAPS

Winterraps, Reps

Der Raps oder Ölraps wird vornehmlich als Futterpflanze angebaut, gewinnt im Zeichen weltweiter Energieengpässe aber auch zunehmend Bedeutung als Energie- und Spritlieferant. Die ölreichen Samen sind auch in der Lebensmittelindustrie begehrt, wo man sie u.a. bei der Margarine- und bei der Schokoladeherstellung einsetzt.

- **Beschreibung:** Höhe bis 140 cm, Blätter blaugrün bereift; obere Stängelblätter sitzend oder stängelumfassend, kahl, untere schwach behaart; Blüten goldgelb, in Trauben, Kelch- und Staubblätter abstehend, die ungeöffneten Blüten überragen die geöffneten Blüten; Schoten 4–10 cm lang, Samen kugelig, Wurzel dünn, spindelig
- **Blütezeit:** April bis September
- **Geruch, Geschmack:** pikant, scharf, Samen mild, ölig
- **Standort:** nährstoffreiche Böden
- **Vorkommen:** Äcker kultiviert, verwildert, Europa
- **Droge:** Oleum rapae
- **Inhaltsstoffe:** Senfölglykoside, Enzyme, fettes Öl, Linolensäure, Sterole
- **Anwendung:** Frostbeulen, bei Reizung der oberen Atemwege
- **Verwendung:** Speiseöl, Salbengrundlage, Lebensmittelindustrie, Energie- und Schmierstoffgewinnung
- **Sammelgut, Sammelzeit:** reife Samen, je nach Anbauzeit
- **Verwechslung:** Steckrübe *(B. napus ssp. rapifera)* Wurzel rübenförmig verdickt, oben mit Blattschopf; Ackersenf *(Sinapis arvensis)* sparrig, reichästig verzweigt, Blätter saftig grün, behaart, obere Blätter meist ungeteilt
- **Sonstiges:** Der Raps ist mit dem ebenfalls ölhaltigen Rübsen (Rübenkohl, Stoppelrübe, Rettichkohl, *Brassica rapa)* nahe verwandt

Brassica napus L. ssp. *rapifera* Metzg.
STECKRÜBE

Die fleischige Steckrübe ist eine Unterart des Rapses mit rübenförmig verdickter Wurzel. Sie gewann historische Bedeutung im Ersten Weltkrieg, als sich die Versorgungslage der Bevölkerung durch die Kriegsereignisse, den langen Winter 1916/17 und eine erbärmlich schlechte Kartoffelernte drastisch verschärfte. Einzig die Steckrübe war noch in größeren Mengen verfügbar und half, das Schlimmste zu verhüten. Bis heute verbindet sich mit dem Begriff „Steckrübenwinter“ die Erinnerung an eine von Hunger und Elend bestimmte Zeit.

Oben: Rapsblüten mit den für die Kreuzblütler typischen 4 Blütenblättern.

Unten: Blühendes Rapsfeld – schön, aber für Pollenallergiker nicht ganz unproblematisch.

Brassica nigra (L.) Koch
SCHWARZER SENF

Senfkohl, Französischer Senf, Holländischer Senf, Grüner Senf, Roter Senf

Der Senfkohl mit seinen scharf schmeckenden Blättern kommt verwildert u. a. in Flusstälern vor. Die reifen Samen bilden mit den beiden nah verwandten Arten *Sinapis alba* (Weißer Senf) und *Sinapis juncea* (Brauner Senf) die Grundlage für jene „senfgelbe" bis braune Paste, ohne die die Fleisch- und Wurstwarenindustrie gewiss nicht so viele zufriedene Kunden hätte. Ernährungswissenschaftler bestätigen, dass der die Magensaftproduktion fördernde Senf dem Körper die Aufnahme und Verdauung fetter Fleischspeisen erleichtert. Als „Senfmetropole" wurde die französische Stadt Dijon berühmt, in Deutschland schmückt sich Düsseldorf mit diesem Titel.

Als Heilpflanze findet der Senf u. a. Anwendung bei Appetitmangel, rheumatischen Beschwerden und Gelenkentzündungen. Eingeweichtes Senfmehl wird zu Wickeln und Breiumschlägen verarbeitet. Zu viel Senföl ruft jedoch gesundheitliche Störungen im Magen-Darm-Trakt hervor; Nieren- und Magenkranken ist generell von der Einnahme abzuraten. Bei äußerlicher Anwendung kann es auch zu Hautentzündungen mit Blasenbildung kommen.

Schwarzer Senf zur Blütezeit.

- **Beschreibung:** Höhe bis 150 cm; Blätter blaugrün bereift, gestielt, untere leierförmig, fiederspaltig, obere gesägt, oberste ganzrandig, lineal; Stängel stark verzweigt, im unteren Abschnitt abstehend behaart; Blüten goldgelb in endständigen Trauben, Schoten 15–20 mm lang, 4-kantig, zur Fruchtzeit anliegend; einjährig
- **Blütezeit:** Juni bis September
- **Geruch, Geschmack:** geruchlos, Blätter schmecken scharf
- **Standort:** Äcker, Wege, Schutthalden, Flussufer
- **Vorkommen:** kultiviert, verwildert im Rhein- und Moselgebiet
- **Droge:** Oleum, Semen Sinapis
- **Inhaltsstoffe:** fettes Öl, Linolensäure; Senfölglykoside (Sinigrin), Schleimstoffe
- **Anwendung:** bei Appetitlosigkeit, Verdauungsproblemen; milde Hautreizung bei Rheumatismus, Gelenkentzündung
- **Verwendung:** Speiseöl, Hauttherapie; Senfmehl für Wickel, Bäder, Breiumschläge (Kataplasma), Pflaster; scharfer Senf
- **Homöopathisch:** bei Reizungen der oberen Atemwege und des Magen-Darm-Traktes
- **Sammelgut, Sammelzeit:** reife Samen, je nach Anbauzeit August, September
- **Verwechslung:** Raps *(B. napus)*: obere Stängelblätter ungestielt, Blüten goldgelb; weißer Senf *(Sinapis alba)*: obere Blätter leierförmig, Blüten zitronengelb, dichtblütig
- **Sonstiges:** Vorsicht bei hoher Dosierung und Dauergebrauch! Vergiftungen bei Überreizung der Magen- und Darmschleimhaut, bei Nierenentzündung, und v. a. bei kleinen Kindern; Senföl ruft ein starkes Wärmegefühl und Brennen hervor, bei längerer Einwirkung Entzündung mit Blasenbildung und Eiterung

Erntereifer Krautkopf.

Brassica oleracea L.
WEISSKRAUT, WEISSKOHL

■ *Wildform geschützt* ■
Gemüsekohl

Der Atlantische Wildkohl, die Stammform aller bekannten Kohlarten wie Blumen-, Weiß-, Grün-, Rosen- und Rotkohl, Kohlrabi oder Brokkoli, wächst auf kargen Felsschuttfluren an den Steilküsten West- und Südeuropas.

Der Kohl in seinen vielen Formen ist nicht nur eine der wichtigsten Gemüsepflanzen der Welt. Das durch Milchsäuregärung hergestellte Sauerkraut, welches ursprünglich als Mittel gegen den Skorbut verwendet wurde, trat von Deutschland aus einen Siegeszug um die ganze Welt an (und verschaffte den Deutschen im angelsächsischen Ausland den wenig schmeichelhaften Spitznamen *krauts*).

- **Beschreibung:** Höhe bis 120 cm; untere Blätter runzelig, fleischig, obere Stängelblätter sitzend, oder stängelumfassend; Stängel verzweigt, kahl; Blüten schwefelgelb, in Trauben, Kelch- und Staubblätter aufrecht; Schoten 7–10 cm lang, aufrecht, abstehend, Samen kugelig
- **Blütezeit:** Mai bis September
- **Geruch, Geschmack:** Geschmack mild bis aromatisch, würzig
- **Standort:** nährstoffreiche, tiefgründige Böden; Gärten, salztolerant
- **Vorkommen:** Helgoland, sonst kultiviert, ganz Europa
- **Droge:** Weißkohl, Sauerkraut
- **Inhaltsstoffe:** Senfölglykoside, Aminosäuren, Vitamine (v. a. Vitamin C), Öle, Mineralsalze
- **Anwendung:** innerlich: bei verdorbenem Magen, nach Alkoholmissbrauch, gegen Magen- und Zwölffingerdarmgeschwüre, Durchfall, Darmparasiten, Gicht, Reizung der Atemwege, Bronchitis; äußerlich bei Geschwüren, schlecht heilenden Wunden, Verbrennungen, Furunkeln, Insektenstichen
- **Homöopathisch:** auch bei Schilddrüsenunterfunktion
- **Verwendung:** innerlich: Saft; äußerlich: gequetschte, frische Blätter
- **Sammelgut, Sammelzeit:** frische, feste Krautköpfe, je nach Anbauzeit

Cardamine spec. SCHAUMKRÄUTER und *Nasturtium officinale* BRUNNENKRESSE

Der Name „Schaumkraut" rührt vermutlich daher, dass man an den Stängeln dieser Pflanzen oft den Schaum von Schaumzikadenlarven (Philaenus spumarius) *findet, der im Volksmund auch „Kuckucksspeichel" genannt wird.*

Cardamine amara L. BITTERES SCHAUMKRAUT

Alsem, Wurmkraut

Das Bittere Schaumkraut bevorzugt sehr feuchte bis nasse Standorte auf sumpfigen Wiesen oder in Moorwäldern entlang von Gräben und Teichen und wird oft mit der Echten Brunnenkresse (s. S. 140) verwechselt, die in Bächen mit fließendem, sauberem Wasser vorkommt. Violette Staubbeutel und markige Stängel zeichnen das Bittere Schaumkraut aus; bei der Brunnenkresse sind die Staubbeutel gelb und der Stängel ist hohl. Wegen seines extrem bitteren Geschmacks ist das Bittere Schaumkraut kaum genießbar.

- **Beschreibung:** Höhe bis 60 cm; Blätter 5–10-zählig, fiederteilig, keine Blattrosette; Stängel am Grund niederliegend, mit Ausläufern, markig, kantig; Blüten weiß, bis 10 mm lang, Staubbeutel violett; Schoten 20–30 mm lang, Samen einreihig
- **Blütezeit:** April bis Juli
- **Geruch, Geschmack:** Geschmack kresseartig scharf, sehr bitter
- **Standort:** Bäche und sumpfige Stellen, Bruchwälder
- **Vorkommen:** häufig
- **Verwechslung:** Brunnenkresse *(Nasturtium officinale):* Stängel hohl, kriechend, Staubbeutel gelb; Wiesen-Schaumkraut *(C. pratensis):* grundständige Blattrosette, Stängel hohl, Staubbeutel gelb, auf Wiesen

Bitteres Schaumkraut mit typisch fiederteiligen Blättern.

Die Blütenblätter des Wiesenschaumkrauts sind mit violetten Äderchen durchzogen.

Cardamine pratensis L.
WIESENSCHAUMKRAUT

Wiesenkresse, Kuckucksblume, Gauchblume, Fleischblume, Weinblume

Das bekanntere Wiesenschaumkraut wird dagegen gern in Salaten verwendet und gibt mit seinem kresseartig scharfen Geschmack auch Kräuterquark und Kräuterbutter eine pikante Note. Man sammelt es zur Blütezeit im Frühjahr und Frühsommer. An den weißlich bis rosa gefärbten, oft mit violetten Äderchen durchzogenen Blüten ist das Wiesenschaumkraut im Gelände gut zu erkennen. Leider ist die früher so verbreitete Pflanze, die vor allem auf nährstoffreichen Feuchtwiesen gedeiht, teilweise inzwischen stark im Rückgang begriffen. Um auf die Bedrohung hinzuweisen, hat die *Stiftung Naturschutz Hamburg und Stiftung Loki Schmidt* das Wiesenschaumkraut zur „Blume des Jahres 2006" ausgewählt.

- **Beschreibung:** Höhe bis 60 cm; Grundblätter rosettig, oft wintergrün, 3–8-zählig gefiedert, Endfieder 3-lappig, rundlich; untere Stängelblätter ungestielt; Stängel hohl, meist rund; Blütenblätter weiß, rosa, oft auch mit violetten Adern, Staubbeutel gelb; Schoten 25–40 mm lang; Wurzeln dünn, kriechend
- **Blütezeit:** April bis Juli
- **Geruch, Geschmack:** Geschmack kresseartig scharf
- **Standort:** feuchte, ungedüngte Wiesen, Gärten, Parkanlagen
- **Vorkommen:** häufig
- **Droge:** Herba Cardaminae
- **Inhaltsstoffe:** Senfölglykoside (Glycocochlearin, Butylsenföl), Vitamin C, Bitterstoffe
- **Anwendung:** fördert die Verdauung und den Gallefluss, zur Blutreinigung, regt den Stoffwechsel an, harntreibend, wurmtreibend, gegen Skorbut, bei rheumatischen Beschwerden
- **Verwendung:** frisches Kraut mit Blüten und Samen, Salat, Quark, Kräuterbutter, zur Frühjahrskur
- **Homöopathisch:** als Zusatzmittel bei Diabetes
- **Sammelgut, Sammelzeit:** frisches Kraut zur Blütezeit April bis Juli
- **Sonstiges:** Die Schoten schleudern die Samen explosionsartig aus, wobei die Flugweite über 2 m erreicht

Nasturtium officinale R. Br.
ECHTE BRUNNENKRESSE

Bachkresse, Grabenkresse, Bornkassen, Kersche, Waterkerse

Frisch gesammelte Brunnenkresse am Rand einer Quelle.

Die Echte Brunnenkresse ist ein viel gerühmtes Heil- und Genusskraut – und eine echte Wasserpflanze. Pfarrer Kneipp würde der Gesundheit halber sicher empfehlen, die Ernte in den kalten, unverschmutzten Quellbächen mit einer Runde Wassertreten zu verbinden. Besser beschränkt man sich jedoch auf ufernahe Bestände – das Herumtappen im Bach, ob mit Stiefeln oder barfuß, wirbelt den Gewässergrund auf und bedeutet eine unnötige Verunreinigung in einem sensiblen Biotop. Aus dem gleichen Grund sollte man die Pflanzen nicht ausreißen, sondern vorsichtig abpflücken.

Die Brunnenkresse ist sehr vitaminreich (Vitamine A, B_2, C, E) und eignet sich daher besonders zur Frühjahrskur: frisch in Salaten oder mit anderen Kräutern über Nudeln oder Kartoffeln. Über längere Zeiträume hinweg oder in zu großen Mengen sollte man sie allerdings nicht essen, da die darin enthaltenen Senfölglykoside zu Unverträglichkeiten führen können. In der Volksheilkunde wurde Brunnenkresse auch gegen Gallensteine und Gelbsucht empfohlen. Auf die Stirn gelegte Blätter „legen das Hauptweh", schreibt Lonicerus, der jedoch auch warnt: „Es sollen sich aber vor dem Brunnkressen die schwangere Weiber hüten, daß sie dieselbige nicht essen." Destilliertes und „mitten im Mayen" gebranntes „Bachmüntzwasser" empfiehlt er für einen besonderen Zweck: „Den Mund / so böser Zähne halben übel stinckt / offt und dick damit gewaschen / macht denselbigen wohlriechend."

- **Beschreibung:** Höhe bis 20 cm, Länge bis 80 cm; Blätter dunkelgrün, saftig, glatt, glänzend, unpaarig gefiedert, Endlappen fast herzförmig; Stängel kantig, hohl, fleischig, stark verzweigt, am Grund des Baches kriechend bis aufrecht; Blüten weiß, klein (3–4 mm), in Trauben, Staubbeutel gelb; Schoten 10–18 mm lang, dick; Samen 2-reihig; Wurzeln weiß, Wurzelblätter weißlich, rundlich; ausdauernd, wintergrün; vegetative Verbreitung durch abgerissene Sprossteile bzw. Blattknospen
- **Blütezeit:** Juni bis September
- **Geruch, Geschmack:** Geruch scharf, Geschmack kresseartig scharf, etwas bitter (nicht so bitter wie das Bittere Schaumkraut)
- **Standort:** Quellen, saubere, langsam fließende, kühle Bäche, Gräben
- **Vorkommen:** am Standort häufig
- **Droge:** Herba Nasturtii
- **Inhaltsstoffe:** Senfölglykoside (Phenylethylisothiocyanat), ätherische Öle (Glyconasturtiin); Vitamine A, B_2, C, E, Mineralstoffe, Wachs, Gerbstoffe
- **Anwendung:** fördert die Verdauung und den Gallefluss, zur Blutreinigung, regt den Stoffwechsel an, harntreibend, wurmtreibend, gegen Skorbut, bei rheumatischen Beschwerden, Bronchitis
- **Verwendung:** Saft, Tee, Salat, Gemüse, Gewürz, Frühjahrskur
- **Homöopathisch:** bei Nieren- und Blasenleiden
- **Sammelgut, Sammelzeit:** frisches Kraut ohne Wurzeln Februar bis September

- **Verwechslung:** Bitteres Schaumkraut *(Cardamine amara)*: Stängel markig, Staubbeutel lila; Wiesen-Schaumkraut *(C. pratensis)*: grundständige Blattrosette, Stängel meist rund, auf feuchten Wiesen
- **Sonstiges:** Vorsicht bei Schwangerschaft wegen der die Blase reizenden Wirkung

Cochlearia officinalis L. LÖFFELKRAUT, LÖFFELKRESSE

■ *geschützt* ■

Skorbutkraut, Scharbocksheil, Bitterkresse, Lungenkresse, Quellenkraut

Wie viele andere Kreuzblütler und Kressearten wurde auch das Echte Löffelkraut oder die Löffelkresse früher als Heilkraut genutzt. Die Seeleute nahmen das Vitamin-C-haltige Kraut mit den lang gestielten „löffelartigen" Blättern, das nur in den Küstenregionen etwas weiter verbreitet ist, zur Vorbeugung gegen die Mangelkrankheit Skorbut mit auf große Fahrt und nannten es folglich auch „Skorbutkraut". Heute ist das Echte Löffelkraut geschützt und sollte nicht mehr gesammelt werden.

- **Beschreibung:** Höhe bis 50 cm; Blätter dunkelgrün, fleischig, glänzend, Grundblätter lang gestielt, breit eiförmig bis herzförmig; Stängelblätter eiförmig, grob gezähnt, im oberen Teil herzförmig, stängelumfassend; Stängel kantig, verzweigt; Blüten weiß oder rosa, in endständiger Traubendolde, duftend, Kelchblätter grün; Schötchen kugelig bis eiförmig mit dunklem Mittelnerv; Wurzelstock dünn, spindelförmig; zwei- bis mehrjährig
- **Blütezeit:** April bis Juni
- **Geruch, Geschmack:** Geruch scharf senf- und kresseartig, Geschmack würzig, brennend scharf
- **Standort:** Salzböden im Küstenbereich, salzhaltige, quellige Hänge
- **Vorkommen:** Mitteleuropa, Nord- und Ostsee, kultiviert
- **Droge:** Herba Cochleariae
- **Inhaltsstoffe:** Senfölglykoside (Butylsenfölglukosid), Vitamin C, Bitterstoffe, Mineralsalze
- **Anwendung:** bei Appetitlosigkeit, Magenbeschwerden; zur Blutreinigung, bei Gicht, Rheuma, Skorbut, schlecht heilenden Wunden, Erkrankungen des Zahnfleisches
- **Verwendung:** Saft, zerquetschte Blätter als Umschlag, Tee, Salat, als Brotbelag
- **Homöopathisch:** bei Magenverstimmungen, Augenentzündungen
- **Sammelgut, Sammelzeit:** frisches, blühendes Kraut April, Juli
- **Verwechslung:** andere Kreuzblütler: keine „löffelförmigen" Blätter
- **Sonstiges:** Die seltene Unterart *ssp. alpina* wächst an quelligen, moorigen Stellen im Gebirge und Voralpengebiet

Ein reicher Bestand des Echten Löffelkrauts.

Lepidium sativum L.
GARTENKRESSE

Rechts: Erntereife Kressekeimlinge.

Die Gartenkresse ist im Mittelmeergebiet heimisch, wo sie gelegentlich auch verwildert vorkommt. Angeblich wurde sie durch römische Soldaten in Mitteleuropa eingeführt. Dort etablierte sie sich schon bald als ebenso gesundes wie schmackhaftes Salat- und Gewürzkraut und wurde in der Heilkunst als Mittel gegen Blutarmut, Blasenleiden und Appetitlosigkeit eingesetzt. Wer nur die Keimlinge aus dem Supermarkt kennt, die man mit der Schere erntet und sich aufs Butterbrot streut, wird eine ausgewachsene, blühende Kressepflanze kaum damit in Verbindung bringen. Sie kann über 50 cm hoch werden und treibt im Frühsommer kleine weiße Blüten.

Gärtnern und Bodenkundlern ist der „Kressetest" vertraut. Da die Pflanze schon nach wenigen Tagen keimt, kann man mit Probeaussaaten verhältnismäßig rasch feststellen, ob z. B. Komposterde bereits reif ist. Die Kressesaat erlaubt auch Aussagen über den Nährstoff- und Salzgehalt des Bodens.

- **Beschreibung:** Höhe bis 30 cm; bläulich bereift, kahl; Grundblätter fiederspaltig, obere Blätter sitzend; Blüten weiß; Schötchen zusammengedrückt, rundlich-eiförmig, an der Spitze breit geflügelt, 5 mm lang; einjährig
- **Blütezeit:** Mai bis Juli
- **Geruch, Geschmack:** kresseartig, pikant, würzig
- **Standort:** Wiesen, Gärten
- **Vorkommen:** Mittelmeergebiet, kultiviert und verwildert
- **Droge:** Herba Lepidii sativi recens
- **Inhaltsstoffe:** ätherische Öle (Benzylcyanid), Senfölglykoside (Glucotropaeolin), Vitamine (Carotin, B, C, E, Nicotinamid), Mineralstoffe (Kalium, Natrium)
- **Anwendung:** Blutreinigung, bei Verstopfung, Blasenleiden, gegen Husten, Skorbut, anregend, früher als Abtreibungsmittel
- **Verwendung:** Salat, Gewürz
- **Sammelgut, Sammelzeit:** ganze Pflanze zur Blütezeit oder kurz danach, Mai bis Juli
- **Verwechslung:** andere weiß blühende Kreuzblütler
- **Sonstiges:** Vorsicht, bei höherer Dosierung kann es zu Hautreizungen kommen

Capsella bursa-pastoris (L.) Med.
HIRTENTÄSCHEL

Bauernsenf, Gänsekresse, Täschelkraut, Taschenknieper, Beutelschneider, Muttergottesbrot

Die angenehm nussig schmeckenden, dreieckigen Schötchen des Hirtentäschels mit den Fingern abzuknipsen und zu naschen war ein Vergnügen, das der Ko-Autor dieses Buches in den Fünfzigerjahren des vorigen Jahrhunderts von seiner pflanzenkundigen Großmutter lernte. Die kleinen gesunden Köstlichkeiten am Wegesrand werden heutzutage nicht mehr so unbefangen in den Mund gesteckt wie früher; man hört und liest zu viel von Überdüngung und Verschmutzung, von Abgasen und Herbiziden, und um die allgemeine Kenntnis der essbaren Kräuter und ihrer unbekömmlichen Dop-

Links: Die herzförmigen Früchte laden zum Naschen ein.

Rechts: Das Hirtentäschel wächst oft an Wegrändern und auf brach liegenden Äckern.

pelgänger ist es auch nicht mehr so gut bestellt. Das Hirtentäschel, das seinen Namen der an eine Hirtentasche erinnernden Form seiner Schoten verdankt, stellt in diesem Zusammenhang allerdings eine Ausnahme dar: Das „Abknipsen und Naschen" hat sich eigenartigerweise in vielen Familien von Generation zu Generation vererbt und blieb von der allgemeinen Entfremdung des Menschen von der Natur weitgehend unberührt.

Früher wurde Hirtentäschel gegen innere und äußere Blutungen verschrieben, vor allem bei mit Blutungen verbundenen Frauenleiden. In der Homöopathie spielt es nach wie vor eine Rolle.

Düll & Kutzelnigg weisen darauf hin, dass die Pflanze an feuchten Standorten oft von dem Schimmelpilz *Albugo candida* befallen wird und dann nicht mehr genießbar ist.

- **Beschreibung:** Höhe bis 50 cm; Grundblätter rosettig, ungeteilt, gelappt bis fiederspaltig, Stängelblätter ungeteilt, mit breitem Öhrchen, stängelumfassend; Stängel fein behaart; meist verzweigt; Blütenblätter weiß, länger als die grünen Kelchblätter, Blüte in Traube; Schötchen abgerundet dreieckig bis verkehrt-herzförmig, vielsamig; Wurzel spindelförmig; ein- bis zweijährig
- **Blütezeit:** Februar bis Oktober
- **Geruch, Geschmack:** Blätter kresseartig, würzig, leicht bitter; Samen mild, nussig bis leicht bitter
- **Standort:** Wiesen, Weiden, Äcker, Gärten, Wege, Schuttflächen
- **Vorkommen:** weltweit, sehr häufig, bis ca. 2300 m
- **Droge:** Herba Bursae pastoris
- **Inhaltsstoffe:** Proteine, Aminosäuren, Flavonoide, Cholin, Acetylcholin, Mineralsalze, Vitamin C
- **Anwendung:** früher gegen innere und äußere Blutungen, blutende Hautverletzungen, Nasenbluten, Gebärmutterblutungen, reguliert die Menstruation
- **Verwendung:** Tee, Umschlag bei Hautausschlägen, Ekzemen
- **Homöopathisch:** s. o. und bei Schleimhautblutungen
- **Sammelgut, Sammelzeit:** oberirdische Teile März bis September; Samen
- **Verwechslung:** mit anderen schötchenfrüchtigen Kreuzblütlern, v. a. Hellerkraut *(Thlaspi spec.)*, da es sehr variabel ist; die täschchenförmigen, nicht geflügelten Früchte sind nicht zu verwechseln

Raphanus sativus L.
GARTENRETTICH

Schwarzer Rettich, Winterrettich, Bier-Radi, Radieschen, Eiszapfen

Vom Rettich existieren verschiedene Kulturformen, von denen man auf den ersten Blick kaum annehmen würde, dass sie zu ein und derselben Art gehören. Sie unterscheiden sich durch die Farbe und Form ihrer Wurzel – und damit jenes Teils der Pflanze, die den Verbraucher am meisten interessiert. Neben dem weißen Rettich, der als „Radi" oder „Bier-Radi" in Bayern Kultstatus genießt, fallen darunter auch der nicht ganz so häufige, aber gern als Wintergemüse verwendete Schwarzrettich sowie das bekannte rote Radieschen – nicht jedoch der Wilde Rettich *(R. raphanistrum)*, der sich u. a. durch längere Schotenfrüchte auszeichnet.

Der Rettich gehört zu den ältesten Kulturpflanzen der Menschheit. Bereits im alten Ägypten wurde er angebaut. Nach Mitteleuropa kam er vermutlich durch die Römer. Hildegard von Bingen kannte und empfahl ihn, weil er „das Gehirn reinigt" und „die schädlichen Säfte der Eingeweide" vermindert. Ein bis in die heutige Zeit gerne verwendetes Hausmittel gegen Husten und andere Erkältungskrankheiten besteht in Rettichsaft, der durch Zucker aus frisch aufgeschnittenen Stücken oder Scheiben gelöst wird. In der Homöopathie setzt man Rettichpräparate gegen Magen-Darm-Krankheiten und bestimmte Hauterkrankungen ein; frischer Rettich sollte jedoch wegen seiner schweren Verdaulichkeit von Menschen mit Magenproblemen gemieden werden.

- **Beschreibung:** Höhe bis 100 cm; Blätter leierförmig, tief eingeschnitten, Grundblätter rosettenförmig; Stängel rund, ästig, borstig behaart; Blüten weiß mit violetten Adern, in kurzen Ähren; Schoten kurz (beim Wilden Rettich *R. raphanistrum* lang und die Samen perlschnurartig aufgereiht, Blüten hellgelb); Wurzel je nach Art länglich, abgerundet oder dick, knollig, außen rot, schwarz oder weiß, innen weiß
- **Blütezeit:** Mai bis Juni
- **Geruch, Geschmack:** Geruch rettichartig, Geschmack scharf
- **Standort:** humoser, nährstoffreicher Gartenboden

Unten links: Die lila Blüten des Gartenrettichs mit der „kreuzförmigen" Anordnung der Blütenblätter.

Unten rechts: Rettichsamen und Rettichwurzeln.

- **Vorkommen:** häufig, kultiviert, vermutlich von mediterranen Arten abstammend
- **Droge:** Radix Raphani
- **Inhaltsstoffe:** Senfölglykoside (Glucosinulate, Glucoraphanin, Sulforaphen), Vitamin C, Methylamin
- **Anwendung:** gegen Hustenreiz, Katarrh, bei Gallenleiden, v. a. Gallensteine, appetitanregend, gegen Skorbut, Schlaflosigkeit und Kopfschmerzen, kann Blähungen vertreiben, aber auch fördern
- **Verwendung:** Saft, Gemüse, Salat
- **Homöopathisch:** bei Erkrankungen des Magen-Darm-Traktes und fettiger Haut
- **Sammelgut, Sammelzeit:** Wurzel Juni bis September
- **Verwechslung:** andere schotenfrüchtige Kreuzblütler

Thlaspi arvense L.
ACKER-HELLERKRAUT

Ackertäschel

Wie viele andere Kreuzblütler enthält auch das Acker-Hellerkraut neben Senfölglykosiden Vitamin C – kein Wunder daher, dass es in früheren Zeiten erfolgreich gegen die Vitamin-C-Mangelkrankheit Skorbut eingesetzt wurde, von der vor allem Seeleute betroffen waren, die monatelang ohne Früchte und frisches Gemüse auskommen mussten. Der an Kresse erinnernde Geschmack – die Pflanze wird auch „Winterkresse" genannt – gibt Salaten und Kräuterquarks eine besondere Note. Da das Acker-Hellerkraut auf Brachland, in Ackerrandstreifen, an Bahndämmen, Uferböschungen und Wegrändern noch weit verbreitet ist, kommt der Sammler nicht mit dem Naturschutz in Konflikt. Der deutsche Name des Krauts ist abgeleitet von den hübschen rundlichen, mit einem breiten Saum versehenen Schötchen, die in der Form an eine Münze erinnern. Laien verwechseln das Acker-Hellerkraut manchmal mit dem an ähnlichen Standorten vorkommenden Hirtentäschel (s. S. 142f), dessen Schötchen jedoch herzförmig sind.

- **Beschreibung:** Höhe bis 50 cm; Grundblätter hellgrün, gestielt, verkehrt eiförmig; Stängelblätter pfeilförmig, stängelumfassend; Stängel kantig, gefurcht, kahl; Blüten weiß, in endständigen Trauben; Schötchen rundlich, zusammengedrückt, bis 1,5 cm lang, rundherum 3–5 mm breit geflügelt, an der Spitze mit tiefem u-förmigem Einschnitt; Wurzel bis 50 cm lang; einjährig
- **Blütezeit:** Mai bis Juni
- **Geruch, Geschmack:** Geruch lauchartig
- **Standort:** lehmige Äcker, Kiesgruben, Schuttplätze
- **Vorkommen:** häufig, weltweit
- **Droge:** Herba Thlaspi
- **Inhaltsstoffe:** Senfölglykoside (Sinigrin, Glykocaparin), Öl, Vitamin C
- **Anwendung:** zur Wundbehandlung, bei Blutungen, gegen Skorbut
- **Verwendung:** Salat, Suppe, Speiseöl
- **Sammelgut, Sammelzeit:** Blätter, Samen Mai bis September
- **Verwechslung:** Hirtentäschel *(Capsella bursa-pastoris)*: Samen-Schötchen herzförmig
- **Sonstiges:** Als Tiefwurzler ist die Pflanze relativ unempfindlich gegen Herbizide

Blühendes Acker-Hellerkraut mit breitgeflügelten Samen.

Heidekrautgewächse
Ericaceae

Die Familie der Heidekrautgewächse umfasst zahlreiche Sträucher und Zwergsträucher mit meist kleinen, oft hartlaubigen, immergrünen Blättern. Die Symbiose mit diversen Pilzen (Mykorrhiza) *befähigt die Heidekrautgewächse zur Besiedlung von sauren, mineralstoffarmen Böden. Die Glykoside* (Arbutin, Hydrochinon) *in den Blättern einiger Arten entfalten ihre desinfizierende Wirkung erst im alkalischen Milieu der Harnwege und sind als Heilmittel in diesem Bereich besonders wertvoll.*

Arctostaphylos uva-ursi (L.) Spr.
ECHTE BÄRENTRAUBE

■ ***geschützt*** ■
Wilder Buchs, Wolfstraube, Steinbeere, Sandbeere

Die Echte Bärentraube ist eine uralte Heilpflanze, deren Wirkstoffe durch moderne biochemische Untersuchungsmethoden identifiziert werden konnten. Ein Extrakt aus den Blättern wird in der Human- und Tiermedizin verwendet und dient zur Desinfektion der Harnwege. Das bakterizid reagierende Glykosid Hydrochinon wirkt nur, wenn der Urin alkalisch ist, weshalb die parallele Einnahme von Natriumbikarbonat empfohlen wird. Dass sich der Urin bei einer Bärentraubenbehandlung verfärbt, ist kein Grund zur Sorge.

Die immergrüne Pflanze mit den scharlachroten Beeren bildet an ihren Standorten ausgedehnte Teppiche, steht aber in Deutschland, wo sie sehr selten ist, unter Schutz. Die Hauptvorkommen in Europa liegen in Skandinavien und im Nordosten sowie in den höheren Gebirgen. Auch zum Färben von Wolle und Leder können die Blätter herangezogen werden.

- **Beschreibung:** Höhe bis 40 cm; Zwergstrauch; Blätter umgekehrt eiförmig, immergrün, dick, ledrig, unterseits netzadrig; Stamm holzig mit meist kriechenden Ästen; Blüten klein, weiß oder rötlich, glockig, in Trauben; Beere scharlachrot; Wurzel bis 1 m tief
- **Blütezeit:** März bis Juli
- **Geruch, Geschmack:** geruchlos, Blätter: Geschmack zusammenziehend, sehr herb, Beeren sauer, herb, aromatisch, mehlig
- **Standort:** Kiefernwälder, Heiden, humose, flachgründige Böden
- **Vorkommen:** Alpen, Skandinavien, selten
- **Droge:** Folia Uvae-ursi
- **Inhaltsstoffe:** Glykoside (Hydrochinon, Arbutin, Methylarbutin), Gerbstoffe, Flavone
- **Anwendung:** bei Nieren- und Blasenentzündungen
- **Verwendung:** Tee, Färbemittel

Blühende Bärentraube.

Oben links: Die Früchte der Echten Bärentraube. Die Blattunterseite ist netzadrig gezeichnet.

Oben rechts: Die Preiselbeere sieht der Echten Bärentraube sehr ähnlich. Die Blattunterseite ist jedoch drüsig punktiert.

- **Homöopathisch:** s. o.
- **Sammelgut, Sammelzeit:** Beeren Juni bis September, Blätter vor der Blüte März bis Mai
- **Verwechslung:** Preiselbeere *(Vaccinium vitis-idaea):* Blätter am Rand eingerollt, unterseits punktiert; Alpen-Bärentraube *(A. alpina):* Blätter scharf gezähnt, rote Herbstfärbung, reife Beeren blauschwarz; Buchsbaum *(Buxus sempervirens):* Blattrand eingerollt, hoher Strauch, giftig
- **Sonstiges:** Vorsicht, bei Anwendung über längere Zeit oder zu hoher Dosierung kann es zu Übelkeit und Erbrechen kommen

Vaccinium myrtillus L.
HEIDELBEERE

Blaubeere, Schwarzbeere, Bickbeere, Krackbeere

Heidelbeeren kommen in Mooren und Wäldern auf sauren Böden vor, ja sie sind bei der Begutachtung von Wäldern und Waldböden der Säurezeiger schlechthin. Oft findet man dort auch andere *Ericaceae* wie das Heidekraut *(Calluna vulgaris)* und die Preiselbeere *(V. vitis-ideaea)*. In Mooren kommt auch die Rauschbeere *(V. uliginosum)* vor, die sich durch braune Zweige und blaubereifte Beeren von der Heidelbeere unterscheidet.

In der Heilkunde werden bzw. wurden sowohl die Blätter als auch die Früchte der Heidelbeere genutzt. Was die Blätter betrifft, deren Anwendung bei Harnweginfekten und Diabetes traditioneller alternativmedizinischer Brauch ist, haben neuere Untersuchungen (zitiert bei Bisset & Wichtl) keinerlei wissenschaftliche Bestätigung erbracht. Wegen möglicher Nebenwirkungen wird sogar vor zu hoher Dosierung und der Anwendung über längere Zeiträume hinweg gewarnt. Dagegen sind die dunkelblauen Früchte als vitaminreiches Lebens- und Genussmittel seit alters her beliebt und anerkannt. Getrocknet sind sie auch zur Behandlung von Durchfallerkrankungen bei Kindern gut geeignet.

- **Beschreibung:** Höhe bis 60 cm, max. 100 cm; Blätter hellgrün, spitzeiförmig, fein gesägt; Basis verholzt, Zweige wintergrün, kantig; Blüten grünlich-rot glockig, hängend; Beeren rund, schwarz, durch Wachsüberzug blau bereift, Saft rot; Wurzel kriechend, Ausläufer treibend; ausdauernd
- **Blütezeit:** Mai bis Juli
- **Geruch, Geschmack:** geruchlos, Geschmack der Blätter zusammenziehend, der Beeren aromatisch, säuerlich
- **Standort:** Moore, Heiden, saure Laub- und Nadelwälder
- **Vorkommen:** verbreitet
- **Droge:** Folium, Fructus Myrtilli
- **Inhaltsstoffe:** Beeren: Pektine, Vitamine, Zucker, Gerbstoffe, Mineralstoffe, Farbstoffe; Blätter Arbutin, Glykoside (Hydrochinon), Myrtillin, Glucokinine
- **Anwendung:** Beeren: bei Verstopfung (frisch), Durchfall (getrocknet), Verdauungsbeschwerden (Blähungen, Aufstoßen), Zahnfleischentzündung, überanstrengten Augen, rheumatischen Beschwerden; Blätter volkstümlich: bei Blasen- und Harnwegsinfekten, leichter Diabetes – Vorsicht, s. o!
- **Verwendung:** Tee, Beeren, getrocknet, Saft, Wein, Likör, Marmelade
- **Homöopathisch:** bei Durchfall
- **Sammelgut, Sammelzeit:** junge Blätter Mai, Juni; Beeren Juli, August
- **Verwechslung:** Rauschbeere *(V. uliginosum)*: Zweige holzig, braun, Blätter blaugrau bereift, Beeren nicht färbend; Preiselbeere *(V. vitis-idaea)*: Blätter immergrün, ledrig, am Rand eingerollt, unterseits drüsig punktiert, Beeren rot in Trauben
- **Sonstiges:** Vorsicht: Blätter schwach giftig – bei Anwendung über längere Zeit oder zu hoher Dosierung können chronische Vergiftungen auftreten

Unten links: Reife Früchte der Heidelbeere an den typischen grünen Zweigen. Der Saft der Beeren färbt im Gegensatz zur Kultur-Heidelbeere intensiv violettrot.

Unten rechts: Die Rauschbeeren sind blaugrau bereift, haben keinen färbenden Saft und sitzen an braunen Zweigen.

Hartheugewächse

Hypericaceae

Die von Öldrüsen durchscheinend punktierten Blätter sind das charakteristische Merkmal der Familie der Hartheugewächse, deren einzige heimische Vertreter die Johanniskrautarten sind. In der Blüte dominiert die Zahl 5: Sie hat fünf Blüten- und fünf Kelchblätter sowie zahlreiche Staubblätter, die in 3–5 Büscheln zusammenstehen.

Hypericum perforatum L. TÜPFELJOHANNISKRAUT

Tüpfelhartheu, Sonnenwendkraut, Blutkraut,

Sollte je die Frage nach der „typischen Heilpflanze" gestellt werden – das Tüpfeljohanniskraut wäre eine gute Antwort: Es besitzt eine weit zurückreichende, ungebrochene Tradition als Heilpflanze, seine Wirksamkeit ist durch biochemische Untersuchungen bestätigt worden und zudem ist es so häufig, dass seine Nutzung nicht mit dem Artenschutz in Konflikt gerät.

Im Gelände erkennt man die bis 80 cm hohe Pflanze an den goldgelben, beim Zerreiben einen blutroten Saft absondernden Blüten und an den länglichen, durch lichtdurchlässige Öldrüsen punktierten Blättern, die früher Anlass zu Spekulationen gaben; so glaubte man z. B., das wie von Nadeln durchbohrte Johanniskrautblatt zeige an, dass die Pflanze zur Behandlung von Stichwunden geeignet sei. So falsch ist das gar nicht, denn Johanniskrautöl wird bei Insektenstichen sowie allgemein zur Wundheilung empfohlen. Johanniskrautextrakte sind ein weit verbreitetes Mittel gegen mentale Erschöpfungszustände. Bei allen Anwendungen ist jedoch vor Sonnenbädern und Solariumsbesuchen zu warnen, da das Hypericin photosensibilisierend wirkt, d. h. die Lichtempfindlichkeit der Haut und damit die Gefahr von Sonnenbrand erhöht.

- **Beschreibung:** Höhe bis 80 cm; Blätter gegenständig, länglich eiförmig bis oval, ganzrandig, „punktiert"; Stängel aufrecht, hart, rund, zweikantig „geflügelt", im oberen Teil verzweigt; Blüten goldgelb, schwarz punktiert, in reichblütigen Trugdolden; Kapselfrüchte; Wurzel spindelförmig; ausdauernd
- **Blütezeit:** Juni bis August
- **Geruch, Geschmack:** geruchlos, Geschmack herb, bitterlich
- **Standort:** Wegränder, Wiesen, Heiden, Magerrasen, Waldlichtungen, Brachland
- **Vorkommen:** häufig
- **Droge:** Herba, Flores, Oleum Hyperici
- **Inhaltsstoffe:** Flavonoide (Hypericin, Hyperosid, Quercetin), Bitterstoffe, Gerbstoffe
- **Anwendung:** bei depressiver Verstimmung, Nervosität, Angst, Schlaflosigkeit, Lungen- und Harnwegserkrankungen; Öl bei Prellungen, Blutergüssen, Nervenschmerzen, rheumatischen Schmerzen, Sonnenbrand, kleinen Verbrennungen, Insektenstichen
- **Verwendung:** Tee, Öl
- **Homöopathisch:** s. o.
- **Sammelgut, Sammelzeit:** Blüten (Öl) Juni, Juli; blühendes Kraut (Tee) Juni bis August
- **Verwechslung**: Gilbweiderich (s. S. 153): Blüten färben beim Zerreiben nicht, Blätter zu dritt, im Quirl stehend

Johanniskrautblüten.

Malvengewächse
Malvaceae

Die bekannten Heilpflanzen in der Familie der Malvengewächse enthalten vor allem Schleimstoffe, die bei Erkältungskrankheiten eine reizlindernde, die Schleimhäute einhüllende Wirkung entfalten. Die typischen Malvenfrüchte, die in zahlreiche kleine Teilfrüchte zerfallen, sind rund, in der Mitte eingetieft und werden vom Kelch umschlossen. Von der Form her erinnern sie an kleine eingekerbte Käselaibe – daher der Name „Käsepappel" für die Wilde Malve (s. S. 151).

Althaea officinalis L.
ECHTER EIBISCH

▪ ***geschützt*** ▪

Heilwurz, Sammetpappel, Ibischwurz, Weiße Malve, Schleimwurzel

Der Echte Eibisch, eine Heilpflanze, die bereits im Altertum bekannt war, kommt bei uns in der freien Natur nur sehr selten vor – z. B. auf salzhaltigen Böden an der Ostseeküste – und steht daher unter Schutz. Als Zierpflanze ist er aber in Gärtnereien erhältlich.

Bereits im 9. Jahrhundert befahl Karl der Große den Anbau des Echten Eibischs. Im 10. Jahrhundert pries der Mönch Odo Magduensis aus dem Loire-Tal die Heilkraft des Eibischs ebenso wie wenig später Hildegard von Bingen, die ihm allerdings keine so große Bedeutung zumaß. In Klostergärten gehörte die Pflanze Jahrhunderte lang zum Inventar, und auch heute noch wird sie in einigen Ländern, vor allem in Osteuropa, zu medizinischen Zwecken angebaut. Der deutsche Name ist aus dem griechischen Wort *hibiskos* entstanden, das in der ebenfalls zu den Malvengewächsen gehörigen Gattung *Hibiscus* bis in unsere Zeit weiterlebt.

- **Beschreibung:** Höhe bis 150 cm; strauchförmig; Blätter groß, schwach gelappt, graugrün; Blätter und Stängel dicht filzig-zottig behaart; Blüten 2,5 cm im Durchmesser, weiß oder rosa, einzeln in Trauben; ausdauernd
- **Blütezeit:** Juli bis August
- **Geruch, Geschmack:** geruchlos, Geschmack schleimig
- **Standort:** Binsenröhricht, Salzwiesen, salzliebend
- **Vorkommen:** sehr selten
- **Droge:** Flores, Folia, Radix Althaeae, Hibisci
- **Inhaltsstoffe:** Schleimstoffe (Galactose, Arabinose), Pektin, Zucker
- **Anwendung:** Atemwegserkrankungen, Reizhusten, Entzündungen im Mund-, Rachenraum sowie im Magen-Darm-Trakt
- **Verwendung:** Tee, Gurgelwasser, Klistier, Sirup, Saft, Breiumschläge, Bäder, Färbepflanze (Wein)
- **Homöopathisch:** s. o.
- **Sammelgut, Sammelzeit:** Blüten Juli bis August; Blätter Mai, Juni; Wurzel März, April, September bis November
- **Verwechslung:** Bauernrose *(Althaea rosea):* bis 2 m hoch, Blätter rundlich-herzförmig, Blüten ca. 5 cm im Durchmesser, viele verschiedene Farben, Bauerngartenpflanze
- **Sonstiges:** Diabetiker müssen den Zuckergehalt der Eibischpräparate berücksichtigen

Die farbenprächtigen großen Blüten der Bauernrose.

Echter Eibisch.

Malva sylvestris L.
WILDE MALVE

Große Käsepappel, Rosspappel, Waldmalve, Große Hasenpappel

Malvenblütentee ist so beliebt, dass man ihn als Heilmittel bezeichnen könnte, das die Grenze zum Genussmittel längst überschritten hat. Viele Menschen trinken ihn, weil er ihnen schmeckt oder weil ihnen die rote Farbe gefällt und nicht, weil sie sich von ihm die Heilung eines bestimmten Leidens erhoffen. Das war nicht immer so. Nach Odo Magduensis bedeutet *Malva* soviel wie „das, was den Bauch erweicht" (von gr. *málakos* = „weich" und lat. *alvus* = „Bauch"). Obwohl diese Ableitung nicht gesichert ist, gehören Störungen im Magen-Darm-Trakt auch heute noch zum Anwendungsspektrum der Wilden Malve und einiger verwandter Arten. Verbreiteter ist jedoch die Verwendung bei Bronchialerkrankungen. Die Blätter können auch als Spinat zubereitet werden; die Blüten werden zum Färben von Lebensmitteln genutzt.

Die Wilde Malve ist ein Kulturfolger, der gerne auf stickstoffreichen Böden in der Nähe landwirtschaftlich genutzter Flächen vorkommt. Einige Malvenarten werden auch als Gartenpflanzen empfohlen. Die Mauretanische Malve *(M. sylvestris* ssp. *mauritiana)* wird wegen ihrer dunkelvioletten Blüten in großem Stil kultiviert.

Die großen, gestreiften Blüten der Wilden Malve.

Die Blätter der kleineren, weiß oder rosa blühenden Wegmalve sind rundlich-herzförmig.

- **Beschreibung:** Höhe bis 100 cm; Blätter lang gestielt, 5-lappig, gesägt, rundlich, wollig behaart; Stängel aufrecht; Blüten einzeln, hellrot, ca. 4,5 cm im Durchmesser; Wurzel spindelförmig; zweijährig bis ausdauernd
- **Blütezeit:** Juni bis September
- **Geruch, Geschmack:** geruchlos, Geschmack etwas schleimig
- **Standort:** Wiesen, Wegränder, Schuttstellen
- **Vorkommen:** selten
- **Droge:** Flores, Folia, Herba Malvae
- **Inhaltsstoffe:** Schleimstoffe, Flavonoide, Anthocyanfarbstoff (Malvin), Gerbstoffe
- **Anwendung:** bei Reizung der Mund-, Hals-, Magen- und Darmschleimhäute, Reizhusten, Entzündungen, Geschwüren, Drüsenschwellungen, Hautausschlägen, Furunkeln
- **Verwendung:** Tee, Gurgelwasser, Umschläge, Spinat, Essigfrüchte, Färbemittel, Lebensmittelfarbe
- **Homöopathisch:** s. o.
- **Sammelgut, Sammelzeit:** junge Blätter April bis Juni; Blüten ohne Blütenstiele Mai bis September; Früchte August bis Oktober
- **Verwechslung:** Wegmalve *(M. neglecta)*: Höhe bis 40 cm, Stängel aufsteigend, kleine rosa bis weiße Blüten in Büscheln, gleiche Anwendung und Inhaltsstoffe

Schlüsselblumengewächse
Primulaceae

Die Primulaceae *sind uns vor allem durch attraktive Frühjahrsblüher wie die verschiedenen Schlüsselblumen vertraut, von denen es auch zahlreiche Gartenformen gibt. Die Blätter der* Primulaceae *stehen meist in Rosetten, fünf Blüten- und Staubblätter sind radiär angeordnet und die Frucht ist eine so genannte Kapselfrucht mit fünf Klappen. Der Name* Primula *rührt daher, dass die Schlüsselblumen zu den ersten Frühjahrsblühern gehören (lat.* primus = *der Erste).*

Lysimachia nummularia L.
PFENNIGKRAUT

Pfennig-Gilbweiderich, Tausendkrankheitskraut, Brautkranz, Goldfelberich, Münzkraut

Das Pfennigkraut „kreucht und schleufft auff der erden her als ein schlang oder nater (...) Die bletlin / welche zu beyden seiten des dünnen stengelins gesetzt seind / erscheinen rund und (...) nit breiter dann ein pfennig." So anschaulich beschrieb Leonhart Fuchs bereits im 16. Jahrhundert das Pfennigkraut, das damals auch noch „Egelkraut" oder „Nat(t)erkraut" hieß und für künftige Generationen um des besseren Verständnisses willen eines Tages vielleicht in „Centkraut" umgetauft werden wird. Die enge Verwandtschaft des Kriechers mit dem aufrechten, an feuchten Standorten wie Bach- und Seeufern wachsenden Gemeinen Gilbweiderich (s. S. 153) verrät die gestielte gelbe Blüte mit der fünfzipfeligen Krone. Beide Arten wurden wegen der in ihnen enthaltenen Gerbstoffe und Saponine therapeutisch verwendet, z. B. gegen Husten, Durchfall und zur Blutstillung, stehen aber heutzutage nicht mehr in der ersten Reihe der als wirksame Heilmittel erachteten Wildkräuter.

- **Beschreibung:** bis 50 cm, lange Ausläufer, an den Knoten wurzelnd; Blätter ungefähr centgroß, fast rund, gegenständig, kurz gestielt; Blüten ca. 2 cm groß, leuchtend gelb, gestielt; Vermehrung durch Ausläufer und Sprosse, Früchte selten
- **Blütezeit:** Juni bis August
- **Geruch, Geschmack:** unauffällig
- **Standort:** feuchte, nährstoffreiche Wiesen, Weg- oder Waldränder
- **Vorkommen:** häufig, flächendeckende Bestände
- **Droge:** Herba Lysimachiae, H. Nummulariae
- **Inhaltsstoffe:** Flavonolglykoside, Kieselsäure, Gerbstoffe, Schleimstoffe, Saponine, Kalium
- **Anwendung:** gegen Husten, Durchfall, Blutungen, schlecht heilende Wunden
- **Verwendung:** Tee
- **Homöopathisch:** s. o.
- **Sammelgut, Sammelzeit:** ganze Pflanze Juni bis August
- **Verwechslung:** Kriechender Günsel *(Ajuga reptans,* s. S. 84*)*: Blätter länglich; pyramidenförmige, aufrechte, blaue Blütenstände; Ausläufer rosettenartig wurzelnd

Durch die gegenständigen runden Blätter unterscheidet sich das Pfennigkraut von anderen kriechend wachsenden Blütenpflanzen.

Lysimachia vulgaris L.
GEMEINER GILBWEIDERICH

Der Gemeine Gilbweiderich findet gelegentlich noch Verwendung als Färbepflanze für Wolle und Stoffe; seine Blüten wurden auch als Haarbleichmittel verwendet. Bisweilen wird er mit dem Tüpfeljohanniskraut *(Hypericum perforatum,* s. S. 149) verwechselt, das aber gegenständige, durchscheinend punktierte Blätter besitzt und trockenere Standorte vorzieht.

- **Beschreibung:** Höhe bis 150 cm; Stängel aufrecht mit zahlreichen, jeweils zu dritt im Quirl stehenden, länglichen, glattrandigen Blättern; Blüten gold- bis dunkelgelb in lang gestielten, endständigen Trauben; mehrjährig
- **Blütezeit:** Juni bis August
- **Standort:** lehmige Gräben, sumpfige Wälder und Wiesen, Weiher, Hochstauden
- **Vorkommen:** zerstreut
- **Droge:** Herba Lysimachiae
- **Inhaltsstoffe:** Gerbstoffe, Glykoside, Saponin, Vitamin C, Zucker
- **Anwendung:** gegen Husten, Fieber, Skorbut, Durchfall
- **Verwendung:** Färbepflanze für Stoffe, Wolle, Blüten als Bleichmittel für Haare

- **Homöopathisch:** s. o.
- **Sammelgut, Sammelzeit:** Blätter und Blüten Juni bis August
- **Verwechslung:** Johanniskraut *(Hypericum perforatum)*: harter, geflügelter Stängel, Blüten beim Reiben violettrot verfärbend
- **Sonstiges:** Die Blätter und Stängel ergeben eine gelbe Farbe, die Wurzel eine braune Farbe

Primula
SCHLÜSSELBLUME

Die Schlüsselblume kennt jedes Kind, doch wenn es darum geht, die Echte von der Hohen Schlüsselblume *(Primula elatior)* zu unterscheiden, sind selbst die meisten Erwachsenen unsicher. Tatsache ist, dass die Echte Schlüsselblume *(P. veris)* in den meisten Gebieten viel seltener ist als die Hohe. Ihre goldgelben Blütenblätter weisen kleine rötliche Flecken auf, die bei der hellgelben Hohen Schlüsselblume fehlen. Und während die Echte angenehm duftet, ist die Hohe geruchlos. Beide Arten blühen bereits recht früh im Jahr – die Hohe Schlüsselblume oft schon ab März, die Echte meist erst im April.

In der Heilkunde werden primär die Wurzeln der Schlüsselblumen verwendet. Sie wirken wegen ihres Gehalts an Saponinen schleimlösend bei Bronchialkatarrhen und Erkältungskrankheiten. Auch die Blüten (einschließlich der Kelche) werden Hustentees beigemischt, wobei umstritten ist, ob die Hohe Schlüsselblume ebenso wertvoll und wirksam ist wie die Echte.

Salate können mit Schlüsselblumenblüten garniert werden – vorausgesetzt, sie werden nicht Allergikern serviert, bei denen der Kontakt mit *Primula*-Arten zu Gesundheitsstörungen (z. B. Hautausschlägen) führen kann.

In der Volksmedizin wurden Schlüsselblumen auch gegen eine Vielzahl anderer Krankheiten und Gebrechen eingesetzt, darun-

Links: Der Gemeine Gilbweiderich am Rande eines Grabens.

Hohe Schlüsselblume: einer unserer häufigsten Frühjahrsblüher. Ob sie in ihrer Wirkung der Echten Schlüsselblume ebenbürtig ist, ist umstritten.

Unten: Von den Schlüsselblumen wird vor allem der Wurzelstock verwendet, der aber in Deutschland nicht in der Natur gesammelt werden darf.

ter Nervenleiden, Herz-, Nieren- und Hauterkrankungen. Und wer als Melancholiker von den „Einflüsterungen" lästiger Luftgeister zum Wahnsinn getrieben wird, kann Hildegard von Bingens Rat befolgen und sich eine Schlüsselblume aufs Herz legen. Geister waren auch beteiligt, als jener goldene Schlüssel hergestellt wurde, mit dem, wie Günter Dörner erzählt, ein kecker Jüngling den Himmel aufschließen wollte. Doch die freche Tat misslang: Der junge Mann stürzte auf die Erde zurück und hielt, als er nach langem Schlaf erwachte, statt des Schlüssels eine ebenso goldene Blume in der Hand. Das „Himmelsschlüsselchen" spielt auch im Brauchtum eine Rolle: Friedrich Jantzen schreibt, dass in manchen Gegenden die Menschen glaubten, ein Mädchen, das in der Karwoche eine Schlüsselblume findet, werde noch im selben Jahr heiraten und so viele Kinder bekommen, wie Blüten in der Dolde hingen.

Rechts: Die Echte Schlüsselblume hat einen aufgeblasenen Kelch und rötliche Flecken auf der Innenseite der Blütenblätter.

Primula veris L.
ECHTE SCHLÜSSELBLUME

■ ***geschützt*** ■

Himmelsschlüssel, Gichtblume, Primel, Arzneischlüsselblume

- **Beschreibung:** Höhe bis 30 cm; Blattrosette mit gestielten, gerunzelten, eiförmigen, unterseits zartfilzigen Blättern; Blütenstiel gerade, flaumig behaart, Blütenkelch aufgeblasen, hellgelbgrün, 5–15 glockige, goldgelbe Blütendolden mit 5 rötlichen Flecken; Wurzelstock kurz, stark verzweigt
- **Blütezeit:** April bis Mai
- **Geruch, Geschmack:** Blüten riechen und schmecken süßlich; Wurzel riecht nach Anis und schmeckt bitterlich
- **Standort:** trockene Wiesen, Wegränder, lichte Wälder, Weinberge
- **Vorkommen:** selten, wärmeliebend
- **Droge:** Herba, Flores cum calycibus, Radix Primulae
- **Inhaltsstoffe:** ätherische Öle, Bitterstoffe, Saponine (Wurzel, Blütenkelch), Flavonoide, Glykoside
- **Anwendung:** bei Gelenkschmerzen, Fieber, Erkältung, Husten (Blüten), Nieren- und Blasenleiden
- **Verwendung:** Tee, Blüten-Bonbons
- **Homöopathisch:** gegen Nierenbeschwerden, Neuralgien, Hautausschläge
- **Sammelgut, Sammelzeit:** Blüten April, Mai; Wurzel (aus Zucht) November, Dezember
- **Verwechslung:** Hohe Schlüsselblume *(P. elatior):* Kelch anliegend, Krone hellgelb ohne rote Flecken, Blüte März bis Mai; sehr häufig
- **Sonstiges:** Manche Menschen reagieren allergisch auf die Berührung mit Primeln, besonders der Gartenformen *P. vulgaris* bzw. *acaulis*

Weidengewächse

Salicaceae

Mit wenigen Ausnahmen sind die Weidengewächse zweihäusig, das heißt, männliche und weibliche Blüten befinden sich auf verschiedenen Pflanzen. Die Einzelblüten sind sehr klein und unscheinbar, die männlichen oft kätzchenförmig, die weiblichen gedrungen. Die Blätter erscheinen erst nach der Blüte.

Populus nigra L.
SCHWARZPAPPEL

■ *geschützt* ■

Im Gegensatz zu den stromlinienförmigen Pyramidenpappeln *(P. nigra „italica")* und der Kanadischen oder Bastard-Schwarzpappel *(P. nigra x canadensis)*, einem schnell wachsenden Holzlieferanten, der vielerorts an Standorten ehemaliger artenreicher Auwälder gepflanzt wurde, ist die Wildform der Schwarzpappel ein knorriger Baum mit weit ausladender Krone. Man sieht sie in manchen Auwäldern noch als alte Überhälter, die an den horizontalen Korkwülsten ihrer stark zerklüfteten Rinde von anderen Pappelarten gut zu unterscheiden sind.

In der Heilkunde verwendet werden hauptsächlich – und schon seit langer Zeit – die noch geschlossenen, klebrigen Blattknospen der Schwarzpappel. Oertel & Bauer beschreiben die Herstellung einer Salbe, die bei Hämorrhoiden und leichten Verbrennungen angewendet werden kann: „1 Teil zerquetschte Knospen und 3 Teile Wasser lässt man 3 Std. kochen. Dann setzt man 2 Teile Schweineschmalz zu und erhitzt die Mischung bei leichtem Feuer so lange, bis alles Wasser verdunstet ist; anschließend lässt man sie durch ein Leinentuch durchlaufen." Auch die gerbstoffreiche Rinde der Schwarzpappel findet gelegentlich noch Verwendung.

- **Beschreibung:** Höhe bis ca. 30 m; Baum mit breiter Krone, Rinde längsrissig, schwärzlich; Blätter wechselständig, lang gestielt, dreieckig, kahl; junge Zweige gelbbraun, im zweiten Jahr olivgrau; Knospen mit klebrigen Schuppen; Kätzchen hängend, weibliche grünlich, männliche mit roten Staubbeuteln, windblütig; Samen mit wollig-weißem Haarschopf (= Pappelwolle)
- **Blütezeit:** März, April
- **Geruch, Geschmack:** süßlich bis bitter
- **Standort:** Flussufer, Auwälder
- **Vorkommen:** selten bis zerstreut, kultiviert
- **Droge:** Gemmae, Cortex Populi
- **Inhaltsstoffe:** Gerbstoffe, ätherische Öle, Glykoside (Populin, Salicin), Flavonoide, Wachs, Harz, Zucker
- **Anwendung:** gegen Fieber, Bronchitis, Blähungen, Nieren- und Blasenleiden, -steine, Hämorrhoiden, rheumatische Beschwerden, Polyarthritis, Gicht, Quetschwunden, Verstauchungen, zur Hautpflege
- **Verwendung:** Pulver, Tinktur, Salbe, Färbemittel (grün, gelb)
- **Homöopathisch:** s. o.
- **Sammelgut, Sammelzeit:** Rinde der 2–3-jährigen Zweige, Knospen März, April
- **Verwechslung:** Zitterpappel *(P. tremula)*: niedriger, Rinde grau, Blätterstiele seitlich zusammengedrückt, zittern beim leichtesten Windhauch, Anwendung wie bei der Schwarzpappel

Ganz oben: Die oft gepflanzte Hybrid- oder Pyramidenpappel ist eine Unterart der Schwarzpappel.

Mitte: Schwarzpappeln findet man noch in naturnahen Auwäldern.

Links: Die lang gestielten, dreieckigen, kahlen Blätter der Schwarzpappel.

Fruchtende Purpurweide (S. purpurea) *mit watteartigen Samenhaaren.*

Salix spec. WEIDE

Die Äste der verschiedenen Weiden – in Deutschland kommen ca. 25 Arten und eine Reihe von Bastarden vor – sind sehr biegsam, zäh und wenig verzweigt. Die Blätter sind meist schmal, lanzettlich und nur kurz gestielt, die Nebenblätter an der Ansatzstelle oft stängelumfassend. Die Anwendung und Wirkung in der Heilkunde ist bei allen Weidenarten gleich.

Salix alba L. SILBERWEIDE

▪ ***geschützt*** ▪
Weißweide

Am ehesten begegnet man der Silberweide auf Wanderungen oder Radtouren entlang von Flüssen, deren Ufer periodisch überschwemmt werden. Dort wachsen oft eindrucksvolle alte Exemplare dieses typischen Auwaldbaums, der im späten Frühjahr manchmal von oben bis unten von den orangegelben, fleischigen Fruchtkörpern des essbaren Schwefelporlings *(Laetiporus sulphureus)* besiedelt ist.

Die unterseits silbrig weiß behaarten Blätter der Silberweide.

Als Fiebermittel war die Weide oder, genauer gesagt, deren Rinde schon im Altertum bekannt. Von Theophrastos von Ephesos des 4. vorchristlichen Jahrhunderts bis zu den Kräuterbuchautoren des 16. Jahrhunderts lobte man ihre Heilkraft. Die entzündungshemmende und fiebersenkende Wirkung ist auf die in der Weidenrinde und in geringerem Maße auch in den Blättern vorhandenen Gerbstoffe sowie das Glukosid Salicin zurückzuführen. Letzteres wurde 1830 von dem französischen Apotheker Pierre Leroux erstmals in Reinform isoliert. Bisset & Wichtl bezeichnen die Weidenrinde als den „phytotherapeutischen Vorläufer" der Acetylsalicylsäure, die in vielen Schmerzmitteln, insbesondere dem Aspirin®, enthalten ist.

- **Beschreibung:** Höhe bis 25 m; schnell wachsender Baum mit längsrissiger Rinde; Blätter schmal, fein gezähnt, unterseits silbrig weiß behaart; männliche Kätzchen dicht weiß behaart, mit langen gelben Staubbeuteln, weibliche grün, gedrungen; Samen sehr klein mit langem Haarschopf
- **Blütezeit:** April bis Mai
- **Geruch, Geschmack:** geruchlos, Blätter und Rinde schmecken bitter, zusammenziehend, erst süßlich, dann kratzend
- **Standort:** Auwälder, Flussufer
- **Vorkommen:** zerstreut
- **Droge:** Cortex, Folia Salicis
- **Inhaltsstoffe:** Gykosid (Salicin), Gerbstoffe
- **Anwendung:** gegen Fieber, Schmerzen, rheumatische Beschwerden, Polyarthritis, Gicht, Durchfall, Hautunreinheiten, Ekzeme
- **Verwendung:** Abkochung, Pulver, Umschläge
- **Homöopathisch:** bei Gicht, Rheuma
- **Sammelgut, Sammelzeit:** Rinde mehrjähriger Zweige April, Mai oder Oktober
- **Verwechslung:** andere Weidenarten *(Salix spec.):* unterseits nicht weißbehaart, anderer Standort, aber oft bastardisierend
- **Sonstiges:** Salicin wird im Körper zur Salizylsäure umgebaut, die unter dem Namen „Aspirin" als Medikament bzw. Schmerzmittel allgemein bekannt ist

Lindengewächse
Tiliaceae

Weltweit gibt es an die 50 Gattungen der Lindengewächse, doch kommen die meisten davon nur in den Tropen vor. In freier Natur begegnet man bei uns lediglich der Gattung Tilia *(Linde) mit den charakteristischen herzförmigen Blättern. Die Blüten der Linden wachsen büschelig; ihre Stiele sind mit einem schmalen, flügelartigen Hochblatt verwachsen.*

Tilia platyphyllos Scop.
SOMMERLINDE

Kaum ein anderer Baum hat die Poeten so ins Schwärmen gebracht wie die Linde. Viele Faktoren haben dazu beigetragen: ihr beeindruckendes Alter – sie kann über tausend Jahre alt werden –, der betörende Duft ihrer Blüten im Frühsommer sowie ihre Nähe zum Menschen: Die Dorflinde war vielerorts Jahrhunderte lang der Ort, an dem man sich traf, wo man feierte, tanzte, flirtete.

Die Ärzte und Naturheilkundler früherer Zeiten hatten Verwendung für viele Lindenprodukte, von der Rinde bis zum Blatt. Geblieben ist im Wesentlichen nur der Lindenblütentee als Mittel gegen Erkältungskrankheiten und zu deren Vorbeugung. In der Volksheilkunde finden Lindenblütenextrakte auch als beruhigende und krampflösende Mittel Verwendung. In der Naturkosmetik empfiehlt Stephanie Faber den Aufguss von Lindenblüten „in Form warmer Dampfbäder, Kompressen und Einreibungen" bei „schlaffer, schlecht durchbluteter, trockener und spröder Haut".

- **Beschreibung:** Höhe ca. 25 m; Baum mit breiter, herzförmiger Krone, Alter bis über 1000 Jahre; Blätter wechselständig, herzförmig, zugespitzt, gestielt, behaart, in den Aderwinkeln weißbärtig; 2–5 Blüten pro Blütenstand, Blüte gelblichweiß, Frucht holzig, dickwandig, kantig
- **Blütezeit:** Mai, Juni
- **Geruch, Geschmack:** Geruch der Blüte intensiv süß, Geschmack schleimig
- **Standort:** Laubwälder, Parks, Alleen, Einzelbäume
- **Vorkommen:** häufig
- **Droge:** Flores Tiliae
- **Inhaltsstoffe:** ätherische Öle (Linalool), Flavonoide, Glykoside, Gerbstoffe, Schleimstoffe
- **Anwendung:** bei Erkältungskrankheiten, Husten, rheumatischen Beschwerden, Krämpfen, Unruhe, Schlaflosigkeit
- **Verwendung:** Tee, Badezusätze, Parfüm
- **Homöopathisch:** s. o. und Entzündungen der weiblichen Geschlechtsorgane
- **Sammelgut, Sammelzeit:** Lindenblüten mit Hochblättern Mai, Juni
- **Verwechslung:** Winterlinde *(T. cordata):* Blätter kahl, unterseits in den Aderwinkeln braunbärtig, Blüte Juni, Juli, Frucht dünnschalig, gleiche Anwendung

Linden – hier eine Winterlinde – prägen das Dorfbild. Die Aufnahme stammt aus Oberschwaben.

Die duftenden Blüten der Sommerlinde.

Veilchengewächse

Violaceae

In der Familie der Veilchengewächse finden wir weder Bäume noch Sträucher, sondern nur Kräuter. Die langstieligen Blüten stehen einzeln und sind zygomorph, d. h., asymmetrisch, mit fünf Kelch- und fünf Kronblättern, von denen das unterste gespornt ist. Die Frucht, eine Kapsel, öffnet sich mit drei Klappen und verstreut eine große Anzahl von Samen.

Viola odorata L. WOHLRIECHENDES VEILCHEN

Märzveilchen, Duftveilchen, Osterchen

Das Wohlriechende Veilchen gehört zu den ersten Frühjahrsblühern. Weil es mit Vorliebe in der Nähe des Menschen wächst, vertreten manche Botaniker die These, es könne sich um eine verwilderte Zierpflanze handeln. Die versteckt blühende Pflanze mit dem feinen Duft ist in Legende und Folklore oft mit heimlicher, unschuldiger Liebe identifiziert worden – eine Blume fürs Poesiealbum!

In der Heilkunde wurden Blätter und Blüten sowie die Wurzeln des Wohlriechenden Veilchens und anderer Veilchenarten verwendet. Die Inhaltsstoffe prädestinieren den Einsatz bei Erkältungskrankheiten, doch wurden Veilchenextrakte auch bei rheumatischen Beschwerden in den Gelenken angewendet. Die „Wiederentdeckung" der alten Heilpflanze geht offenbar auf Sebastian Kneipp zurück, der ein großer Freund des Veilchens war.

- **Beschreibung:** Höhe bis 10 cm; Blattrosetten mit lang gestielten, herz- bis nierenförmigen, gekerbten Blättern; Stängel kahl; Blüten dunkel- bis purpurviolett oder weiß, 2 Blütenblätter nach oben, 3 nach unten gerichtet, dicker, gerader Sporn; dreiklappig sich öffnende, kugelige Fruchtkapsel; Wurzelstock kurz, ausläuferbildend; ausdauernd
- **Blütezeit:** März bis Mai
- **Geruch, Geschmack:** Geruch angenehm, wohlriechend, Geschmack süßlich
- **Standort:** Wald-, Wegränder, Gebüsche, Gärten
- **Vorkommen:** zerstreut
- **Droge:** Flores, Folia, Radix, Oleum Violae odoratae
- **Inhaltsstoffe:** Saponine, Salizylsäureglykoside (Gaultherin), ätherische Öle, Schleimstoffe, Alkaloid (Odoratin, Violin), Farbstoff (blau)
- **Anwendung:** bei Bronchitis, Lungenkrankheiten, Husten, Grippe, Hautkrankheiten (Geschwüre, Ausschläge, Pickel), Wunden, rheumatischen Beschwerden
- **Verwendung:** Teemischungen, Sirup (frühere „blaue" Kinderarznei gegen Husten), Umschläge, Waschungen, Kosmetikindustrie, Parfüms, Haarshampoos
- **Homöopathisch:** gegen Ohrenschmerzen, Augenerkrankungen, Keuchhusten
- **Sammelgut, Sammelzeit:** Blüten und Blätter März bis Mai, Wurzel September, Oktober
- **Verwechslung:** andere Veilchen *(Viola spec.)*: kein Duft, keine Heilwirkung
- **Sonstiges:** Vorsicht: in höherer Dosis brechreizerregend und stark abführend; das Öl wird auch als Zeckenschutzmittel verwendet

Deutsche Schwertlilie (Iris germanica)*: Ihr Wurzelstock, der zahnenden Kindern zum Kauen gegeben wird, ist fälschlicherweise unter dem Namen „Veilchenwurzel" im Handel.*

Herzförmige Blätter und duftende, blauviolette Blüten kennzeichnen das Wohlriechende Veilchen.

Viola tricolor L.
WILDES STIEFMÜTTERCHEN

Dreifaltigkeitskraut, Jesusblümchen, Tag und Nachtveigerl, Freisamkraut

Über die Herkunft des deutschen Wortes „Stiefmütterchen" gehen die Meinungen auseinander. Selbst die Brüder Jacob und Wilhelm Grimm, Begründer des monumentalen *Deutschen Wörterbuchs*, waren hier uneins. Wilhelm ging von der Blütenmorphologie aus: Die gelben, unteren Blätter haben je ein schmales grünes Blättchen unter sich, das sie stützt. Die oberen beiden stehen und haben keine Stütze – das sind die Stiefkinder. Jacob Grimm dagegen sah *„die ursache der angenommenen übertragung aus den namen für stief- und schwiegerverwandte darin, dasz das nicht leibliche verwandtschaftsverhältnis im brauchtum durch bunte tracht gekennzeichnet wurde, und die buntheit der blüte das auffallendste merkmal der viola tricolor ist."*

Aus dem Wilden Stiefmütterchen und einigen nah verwandten Arten wie dem Ackerstiefmütterchen *(V. arvensis)* entstanden durch Züchtungen die Gartenstiefmütterchen, die heute in den unterschiedlichsten Farben und Größen zu den weltweit beliebtesten Gartenblumen gehören. Volksmedizinisch werden die Inhaltsstoffe des Wilden Stiefmütterchens besonders zur Behandlung von Hautkrankheiten wie Säuglingsekzemen und Milchschorf genutzt, wobei die Tagesdosis von zwei Tassen Tee nicht überschritten werden sollte. Oertel & Bauer empfehlen, gleichzeitig mit der innerlichen Anwendung die betroffenen Hautstellen mit Stiefmütterchen-Kompressen zu behandeln.

Wildes Stiefmütterchen. Die Blüten können unterschiedlich gefärbt sein.

- **Beschreibung:** Höhe bis 40 cm; Blätter wechselständig, untere herz- bis eiförmig, obere lanzettlich, gekerbt, Nebenblätter groß, fiederspaltig; Stängel dreikantig, aufsteigend, verzweigt; Blüten lang gestielt, einfarbig, gelbweiß, gelbviolett oder blauweiß, mit je 5 ungleichen Kelch- und Kronblättern, unterstes Kronblatt gespornt; dreiklappige Kapselfrucht; einjährig
- **Blütezeit:** April bis Oktober
- **Geruch, Geschmack:** geruchlos, Geschmack der Blüten schleimig, etwas süßlich, bitter
- **Standort:** Äcker, Wegränder, Wiesen
- **Vorkommen:** verbreitet, häufig
- **Droge:** Herba, Flores Violae tricoloris
- **Inhaltsstoffe:** Saponine, Flavonoide, Salizylsäureglykoside (Gaultherin), Alkaloid (Violin), Farbstoffe, Gerbstoffe, Schleim
- **Anwendung:** gegen Hauterkrankungen (Ausschläge, Ekzeme, Geschwüre, Milchschorf), Atemwegserkrankungen, Husten, rheumatische Beschwerden, verdorbenen Magen, Durchfall, Harnwegserkrankungen, zur Blutreinigung
- **Verwendung:** Teemischungen, Saft, Umschläge, Kompressen
- **Homöopathisch:** bei Erkrankungen von Haut, Nieren und Blase
- **Sammelgut, Sammelzeit:** blühendes Kraut Mai bis September
- **Verwechslung:** keine
- **Sonstiges:** Vorsicht: Tagesdosis 2 Tassen, in größeren Mengen kann Übelkeit und Brechreiz auftreten. Aus Gaultherin entsteht durch chemische Spaltungsprozesse Methylsalizylat. Das großblütige Garten-Stiefmütterchen wird nicht verwendet

Hamamelididae

KÄTZCHENBLÜTLER

Übersicht Hamamelididae:

Birkengewächse *Betulaceae* S. 162
Hanfgewächse *Cannabaceae* S. 163
Haselgewächse *Corylaceae* S. 165
Buchengewächse *Fagaceae (Cupuliferae)* S. 166
Walnussgewächse *Juglandaceae* S. 169
Brennnesselgewächse *Urticacea* S. 170

Viele Kätzchenblütler sind Bäume mit entsprechend großer ökologischer und ökonomischer Bedeutung, doch gehören auch Hopfen, Hanf und Brennnessel in diesen Verwandtschaftskreis. Da sie windblütig sind – der Wind muss nicht wie ein Insekt durch große, bunte oder duftende Blüten angelockt werden –, kommen sie ohne dekorativen Schauapparat aus. Die männlichen, kätzchenförmigen Blüten produzieren große Mengen an Pollen, die weiblichen Blüten sind meist unscheinbar. Meist liegt die Blütezeit vor der Blattbildung, damit der Wind ungehinderten Zugang zu den Staubbeuteln hat. Die Früchte haben entweder eine feste, holzige Schale (Haselnuss), eine becherförmige oder stachelige Hülle (Eiche, Kastanie), sind Zapfen (Hopfen) oder kleine einsamige Nüsschen (Birke, Brennnessel).

Weibliche Kätzchenblüten der Schwarzerle (Alnus glutinosa). *Ein Absud aus der Rinde wurde früher als Gurgelwasser bei Erkältungen empfohlen.*

Birkengewächse

Betulaceae

Birken prägen in weiten Teilen Nord- und Nordosteuropas das Landschaftsbild. Sie sind Pionierpflanzen, die brachliegendes Terrain erobern und eisigen Wintern widerstehen. Die nur strauchhohe Zwergbirke (Betula nana) *kommt noch im höchsten Norden Norwegens und in Nordisland vor. Alle Birken bilden mit Höheren Pilzen symbiotische Verbindungen* (Mykorrhizen), *darunter mit Birkenröhrlingen, Rotkappen, Milchlingen und Täublingen.*

Betula pendula Roth **HÄNGEBIRKE**

Harzbirke, Sandbirke, Weißbirke, Raubirke

Für den Menschen war die Birke seit jeher mehr als nur ein Holzlieferant. Die bekannteste medizinische Anwendung ist ein Tee aus den getrockneten Blättern mit stark harntreibender Wirkung, der bei Nieren- und Blasenerkrankungen empfohlen wird. Der aus der Rinde gewonnene „Birkenteer" wird als „Litauischer" oder „Russischer Balsam" zur Behandlung von Ekzemen verwendet. Aus den harzigen Knospen wird Haarwasser hergestellt; kross gebraten sind sie, wie die jungen Blätter, ein Leckerbissen. Birkensaft wird in Russland zu einem berauschenden Getränk vergoren.

Bei allen segensreichen Eigenschaften ist aber auch ein Risiko mit der Birke verbunden: Wegen der extrem hohen Pollenproduktion, die bei manchen Menschen zu schweren allergischen Reaktionen führt, sollten Birken nicht in Gärten, Kindergärten, Schulen und öffentlichen Anlagen gepflanzt werden.

Zwei weibliche (oben) und ein männliches, hängendes Birkenkätzchen.

- **Beschreibung:** Baum, Höhe bis 30 m; Rinde weiß, Borke braun bis schwarz, Zweige überhängend, warzig; Blätter lang gestielt, dreieckig, gezähnt, männliche Kätzchenblüten, weibliche Blüten abstehend; Nüsschenfrucht sehr klein, breit geflügelt
- **Blütezeit:** April, Mai
- **Geruch, Geschmack:** Geruch schwach aromatisch, Geschmack leicht zusammenziehend, bitterlich
- **Standort:** Heiden, lichte Wälder, Alleen, Gärten
- **Vorkommen:** weit verbreitet, Pionierbaum
- **Droge:** Folia, Gemmae, Cortex, Pix, Carbo vegetabilis Betulae
- **Inhaltsstoffe:** Birkencampher, Gerbstoffe, Triterpene (Betulin), Flavonoide, Saponine, ätherische Öle, Mineralsalze (Calziumoxalat), Vitamin C, aromatische Kohlenwasserstoffe
- **Wirkung:** bei Nieren- und Blasenleiden, Nierensteinen, Gicht, Rheuma, Arthritis, Krampfadern, Entzündungen der Atemwege, Verdauungs- und Herz-Kreislauf-Schwäche, Hautkrankheiten, Fußschweiß, Abszessen, als Haarwuchs- und „Blutreinigungs"mittel
- **Verwendung:** Tee, Saft, Haarwasser, Birkenteer, Aktivkohle, Bäder, Umschläge
- **Homöopathisch:** s. o.
- **Sammelgut, Sammelzeit:** Blattknospen März; junge Blätter Mai, Juni; weiße Rinde, Saft März, April
- **Verwechslung:** Moorbirke *(B. pubescens)*: junge Blätter behaart, gleiche Verwendung

Links: Birkengruppe am Waldrand.

Hanfgewächse
Cannabaceae

Die Hanfgewächse sind Kräuter oder Stauden mit gefingerten oder gelappten Blättern, deren männliche und weibliche Blüten zweihäusig sind, d. h. an verschiedenen Pflanzen wachsen.

Cannabis sativa L.
KULTURHANF

▪ *giftig* ▪
Femel, Bästling, Semmelhanf (männlich), Hennig, Samenhanf, Sämer (weiblich)

Hanf ist als Ausgangsmaterial für psychoaktive Drogen so sehr in Verruf geraten, dass seine positiven Eigenschaften vergessen zu werden drohen. In einem leidenschaftlichen Plädoyer haben sich Jack Herer & Martin Bröckers für eine Ehrenrettung und Neubewertung der aus industriepolitischen Interessen verfemten alten Kultur- und Heilpflanze eingesetzt. Aus Züchtungen, deren Gehalt an psychoaktiven Tetrahydrocannabinolen (THC) weit unterhalb der zur Rauschmittelproduktion erforderlichen Menge liegt, können Schnüre und Netze, Textilien, Ölprodukte, Papier, Tierfutter und vieles andere hergestellt werden. Synthetisches THC ist in zahlreichen Staaten der USA sowie auch in Deutschland wieder als Heilmittel zugelassen und wird u. a. als Mittel gegen die Nebenwirkungen von Chemotherapien eingesetzt. Hanföl hat im Tierversuch cholesterinsenkende Wirkungen gezeigt, ist ein wertvolles Speiseöl und wird in Salben gegen Milchschorf und Schuppenflechte verarbeitet.

- **Beschreibung:** Höhe bis 5 m; Blätter lang gestielt, mit 5–9 schmalen, fingerförmigen, gezähnten Einzelblättern; Stängel grün, eckig, wie die Blätter drüsig behaart, stark faserig; weibliche Pflanze kräftiger, stärker verzweigt; männliche Blüte gelblichgrün, locker, rispenartig, weibliche grün, in den Blattachseln, mit Harzdrüsen; einsamige Nussfrucht; spindelförmige, verzweigte Pfahlwurzel; einjährig
- **Blütezeit:** Juli, August
- **Geruch und Geschmack:** etwas süßlich, heuartig; Samen würzig
- **Standort:** kultiviert
- **Vorkommen:** Heimat Zentralasien, kultiviert
- **Droge:** Fructus, Herba Cannabis
- **Inhaltsstoffe:** Harz (Cannabinoide), ätherische Öle, Vitamin K; Samen: fettes Öl
- **Anwendung:** bei Schmerzen, Blutarmut, zur Beruhigung bei Nervenleiden, Rheumaschmerzen, Gicht, Beschwerden des Magen-Darm-Trakts, Nieren- und Blasenleiden, Schlaflosigkeit, als Aufputschmittel
- **Verwendung:** Brei aus Samen, Tinktur, Textilindustrie, Vogelfutter, Ölgewinnung
- **Homöopathisch:** s. o., nur in hohen Potenzen erlaubt
- **Sammelgut, Sammelzeit:** Samen, Ölkuchen August bis Oktober
- **Verwechslung:** keine
- **Sonstiges:** Der Indische Hanf *(C. sativa* var. *indica)* liefert die bekannte Rauschgiftdroge Haschisch. Die Anwendung von Haschisch und Marihuana ist in Deutschland verboten. Missbrauch kann zu psychischer Abhängigkeit und Nervenschäden führen

Blühender Hanf. Die attraktive Pflanze, deren Anbau in Deutschland verboten ist, findet man manchmal in Wald und Flur. Nicht immer stecken Marihuanakonsumenten dahinter - bisweilen entwickelt sich das umstrittene Gewächs auch aus Vogelfuttermischungen.

Humulus lupulus L.
GEMEINER HOPFEN

Femelhopfen, Nesselhopfen (männlich), Läufer (weiblich)

Mit Lianen rechnet man eigentlich nur im tropischen Dschungel. Es genügt aber, mit offenen Augen durch mitteleuropäische Auwälder zu gehen, um eine Pflanze zu finden, „die durch Windbewegungen ihrer Stängel Höhe gewinnt und sich so 'ins rechte Licht' rückt" (Aichele & Schwegler). Die Hopfengärten mit ihren hohen Stangen und Drähten sind die Antwort der Züchter auf die Lebensweise der Kletterpflanze.

Hopfen liefert das Lupulin, jenen Bitterstoff, der dem Bier sein Aroma gibt. Er übt eine beruhigende Wirkung aus, hilft bei Schlafstörungen und Angstzuständen und wurde auch als Mittel zur Dämpfung des Geschlechtstriebs (Anaphrodisiakum) verabreicht. Die jungen Schösslinge werden im Frühjahr gepflückt und können wie Spargel verwendet werden.

- **Beschreibung:** Höhe bis 7 m; rechtswindende Schlingpflanze; Blätter 3–5-lappig, handförmig geteilt, Rand gezähnt; Stängel und Blätter rau, borstig, mit feinen Widerhaken; männliche Blüten klein, grünlich, in Rispen; weibliche grünlichgelb, ca. 1,5 bis 2,5 cm lang, in hängenden, kugeligen Blütenständen; Zapfen mit gelblichorangen Harzdrüsen besetzt; Frucht Nüsschen; Wurzelstock kriechend; ausdauernd
- **Blütezeit:** Juli, August
- **Geruch, Geschmack:** Geruch intensiv, betäubend, baldrianähnlich, Geschmack würzig, bitter; junge Triebe saftig, knackig, aromatisch
- **Standort:** Waldränder, Auwälder, Bach- und Flussufer, sich an Bäumen und Sträuchern hochwindend, kultiviert
- **Vorkommen:** verbreitet
- **Droge:** Strobuli, Glandulae Lupuli
- **Inhaltsstoffe:** harzartige Bitterstoffe (Humulon, Lupulon), ätherische Öle, Gerbstoffe, Flavonoide

Links: Weibliche Hopfenzapfen.

- **Anwendung:** bei Schlafstörungen, Unruhe, Angst, Migräne, nervösen Herzstörungen, Appetitlosigkeit, Ekzemen und schlecht heilenden Wunden, Wechseljahrebeschwerden
- **Verwendung:** Tee, Umschläge, junge Schösslinge als Gemüse, Bierherstellung, Fasern für Stricke, Seile
- **Homöopathisch:** s. o. und als Beruhigungs- und Betäubungsmittel, Anaphrodisiakum
- **Sammelgut, Sammelzeit:** junge Triebe März bis Mai; Zapfen September; Hopfenmehl (Drüsenhaare, die aus den reifen Zapfen gewonnen werden) September
- **Verwechslung:** Wein *(Vitis vinifera)*: Blattgrund stärker eingetieft, Ranken, Früchte in Trauben
- **Sonstiges:** Vorsicht, in höherer Dosis giftig, bei Kontakt mit den frischen Zapfen können allergische Reaktionen, Hautausschläge und Übelkeit auftreten

Hopfenblätter mit jungen Sprossen („Hopfenspargel").

„Es ist ein gutes Mittel bei zerrütteten Zuständen des Nervensystems, begleitet von Übelkeit, Schwindel, Kopfschmerz nach einer ausschweifenden Nacht."

William Boericke,
Handbuch der homöopathischen Materia medica

Haselgewächse
Corylaceae

Die Haselgewächse, deren heimische Vertreter Hasel und Hainbuche sind, haben unscheinbare weibliche Blüten und hängende männliche Kätzchen; die Früchte sind von einer Hülle umgebene Nüsse.

Corylus avellana L.
HASELNUSS

In der Natur ist der während der ersten drei Monate des Jahres blühende Haselstrauch eine wichtige Nahrungsquelle für Bienen und andere früh fliegende Insekten. Für Pollenallergiker ist die „Haselzeit" aufgrund der extrem hohen Pollenproduktion von ca. 2,5 Mill. Pollen pro Kätzchen kein Grund zur Freude. Auf dem Gelände von Kindergärten und Schulen sollten als Vorsichtsmaßnahme keine Haseln gepflanzt werden.

Der Hasel werden allerlei magische und medizinische Kräfte zugesprochen – in früheren Jahrhunderten kaum voneinander trennbar. Hildegard von Bingen empfiehlt Männern, deren Sperma zum Kinderzeugen nicht taugt, einen merkwürdigen Eintopf aus jungen Haselsprossen, Mauerpfeffer, Leber vom geschlechtsreifen Jungbock und fettem Schweinefleisch – „und wenn er das häufig macht, wird er zu Kindern kommen, wenn der gerechte Ratschluss Gottes dies nicht verhindert." Wünschelrutengänger arbeiten bis heute mit Haselruten, deren Ausschlag gebende Kraft die Wissenschaft noch nicht kennt. Blätter- und Rindenextrakte der Hasel werden gegen Krampfadern und Venenentzündungen verwendet und sollen beruhigend wirken.

- **Beschreibung:** Strauch, selten Baum, Höhe bis 9 m; Blätter kurz gestielt, rundlich-herzförmig, zugespitzt, doppelt gesägt, weich behaart; junge Äste behaart, sehr biegsam; männliche Blüten in langen gelben Kätzchen, weibliche unscheinbar, mehrere zusammen, knospenförmig mit roten Narben; Nuss-Frucht, mit breiter, lappiger Fruchthülle
- **Blütezeit:** Januar bis März
- **Geruch, Geschmack:** geruchlos, Samen aromatisch, nussig
- **Standort:** Gebüsch, Hecken, Laubwälder, Bachläufe, Gärten
- **Vorkommen:** sehr häufig
- **Droge:** Folia, Cortex, Fructus Coryli avellanae
- **Inhaltsstoffe:** Blätter, Rinde ätherisches Öl, Gerbstoffe, Flavonoide; Früchte fettes Öl
- **Wirkung:** Blätter, Rinde bei Krampfadern, Venenentzündung, Geschwüren; beruhigend
- **Verwendung:** Tee, Nüsse für Öl, Backwaren, Lebensmittel-, Seifenindustrie
- **Sammelgut, Sammelzeit:** Kätzchen, Rinde Februar, März; Blätter April, Mai; Frucht September, Oktober
- **Verwechslung:** diverse Züchtungen, auch rotlaubige Kulturformen; Lambertsnuss *(C. maxima):* sehr große Früchte; Baumhasel *(C. colurna):* baumförmig, kleine Früchte
- **Sonstiges:** Blätter und Rinde werden als Ersatz für die Zaubernuss *(Hamamelis virginiana)* in Teemischungen verwendet

Blühende Haselnuss mit unscheinbaren weiblichen Blüten (links oben) und auffallenden männlichen Kätzchenblüten.

Die Blätter der Haselnuss wirken beruhigend bei Venenerkrankungen und Geschwüren.

Buchengewächse

Fagaceae (= Cupuliferae)

Außer der Rotbuche (Fagus) *gehören in Mitteleuropa zur Familie der Buchengewächse die Eichen* (Quercus) *und die Edelkastanie* (Castanea) *– allesamt wichtige Forst- und Parkbäume, deren Holz sehr geschätzt wird. Die Blätter sind entweder ganzrandig (Buche), gezähnt (Edelkastanie) oder ausgebuchtet (Eiche).*

Castanea sativa Mill.
ESSKASTANIE, MARONE

Edelkastanie, Echte Kastanie, Zahme Kastanie, Echter Kästenbaum

In der Volksheilkunde wird gegen Erkältungskrankheiten ein Tee aus Edelkastanienblättern verwendet. Auch aus der Rinde und den Fruchtschalen wurden vergleichbare Mittel gewonnen, obwohl nach Bisset & Wichtl der wissenschaftliche Nachweis entsprechender Wirkstoffe bisher fehlt. Die Früchte sollten wegen ihres hohen Gehalts an Kohlenhydraten von Diabetikern gemieden werden. *Sweet chestnut* wird in der Bachschen Blütentherapie für Menschen empfohlen, die tief verzweifelt sind und keine Chancen mehr für eine Besserung ihres Zustands sehen.

Links: Blühende Edelkastanie.

- **Beschreibung:** Baum, Höhe bis 30 m; Alter bis über 1000 Jahre, Stamm relativ kurz mit breit ausladender Krone; junge Zweige schwärzlichbraun, kantig; Blätter dunkelgrün glänzend, unterseits matt, gestielt, lanzettlich, stachelig gezähnt, bis 18 cm lang; Rinde glatt, olivbraun; weibliche Blüten weißlich, kopfig, 3-blütig am Grund der männlichen hängenden, ca. 10 cm langen büscheligen Ähren, am belaubten Baum, Insekten- und Windbestäubung; Knospenschuppen aus Nebenblättern; Nussfrüchte meist 2–3, in runder, sehr stacheliger geschlossener Hülle (Cupula), die sich 4-klappig öffnet
- **Blütezeit:** Juni bis Juli
- **Geruch, Geschmack:** geruchlos; Geschmack der Blätter zusammenziehend, bitter, Geschmack der Früchte mehlig, süßlich
- **Standort:** basenreiche, kalkarme Böden, Eichenmischwälder, milde Winter
- **Vorkommen:** Südeuropa, Südwestdeutschland, Steiermark, kultiviert und verwildert
- **Droge:** Folium, Cortex, Fructus Castaneae
- **Inhaltsstoffe:** Blätter, Rinde: Gerbstoffe (Ellagitannine), Flavonoide (Quercetin, Myricetin), Vitamine (B_1, B_2, C), Frucht: Stärke, Fett, Eiweiß, Schleim, Vitamine, Mineralstoffe
- **Wirkung:** Blätter: bei Erkrankungen der Atemwege, Husten, Halsentzündung, Durchblutungsstörungen, Durchfall, Rekonvaleszenz
- **Verwendung:** Blätter, Rinde, Fruchtschalen: Tee, Hustensaft; Früchte: Mehl, Brot, Süßspeisen, Gemüse (in Südeuropa Grundnahrungsmittel)
- **Homöopathisch:** bei Krampfhusten, Enddarmentzündungen
- **Sammelgut, Sammelzeit:** Blätter September, Oktober; Früchte September bis November
- **Verwechslung:** keine

Maronen – die Früchte der Edelkastanie und ihre stachelbewehrten Hüllen.

Fagus sylvatica L.
ROTBUCHE

Gemeine Buche

Die Bucheckern sind sehr ölhaltig, weshalb Hildegard von Bingens lakonischer Satz am Ende ihres langen, ansonsten eher mystisch-wundergläubigen Buchenkapitels sicher nicht unberechtigt ist: „Und wenn jemand die Bucheckern isst, nimmt er davon nicht Schaden, aber wird davon fett." Die jungen, frischen, noch hellgrünen Blätter schmecken säuerlich, aktivieren den Stoffwechsel und eignen sich gut für Salate. In der Blütentherapie des Dr. Bach wird *beech* für Menschen empfohlen, die immer nur das Negative an ihren Mitmenschen sehen, kein Verständnis für deren Schwächen aufbringen, oft kleinlich bis zur Pedanterie sind und innerlich kaum noch entspannen können.

Junge Buchenblätter mit seidig behaartem Rand.

Unten: Die Hain- oder Hagebuche ist näher mit der Birke als mit der Rotbuche verwandt, von der sie sich durch die fein gesägten Blätter unterscheidet. Das Bild zeigt auch die geflügelten Samen.

- **Beschreibung:** Baum, Höhe bis 40 m, Alter bis über 300 Jahre, schlanker Stamm, Durchmesser bis 2 m; Blätter hellgrün glänzend, eiförmig, gewellter, jung seidig behaarter Rand und Blattstiel, wechselständig; Blattknospen lang, spitz; Stamm erst im oberen Teil verzweigt, Rinde glatt, jung dunkelgrün, später silbergrau; weibliche Blüten gestielt, zu 2–3 aufrecht, von einer Hülle umgeben, männliche Blüten in lang gestielten, hängenden, knäueligen Kätzchen; Fruchtbecher stachelig, 4-klappig aufspringend, 2 Nüsse, braun, glänzende Schale, 3-kantig
- **Blütezeit:** April bis Mai
- **Geruch, Geschmack:** geruchlos, Geschmack der Blätter säuerlich, harzig
- **Standort:** nährstoffreiche, frische Böden, Mischwälder, Parkanlagen, in kühlem, regenreichem Klima
- **Vorkommen:** Mitteleuropa, häufig
- **Droge:** Folium, Fructus, Lignum, Cortex Fagi
- **Inhaltsstoffe:** Blätter: Flavonolglykoside, Gerbstoffe, Vitamin C, ätherische Öle ; Früchte: Globuline, fettes Öl, Blausäure-Glykoside, Wachse usw; Rinde: Gerbstoffe, Suberin, Glucovanillin, Harze; Holz: Fettsäuren, Sterole, phenolische Verbindungen, Kreosotum, Guajakol
- **Wirkung:** Blätter: Stoffwechsel aktivierend, Rinde: bei Bronchialerkrankungen, Darmparasiten, Durchfall, Hauterkrankungen, rheumatischen Beschwerden; Buchenholzteer: bei Tuberkulose, Bronchialleiden
- **Verwendung:** junge Blätter: Salat, Likör, Kosmetikindustrie; Früchte: Öl, Bäckerei, Konditorei; Rinde, Holz: Buchenholzteer, Pottasche, Holzkohle gegen Vergiftungen, Holzessig, Räuchern
- **Sammelgut, Sammelzeit:** junge Blätter April, Mai; Früchte September, Oktober; Holz, Rinde der 2–3-jährigen Zweige Februar
- **Verwechslung:** Hainbuche *(Carpinus betulus)*: Blätter fein gesägt, Rippen stärker hervortretend, Stamm grausilbrig
- **Sonstiges:** Vorsicht: Rohe Bucheckern wegen des Gehaltes an giftigen Blausäure-Glykosiden nur in geringer Menge verzehren und auch nicht in der Tiermast verwenden (Schädigung der Darmschleimhaut); Buchenrinde wurde zum Gerben verwendet, Blätter wurden geraucht. Buchenholzstaub gilt bei längerer Exposition als kanzerogen

Ganz oben: Die Stieleiche hat ungestielte oder allenfalls kurz gestielte Blätter und gestielte Früchte.

Oben: Die Flaumeiche kommt in Deutschland nur in wärmebegünstigten Lagen im Südwesten vor.

Rechts: Gestielte Blätter, ungestielte Früchte – die Kennzeichen der Traubeneiche.

Quercus spec. EICHEN

Weltweit werden an die 300 Eichenarten unterschieden, von denen die meisten in den gemäßigten bis subtropischen Zonen der Nordhalbkugel vorkommen. In Mitteleuropa ist die Stiel- oder Sommereiche *(Q. robur)* die verbreitetste Art, gefolgt von der Traubeneiche *(Q. petraea)*. Beide Arten haben kahle Blätter und Fruchtbecher. Die Flaumeiche *(Q. pubescens)* hat unterseits filzige Blätter, die in Südosteuropa (bis Ostösterreich) auftretende Zerreiche *(Q. cerris)* abstehend geschuppte Früchte. Die aus Nordamerika eingeführte Roteiche *(Q. rubra)* mit großen, spitzlappigen Blättern ist mancherorts bereits verwildert. Korkeiche *(Q. suber)* und Steineiche *(Q. ilex)* sind mediterran verbreitet.

Die Blätter aller Eichenarten sind am Rand mehr oder weniger stark ausgebuchtet. Die männlichen Blüten hängen in büscheligen, grüngelben Kätzchen, die Früchte stehen einzeln, in napfförmigen, je nach Art unterschiedlich gestalteten Bechern. In der Bachschen Blütentherapie wird oak für Menschen empfohlen, die sich nicht unterkriegen lassen, denen aber dieser fordernde Lebensstil bisweilen über die Kräfte geht.

Quercus robur L. STIELEICHE

Sommereiche

- **Beschreibung:** Baum, Höhe 40–50 m, Alter 400 bis 1000 Jahre, Umfang bis ca. 10 m; Blätter ungestielt, verkehrt eiförmig, matt, ausgebuchtet; Stamm mit Borkenschuppen und knorrigen Ästen; männliche Blüten in hängenden, gelbgrünen Kätzchen, weibliche Blüten unscheinbar, einzeln; Früchte lang gestielt, eiförmig, 1-samig
- **Blütezeit:** April, Mai
- **Geruch, Geschmack:** Geschmack bitter, zusammenziehend; Eichelkaffee herb
- **Standort:** Laub- und Mischwälder, Parks
- **Vorkommen:** in Mitteleuropa, Stieleiche bis 1200 m, die Steineiche ist frostempfindlicher
- **Droge:** Cortex, Folia, Semen (von der Samenschale befreite Kerne), Quercus
- **Inhaltsstoffe:** Gerbstoffe, Gerbsäuren (Tannine), Mineralstoffe
- **Anwendung:** entzündliche Hauterkrankungen, Frostbeulen, Fußschweiß; Blätter innerlich: bei Durchfall, Blutungen, Bluthusten, Harninkontinenz, Scheidenausfluss; Eicheln bei Magen- und Darmbeschwerden, Vergiftungen
- **Verwendung:** Rinde und Blätter: äußerlich für Bäder, Umschläge, innerlich für Tee; Früchte: Kaffee-, Mehlersatz, Tiermast
- **Homöopathisch:** s. o.
- **Sammelgut, Sammelzeit:** Rinde der jungen Zweige und Stockausschläge (Spiegelrinde = Lohe: sie glänzt silbrig und ist glatt) April, Mai; junge Blätter Juni; Früchte (Eicheln) Oktober bis Anfang November
- **Verwechslung:** Traubeneiche *(Q. petraea)*: gestielte, glänzende Blätter, ungestielte, fast sitzende Früchte
- **Sonstiges:** Nicht anwenden bei großflächigen, entzündlichen Hauterkrankungen, fieberhaften und infektuösen Erkrankungen, Herzinsuffizienz und Bluthochdruck. Die Anwendungsdauer sollte 2–3 Wochen nicht überschreiten. Tee: maximal 2 Tassen pro Tag. Die Gerbereien (= Lohgerber) haben früher große Mengen Rinde zum Gerben von Leder benötigt

Walnussgewächse

Juglandaceae

Die Echte Walnuss und die Schwarze Walnuss (Juglans nigra) *sind die bei uns vorkommenden Vertreter dieser sonst in Amerika verbreiteten Familie. Die Blüten entwickeln sich mit der Laubentfaltung. Die Früchte sind sehr nahrhaft.*

Juglans regia L. ECHTE WALNUSS

Der aus dem östlichen Mittelmeerraum stammende Walnussbaum wird seit Jahrhunderten nördlich der Alpen kultiviert und ist vielerorts auch verwildert, vor allem in Weinbaugebieten. Begehrt sind vor allem seine in ihrer Form an ein menschliches Gehirn erinnernden Nüsse (botanisch gesehen handelt es sich nicht um Nüsse, sondern um Steinfrüchte). Diese sind sehr nahrhaft (ca. 55 % Fettgehalt) und werden in der Volksmedizin als Aufbaukost für Rekonvaleszenten und bei Blutarmut empfohlen.

Der deutsche Name „Walnuss" hat nichts mit den großen Meeressäugetieren zu tun, sondern leitet sich ab vom gleichen Stamm wie das Wort „welsch", ein heute fast nur noch ironisch gebrauchter Ausdruck für West- und Südeuropäer, aus deren Landen die Walnuss einst zu uns kam. Noch bei Leonhart Fuchs im 16. Jahrhundert hieß der Baum „Welschnuss".

- **Beschreibung:** Baum, Höhe bis 30 m; Rinde grau; Blätter unpaarig gefiedert; männliche Blüten in dicken, walzenförmigen Kätzchen; weibliche kugelig, zu 3–7 mit 3 gelben Narben; braune, gehirnartig gewundene Steinfrucht, von grüner Faserhülle umgeben
- **Blütezeit:** Mai
- **Geruch, Geschmack:** Geruch der Blätter herb-aromatisch; Geschmack der Früchte unreif bitter, zusammenziehend, später nussig
- **Standort:** Hangwälder, Gärten, Parks, Hausbaum, frostempfindlich
- **Vorkommen:** verbreitet, kultiviert, v. a. in Weinbaugebieten
- **Droge:** Folia, Nuces, Oleum Juglandis, Cortex Juglandis fructus
- **Inhaltsstoffe:** Gerbstoffe, Flavonoide, ätherische Öle, Vitamin C, Bitterstoff; Fruchtschalen zusätzlich Glykoside, fette Öle
- **Wirkung:** bei Hautleiden (Akne, Ekzeme), übermäßiger Schweißbildung, Magen-Darm-Krankheiten
- **Verwendung:** Tee, Bäder, Likör, Backwaren, Nahrungsmittelindustrie, Haar-, Wolle-Färbemittel, Malerfarben, Speiseöl, Sonnenschutzmittel
- **Homöopathisch:** bei eitrigen Hautausschlägen, Leberstörungen, Kopfschmerzen, Erkrankungen des Zentralnervensystems, als Wurmmittel
- **Sammelgut, Sammelzeit:** frische Blätter Juni bis September, grüne, frische Fruchtschalen August, September, reife Nüsse September, Oktober
- **Verwechslung:** Schwarze Walnuss: Blätter stärker gefiedert, Fruchtschale höckerig, wird schwarz

Grüne Nussschalen sind gut als Haarfärbemittel geeignet.

Unten: Weibliche Blüten (Bildmitte) und walzenförmige männliche Kätzchen der Walnuss.

Brennnesselgewächse
Urticaceae

Zur Familie der Brennnesselgewächse gehören weltweit fast fünfzig, in Mitteleuropa aber nur zwei Gattungen – die Brennnesseln (Urtica) *mit den bekannten Brennhaaren und gegenständigen Blättern sowie das für Allergiker problematische Glaskraut* (Parietaria) *mit wechselständigen Blättern ohne Brennhaare.*

Urtica dioica L.
GROSSE BRENNNESSEL

Hanfnessel, Haarnessel, Nesselkraut, Scharfnessel, Tausendnessel

Geliebt und gehasst wie wenige andere einheimische Pflanzen ist die Große Brennnessel. Den meisten Menschen ist sie als wucherndes Unkraut bekannt, das stellenweise überhand zu nehmen droht und obendrein ein unangenehmes, schmerzhaftes Brennen auf der Haut verursacht, wenn man mit seinen Blättern in Berührung kommt. Nur wenigen ist klar, dass die „Verbrennnesselung" unserer Landschaft nur die logische Konsequenz einer jahrzehntelangen, vom Menschen zu verantwortenden Vergiftung unserer Böden mit Gülle ist, die mit ihrem hohen Stickstoffgehalt manche Pflanzen (wie die Brennnessel) zu „Turbowachstum" anregt, viele andere jedoch ihrer Lebensgrundlagen beraubt. Aber die Brennnessel hat auch Freunde. Sie ist eine Heil- und Gemüsepflanze von großer Vielseitigkeit, die von der Wurzel bis zur unscheinbaren Frucht genutzt werden kann.

Die schon früh im Jahr erscheinenden jungen Blätter ergeben schmackhafte, gesunde Suppen und Brotaufstriche und können auch wie Spinat zubereitet werden. Tee aus Brennnesselblättern ist ein anerkanntes Heilmittel bei entzündlichen Erkrankungen des Urogenitaltrakts, und Tee aus Brennnesselwurzeln kann in den Frühstadien eines Prostataadenoms zur Linderung der Probleme beim Wasserlassen beitragen.

Unten links: Die seltenere Kleine Brennnessel hat tiefer gezähnte, etwas breitere Blätter.

Unten rechts: Blühende Grosse Brennnessel.

- **Beschreibung:** Höhe bis 150 cm; Blätter lang gestielt, kreuzgegenständig, länglich bis spitzeiförmig, grob gesägt; Stängel aufrecht, unverzweigt, vierkantig, Stängel und Blätter mit Brennhaaren; zweihäusig, Blüten klein, unscheinbar, grünlich, in lang gestielten Rispen; Wurzeln gelb, weit verzweigt, kriechend; ausdauernd
- **Blütezeit:** Mai bis Oktober
- **Geruch, Geschmack:** nahezu geruchlos, Geschmack aromatisch, würzig, herb
- **Standort:** Wälder, Auwälder, Ufer, unter Gebüsch, Brachland, stickstoffliebend
- **Vorkommen:** weit verbreitet
- **Droge:** Folium, Radix, Fructus Urticae
- **Inhaltsstoffe:** Histamin, Acetylcholin, Ameisensäure (Brennhaare), Flavonoide (Rutin), Gerbstoffe, Vitamin C, Chlorophyll, Mineralsalze
- **Anwendung:** bei rheumatischen Beschwerden, Gicht, Nieren- und Blasenentzündungen und -steinen, Prostatabeschwerden, Magen-Darm-Leiden, Hauterkrankungen, Blutarmut, zur „Blutreinigung"
- **Verwendung:** Tee, Presssaft, Tinktur, Einreibung, Bäder, Haarwaschmittel, Suppe, Spinat, Salat, Auflauf; früher wichtiger Faserlieferant, Färbemittel und Grünfutter für die Geflügelaufzucht
- **Homöopathisch:** s. o. und bei Blutungen, Geschwüren
- **Sammelgut, Sammelzeit:** junge Blätter und Triebe ab März, mehrmals im Jahr, Samen Juli bis Oktober, Wurzeln September bis Oktober
- **Verwechslung:** Glaskraut *(Parietaria officinalis):* keine Brennhaare, Blätter wechselständig; Kleine Brennnessel *(U. urens):* Blätter an der Spitze abgerundet, Blütenrispen länger als der Blattstiel, gleiche Anwendung; Taubnessel *(Lamium spec.):* keine Brennhaare, attraktive Lippenblüte
- **Sonstiges:** Brennnesseljauche (1 kg Kraut auf 10 l Wasser) ist unverdünnt ein gutes Mittel gegen Blattläuse, verdünnt ein Mittel zur Kräftigung und Düngung der Kulturpflanzen

Oben links: Junge Brennnesseln im zeitigen Frühjahr, im Vordergrund der gelbe, kräftige Wurzelstock.

Oben rechts: Die Gefleckte Taubnessel (Lamium maculatum) *sieht auf den ersten Blick der Brennnessel ähnlich, hat aber ganz andere Blüten und keine Nesselhaare. Das Bild zeigt die roten Knospen kurz vor dem Aufblühen.*

Liliidae

LILIENÄHNLICHE

Übersicht Liliidae:

Liliengewächse	*Liliaceae*	*S. 174*
Afodillgewächse	*Asphodelaceae*	*S. 178*
Süßgräser	*Poaceae*	*S. 179*

Die **Lilienähnlichen** gehören zu den Einkeimblättrigen, in deren Samen nur ein Keimblatt angelegt wird. Es handelt sich vorwiegend um krautige Pflanzen mit meist parallelnervigen Laubblättern, der Stängel ist unverzweigt. Die *Liliidae* umfassen so attraktive Arten wie Orchideen, Lilien und Tulpen, aber auch so wichtige Nahrungslieferanten wie Zwiebelgewächse und Gräser.

Die Herbstzeitlosen blühen von Ende August bis Anfang Oktober, die Blätter und Früchte erscheinen im Frühjahr.

Liliengewächse

Liliaceae

Alle Arten der Liliengewächse sind Geophyten, d. h., die Speicherorgane liegen unterirdisch und sind Zwiebeln (Allium), *Knollen* (Colchicum, *Herbstzeitlose) oder Rhizome* (Convallaria, *Maiglöckchen). Die Blätter sind parallelnervig und glattrandig. Die Blüten sind dreizählig, die Früchte dreikammerige Kapseln oder Beeren. Die in tropischen und subtropischen Gebieten beheimatete Aloe* (Aloe) *nutzt ihre fleischigen Blätter als Speicherorgan.*

Allium spec.
ZWIEBEL, SCHALOTTE, KNOBLAUCH

Zur Gattung Allium zählen viele bekannte Gemüsesorten, allen voran die Küchenzwiebel mit ihren Zuchtformen, aber auch der Porree *(A. porrum)*, der Knoblauch *(A. sativum)*, die Schalotte *(A. ascalonicum)* und der Schnittlauch *(A. schoenoprasum)*. Allen gemeinsam ist ihre blutdrucksenkende, entwässernde Wirkung. Von ihrer kulinarischen Bedeutung abgesehen ist die Küchenzwiebel auch als Heilpflanze sehr beliebt. Der Saft kleingehackter, in Zukker gelegter Zwiebeln hat sich als Mittel gegen Erkältungskrankheiten bewährt. Zwiebelsäckchen werden auf schmerzende Ohren, Insektenstiche und Frostbeulen gelegt.

Zwiebeln in einem Gemüsegarten.

Allium cepa L.
KÜCHENZWIEBEL

Femelhopfen, Nesselhopfen (männlich), Läufer (weiblich)

- **Beschreibung:** Höhe bis 120 cm; Blätter röhrenförmig; im unteren „Zwiebel"-teil bauchig erweitert und verdickt, äußerstes Blatt nach dem Trocknen braun, häutig; Blüte in reichblütiger Scheindolde, häutiges Hochblatt umhüllt die Blüte; Kapselfrüchte; Wurzeln weiß
- **Blütezeit:** Juni, Juli
- **Geruch, Geschmack:** Geruch zwiebelartig, zu Tränen reizend; Geschmack beißend, scharf
- **Standort:** Heimat Steppen in Mittelasien; Gärten
- **Vorkommen:** weit verbreitet, kultiviert
- **Droge:** Bulbus Allii cepae
- **Inhaltsstoffe:** ätherische Öle (Allylpropyldisulfid, Allicin), Zucker, Inulin, Flavonoide, Vitamine, v. a. Vitamin C

Links: Frisch geernteter Knoblauch. Seine blutdrucksenkende Wirkung ist so bekannt wie sein intensiver Geruch.

Rechts: Der Schnittlauch ist eine eingebürgerte Kulturpflanze mit hohem Vitamingehalt.

- **Anwendung:** bei Appetitlosigkeit, Verstopfung, Bluthochdruck, Arteriosklerose, Husten, Hals- und Mandelentzündung, Asthma, gegen Bakterien, leichte Diabetes, rheumatische Beschwerden, bei Alkohol- und Nikotinmissbrauch, Hühneraugen, Warzen, Blutergüssen, Insektenstichen, Würmern
- **Verwendung**: frische Zwiebel, Saft, Sirup, Abkochung, Kaltauszug, Gemüse, Gewürz
- **Homöopathisch:** s. o. und bei Magen-Darm-Störungen, Fließschnupfen, Gesichtsneuralgien, Phantomschmerz
- **Sammelgut, Sammelzeit:** Zwiebel August bis Oktober
- **Verwechslung:** keine
- **Sonstiges:** Vorsicht: bei Nervosität, Magen-Darm-Entzündung, Blutungen und Hautleiden sollte die Zwiebel wegen der hautreizenden Wirkung gemieden werden

Allium ursinum L.
BÄRLAUCH

Wilder Knoblauch, Waldknoblauch, Zigeunerknoblauch, Hexenzwiebel, Ramson

Der Bärlauch ist in den Gebieten, in denen er vorkommt, ein sehr gesuchtes und – jahreszeitlich gesehen – sehr frühes Wildgemüse. Es gibt Menschen, die die „Bärlauchzeit" im März und April Jahr für Jahr herbeisehnen wie andere die fast gleichzeitige Morchelsaison und mit Hochgenuss Bärlauch roh, Bärlauch im Salat, Bärlauch auf dem Butterbrot, Bärlauchsuppe, Bärlauchquark und Bärlauchkäse oder Bärlauchspinat verzehren. Allerdings gibt es Personen, die frischen Bärlauch nicht vertragen; wollen sie trotzdem nicht auf seine wertvollen Inhaltsstoffe verzichten, müssen sie Blätter und Zwiebeln in Milch ziehen lassen und die Milch dann trinken. Der Bärlauch wächst in Auen-, Schlucht- und anderen Laubwäldern auf kalkhaltigen, frischen Böden. Hat er einen Standort gefunden, der ihm zusagt, kann er große Flächen besiedeln – im ersten Frühjahr manchmal ohne Konkurrenz, oft aber auch zusammen mit der hochgiftigen Herbstzeitlose (s. S. 176), einem anderen Liliengewächs.

- **Beschreibung:** Höhe bis 40 cm; Blätter lang gestielt, lanzettlich, paarweise; Blüten weiß, sternförmig in kugelförmigem Blütenstand, Stiel dreieckig, unbeblättert
- **Blütezeit:** Mai, Juni
- **Geruch, Geschmack:** Geruch und Geschmack intensiv nach Knoblauch
- **Standort:** Auwälder, Schluchtwälder
- **Vorkommen:** in Süddeutschland häufig, sonst selten
- **Droge:** Herba, Bulbus Allii ursini
- **Inhaltsstoffe:** ätherische Öle, Vitamine, Mineralsalze, Zucker, Schleim
- **Anwendung:** bei Appetitlosigkeit, gegen Arterienverkalkung, Krämpfe, Bluthochdruck, Infektionskrankheiten, Fieber, Alkohol- und Nikotinmissbrauch, zur Blutreinigung, gegen Würmer
- **Verwendung:** Salat, Saft, Gewürz
- **Homöopathisch:** s. o. und bei Verdauungsschwäche
- **Sammelgut, Sammelzeit:** Blätter vor der Blüte März bis Mai, Blüten Mai, Juni, Zwiebeln Juli bis September
- **Verwechslung:** Herbstzeitlose *(Colchicum autumnale,* s. S. 176*)*: Blätter tulpenförmig, geruchlos, Fruchtkapsel in der Mitte, Blüte im September, giftig; Maiglöckchen *(Convallaria majalis,* s. S. 177*)*: Blätter jung eingerollt, geruchlos, Blatt breit eiförmig, giftig

Blühender Bärlauch.

Vorsicht, giftiger Doppelgänger! In einem Auwald wachsen Bärlauch (l. / r.) und Herbstzeitlose (Mitte) nebeneinander. Typisch ist die Erscheinungsweise der Herbstzeitlose in einer tulpenförmigen Rosette.

Ganz oben: Auch der Safran-Krokus blüht im Herbst. Die Blüten haben rote Narben, die als Gewürz („Safran") und in der Homöopathie auch als Heilmittel gegen Blutungen und Krämpfe verwendet werden.

Oben: Von der Blattrosette umschlossene Samenkapsel der Herbstzeitlose.

Rechts: Blühende Herbstzeitlose im September.

Colchicum autumnale L.
HERBSTZEITLOSE

■ ***sehr giftig*** ■
Herbstlilie, Wiesensafran

Schon früh im Jahr brechen die dunkelgrünen Blätter der Herbstzeitlose als tulpenförmige Rosette durch den Wald- oder Wiesenboden. In ihrem Schutz wachsen Frucht und Samen heran, danach sterben die Blätter ab. Völlig unbeblättert – und daher im Volksmund „Nackte Jungfer" genannt – erscheint im September und Oktober die elegante lila Blüte.

Die Herbstzeitlose gehört zu den gefährlichsten einheimischen Gewächsen. Im Frühjahr kann sie mit dem oft an den gleichen Standorten wachsenden Bärlauch verwechselt werden (s. S. 175). Alle Teile der Herbstzeitlose sind giftig, am stärksten jedoch Knollen und Samen; von letzteren genügen ein bis fünf Gramm, um einen Menschen zu töten. Die andere Seite: In der richtigen Anwendung und Dosierung ist der Giftstoff, das Alkaloid Colchicin, Bestandteil verschiedener Medikamente zur Gicht- und Rheumatherapie und wird auch bei Hauterkrankungen erfolgreich eingesetzt. Die Anwendung gegen Gicht ist nicht neu, gehört aber strikt in die Hände von Fachleuten. Doch selbst die können irren: Der schwer von Podagra geplagte Bischof von Antiochia, Gregorius, starb Ende des 6. Jahrhunderts an einem vermutlich aus Herbstzeitlosen gefertigten Trank, den ihm ein Arzt verordnet hatte. Gärtner und Botaniker behandeln Samen mit einer verdünnten Colchicinlösung, erhöhen damit die Chromosomenzahl und können auf diese Weise Pflanzenmutationen erzeugen.

- **Beschreibung:** Höhe bis 40 cm; Blätter saftig, dunkelgrün, lanzettlich in tulpenförmiger Rosette im März, April; Blüten rosaviolett, 6-zählig, mit bis 20 cm langer Kronröhre; gestielte Kapseln mit zahlreichen klebrigen Samen; Knolle 3–7 cm lang, birnenförmig; ausdauernd
- **Blütezeit:** August bis Oktober
- **Geruch, Geschmack:** geruchlos
- **Standort:** feuchte Wiesen, Weiden, Auwälder
- **Vorkommen:** verbreitet
- **Droge:** Fructus, Semen, Bulbus, Flores Colchici
- **Inhaltsstoffe:** Alkaloide (Colchicin), fettes Öl
- **Anwendung:** gegen Gicht, Leukämie, Hautkrankheiten
- **Verwendung:** Pharmazeutische Industrie, Pflanzenzucht
- **Homöopathisch:** s. o. und bei starken Rheumaschmerzen, Kollapsneigung
- **Sammelgut, Sammelzeit:** Knollen August, September, Samen Juni, Juli
- **Verwechslung:** Bärlauch *(Allium ursinum*, s. S. 175): Blätter langgestielt, paarweise; Safran-Krokus *(Crocus sativus)*: Herbstblüher, rote fädige Narben, bei uns nur kultiviert; andere Krokusarten blühen im Frühjahr
- **Sonstiges:** Alle Teile der Pflanze müssen getrennt gesammelt, getrocknet und aufbewahrt werden

Verblüht war schon die Rose,
die Nachtigall geflohn;
die ernste Herbstzeitlose
stand auf den Wiesen schon.

Ferdinand Freiligrath (1810–1876)

Convallaria majalis L.
MAIGLÖCKCHEN

▪ ***sehr giftig, geschützt*** ▪
Herbstlilie, Wiesensafran

Das hübsche, angenehm duftende Maiglöckchen ist nach Marianne Beuchert das Symbol für „Glück und Liebe. Heil der Welt. Ende allen Kummers. Seelenreinheit. Demut. Jungfräulichkeit Marias. Ewiges Heil in Christus." Nach einer Legende soll die Blume aus den Tränen entstanden sein, die Maria Magdalena am Grabe Jesu vergossen hat. Aber nicht nur für das Herz als dem Ort, an dem man Gemüt und Seele vermutet, sondern auch für den pochenden Muskel in unserer Brust hat das Maiglöckchen einiges zu bieten: Die darin enthaltenen Glykoside Convallatoxin und Convallarin sind starke Herzmittel, deren Wirkung ähnlich der des Fingerhuts *(Digitalis purpurea*, s. S. 104) ist. Die Anwendung dieser Mittel darf aber nur auf ärztliche Verordnung erfolgen, da falsche Dosierungen lebensgefährlich sein können. Auch dass getrocknete und zu Pulver zermahlene Blüten ein vorzügliches Niespulver ergeben und manchen Schnupftabaken beigemischt werden, traut man dem grazilen, „unschuldigen" Maiglöckchen auf den ersten Blick gar nicht zu.

- **Beschreibung:** Höhe bis 30 cm; Blätter dunkelgrün, breit eiförmig, lanzettlich, lang gestielt; Blüten weiß, glöckchenförmig, nickend, in einseitswendiger Traube; Frucht rote, kugelige Beere; Rhizom dünn, verzweigt, weit kriechend
- **Blütezeit:** Mai, Juni
- **Geruch, Geschmack:** Geruch Blüte intensiv, lieblich, Droge geruchlos
- **Standort:** Laubwälder, Gebüsch, Weiden, Bergwiesen, Gärten
- **Vorkommen:** verbreitet
- **Droge:** Herba, Folia, Flores Convallariae
- **Inhaltsstoffe:** Herzglykosid (Convallatoxin, Convallarin), ätherische Öle, Saponine
- **Anwendung:** Herzklopfen, Herzschwäche, Krämpfe
- **Verwendung:** Pharmazeutische Industrie, Schnupftabak-, Kosmetik-, Parfümherstellung
- **Homöopathisch:** s. o.
- **Sammelgut, Sammelzeit:** Blätter, Blüten Mai, Juni
- **Verwechslung:** Bärlauch *(Allium ursinum*, s. S. 175): Blätter paarweise, hellgrün, schmaler, nicht eingerollt, Geruch nach Knoblauch
- **Sonstiges:** Alle Teile der Pflanze werden für pharmazeutische Präparate getrennt gesammelt, getrocknet und aufbewahrt. Die Einnahme darf nur nach Verordnung des Arztes erfolgen

Links: Blühende Maiglöckchen. Vorsicht – die Blätter können mit denen des essbaren Bärlauchs verwechselt werden.

Rechts: Die glänzend roten Früchte sind ebenfalls giftig.

Afodillgewächse

Asphodelaceae

Erst seit relativ kurzer Zeit wird die Familie der Affodilgewächse von den Liliengewächsen getrennt. Die bekanntesten Vertreter sind neben der Barbados-Aloe (Aloe barbadensis), *die Kaiserkerzen* (Asphodelus) *und Junkerlilien* (Asphodeline), *die bei uns nur angepflanzt in Gärten gedeihen. Im Mythos und in der Medizinalgeschichte ihrer Heimat, dem Mittelmeergebiet, spielten diese Pflanzen eine große Rolle. Schon Dioskurides im 1. Jahrhundert n. Chr. nennt eine Fülle von heilkundlichen Anwendungen.*

Aloe barbadensis Mill.
BARBADOS-ALOE

Die Barbados-Aloe stammt aus Afrika. Als Heilpflanze Karriere machte sie aber erst, nachdem sie in Amerika und der Karibik eingeführt worden war. Dort und auf den Kanarischen Inseln wird sie in Plantagen angebaut und liefert den Rohstoff für das „Aloe-vera-Gel", das sich zunehmender Beliebtheit in der Kosmetikindustrie erfreut, dank seiner entzündungshemmenden Eigenschaften aber auch als Wundheilmittel Verwendung findet. Franz Fraschio weist darauf hin, dass Aloe aufgrund geschickter Werbung inzwischen die „Aura eines 'Allheilmittels'" umgibt, und warnt: „Sehr kritisch sind auf jeden Fall Versprechungen zur Heilung schwerster Krankheiten wie Krebs und Aids zu bewerten." Seit langem bekannt ist die Verwendung von Aloe-Extrakten als Abführmittel, sei es pur oder in Verbindung mit anderen Substanzen. Man sollte diese Mittel aber nicht länger als acht Tage einnehmen und keinesfalls während der Schwangerschaft.

- **Beschreibung:** Höhe bis ca. 1 m; Blattsukkulenten, Blätter rosettenförmig, bis 50 cm lang, 6–7 cm breit, stachelspitzig und mit spitzen Zähnen; Blüten gelb, dreizählig in traubigem Blütenstand
- **Blütezeit:** ganzjährig
- **Geruch, Geschmack:** Geschmack etwas knoblauchartig
- **Standort:** kultiviert, verwildert, Zimmerpflanze
- **Vorkommen:** Heimat Afrika
- **Geruch, Geschmack:** Geruch intensiv, Geschmack bitter, unangenehm
- **Droge:** Curacao Aloe
- **Inhaltsstoffe:** Aloin, Acemannan
- **Anwendung:** innerlich: bei Verstopfung, Diabetes, hohem Cholesterinspiegel, zur Stimulation des Immunsystems; äußerlich: Wunden, Verbrennungen, Hautkrankheiten
- **Verwendung**: Gel, Pulver, Kosmetikindustrie
- **Homöopathisch:** es darf nur die Art *Aloe ferox* verwendet werden
- **Sammelgut, Sammelzeit:** Blätter von 3–4 Jahre alten Pflanzen, innere Schicht mit durchsichtigem Gel
- **Verwechslung:** *Aloe ferox:* Blütenstand rotbraun; Aloin-Gehalt geringer
- **Sonstiges:** Verwendet wird vor allem das frische Gel und der eingedickte Blattsaft (= Curacao-Aloe)

Die Barbados-Aloe wird in den Tropen und Subtropen vielerorts angebaut. Die Aufnahme entstand auf Fuerteventura.

Süßgräser

Poaceae

Die Stängel der Süßgräser sind meist rund, hohl und an den Knoten verdickt. Die Blätter sind lang, schmal, parallelnervig mit langer, stängelumfassender Scheide. Die unscheinbaren Blüten bilden Ähren, Trauben oder Rispen. Die Frucht ist eine einsamige Schließfrucht. Der Mais weicht in einigen Merkmalen ab und nimmt eine Sonderstellung ein.

Agropyron repens (L.) P. Beauv.
GEMEINE QUECKE

Hundsgras, Schnurgras, Wurmgras, Schließgras

Bekanntlich gibt es Pflanzen, deren Inhaltsstoffe, je nach Dosierung und Anwendung, heilkräftig oder tödlich giftig sind. Auch zur Gemeinen Quecke hat der Mensch ein eher ambivalentes Verhältnis: Zum einen ist das nah mit dem Weizen verwandte Süßgras ein hartnäckiges Acker- und Gartenunkraut, zum anderen hat es als Heilkraut viele Leiden gelindert oder gar kuriert. Die Wurzeln der Quecke bilden meterlange zähe unterirdische Ausläufer, und gerade diese Teile, die die Bekämpfung so schwierig machen, bestimmen mit ihrem hohen Gehalt an Kohlenhydraten, ätherischen Ölen, Vitaminen (A und B), Schleimstoffen und vielem anderen mehr ihren Wert als Heilpflanze.

Queckentee oder -saft ist ein anerkanntes Mittel bei Nieren- und Blasenleiden sowie bei Bronchialkatarrh. Die süß schmeckenden Rhizome können sogar geröstet und als Kaffeeersatz verwendet werden. Man darf die Quecke aber nicht mit dem giftigen Taumellolch *(Lolium temulentum)* verwechseln.

- **Beschreibung:** Höhe bis 150 cm; Blätter schmal, grün bis bläulichgrün, oben behaart; Stängel aufrecht, glatt, kahl; Blüten zu 4–6, wechselständig, zweizählig, in langer Ähre; Blüten stehen mit breiter Seite zur Halmachse, Deckspelze nur kurz begrannt; Frucht Karyopse, an der Spitze behaart; Wurzelstock gelblichweiß, Ausläufer bildend; ausdauernd
- **Blütezeit:** Juni bis August
- **Geruch, Geschmack:** geruchlos, Geschmack der Wurzeln süßlich bis bitter, schleimig
- **Standort:** Äcker, Wiesen, Gärten, Wege
- **Vorkommen:** weit verbreitet
- **Droge:** Rhizoma Graminis
- **Inhaltsstoffe:** Schleimstoffe, Polysaccharide, Saponine, Kohlenhydrate, Zucker, ätherische Öle, Glykoside, Kieselsäure, Eisen, Vitamine
- **Anwendung:** bei Leber-, Nieren-, Blasenleiden, Gicht, Rheuma, Gelenkentzündung, Geschwülsten, Bronchialkatarrh, Magenbeschwerden, Durchfall, zur Blutreinigung
- **Verwendung:** Tee, Abkochung, Sirup, Saft, Breiumschlag, Kaffeeersatz; Viehfutter
- **Homöopathisch:** bei Harnwegs- und Nierenerkrankungen
- **Sammelgut, Sammelzeit:** Wurzeln im März, April, September, Oktober
- **Verwechslung:** Taumellolch *(Lolium temulentum):* Ährchen mit der Schmalseite am Halm ansitzend, giftig; Hundszahn *(Cynodon dactylon):* Ähren violett, büschelig an der Halmspitze; andere Queckenarten *(Agropyron spec.)*
- **Sonstiges:** Tagesmenge 1–2 Tassen

Blütenstand des giftigen Taumellolchs.

Blütenstand der Gemeinen Quecke.

Avena sativa L.
HAFER

Saathafer, Biwen, Habern, Hauwe

Grüner Hafer.

Für den Botaniker ist der Hafer ein Gras, genauer gesagt, ein Rispengras. Archäologische Befunde ergaben, dass er in Mitteleuropa bereits vor 4500 Jahren angebaut wurde. Haferbrei, Hafergrütze und Haferschleim sind wegen ihrer blutbildenden Wirkung ideale Aufbaunahrung bei Magen-Darm-Erkrankungen und Diäten. Die gewalzten Samenkörner (Haferflocken) erfreuen sich bei Kindern großer Beliebtheit und sind Bestandteil der ausgetüftelten Ernährungspläne von Spitzensportlern. Mit Haferstrohbädern versuchte man früher Hauterkrankungen zu bekämpfen, doch steht der wissenschaftliche Nachweis ihrer Wirksamkeit noch aus. Ähnliches gilt für die Anwendung von Haferextrakten bei rheumatischen Erkrankungen, wie sie in der Homöopathie empfohlen wird. In der Naturheilkunde verwendet werden auch die frisch geernteten Blüten, die, als Tee verabreicht, einen beruhigenden Einfluss haben sollen.

„Der Hafer (...) ist eine beglückende und gesunde Speise für gesunde Menschen und er bereitet ihnen einen frohen Sinn und einen reinen und klaren Verstand und er macht ihnen eine gute Farbe und gesundes Fleisch (...) Aber wer an Gicht leidet und davon einen gespaltenen Geist und nichtige Gedanken hat, so dass er so einigermaßen verrückt wird, der umgebe mit dem im Wasser gekochten Hafer im Dampfbad seinen ganzen Körper und übergieße mit dem gleichen Wasser, in dem der Hafer gekocht wurde, erhitzte Steine. Und er tue das oft und er wird wieder zu sich kommen und die Gesundheit wieder erlangen."

Hildegard von Bingen (1098–1179), Physica

- **Beschreibung:** Höhe bis 80 cm; Rispe mit abstehenden Ästen; Ährchen 2–2,5 cm lang, lanzettlich, meist 2-blütig, hängend, Deckspelzen kahl, lang begrannt; einjährig
- **Blütezeit:** Juli, August
- **Geruch, Geschmack:** weitgehend geruchlos, Geschmack mehlig
- **Standort:** Acker, Ruderalstellen, verwildert
- **Vorkommen:** weltweit angebaut
- **Droge:** Fructus, Herba, Stramentum Avenae
- **Inhaltsstoffe:** Stärke, Zucker, Eiweiß, Fett, Calzium, Vanillosid, Vitamine, Mineralsalze (Kalzium, Magnesium, Phosphor)
- **Anwendung:** bei Magen-Darm-Erkrankungen, erhöhtem Cholesterinspiegel, Altersbeschwerden, Impotenz, Sterilität, Diabetes, in der Rekonvaleszenz, gegen Erschöpfung, im Wachstum; Stroh bei Hautkrankheiten, früher auch bei rheumatischen Beschwerden
- **Verwendung:** Mehl, Brei, Bäder, Samen (gewalzte Körner als Flocken), Diät-, Nahrungsmittel, Tierfutter, Stroh
- **Homöopathisch:** gegen Schlaflosigkeit, Leberleiden, Hautkrankheiten, rheumatische Beschwerden
- **Sammelgut, Sammelzeit:** grüne, blühende Pflanze Juli, August; Samen August, September, Stroh August, September
- **Verwechslung:** mit anderen Rispengräsern: werden nicht feldmäßig angebaut
- **Sonstiges:** Hafer wird in verschiedenen Sorten bereits seit der Bronzezeit kultiviert; Vorsicht: Strohaufguss wegen der hohen Konzentration an Mineralsalzen nicht bei Rheuma anwenden

Zea mays L.
MAIS

Der Mais – botanisch gesehen ein einjähriges Gras – wurde im 15. Jahrhundert von Kolumbus in Europa eingeführt. Bei den Maya und Inka war er zu jener Zeit vermutlich schon seit Jahrtausenden eine wichtige Getreide- und Kultpflanze. Inzwischen gibt es zahlreiche Kultursorten. In Europa wird Mais vor allem als Futterpflanze für Rinder angebaut; dabei kommt es wegen seines hohen Stickstoffbedarfs oft zur Überdüngung, was sich nachteilig auf Flora und Fauna angrenzender Biotope auswirkt.

In der Heilkunde werden die büscheligen, fahnenartig an der Spitze der weiblichen Kolben hervorwachsenden Griffel verwendet. Der harntreibende Tee wird bei Nieren- und Blasenerkrankungen verordnet. Für die verschiedenenorts postulierte Wirksamkeit bei Diabetes gibt es nach Bisset & Wichtl bisher keine wissenschaftliche Bestätigung. Tropische Formen enthalten in den Griffeln ein als Betäubungs- und Berauschungsmittel wirksames Alkaloid. Maispollen können, obwohl sie verhältnismäßig groß sind, aufgrund ihrer Menge allergische Reaktionen auslösen.

- **Beschreibung:** Höhe bis 2,5 m; Blätter 10–12 cm breit; Stängel markig; männliche Blüten in endständiger Rispe, weibliche in dicken Kolben, von mehreren scheidigen, bei der Reife fahlgelben Hüllblättern umschlossen, lange braune, fädige Griffel; Samen goldgelb, Spelzen verkümmert; sprossbürtige Wurzeln als Stütze; einjährig
- **Blütezeit:** Juli bis September
- **Geruch, Geschmack:** Geschmack der Samen süßlich, mehlig
- **Standort:** feldmäßig angebaut, nährstoffreiche, feuchte Böden
- **Vorkommen:** Heimat Südamerika, kultiviert
- **Droge:** Stigma, Amylum, Oleum Maydis
- **Inhaltsstoffe:** Salicylsäure, fettes Öl, ätherische Öle, Saponine, Kohlehydrate, Gerbstoffe, Kalium, Vitamine (Vitamin E, K)
- **Anwendung:** bei Nieren- und Blasenerkrankungen, Entzündungen, rheumatischen Beschwerden, hohem Cholesterinspiegel, Schilddrüsenüberfunktion, Diabetes, Fettleibigkeit
- **Verwendung**: Tee (Griffel), Öl, Stärke (Maizena) als Puder, Mehl (Polenta), Diätnahrungsmittel, pharmazeutische Industrie (Bindemittel für Tabletten), Kosmetik
- **Homöopathisch:** s. o. und Hautkrankheiten
- **Sammelgut, Sammelzeit:** Griffel der weiblichen Kolben Juli, August; Samen, Keimlinge September, Oktober
- **Verwechslung:** keine

Weibliche Maisblüten mit langen, fädigen Griffeln.

Reifer Maiskolben.

Ranunculoidae

HAHNENFUSSÄHNLICHE

Übersicht Ranunculoidae:

Sauerdorngewächse *Berberidaceae*		S. 184
Erdrauchgewächse *Fumariaceae* und Mohngewächse *Papaveraceae*		S. 185
Hahnenfußgewächse *Ranunculaceae*		S. 190

Zu den **Hahnenfußähnlichen** gehören mit den Hahnenfußgewächsen *(Ranunculaceae)* und den Mohngewächsen *(Papaveraceae)* zwei Familien mit zahlreichen, teils hochgiftigen, teils – bei korrekter Anwendung – auch heilkräftigen Arten sowie die Berberitzengewächse *(Berberidaceae)* mit essbaren, vitaminreichen Früchten.

Von der Pfingstrose gibt es eine Vielzahl von Zuchtformen in verschiedenen Farben und Formen. Man findet sie vor allem in Bauerngärten.

Sauerdorngewächse
Berberidaceae

Die meisten Sauerdorngewächse sind Sträucher, die Beerenfrüchte entwickeln und deren Zweige – wie beispielsweise die verschiedenen Berberitzenarten – Dornen tragen.

Berberis vulgaris L.
BERBERITZE

■ ***schwach giftig*** ■
Sauerdorn, Essigbeere

In der Landwirtschaft ist die Berberitze unbeliebt, da sie als Zwischenwirt für den parasitischen Getreiderost *(Puccinia graminis)*, einen bekannten Schadpilz, dient. Deshalb wurde der Strauch auf Druck der Getreideanbauer vielerorts dezimiert. Die aus dem Mittelmeerraum (Nordafrika) stammende Berberitze hatte sich an trockenen, sonnigen Standorten in Mitteleuropa verbreitet, nachdem sie hier eingeführt worden war. Bereits Hildegard von Bingen erwähnt sie, warnt jedoch vor den Früchten, die heute wegen ihres hohen Gehalts an Vitamin C geschätzt werden. Lediglich eine Salbe aus Berberitzenknospen, Wein und gepulvertem Maulwurf gegen Hautgeschwüre findet Gnade vor ihren Augen. Später kochte man aus Wurzel- und Rindenextrakten einen Tee, der Galle und Speicheldrüsen zu vermehrter Produktion anregt, und Oertel & Bauer weisen darauf hin, dass sich Berberitzentee auch bei inneren Blutungen bewährt hat.

- **Beschreibung:** Höhe bis 3 m; Strauch mit rutenförmigen Zweigen, Rinde jung rötlich, später grau; Langtriebe mit zu 3-teiligen spitzen Dornen umgewandelten Blättern, Kurztriebe büschelig beblättert, Blätter verkehrt eiförmig, Rand gezähnt; Blüten klein, gelb, in hängenden Trauben; Beere leuchtend rot, länglich
- **Blütezeit:** Mai, Juni
- **Geruch, Geschmack:** Geruch der Blüten süßlich; Geschmack der Rinde bitterlich, der Beeren und Blätter säuerlich
- **Standort:** Hecken, Gebüsche, Waldränder, Gärten, Parks, kalkliebend
- **Vorkommen:** verbreitet
- **Droge:** Fructus, Radix Berberidis vulgaris
- **Inhaltsstoffe:** Anthocyane, Alkaloide (Berberin, Palmatin), ätherische Öle, Apfelsäure, Vitamin C, Pektin
- **Anwendung:** zur Steigerung der Immunabwehr, bei Nieren- und Blasenerkrankungen, Leber- und Galleleiden, Krampfadern, Appetitlosigkeit
- **Verwendung:** Tee, Saft, Marmelade, Essig
- **Homöopathisch:** v. a. bei Leberleiden sowie rheumatischen Beschwerden, Gicht, Ischias
- **Sammelgut, Sammelzeit:** reife Beeren August bis Oktober, Wurzel und Rinde März, April, November
- **Verwechslung:** Mahonie *(Mahonia aquifolium)*: Beeren blaugrau, Blätter immergrün, glänzend, buchtig gezähnt mit stacheligen Spitzen, meist angepflanzt
- **Sonstiges:** Wurzel und Rinde sind schwach giftig; Vorsicht, nicht bei Harnwegsentzündungen anwenden! In größerer Menge gegen den Erreger der Aleppobeule *(Leishmania tropica)* wirksam

Blühende Berberitze.

Die duftenden Blüten der Mahonie – und die Blätter, die an jene der Stechpalme (s. S. 212) erinnern. Die Rinde der Mahonie hat eine entzündungshemmende Wirkung.

Links: Die sauren Berberitzenfrüchte hängen in Trauben.

Erdrauchgewächse

Fumariaceae und

Mohngewächse

Papaveraceae

Gemeinsam ist den Erdrauch- und Mohngewächsen, die früher einer Familie angehörten, der Gehalt an Alkaloiden. Die Mohngewächse enthalten einen Milchsaft. Ihre radiären Blüten haben jeweils vier Blütenkronblätter. Bei den Erdrauchgewächsen sind die Blüten zygomorph, ein Milchsaft fehlt.

Corydalis cava (L.) Schweigg. et Koerte
HOHLER LERCHENSPORN

■ ***giftig*** ■

Hohlwurz

Auf nährstoffreichen, nicht zu trockenen Böden in Schlucht- und Auwäldern Süd- und Mitteldeutschlands blüht bereits im März und April der Hohle Lerchensporn. Mit seinen um 90° gedrehten Blüten ist er nach Düll & Kutzelnigg eine so genannte „Intelligenzblume", da nur „lernbegabte" Insekten imstande sind, die Blütenöffnung zu finden.

Die mehrjährige Staude, die entweder rot oder weiß blüht, entwickelt sich aus einer bis walnussgroßen Knolle, welche im Alter hohl wird und giftige Alkaloide enthält. Die Inhaltsstoffe wirken, vorsichtig dosiert, sedierend und wurden daher Beruhigungsmitteln beigefügt. Nach Schauenberg & Paris ist das Alkaloid Bulbocapnin auch in Medikamenten gegen die Parkinson-Krankheit enthalten.

- **Beschreibung:** Höhe bis 30 cm; 10–20-blütige Traube, Blätter bläulichgrün, eingeschnitten; Blüten in endständiger Traube, rosa bis purpurrot, selten weiß, zygomorph mit verlängertem Sporn; Schoten-Frucht, viele schwarze Samen mit weißem Ölkörper (s. Schöllkraut, S. 186f.); Knolle im Alter hohl (Name!); ausdauernd
- **Blütezeit:** März, April
- **Geruch, Geschmack:** Geruch angenehm, betäubend
- **Standort:** feuchte, nährstoffreiche Laubmischwälder, Gebüsche, Hecken
- **Vorkommen:** in Süddeutschland häufig, sonst selten
- **Droge:** Radix Corydalis
- **Inhaltsstoffe:** Alkaloide (Bulbocapnin)
- **Anwendung:** bei Nervenkrankheiten, Parkinson-Leiden, Darmparasiten
- **Verwendung:** Narkotikum, Pharmazie
- **Sammelgut, Sammelzeit:** Wurzelknolle August bis Oktober
- **Verwechslung:** Gefingerter Lerchensporn *(C. solida):* Blätter tiefer eingeschnitten, Knolle rund, fleischig, seltener; Orchideen *(Orchidaceae):* parallelnervige Blätter
- **Sonstiges:** Vorsicht, wegen der Alkaloide giftig – Anwendung nur nach ärztlicher Anordnung!

Im März und April findet man in Buchenwäldern oft Teppiche aus purpurrotem oder weiß blühendem Lerchensporn.

Fumaria officinalis L. ERDRAUCH

■ ***schwach giftig*** ■

Erdraute, Taubenkerbel, Grindkraut, Ackerraute, Faule Grete, Krätzeheilkraut, Erdgalle

Für den deutschen Namen der Pflanze gibt es zwei Erklärungen: Zum einen sollen die graugrünen Blätter aus der Ferne wie Rauch aussehen, zum anderen glaubte man früher, der Erdrauch entwickele sich aus den von den feuchten Äckern aufsteigenden Dünsten. Vielleicht stieg aus jenen Dünsten auch das Bild des künftigen Bräutigams empor, das den Mädchen nach einem alten Brauch, den Friedrich Jantzen erzählt, „beim Heimkehren vom Unkrautjäten durch den Erdrauch offenbart wurde". Andere Volksnamen wie „Krätzeheilkraut" oder „Erdgalle" verraten, dass die Pflanze in der Vergangenheit gegen Haut- und Gallen-Leber-Erkrankungen eingesetzt wurde. Die Anwendung bei letzteren ist auf Fumarin zurückzuführen und medizinisch erprobt.

Unten: Blühender Erdrauch am Rand eines Getreidefelds.

Für die Wirksamkeit bei Hautleiden gibt es – bisher – nur enthusiastische Stimmen aus der Kräuterheilkunde, aber keinen wissenschaftlichen Beleg.

- **Beschreibung:** Höhe bis 40 cm; Blätter graugrün, doppelt gefiedert, Fiedern schmal, Stängel blaugrün, aufrecht oder kriechend, klimmend, verzweigt; Blüten rosa oder weiß, an der Spitze purpurrot, in vielblütiger, lockerer Traube, Blüte zygomorph, Sporn ca. 8 mm lang, sackförmig; Frucht kugelig, höckerig; Wurzel faserig, gelblichweiß; einjährig
- **Blütezeit:** Mai bis Oktober
- **Geruch, Geschmack:** fast geruchlos, unangenehm, Geschmack sehr bitter, etwas salzig
- **Standort:** Äcker, Weinberge, Schuttplätze, Wegränder, Gärten
- **Vorkommen:** zerstreut
- **Droge:** Herba Fumariae
- **Inhaltsstoffe:** Alkaloide (Fumarin), Bitterstoffe, Harz
- **Anwendung:** bei Appetitlosigkeit, krampfartigen Beschwerden im Magen-Darm-Trakt, Leber- und Gallenbeschwerden, Verdauungsstörungen, Darmparasiten, Hämorrhoiden, Hautkrankheiten (Flechten, Krätze), Akne
- **Verwendung:** Tee, Umschläge
- **Homöopathisch:** s. o.
- **Sammelgut, Sammelzeit:** blühendes Kraut Mai bis August
- **Verwechslung:** andere Erdraucharten: rankend, Frucht glatt
- **Sonstiges:** Vorsicht! Dosierung beachten, Missbrauch kann zur Lähmung der Atemorgane führen; möglichst nur in Teemischung verwenden

Chelidonium majus L. GROSSES SCHÖLLKRAUT

■ ***giftig*** ■

Warzenkraut, Schellkraut, Goldwurz, Goldkraut, Blutkraut

Das Schöllkraut enthält über zwanzig verschiedene Alkaloide und ist in größerer Menge stark giftig (insbesondere die Wurzel). Anerkannt ist seine krampflösende Wirkung bei Gallen- und Leberleiden und krampfartigen Schmerzen im Magen-Darm-Trakt; die Anwendung sollte aber nur in Absprache mit dem Arzt erfolgen. Der in der gesamten Pflanze enthaltene gelborangefarbene Milchsaft ist ein altes Volksheilmittel gegen Warzen und eine der vergleichsweise wenigen äußerlichen Anwendungen von Heilkräutern, die auch heute noch weithin bekannt sind und praktiziert werden, obwohl bisher kein wissenschaftlicher Beweis für die Wirkung vorliegt. Bei Menschen mit entsprechender Veranlagung kann der Saft Entzündungen und allergische Reaktionen auslösen.

Biologisch interessant ist die Verbreitung des Schöllkrauts: Die ölhaltigen weißen „Anhängsel" (Elaiosome) der schwarzen Samen werden gerne von Ameisen verzehrt, die, gleichsam im Gegenzug, die Samen verbreiten. Diese „Zusammenarbeit" klappt hervorragend, denn die in Gärten, auf Brachland, an Weg- und Waldrändern und sogar in Mauerritzen vorkommende Pflanze ist nahezu allgegenwärtig.

Blühendes Schöllkraut.

- **Beschreibung:** Höhe bis 70 cm; Grundblätter lang gestielt, Blätter gefiedert, gelappt, oft gekerbt oder gesägt, blaugrün; Stängel und Blätter oft wollig abstehend behaart, stark verzweigt, an den Knoten verdickt; gelboranger Milchsaft; Blüten schwefel- oder goldgelb in wenigblütigen Dolden; bis 5 cm lange, schmale Schotenfrucht, Samen schwarz mit weißen Anhängseln; Wurzelstock kräftig, walzenförmig, außen rotbraun, innen orangefarben; ausdauernd
- **Blütezeit:** April bis September
- **Geruch, Geschmack:** Geruch frisch unangenehm scharf, getrocknet geruchlos, Wurzel „narkotisch"; Geschmack bitter, scharf
- **Standort:** Gebüsch, Waldränder, Schuttplätze, Wege, Gärten, stickstoffliebend
- **Vorkommen:** sehr häufig
- **Droge:** Herba, Radix Chelidonii
- **Inhaltsstoffe:** Alkaloide (Chelidonin, Coptisin), ätherische Öle, Vitamine
- **Anwendung:** bei Hauterkrankungen (Warzen, Hühneraugen, Schuppenflechte), Leber- und Galleleiden, Gelbsucht, krampfartigen Beschwerden im Magen-Darm-Trakt, Nieren- und Blasenerkrankungen, zur Narkose
- **Verwendung:** Tee, Sitzbad, frischer Milchsaft, Tinktur, pharmazeutische Industrie, Pflanzenschutz (z. B. gegen Läuse)
- **Homöopathisch:** s. o. und bei Lungenentzündung, Rheumatismus, Menstruationsbeschwerden
- **Sammelgut, Sammelzeit:** junges, blühendes Kraut (nicht die dicken Stiele) April bis Juli, Wurzel März, September, Oktober
- **Verwechslung:** Akelei *(Aquilegia spec.)*: Blattstiele unbehaart, kein Milchsaft
- **Sonstiges:** Tagesdosis von 1–2 Tassen sollte nicht überschritten werden; Milchsaft nicht auf offene Wunden bringen – giftig! Nur nach ärztlicher Anordnung verwenden!

Papaver spec.
MOHN

■ *giftig* ■

Papaver rhoeas L.
KLATSCHMOHN

■ *schwach giftig* ■
Feldmohn, Feldrose, Feuermohn

Blüten und reifende Samenkapseln des Klatschmohns.

Ein goldgelbes Weizenfeld unter blauem Himmel, gesäumt von tiefblauen Kornblumen und rotem Klatschmohn – ein Frühsommerbild, das in seiner farbtrunkenen Schönheit und Harmonie nicht nur ermattete Büromenschen in der Seele berührt. Die andere Seite: Zurückgehend auf das Gedicht *In Flanders Fields* des Kanadiers John McCrae (1872–1918) wurde der rote Mohn zum Symbol für das im Ersten Weltkrieg auf den Schlachtfeldern Flanderns vergossene Blut. Wie viele andere Acker„un"kräuter wurde der Klatschmohn durch Unkrautvertilgungsmittel vielerorts aus agrarisch genutzten Gebieten verdrängt, doch findet man ihn noch recht häufig als Pionierpflanze an Straßen- und Wegrändern, auf Bauschutthalden und Aushub, am Rande von Kiesgruben und an ähnlichen Standorten. Im Gegensatz zum Schlafmohn enthält der Klatschmohn keine psychoaktiven Substanzen. Dennoch wurde er früher als Beruhigungs-, Schmerz- und Schlafmittel genutzt, insbesondere für Kinder; ein wissenschaftlicher Beweis für die Wirksamkeit steht aber noch aus. Getrocknete Blütenblätter werden Kräuterteemischungen gelegentlich als „Schönungsdroge" beigegeben.

- **Beschreibung:** Höhe bis 90 cm; Blätter wechselständig, gelappt, am Rand gezähnt, Stängel aufrecht, ± abstehend behaart, mit Milchsaft; Blüten meist scharlachrot, Blütenblätter sehr dünn, Staubblätter blauschwarz, Knospen und Blüten erst nickend, dann aufrecht; Kapselfrucht verkehrt-eiförmig, gefächert, Poren unter dem Deckel mit auffallend sternförmiger Narbe, zahlreiche schwarze Samen; einjährig
- **Blütezeit:** Mai bis Juli
- **Geruch, Geschmack:** fast geruchlos, Milchsaft sehr bitter
- **Standort:** Ackerränder, Wegraine, Getreidefelder
- **Vorkommen:** verbreitet, häufig
- **Droge:** Flores Papaveris rhoeados
- **Inhaltsstoffe:** Alkaloide (Rhoeadin nicht giftig), Anthocyane, Schleimstoffe, fettes Öl
- **Anwendung:** gegen Schmerzen, Unruhe, Schlafstörungen, Reizhusten
- **Verwendung:** Tee, Blütenzucker, Sirup, Schönung von Tee und Wein
- **Homöopathisch:** s. o.
- **Sammelgut, Sammelzeit:** Blüten Mai, Juni
- **Verwechslung:** keine
- **Sonstiges:** Vorsicht: Tagesdosis einhalten; bei Säuglingen und Kleinkindern auf andere Kräuter ausweichen

Papaver somniferum
SCHLAFMOHN

■ *giftig* ■
Gartenmohn, Ölmohn, Mägi

Der nicht nur als Öl-, sondern auch als Zierpflanze kultivierte Schlafmohn hat bereifte, stängelumfassende Blätter und auffallende, bisweilen gefüllte weiße, violette oder rosa Blüten mit dunklen Flecken am Blütengrund. Der Schlafmohn enthält einen weißen, bitteren und giftigen Milchsaft (die „Mohnträne"). Das daraus hergestellte Opium ist ein starkes Rauschgift; Gewinnung und Handel unterliegen den Bestimmungen des Internationalen Opiumabkommens bzw. den nationalen Betäubungsmittelgesetzen. Aus der Wurzel wird das Codein gewonnen, das in den meisten Hustensäften als hustenreizstillendes Mittel enthalten ist. Die schwarzen, wohlschmeckenden Mohnsamen sind ungiftig und enthalten ein sehr wertvolles Öl.

Historisch gesehen ist der Schlafmohn eine der ältesten bekannten Heil- und Kulturpflanzen. Wahrscheinlich wurde er schon in der Steinzeit genutzt. Auch in der griechischen Mythologie und in religiösen Kulthandlungen war der Mohn von Bedeutung. Als Aphrodisiakum war das Mohnprodukt Opium begehrt. Um den chinesischen Markt für Opium aus ihrer Kolonie Indien zu öffnen, führten die Briten 1840–1842 den „Opiumkrieg" gegen das Reich der Mitte.

- **Beschreibung:** Höhe bis 150 cm; Blätter wenig geteilt, stängelumfassend, blaugrün bereift; Stängel aufrecht; Blüten groß, weiß, rosa oder violett; Kapsel, zahlreiche blauschwarze Samen; Wurzel spindelförmig; einjährig
- **Blütezeit:** Juni bis Juli
- **Standort:** kalkreicher, nährstoffreicher Boden, Gärten
- **Vorkommen:** kultiviert
- **Droge:** Fructus Papaveris immaturi, Stramentum, Semen, Oleum Papaveris, Opium (giftig)
- **Inhaltsstoffe:** Alkaloide im Milchsaft (Morphin, Codein, Papaverin, Narcotin, Thebain), fettes Öl in den Samen (v. a. Linolsäure), Schleim, Kautschuk
- **Anwendung:** Milchsaft: bei starkem Durchfall, starken Schmerzen im Magen-Darm-Trakt, an den Atemorganen, Harn- und Geschlechtsorganen, Muskulatur, Schlafstörungen. Vorsicht! Rauschdroge, Suchtmittel; Samen beruhigend
- **Verwendung:** Lebensmittelindustrie (Samen, Öl), pharmazeutische Industrie (Milchsaft, Samen, Öl), Malerfarben, Seifen, Viehfutter
- **Homöopathisch:** s. o.
- **Sammelgut, Sammelzeit:** unreife Mohnkapseln ohne Samen nach dem Abfallen der Blütenblätter; Milchsaft aus den unreifen, eingeschnittenen Früchten (Opium) Juni, Juli; Samen, reife entsamte Kapseln (Mohnstroh) September, Oktober
- **Verwechslung:** keine

Links: Schlafmohnblüte. Die violetten „Saftmale" leiten die Insekten zur Nektarquelle.

Rechts: Aus der angeritzten Mohnkapsel tropft weißer Milchsaft heraus.

Hahnenfußgewächse

Ranunculaceae

Die Hahnenfußgewächse sind meist krautige, sehr attraktive, mehrjährige Pflanzen mit wechselständigen, geteilten bzw. gegliederten Blättern. Die Blüten sind vielfältig, mit besonders gestalteten, zuweilen blütenblattartig geformten Honigblättern; die Früchte sind in der Regel Balg- oder Nussfrüchte. Alle Arten enthalten das für Menschen und Tiere giftige Protoanemonin. Viele Arten werden auch in Gärten kultiviert.

Aconitum napellus L.
BLAUER EISENHUT

▪ ***stark giftig, geschützt*** ▪
Echter Sturmhut, Blaue Mönchskappe, Teufelskappe

Der Blaue Eisenhut kommt nicht nur in der freien Natur vor, sondern ist wegen seiner prächtigen helmförmigen, blauvioletten Blüten auch eine beliebte Gartenpflanze. Man kann allerdings davon ausgehen, dass manche Gartenbesitzer gar nicht wissen, mit was für einem gefährlichen Gewächs sie ihre Beete schmücken. Es ist die giftigste Blütenpflanze Europas und kann es durchaus mit dem Weißen und dem Grünen Knollenblätterpilz aus dem Pilzreich aufnehmen. Bereits einfacher Hautkontakt kann Vergiftungen auslösen, und verschluckt reichen wenige Gramm aus, einen Menschen umzubringen. In Gärten, in denen Kleinkinder herumtollen, sollte generell kein Eisenhut gepflanzt werden.

Die andere Seite: Gemäß dem paracelsischen Grundsatz *dosis facit venenum* („Die Dosis macht das Gift") können Eisenhutpräparate in bestimmten Fällen auch heilen. In der Homöopathie dienen hoch potenzierte Eisenhutauszüge als Mittel gegen Neuralgien (z. B. Trigeminus) und schwere Erkältungskrankheiten wie Lungenentzündungen. Die Entscheidung über Anwendung und Dosierung von Eisenhut ist nichts für Laien; nur der Arzt oder die Ärztin können sie treffen.

- **Beschreibung:** Höhe bis 150 cm; Blätter 5–7-teilig, dunkelgrün; Stängel aufrecht, wenig verzweigt; Blüten helmförmig, blauviolett in dichter Traube, Stiel der Honigblätter bogig gekrümmt; Balgfrüchte mit geflügelten Samen; knollig verdicktes Rhizom; ausdauernd
- **Blütezeit:** Juni bis August
- **Geruch, Geschmack:** geruchlos, Geschmack erst süßlich, kratzend, dann scharf
- **Standort:** Almwiesen, Hochstauden, Gebirgswälder bis 3000 m Höhe, Gärten
- **Vorkommen:** zerstreut
- **Droge:** Tubera Aconiti
- **Inhaltsstoffe:** Alkaloide (Aconitin), Flavonglukoside, Protoanemonin
- **Anwendung:** gegen Nervenschmerzen (Neuralgien, Ischias), Arthrose, rheumatische Beschwerden, Fieber, Herzbeutelentzündungen
- **Verwendung:** Fertigpräparate, Pfeilgift

Schön, aber gefährlich: der Blaue Eisenhut.

- **Homöopathisch:** s. o. und bei Lungenentzündung, Kopfschmerzen, Angstzuständen
- **Sammelgut, Sammelzeit:** Rhizomknollen August, September
- **Verwechslung:** keine mit blühenden Pflanzen; Wurzel mit essbaren Rüben
- **Sonstiges:** Schon wenige Gramm Pflanzenmaterial können für den Menschen tödlich sein, auch der Kontakt kann schon Vergiftungserscheinungen auslösen. Vorsicht mit Kindern! Anwendung liegt ausschließlich im ärztlichen Bereich

Das Frühlings-Adonisröschen wird in Steingärten kultiviert. Die natürlichen Bestände sind streng geschützt.

Adonis vernalis L.
FRÜHLINGS-ADONISRÖSCHEN

■ ***giftig, geschützt*** ■

Frühlings-Teufelsauge, Braunmäglein, Böhmische Nieswurz

In der griechischen Mythologie war der schöne Jüngling Adonis der Geliebte der Liebesgöttin Aphrodite. Ein eifersüchtiger Nebenbuhler – die Quellen nennen die Götter Hephaistos, Ares oder Apollon – verwandelte sich in einen Eber und brachte Adonis um. Als Aphrodite ihn beweinte, sprossen aus seinem Blut Adonisröschen – wenn auch vermutlich nicht das Frühlings-, sondern das rotorange blühende Sommer-Adonisröschen *(A. aestivalis)*.

Nicht die Wurzel, wie bei vielen anderen Heilpflanzen, sondern das Kraut des Frühlings-Adonisröschens enthält jene Stoffe, die es für die Heilkunde interessant machen. Es sind Glykoside, die die Herzkranzgefäße erweitern, bei Herzschwäche helfen und auch eine beruhigende Wirkung haben. In freier Natur kommt das Frühlings-Adonisröschen in Deutschland nur noch an wenigen Stellen vor und ist streng geschützt.

- **Beschreibung:** Höhe bis 50 cm; Blätter 1–3-fach gefiedert, mit schmalen, linealischen Zipfeln; Stängel aufrecht; Blüten gelb, glänzend, 3–7 cm im Durchmesser, Kelchblätter weichhaarig, einzeln; Nüsschenfrüchte, dicht gedrängt mit hakenförmigem Schnabel; Wurzelstock schwarzbraun, kräftig; ausdauernd
- **Blütezeit:** April bis Juni
- **Geruch:** geruchlos
- **Standort:** Heidewiesen, sonnige Hügel, Kiefernwälder, kalkliebend
- **Vorkommen:** selten, kultiviert
- **Droge:** Herba Adonidis vernalis
- **Inhaltsstoffe:** Glykoside (Cardenolide), Alkaloide (Adonidosid, Adonitoxin), Protoanemonin, Flavonfarbstoff
- **Anwendung:** gegen Herzkrankheiten, Herzinsuffizienz, Epilepsie, Rheuma, Schmerzen
- **Verwendung:** Fertigpräparate, Tinkturen
- **Homöopathisch:** bei Herzschwäche
- **Sammelgut, Sammelzeit:** blühendes Kraut April bis Juni
- **Verwechslung:** Sommer-Adonisröschen *(Adonis aestivalis)*: Blüten kleiner, orangerot, Fruchtschnabel gerade, einjährig, weniger giftig, auf Äckern
- **Sonstiges:** Das gesammelte Kraut muss wegen seiner Giftigkeit getrennt von anderen Drogen getrocknet und aufbewahrt werden. Die Anwendung darf nur auf ärztliche Verordnung erfolgen

Helleborus niger L.
CHRISTROSE

■ ***stark giftig, geschützt*** ■

Schwarze Nieswurz, Feuerwurzel, Gillwurz, Schneerose

Es ist immer wieder erstaunlich, wenn man in milden Phasen des Winters und des Vorfrühlings auf Bergwiesen oft direkt neben hohen, abschmelzenden Schneefeldern große Scharen einer stattlichen, weiß oder rosa blühenden Blume beobachten kann, deren Verhalten den Naturgesetzen zu widersprechen scheint. Als Heil- und Giftpflanze ist die Christrose seit der Antike bekannt und gilt als „das berühmteste Arzneimittel der griechischen Materia medica" (Christian Rätsch).

Die Anwendung von Wurzelpräparaten als Herzmittel darf nur unter ärztlicher Kontrolle geschehen. Auch die bereits von Hildegard von Bingen empfohlene und von der Homöopathie wieder aufgegriffene Anwendung bei bestimmten Geistes- und Gemütskrankheiten ist nichts für medizinische Laien. Ähnlich wie das Maiglöckchen (s. S. 177) ist *Helleborus* auch im „Schneeberger Schnupftabak" enthalten (Name „Nieswurz"!).

Blühende Schneerosen vor blühender Schneeheide.

- **Beschreibung:** Höhe bis 40 cm; immergrüne Rosettenpflanze; Blätter lang gestielt, 7–9-fach handförmig geteilt, ledrig, dunkelgrün, glänzend; Blüten weiß bis rosa, 5 Kronblätter, zahlreiche gelbgrüne Honigblätter; Balgfrüchte, Samen mit Ölkörpern (Elaiosomen); Rhizom; ausdauernd
- **Blütezeit:** Dezember bis März
- **Geruch, Geschmack:** Geruch angenehm
- **Standort:** lichte Bergwälder, Gärten, kalkliebend
- **Vorkommen:** selten, kultiviert
- **Droge:** Rhizoma Hellebori nigri
- **Inhaltsstoffe:** Alkaloide (Helleborin), Protoanemonin, Saponine
- **Anwendung:** zur Herzstärkung, bei Hautgeschwüren
- **Verwendung:** Fertigpräparate, Niespulver
- **Homöopathisch:** gegen Epilepsie, Gehirnhautentzündung, Psychosen, starke Kopfschmerzen
- **Sammelgut, Sammelzeit:** Rhizom
- **Verwechslung:** Stinkende Nieswurz *(H. foetidus):* Blüten grün, Geruch unangenehm, Stängel beblättert; Grüne Nieswurz *(H. viridis):* Stängel unbeblättert, Blüten grün
- **Sonstiges:** Bestandteil des Schnupftabaks; Anwendung als Digitalisersatz nur nach ärztlicher Verordnung

Gevatterin,
du bist nicht recht gescheit, ich glaube,
es wäre schon längst an der Zeit,
dir den Verstand mit einigen
Nieswurzprisen zu reinigen!

Aus der Fabel *Der Hase und die Schildkröte,*
Jean de La Fontaine (1621–1695)

Links: Echter Schwarzkümmel mit der typischen Samenkapsel.

Rechts: Jungfer im Grünen oder Gretel im Busch: der Damaszener Schwarzkümmel.

Nigella sativa L.
ECHTER SCHWARZKÜMMEL

Der aus dem Mittelmeerraum und Westasien stammende Echte Schwarzkümmel ist in Mitteleuropa nur kultiviert in Gewürz- und Heilkräutergärten zu finden, dies allerdings schon seit dem Mittelalter. Die pfeffrig scharf schmeckenden schwarzen Samen, denen er seinen Namen verdankt, sind vor allem als Brot- und Quarkgewürz bekannt, doch werden sie auch in der Volksheilkunde verwendet – u. a. gegen Bluthochdruck, Verdauungsbeschwerden und Erkrankungen des Urogenitaltrakts. Die krampflösenden Eigenschaften des Inhaltsstoffs Nigellon helfen nach Schauenberg & Paris bei Keuchhusten und Bronchitis.

Verwandt ist der Damaszener (oder Türkische) Schwarzkümmel *(N. damascena)*, aus dem ein blutdrucksenkendes Mittel gewonnen wird. Bekannter ist diese beliebte Gartenpflanze mit den bizarr gestalteten Blüten jedoch unter dem Namen „Jungfer im Grünen".

- **Beschreibung:** Höhe bis 30 cm; Blätter wechselständig, 2–3-fach, fein gefiedert; Stängel behaart, verzweigt; Blütenhüllblätter hellblau, grünlich geadert, Honigblätter becherförmig; Balgfrucht rau, drüsig; einjährig
- **Blütezeit:** Mai bis Juli
- **Geruch, Geschmack:** Geruch aromatisch, fruchtig, Geschmack pfeffrig
- **Standort:** Garten, verwildert
- **Vorkommen:** Heimat Südeuropa, kultiviert
- **Droge:** Semen Nigellae sativae
- **Inhaltsstoffe:** ätherische Öle, Saponine, Alkaloide (Nigellidin, Damascenin), Protoanemonin, fettes Öl
- **Anwendung:** gegen Bluthochdruck, Fieber, Verdauungsbeschwerden, Galle-, Nieren- und Blasenleiden, Würmer
- **Verwendung:** Gewürz, Parfüm
- **Homöopathisch:** bei Magenerkrankungen, Gelbsucht, Leberleiden
- **Sammelgut, Sammelzeit:** Samen August, September
- **Verwechslung:** Damaszener Schwarzkümmel: Blüte weiß bis hellblau, von einer zerschlitzten, feinblättrigen grünen Hochblatthülle umgeben, Brotgewürz

Paeonia officinalis (L.) emend. Willd.
ECHTE PFINGSTROSE

■ *giftig* ■
Gichtrose, Bauernrose, Blutrose

Die Wildform der Pfingstrose kommt in den Südalpen vor.

„Die größte leibfarbene Gichtrose" nennt der berühmte Hortus Eystettensis, ein prachtvoll illustriertes botanisches Werk aus dem Jahr 1713, jene Pflanze, die uns als Pfingstrose bekannt ist, weil sie im Mai/Juni, also zu Pfingsten, ihre großen roten oder weißen Blüten öffnet. Mit den Rosen im engeren Sinn (s. S. 244) hat sie nur den Namen und eine gewisse äußerliche Ähnlichkeit gemein, und der alte Name „Gichtrose" bedeutet nicht, dass die Pfingstrose nur als Mittel gegen die Gicht im heutigen Sinne eingesetzt wurde. Unter „Gicht" verstand man früher ein viel größeres Spektrum an Krankheiten, darunter auch und vor allem solche mit unerklärlichen, erschreckenden oder anfallartigen Symptomen wie die Epilepsie, hinter denen das Wirken böser Dämonen vermutet wurde. Bis ins 19. Jahrhundert hinein versuchte man diese (und viele andere) Leiden mit Päonienextrakten zu bekämpfen. Heute wird die Pfingstrose wegen ihrer Giftigkeit sehr viel zurückhaltender eingesetzt, am ehesten noch in der Homöopathie bei Geschwüren und Hämorrhoiden. Für Schwangere sind alle Pfingstrosenpräparate tabu.

- **Beschreibung:** Höhe bis 100 cm; Blätter an der Stängelbasis gestielt, doppelt 3-zählig gefiedert, am ästigen Stängel ungestielt; Blütenkronblätter bis 8 cm lang, spiralig, weiß, rosa, rot, sehr hohe Pollenproduktion; Balgfrüchte filzig behaart, Samen schwarz, glänzend; kräftiger, gelbroter Wurzelstock mit Nebenknollen; ausdauernd
- **Blütezeit:** Mai, Juni
- **Geruch, Geschmack:** Blüten duftend, Wurzel riecht unangenehm, Geschmack süßlich, dann bitter, scharf
- **Standort:** Bergwälder, Gärten, Parkanlagen
- **Vorkommen:** Südeuropa, kultiviert
- **Droge:** Flores, Semen, Radix Paeoniae
- **Inhaltsstoffe:** Glykoside (Anthocyane), Alkaloide, ätherische Öle, Zucker, Harze, Gerbstoffe
- **Anwendung:** früher: bei Haut- und Schleimhauterkrankungen, Hämorrhoiden, Krampfadern, rheumatischen Beschwerden, Gicht, Verdauungsproblemen, Epilepsie, allergischen Erkrankungen, Menstruationsproblemen
- **Verwendung:** Füllung für Riechkissen
- **Homöopathisch:** gegen Geschwüre, Magen-Darm-Krankheiten, Hämorrhoiden
- **Sammelgut, Sammelzeit:** Nebenwurzeln März, April, Blütenkronblätter Mai, Juni
- **Verwechslung:** keine

Pulsatilla vulgaris
GEMEINE KÜCHENSCHELLE

■ *giftig, geschützt* ■
Kuhschelle, Ackerschelle, Osterblume

Die Küchenschelle, deren Name angeblich nicht von der „Küche", sondern von der kleinen Kuh

(„Kühchen") abgeleitet ist, spielt eine große Rolle in der Homöopathie. Als personenbezogenes „Konstitutionsmittel" wird die Wiesen-Küchenschelle *(P. pratensis)* bei *Pulsatilla*-Veranlagung gegeben. Darunter versteht man Menschen, die sehr emotional sind („himmelhoch jauchzend – zu Tode betrübt"), vor vielem Angst haben (Alleinsein, Dunkelheit), an Selbstzweifeln und Unentschlossenheit leiden, sich „religiöser Melancholie" hingeben und „vom Gemüt her wie ein Apriltag" sind (nach W. Boericke).

Sämtliche Küchenschellen sind geschützt; Extrakte dürfen daher nur aus kultivierten Pflanzen gewonnen werden.

- **Beschreibung:** Höhe bis 30 cm; Rosettenpflanze; Grundblätter seidig behaart, 2–3-fach gefiedert, nach der Blüte erscheinend; junge Triebe dicht behaart; Stängel zur Fruchtzeit stark verlängert; Blüten aufrecht, glockenförmig, blauviolett, außen zottig behaart, mit einem Kranz von tief eingeschnittenen Hochblättern; zahlreiche Nüsschenfrüchte mit federartigem Griffel; tief wurzelndes, dunkelbraunes, dickes, verzweigtes Rhizom; ausdauernd
- **Blütezeit:** März bis Mai
- **Geruch, Geschmack:** geruchlos, Geschmack brennend scharf
- **Standort:** Magerrasen, Kiefernwälder, Gärten, kalk- und wärmeliebend
- **Vorkommen:** kultiviert
- **Droge:** Herba Pulsatillae
- **Inhaltsstoffe:** Saponine, Gerbstoffe, Protoanemonin, Anemonol
- **Anwendung:** früher: gegen Gicht, Schmerzen, Krämpfe, entzündliche Hauterkrankungen
- **Verwendung:** Umschläge
- **Homöopathisch:** bedeutendes Konstitutionsmittel sowie gegen Krämpfe, Neuralgien, Rheumatismus, Hautkrankheiten, Menstruationsbeschwerden
- **Sammelgut, Sammelzeit:** ganze Pflanze März bis Mai
- **Verwechslung:** Alpen-Küchenschelle *(P. alpina)*: Blüten weiß oder gelb
- **Sonstiges:** Das Kraut verliert getrocknet schnell an Wirksamkeit; frisch ist es sehr giftig. Verwendung nur nach ärztlicher Verordnung!

Unten links: Die Küchenschelle blüht bereits im März. Schutz vor der Kälte bieten die langen Haare auf Knospen, Blüten und Stielen.

Unten rechts: Bizarre Formen – die Fruchtstände der Küchenschelle.

Rosidae

ROSENÄHNLICHE

Übersicht Rosidae:

Doldenblütler *Apiaceae, Umbelliferae*	S. 198
Stechpalmengewächse *Aquifoliaceae*	S. 212
Efeugewächse *Araliaceae*	S. 213
Hartriegelgewächse *Cornaceae*	S. 214
Sonnentaugewächse *Droseraceae*	S. 215
Ölweidengewächse *Eleagnaceae*	S. 216
Schmetterlingsblütler *Fabaceae*	S. 217
Storchschnabelgewächse *Geraniaceae*	S. 224
Rosskastaniengewächse *Hippocastanaceae*	S. 225
Leingewächse *Linaceae*	S. 226
Nachtkerzengewächse *Onagraceae*	S. 227
Kreuzdorngewächse *Rhamnaceae*	S. 229
Mistelgewächse *Viscaceae*	S. 231
Rosengewächse *Rosaceae*	S. 232

Die **Rosenähnlichen** haben nicht nur eine enorme Vielfalt an Blüten- und Wuchsformen hervorgebracht, sondern es kommt ihnen auch große wirtschaftliche Bedeutung zu. Ihnen gehören mit den Doldenblütlern *(Apiaceae)* und den Schmetterlingsblütlern *(Fabaceae)* wichtige Gemüse- und Gewürzpflanzen und in der namensgebenden Ordnung der Rosengewächse *(Rosaceae)* auch zahlreiche Obstsorten an.

Die Blüten des Weißdorns sind nicht nur schön, sondern ergeben auch einen wirksamen Herz-Kreislauf-Tee.

Doldenblütler

(Apiaceae, Umbelliferae)

Zur Familie der Doldenblütler gehören in Mitteleuropa mehr als 50 Gattungen. Es sind meist krautige Pflanzen mit gefiederten, handförmig zerteilten oder gelappten Blättern, die fast immer wechselständig sind und oft mit bauchig aufgeblasener Scheide den glatten, kantigen oder gerillten Stängel umfassen. Manchmal ist der Blattstiel mehr oder weniger borstig, abstehend behaart und am Grund rötlich überlaufen. Die kleinen weißen, rötlichen, gelben oder grünlichen Blüten stehen in halbkugeligen bis kugeligen Dolden und Döldchen.

In den zweifächerigen Fruchtknoten entwickeln sich die kleinen rundlich-eiförmigen bis länglichen, zum Teil geflügelten Samen (= Nüsschen), die durch das Zerfallen der Spaltfrucht frei werden. Typisch sind der aromatische, würzige Geruch und Geschmack der Blätter und Wurzeln.

Blühender Giersch im Garten. Wer ihn essen möchte, sollte ihn vor der Blüte ernten.

Aegopodium podagria L.
GIERSCH

Geißfuß, Erdholler, Dreiblatt, Weißwurz, Zipperleinkraut

Wer kennt sie nicht, die Weißwurz – eines der lästigsten „Unkräuter"? In nahezu jedem Garten wächst der Giersch an schattigen, feuchteren Stellen unter Sträuchern und Bäumen und dringt zum Ärger der Betroffenen nicht selten auch in die Beete ein. Ganz sicher erkennt man ihn an seinen langen weißen Rhizomen, die – zum Leidwesen der Gärtner(in) – leicht abbrechen und damit – zur Freude der Köche – nicht ausrottbar sind.

Das Vitamin-C-reiche Kraut diente zur Römerzeit u. a. zur Ernährung der römischen Soldaten und war im Mittelalter eine der wichtigsten Gemüsepflanzen. Die Vielseitigkeit der Verwendungsmöglichkeiten ist erstaunlich, und wer sie kennt, wird beim nächsten Mal zögern, die Pflanze als „Unkraut" abzuqualifizieren. Gemischt mit Brennnesseln und anderen Wildkräutern, wie Spinat zubereitet und mit etwas Butter (oder, für Kalorienbewusste, mit Crème fraîche) verfeinert, schmeckt der Giersch sogar Kindern. Auch als Würzkraut für Fleisch- und Gemüsegerichte oder Kräutersuppen ist er dank seines aromatischen, scharf-würzigen Geschmacks geeignet.

Die Blätter des Gierschs erinnern an die des Holunders (s. S. 111f.), weshalb er in Süddeutschland auch „Erdholler" genannt wird.

- **Beschreibung:** Höhe 30–100 cm, Blätter ein- bis zweifach dreizählig gefiedert, langgestielt, am Fuß oft rötlich überlaufen, einzelne Blättchen eiförmig-zugespitzt, z. T. asymmetrisch; Stängel hohl, gerillt, Wurzeln weiß, lang, leicht abreißend; Blüten klein, weiß in flacher, zusammengesetzter Dolde.
- **Blütezeit:** Mai bis Juli
- **Geruch und Geschmack:** aromatisch, würzig, ähnlich wie Möhren oder Petersilie
- **Standort:** nährstoffreicher, lockerer Lehm- oder Tonboden, an Waldrändern unter Hecken, in Gärten und Parkanlagen, an Ufern, in lichten Bergwäldern bis über 1800 m
- **Vorkommen:** sehr häufig, in dichten, individuenreichen Beständen, bodendeckend

- **Droge:** Herba Aegopodii podagria
- **Inhaltsstoffe:** ätherische Öle mit noch nicht definierten Komponenten, Flavonolglycoside, Phenolcarbonsäuren, Ascorbinsäure, Cumarine, Bitterstoffe
- **Anwendung:** Appetitlosigkeit, Blutreinigung, Gicht, Rheuma, Ischiasbeschwerden, (Nieren- und Blasenleiden)
- **Verwendung:** Tee, Umschläge (gegen Schmerzen), Bäder (gegen Hämorrhoiden), Salat, Suppe, Spinat, Gewürz, Kräuterbowle
- **Homöopathisch:** gegen Rheuma, Gicht und Ischiasbeschwerden
- **Sammelgut, Sammelzeit:** nicht voll entfaltete Blätter für Salat, Kräutersuppe März bis Mai; Blätter mit Stiel für Tee, Umschläge, Bäder, Spinat, Kräuterbowle etc. März bis September
- **Verwechslung:** Junge Holunderpflanzen *(Sambucus nigra)* haben einen runden Stiel, der im unteren Bereich oft verholzt; andere Doldenblütler haben anders geformte Blätter und wachsen einzeln

Angelica archangelica L.
ECHTE ENGELWURZ

Engelbrustwurz, Heiliggeistwurzel, Theriakwurzel

Angelica-Wurzeln galten schon früher als verdauungsförderndes, appetitanregendes Mittel, das bei üppigen Mahlzeiten das Völlegefühl nahm und obendrein auch selbst noch gut schmeckte.

Die Echte Engelwurz ist vor allem in Flussniederungen verbreitet; die Wald-Engelwurz *(A. sylvestris)* bevorzugt feuchten, nährstoffreichen und humosen Lehm- oder Tonboden und wächst in Nasswiesen, an Wegrändern, Ufern und in Au- und Moorwäldern. Der Legende nach kam die Engelwurz durch den Rat eines Erzengels *(archangelus)* in den Gebrauch des Menschen. Die Inhaltsstoffe und die Verwendung von Echter und Wald-Engelwurz sind ähnlich.

- **Beschreibung:** Engelwurz: Höhe 50–200 cm; Blätter 2–3-fach gefiedert, Blättchen eiförmig und stachelspitzig; blasig aufgeblähte Blattscheide; Stängel rund, schwach gerillt, hohl, oft bläulich bereift; Blüten grünlich, in großen, kugeligen, zusammengesetzten Dolden; Samen deutlich gerippt; Wurzeln 3–8 cm dick
- **Blütezeit:** Juli bis August
- **Geruch und Geschmack:** aromatisch, würzig, Wurzeln schmecken etwas süßlich, aber auch scharf und bitter
- **Standort:** nasse, nährstoffreiche, sandig-tonige Böden am Ufer größerer Flüsse
- **Vorkommen:** zerstreut, gelegentlich verwildert
- **Droge:** Folium, Fructus, Semen Angelicae, Radix, Oleum Angelicae fructus
- **Inhaltsstoffe:** ätherische Öle, Harz (Pinen), Furanocumarine (Angelicin), Cumarine etc.
- **Anwendung:** Blätter bei Verdauungsschwäche, Brustfellentzündung; Samen bei Nieren- und rheumatischen Beschwerden; Wurzel bei Appetitlosigkeit, Blähungen, Verdauungsstörungen
- **Verwendung:** Tee, Gemüse, kandierte Stängel zur Verdauung, Likör, Kosmetikindustrie als Duftstoff, Mundwasser, Umschlag aus Blättern gegen Brustfellentzündung
- **Homöopathisch:** s. o.
- **Sammelgut, Sammelzeit:** Blätter Mai bis Juli;

Ganz oben: Angelica-Wurzelstock.

Oben: Die Wald-Engelwurz ist kleiner als die Echte Engelwurz, hat aber eine viel größere Verbreitung.

Links: Kugeliger Blütenstand der Echten Engelwurz.

Stängel, Samen von Juni bis Juli; Wurzel der zweijährigen Pflanze April bis Mai und September bis Oktober

- **Verwechslung:** Wald-Engelwurz: kleiner und schlanker; Blattstiele oberseits rinnig, Blüten rötlichweiß, Doldenstiele flaumig behaart; Wurzel dünn; häufig andere Doldenblütler
- **Sonstiges:** Pflanzensaft kann wegen des Gehaltes an Furanocumarinen auf der Haut unter Lichteinfluss Entzündungen hervorrufen – deshalb während der Behandlung auf längere Sonnenbäder und Solarium verzichten. Vorsicht bei Schwangerschaft!

Rechts: Blütenstände des Wiesenkümmels mit reifenden Samen.

Carum carvi L.
WIESENKÜMMEL

Echter Kümmel, Garbe, Karve, Karbensamen

Mit den Doldenblütlern ist es so eine Sache: Selbst erfahrene Naturfreunde machen lieber einen Bogen um sie – und das aus gutem Grund: Manche Arten sind nur dann sicher zu bestimmen, wenn man außer der Blüte auch noch die reifen Samen vor sich hat. Leichtsinn kann im schlimmsten Fall ebenso fatale Folgen zeitigen wie Schluderei beim Pilzesammeln, denn der doldenblütige Gefleckte Schierling *(Conium maculatum)* ist tödlich giftig. Wer also den Wiesenkümmel seiner aromatischen Samen wegen schätzt – was wären z. B. Krautsalat oder Sauerkraut ohne den nicht nur würzigen, sondern nebenbei auch noch den Blähungen vorbeugenden Kümmel –, sollte sich seine Vorräte lieber im Handel besorgen als in der freien Wildbahn. Kümmel wird auch zur Schnapsherstellung verwendet.

- **Beschreibung:** Höhe bis 100 cm, Blätter 2–3-fach gefiedert, mit sehr feinen, spitzen Einzelfiedern, wichtiges Kennzeichen: unterstes Blattpaar mit der blasig aufgetriebenen Stielbasis dem Stängel nebenblattartig ansitzend; Stängel rund, hohl, rinnig, von der Basis sparrig verzweigt; Blüten klein, weiß oder rötlich, in zusammengesetzten Dolden mit 8–15 ungleich langen Strahlen, Hüllblättchen fehlen oder sind winzig; Samen grünlich, 3 mm lang, 2 mm breit, stumpf 5-rippig, erst beim Trocknen braun werdend; Wurzel weiß, möhrenartig fleischig verdickt; zweijährig, Blüten und Früchte erst im zweiten Jahr
- **Blütezeit:** Mai bis Juni
- **Geruch, Geschmack:** intensiver Kümmelgeruch und -geschmack
- **Standort:** nährstoffreiche, humose, tiefgründige Lehm- oder Tonböden, auf Wiesen und Weiden
- **Vorkommen:** zerstreut, häufig auf Wiesen, Weiden, an Wegrändern, Alpen bis 1800 m
- **Droge:** Fructus, Oleum Carvi
- **Inhaltsstoffe:** ätherisches Öl (Carvon, Carveol, Limonen), Cumarine, in der Wurzel zusätzlich Zucker und Stärke
- **Anwendung:** verdauungsanregend, gegen Blähungen, gegen Völlegefühl, nervöse Herz-Magen-Beschwerden, Verdauungsstörungen bei Säuglingen; Milchfluss fördernd
- **Verwendung:** Tee, Gewürz (Brot, Kraut, Kartoffeln), Likör, Schnaps
- **Homöopathisch:** s. o.
- **Sammelgut, Sammelzeit:** Früchte Mitte Juni bis Ende Juli, Wurzel April bis Mai
- **Verwechslung:** andere Doldenblütler: aufgeblasene Blattscheide ohne nebenblattartige, paarige Fiederblätter, anderer Geruch und Geschmack
- **Sonstiges:** Bei Missbrauch kann Kümmelöl zu Leberschäden führen

Coriandrum sativum L.
KORIANDER

Gartenkoriander, Schwindelkraut, Klanner, Stinkdill, Wanzendill

Schon aus der Bibel ist der Koriander bekannt. Über das göttliche Manna, das vom Himmel fiel und die Kinder Israels in der Wüste vor dem Hungertod rettete, heißt es im Buch Exodus: „Es war weiß wie Koriandersamen und schmeckte wie Honigkuchen ..." Die Bibel ist kein Kräuterbuch, darum sei hier der Einwand gestattet, dass die Samen des Korianders normalerweise graulich bis blass gelbbraun gefärbt sind. Seit dem Altertum schätzt man den Koriander als Gewürzpflanze, vor allem für Brot, Gemüse und Liköre. Als die Bauern noch selber buken, war er in ihren Hausgärten verbreiteter als heute. Am ehesten findet man ihn noch in traditionellen Klostergärten. In freier Natur hat er sich nördlich der Alpen nie sehr wohl gefühlt; nur in klimatisch begünstigten Gegenden können sich Gartenflüchtlinge eine Zeit lang halten. Der Koriander liebt die Wärme des Mittelmeerraums, wo er zu den wichtigsten Küchengewürzen zählt.

- **Beschreibung:** Höhe 30–80 cm; Blätter 2–3-fach gefiedert oder 3-teilig mit linealen Zipfeln, die ungeteilten Grundblätter sterben früh ab; Stängel rund, gestreift, im oberen Abschnitt verzweigt; Blüten weiß oder rötlich, in lang gestielten Dolden, äußere Blüten ca. 7 mm, innere ca. 3 mm im Durchmesser, Samen kugelig bis eiförmig, hart, strohgelb bis braun, 3–5 mm im Durchmesser; Wurzel spindelförmig, einjährig
- **Blütezeit:** Juni, Juli
- **Geruch, Geschmack:** blühendes Kraut mit unangenehmem Wanzengeruch, reife Früchte riechen angenehm würzig, Geschmack süßlich-scharf
- **Standort:** kalkhaltige Böden
- **Vorkommen:** weltweit, besonders im Mittelmeergebiet, häufig angebaut, Bauerngärten
- **Droge:** Fructus, Oleum Coriandri
- **Inhaltsstoffe:** ätherische Öle, Cumarine, Triterpenalkohol (Coriandrinondiol)
- **Anwendung:** anregend, berauschend (Aphrodisiakum), antiseptisch, gegen Blähungen, Völlegefühl, gegen leichte krampfartige Magen-Darm-Störungen; Öl gegen Neuralgien und Gelenkschmerzen
- **Verwendung:** Essenz, Gewürz (Brot, Fleischgerichte); Kosmetikindustrie zur Parfümherstellung, Schnaps, Likör
- **Sammelgut, Sammelzeit:** Früchte, August bis September
- **Verwechslung:** andere Doldenblütler
- **Sonstiges:** frische, grüne Pflanzenteile sind mitunter unverträglich

Links: Blühender Koriander im Garten.

Rechts: Die kugeligen, reifen Samen des Korianders.

Eryngium campestre L.
FELD-MANNSTREU

Brachdistel, Donardistel, Feldmannstreu, Krausdistel, Laufdistel, Rolandsdistel, Ziegenbart

Rechts: Der an Disteln erinnernde Blütenstand des Feld-Mannstreus.

Unten: Keine echte Distel ist die im Küstensand wachsende Strand- und Blaue Dünendistel.

Zur präzisen Beschreibung der vielen Teile einer Pflanze, der Besonderheiten ihres Wachstums und ihrer Vermehrung verfügt die Botanik über ein Fachvokabular, das für Anfänger und Laien nicht immer leicht verständlich ist. Am leichtesten lassen sich die Begriffe anhand einprägsamer Beispiele merken. So spricht man von einer „anemochoren" Verbreitung dann, wenn Teile der Pflanzen, insbesondere die Fruchtstände, sich nach der Reife ablösen und vom Wind (gr.: ánemos) fortgetragen werden. Gerade in trockenen, waldlosen Gebieten, über die Sturm und Wind ungehindert hinwegstreichen können, verbreiten sich viele Pflanzen, darunter auch der Feld-Mannstreu, „anemochor". Auch die Volksnamen „Laufdistel" und „Steppenhexe" sind von dieser Eigenschaft abgeleitet.

Obwohl der Feld-Mannstreu stachelig ist wie eine Distel und obwohl er und seine Verwandten im Volksmund auch „Disteln" genannt werden – z. B. *E. maritimum*, die Strand- oder Blaue Dünendistel –, ist er kein Korb-, sondern ein Doldenblütler. Für Pilzsammler lohnt es sich in West- und Südeuropa, in Feld-Mannstreu-Beständen und an Dünendisteln den schmackhaften Kräuterseitling *(Pleurotus eryngii)* zu suchen, der auf den Wurzeln von *Eryngium*-Arten parasitiert. In Deutschland ist der Pilz allerdings sehr selten und muss geschont werden.

- **Beschreibung:** Höhe bis ca. 60 cm; Blätter lang gestielt, derb, dornig gezähnt oder gesägt, tiefdreiteilig, bis 20 cm lang, weißlichgrün mit einem deutlichen weißlichen Adernetz; Stängel dick, flach gerillt, hellgrün bis fast weißlich, sparrig verzweigt und beblättert; Blüten klein, weißlich, in zahlreichen kugeligen Köpfchen, geschützt von 3–8 dornigen, lang zugespitzten Hüllblättern, Kelchblätter stachelspitzig, doppelt so lang wie die Kronblätter
- **Blütezeit:** Juli bis September
- **Geruch, Geschmack:** Geschmack erst süßlich, dann scharf und bitter
- **Standort:** auf kalk- und humusreichen Lehm- oder Lössböden, an sonnigen Standorten, an Wegrändern, im Kalkmagerrasen
- **Vorkommen:** sehr selten
- **Droge:** Herba (Blätter und Blüten), Radix Eryngii
- **Inhaltsstoffe:** ätherische Öle, Saponine, Chlorogensäure, Rosmarinsäure
- **Anwendung:** Harn- und Blasenleiden, Entzündungen der Prostata, Bronchialkatarrh, Wurzel auch bei Hautkrankheiten und zur Regulierung des Milchflusses (zum Abstillen)
- **Verwendung:** Tee, junge Sprosse als Salat, Gemüse
- **Sammelgut, Sammelzeit:** Blätter Juli bis August, Wurzel Frühjahr bis Sommer
- **Verwechslung:** Verschiedene Disteln (s. S. 63)
- **Sonstiges:** Die Blaue Dünendistel ist zwar essbar, aber geschützt und kommt vereinzelt an allen sandigen Küsten Europas vor; die Flachblättrige Donardistel *(E. planum)* wächst vom östlichen Deutschland und Südosteuropa bis zum Ural; die Wurzel hilft nach der Volksheilkunde gegen Keuchhusten

Foeniculum vulgare Mill.
FENCHEL

Brotsamen, Fenikel, Fenis, Frauenfenchel

Der Fenchel ist sowohl als Gemüse- wie als Gewürz- und Heilpflanze schon seit dem Altertum bekannt. Hildegard von Bingen empfahl ihn sogar gegen Melancholie. Seine Heimat ist der Mittelmeerraum, wo auch heute noch die Hauptanbaugebiete liegen. Wild kommt er nördlich der Alpen, wo er über die mittelalterlichen Klostergärten bekannt wurde, nicht vor. Fencheltee besänftigt unruhige Mägen und wird sogar für Babys empfohlen. Sehr beliebt ist der Fenchelhonig, doch stehen in Feinschmeckerrestaurants der gehobenen Preisklasse gelegentlich auch Fenchelpollen auf den Speisekarten. Das exklusive „Gewürz der Engel" – so die Übersetzung der gebräuchlicheren englischen Bezeichnung *spice of angels* – findet z. B. bei Fischgerichten Verwendung und wird von den wenigen Produzenten grammweise abgerechnet.

- **Beschreibung:** Höhe bis 200 cm; gestielte, glänzende, blaugrüne, fadenförmige Blättchen, Blattscheiden an der verholzenden Stängelbasis sehr fleischig, meist 3–6 cm lang; Stängel fein gestreift, kahl, glänzend, verzweigt; kleine gelbe Blüten in großen Dolden; Samen dunkelgrau, länglich-eiförmig, gestreift, ungeflügelt, kahl
- **Blütezeit:** Juni bis August
- **Geruch, Geschmack:** Geruch aromatisch, Geschmack intensiv würzig, etwas bitter
- **Standort:** Mittelmeergebiet
- **Vorkommen:** angebaut, verwildert
- **Droge:** Fructus, Oleum Foeniculi
- **Inhaltsstoffe:** Zusammensetzung je nach Sorte unterschiedlich: ätherische Öle (Anethol, Fenchon, Estragol), Limonen; Camphen
- **Anwendung:** krampfartige Magen- und Darmbeschwerden, Völlegefühl, Blähungen, bei Katarrhen der oberen Luftwege, in der Volksheilkunde auch gegen Augenekzeme, Bindehautentzündung
- **Verwendung:** Tee, Honig, Gewürz, Gemüse (eigene Fenchelsorte), Bonbons, Likör, Zahncreme, Backwaren, Brot, Käse, Wurst
- **Homöopathisch:** s. o.
- **Sammelgut, Sammelzeit:** junge Blätter, Wurzel (einjährig), Samen September – Oktober
- **Verwechslung:** Dill *(Anethum graveolens):* Blattscheiden max. 2 cm lang, Samen linsenförmig, geflügelt, einjährig; Wasserfenchel *(Oenanthe aquatica):* Sumpfpflanze an seichten, stehenden und fließenden Gewässern; Blüten weiß, grünlichbraun; Wirkung stärker als beim Fenchel, bei Erkrankungen der Atemwege, Verdauungsbeschwerden
- **Sonstiges:** Maximale Tagesdosis ca. 7,5 g

Links: Der Fenchel, ein gelb blühender Vertreter der Doldenblütler.

Rechts: Fenchelsamen.

Heracleum sphondylium L.
WIESENBÄRENKLAU

Herkuleskraut

Der Wiesenbärenklau gehört zu den häufigsten essbaren Wildkräutern Mitteleuropas. Ihm kommt zugute, dass ihm stickstoffreiche Böden zusagen, sodass er auch auf landwirtschaftlich intensiv genutzten Wiesen existieren kann. Für die Küche ist er vielfältig verwendbar; er eignet sich besonders als Gemüse in Nudelgerichten (z. B. Lasagne), Aufläufen und als Pfannkuchenfüllung. Man nimmt vor allem die jungen Triebe; die älteren sollte man schälen wie Rhabarber.

Hüten muss man sich vor dem Riesen-Bärenklau *(H. mantegazzianum)*, einem Einwanderer aus dem Kaukasus, der bei uns vielerorts an Ruderalstellen, in Gärten, Parkanlagen und an Wegrändern Fuß gefasst hat. Stauden, die sich in der Nähe von Schulen und Kindergärten angesiedelt haben, sollten entfernt werden, da der Pflanzensaft in Verbindung mit Sonnenlicht starke Verbrennungen auf der Haut hervorrufen kann, die ärztlicher Behandlung bedürfen. In abgeschwächter Form gilt dies auch für den Wiesenbärenklau und viele andere Doldenblütler, die Furanocumarine enthalten.

Blühender Wiesenbärenklau.

- **Beschreibung:** Höhe bis 180 cm; Pflanze dicht mit langen, weichen Drüsenhaaren; sehr große (bis 50 cm), gefiederte Blätter mit gelappten und grob gezähnten Einzelfiedern (wie Bärentatzen); fleischige Blattstängel, Basis rotlila, Blattscheiden aufgeblasen; Stängel kräftig, kantig, hohl, mit Knoten; kleine weiße, seltener grünlichweiße Blüten in großen, flachen Doppeldolden, Randblüten asymmetrisch; Samen bis 8 mm lang, flach, breit-eiförmig, geflügelt; zwei- bis mehrjährig
- **Blütezeit:** Juni bis September
- **Geruch:** stark aromatisch, etwas unangenehm, Geschmack sehr würzig, etwas süß
- **Standort:** humoser, stickstoffreicher, feuchter Boden, intensiv genutzte Wiesen, Wegränder, lichte Wälder, Hochstaudenfluren
- **Vorkommen:** sehr häufig, bis ca. 2500 m
- **Droge:** Herba, Radix Heraclei
- **Inhaltsstoffe:** ätherische Öle, Furanocumarine, Bitterstoffe, Zucker
- **Anwendung:** Pulver aus der Wurzel gegen Verdauungsbeschwerden, Absud gegen Ruhr, nervöse Leiden, Epilepsie
- **Verwendung:** Pulver, Tee, Gemüse
- **Homöopathisch:** bei Verdauungs- und Hautproblemen
- **Sammelgut, Sammelzeit:** junge Blätter und Blattstiele von April bis Oktober
- **Verwechslung:** Riesenbärenklau: Höhe bis 3 m, als Zierpflanze eingeführt, verwildert; nur schwach behaart, Blätter bis 3 m lang, Stängel oft mit dunkel weinroten Flecken
- **Sonstiges:** Hasenfutter – beim Sammeln sollten Allergiker aber vorsichtig sein; der Pflanzensaft aller *Heracleum*-Arten kann wegen des Gehaltes an Furanocumarinen unter Lichteinfluss brandblasenähnliche Entzündungen auf der Haut hervorrufen (= Wiesendermatitis) – deshalb sollte man während einer phytotherapeutischen Behandlung auf längere Sonnenbäder und Solarium verzichten. Vorsicht bei Schwangerschaft

Links: Das „Maggikraut" ist an seinen typischen breitgelappten Blättern gut zu erkennen.

Rechts: Das Breitblättrige Laserkraut hat ähnliche Blätter, aber weiße Blüten.

Levisticum officinale Koch
LIEBSTÖCKEL

Maggikraut, Gebärmutterkraut, Gichtwurz, Leberstockwurzel, Nervenkraut, Suppenlob

Der Liebstöckel ist eine der bekanntesten und beliebtesten Gewürzpflanzen. Er fehlt in keinem Kräutergarten, wird aber selten auch verwildert gefunden. Die bis über 2 m hohe Staude verdankt ihren deutschen Namen, wie Friedrich Jantzen schreibt, einer Verhunzung („volksetymologischen Umbildung") der lateinischen Bezeichnung *Levisticum*, die ihrerseits aus *Liguricum* entstanden war. Aus Ligurien soll der Liebstöckel einst in die mitteleuropäischen Klostergärten gekommen sein; die ursprüngliche Heimat vermutet man im Orient. Über die angeblich aphrodisierende Wirkung des Liebstöckels begann man erst zu spekulieren, nachdem sich das deutsche Wort entwickelt hatte – ein gutes Beispiel dafür, auf welch seltsamen Umwegen Aberglaube entstehen kann. Älteren Datums dürfte die Annahme sein, Liebstöckelwurzeln taugten zur Erkennung von Hexen.

- **Beschreibung:** Höhe bis 200 cm; glänzend grüne, kahle, feste, große, zwei- bis dreifach gefiederte Blätter, buschig; dicker, hohler Stängel; Blüten klein, blassgelb in dichten 8–20-strahligen Dolden, mit zahlreichen Hüllblättchen; Samen gelbbraun, 5-rippig; kurzer, fleischiger, rostfarbener Wurzelstock; mehrjährig
- **Blütezeit:** Juli bis August
- **Geruch, Geschmack:** würziger Geruch nach Sellerie, Geschmack intensiv würzig
- **Standort:** humusreiche, feuchte Böden
- **Vorkommen:** südliches Europa, kultiviert, oft verwildert
- **Droge:** Herba, Fructus, Semen, Radix Levistici
- **Inhaltsstoffe:** ätherische Öle, Furanocumarine, Gerbstoffe, Zucker, Harz
- **Anwendung:** Blähungen, Verdauungs- und Menstruationsbeschwerden, Bronchialkatarrh (schleimlösend)
- **Homöopathisch:** s. o.
- **Verwendung:** Gewürz, Salat aus der gekochten Wurzel, Likör, Wurzelabsud als Badezusatz bei übermäßiger Schweißabsonderung
- **Sammelgut, Sammelzeit:** Kraut Ende Mai, Anfang Juli, Ende August bis Ende September; Wurzel Frühjahr, Oktober
- **Verwechslung:** Breitblättriges Laserkraut (*Laserpitium latifolium*): Wurzelstock behaart; andere Doldenblütler
- **Sonstiges:** verursacht bei Dauergebrauch Übelkeit und Schwindel

Die Bärwurz ist an ihren intensiv duftenden, fein gefiederten Blättern gut zu erkennen.

Meum athamanticum Jacq. **GEWÖHNLICHE BÄRWURZ**

Bärendill, Bärenfenchel, Bärkümmel, Bärmutterkrut, Bärnzotten, Bergpudel, Dillblattwurz

Die Gewöhnliche Bärwurz meidet Kalkböden und zieht höhere Lagen vor. Die im Vergleich zu anderen Doldenblütlern relativ niedrige Pflanze mit den stark gefiederten, dillartigen Blättern hat zerrieben einen sehr kräftigen, würzigen Geruch, den manche menschliche Nasen nicht mehr als angenehm empfinden. Aus Bärwurz gebrannter Schnaps ist ein echter „Magenputzer", auch wenn sein Geschmack nicht jedermann zusagt. Das Kraut wird zu Suppen und Kräuterquarks verwendet. Insgesamt gesehen ist der Bekanntheitsgrad der Pflanze aber längst nicht mehr so hoch wie in jener Zeit, in der sie noch als wichtiges Heilmittel angesehen wurde. Hildegard von Bingen z. B. empfahl den Bärenfenchel gegen Gicht und Gelbsucht.

- **Beschreibung:** Höhe bis 60 cm; Blätter fein gefiedert wie Dillblätter (2–7 mm lang), dunkel-gelbgrün, kahl, meist grundständig; Stängel fein gerillt, hohl; Blüten weiß oder gelblich-weiß, äußere Blüten oft weinrot bis rotviolett überlaufen, 6–15 Dolden; Samen ca. 7 mm lang, 3,5 mm dick, kantig gerippt; Wurzelstock kräftig mit dickem, faserigem Schopf aus abgestorbenen Blattresten
- **Blütezeit:** Mai bis August
- **Geruch, Geschmack:** Geruch intensiv würzig, Geschmack sehr bitter
- **Standort:** kalk- und stickstoffarmer, humoser, steinig-lockerer Lehmboden, Gebirgswiesen bis 2200 m
- **Vorkommen:** in West- und Mitteleuropa, ziemlich selten
- **Droge:** Radix Mei athamantici, Radix Foeniculi ursini
- **Inhaltsstoffe:** ätherische Öle, Kaffeesäurederivate
- **Anwendung:** bei Verdauungsstörungen, Magenschwäche, Menstruationsstörungen
- **Verwendung:** Kräuterschnaps, Likör, Tinktur
- **Homöopathisch:** s. o.
- **Sammelgut, Sammelzeit:** Wurzel September, Oktober
- **Verwechslung:** Kein anderer Doldenblütler im Gebirge hat diesen intensiv würzigen Geruch und die dillartig gefiederten Blätter

Pastinaca sativa L. ssp. *sativa* **PASTINAK**

Hammelmöhre, Hirschmöhre, Moorwurzel, Welscher Petersil

Unter den so schwierig zu bestimmenden Doldenblütlern gibt es nicht allzu viele gelb blühende Arten. Eine davon ist der Pastinak, der an sonnenexponierten Wegrändern sowie auf Wiesen, an Bahndämmen und Trockenhängen weit verbreitet ist. Ein gewisser Kalkgehalt im Boden ist dem Pastinak angenehm, der, obwohl schon lange als Heil- und Gemüsepflanze bekannt, in jüngerer Zeit im Zuge der „Biowelle" einen neuen Popularitätsschub erfahren hat. Seine Wurzeln, die in der Volksheilkunde als fiebersenkendes Mittel gelten, können wie Petersilienwurzel verwendet werden. Aber Vorsicht! Für Nierenkranke, insbesondere Dialysepatienten, ist die Pflanze tabu. Wegen ihres hohen Kaliumgehalts kann sie bei diesen Personen sogar lebensbedrohend wirken.

- **Beschreibung:** Höhe bis 100 cm; Blätter ein- bis zweifach fiederteilig (2–7 Paar Seitenfiedern), Teilblättchen gekerbt, sitzend; Stängel kantig, gefurcht oder gerillt, behaart, oben verzweigt; Blüten klein, gelb, 5–20-strahlige, zusammengesetzte Dolden, Hüllblättchen meist fehlend; Frucht ca. 6 x 5 mm, eiförmig, geflügelt; Wurzel bei *ssp. sativa* fleischig, bei *ssp. pratensis* dünn und holzig
- **Blütezeit:** Juli bis September
- **Geruch, Geschmack:** stark würzig, süßlich, möhrenähnlich
- **Standort:** kalkhaltige, lockere, nährstoffreiche Böden, an Wegen, Wiesen, Trockenhängen, kultiviert
- **Vorkommen:** Europa, Kleinasien, zerstreut
- **Droge:** Herba, Fructus, Semen Pastinacae, Radix Pastinaci
- **Inhaltsstoffe:** ätherische Öle, Cumarine, Furanocumarine; Wurzel Eiweiß, Stärke, Pektin, Zucker
- **Anwendung:** Blutreinigung, harntreibend (Wassersucht, dicke Beine), Verdauungsschwäche, Blähungen, Wurzel gegen Fieber, Lungen- und Magenleiden
- **Verwendung:** Tee, Kraut als Gemüse, Gewürz, Blütendolden zum Ausbacken, Wurzel Gemüse, Wein
- **Homöopathisch:** gegen Delirium
- **Sammelgut, Sammelzeit:** junge Blätter und Triebe April bis Juni, Blütendolden Juli bis September, Wurzeln Herbst
- **Verwechslung:** Safrangelbe Rebendolde *(Oenanthe crocata):* Blüten mit Hüllchenblättern, Samen ungeflügelt, in Wassernähe; Gefleckter Schierling *(Conium maculatum):* Hüllchenblätter einseitswendig, Stängel an Basis rötlich gefleckt, kahl, bläulich bereift; Geruch unangenehm; Hecken, Zäune, Mauern, giftig
- **Sonstiges:** Die Wurzel der wilden Pastinake ist nur jung und fein geschabt verwendbar; Pflanzensaft kann wegen des Gehalts an Furanocumarinen unter Lichteinfluss Entzündungen auf der Haut hervorrufen

Der gelb blühende Pastinak steht gerne an Wegrändern.

Petroselinum crispum (Mill.) A.W. Hill
KRAUSE PETERSILIE

Peterle, Peterchen, Petersilling, Bittersilche, Peterling

Die Petersilie wurde früher nicht nur als allgemeines Kräftigungsmittel – u. a. zur Stärkung der Manneskraft –, sondern auch als Abtreibungsmittel verwendet, und die Anzahl der Frauen, die Aborte nicht überlebten, war groß. Schwangere und Nierenkranke sollten auf Petersilie und Petersilienprodukte (wie Öle) verzichten. Wegen zahlreicher Nebenwirkungen des Inhaltsstoffs Apiol raten Bisset & Wichtl generell von der Verordnung von Petersilienprodukten zu therapeutischen Zwecken ab.

Die Krause Petersilie ist sehr dekorativ und schmeckt obendrein auch noch gut.

- **Beschreibung:** Höhe bis 60 cm; Blätter 2–3-fach dreiteilig-fiederig, dunkelgrün, nicht glänzend, Rand oft kraus; Stängel kantig, gerillt, kahl, verzweigt; Blüten grünlichgelb bis cremeweiß, lang gestielt, in zusammengesetzter Dolde, ohne Hülle, Hüllchen vorhanden; Samen ungeflügelt; Wurzel ± rübenförmig; *P. sativum* und *P. hortense ssp. tuberosum;* zweijährig
- **Blütezeit:** Juni bis September
- **Geruch, Geschmack:** intensiv würziger Petersiliengeruch und Geschmack
- **Standort:** nährstoffreicher, humoser Lehm- oder Tonboden
- **Vorkommen:** weltweit, ursprünglich vermutlich Mitteleuropa, kultiviert
- **Droge:** Herba, Oleum, Fructus, Radix Petroselini
- **Inhaltsstoffe:** ätherische Öle, Apiol, Flavonoide, Vitamine (Vitamin C, A), Carotinoide, Chlorophyll, Furanocumarine, Terpene; Samen: fettes Öl, Petroselinsäure
- **Anwendung:** zur Entwässerung, bei Verdauungs-, Blasen- und Nierenbeschwerden, Reizblase; Wurzel: bei Blähungen, Menstruationsbeschwerden
- **Verwendung:** Gemüse, Gewürz, Lebensmittelindustrie, Öl
- **Homöopathisch:** s. o.
- **Sammelgut, Sammelzeit:** Kraut Februar bis Oktober; Wurzel September, Oktober; Samen August, September
- **Verwechslung:** Hundspetersilie *(Aethusa cynapium)*: Blattunterseite glänzend, Geruch beim Zerreiben unangenehm, Blüten weiß, Stängel oft weinrot überlaufen, giftig
- **Sonstiges:** Vorsicht bei Allergien gegen Petersilie bzw. Apiol; nicht anwenden bei bestehender Nierenentzündung, Vorsicht bei Schwangerschaft; Öl nur genau nach Vorschrift anwenden! Im Zweifelsfall den Arzt konsultieren

Peucedanum officinale L.
ARZNEI-HAARSTRANG

▪ ***geschützt, giftig*** ▪
Echter Haarstrang, Rossfenchel

Der Arznei-Haarstrang unterscheidet sich von anderen Haarstrangarten durch die schmalen, grasartigen Blätter. Zu den Haarstrangarten gehören auch der Berg-Haarstrang *P. oreoselinum*, die Meisterwurz und der Pastinak *P. sativum* (s. S. 206f). Der Berg-Haarstrang ist eine Gebirgspflanze, die sich hier und dort auch im Tiefland angesiedelt hat, während die Meisterwurz *Imperatoria ostruthium* Höhen über 1000 m vorzieht. Die Samen der *Peucedanum*-Arten sind linsenförmig und am Rand geflügelt.

Der lateinische Artname *officinalis* bzw. *officinale* („zur Apotheke gehörig") ist normalerweise ein Indiz dafür, dass eine Pflanze Verwendung in der Heilkunde findet. Der Arznei-Haarstrang wird heutzutage allerdings kaum noch gesammelt. Die Meisterwurz wird dagegen hier und da sogar noch angebaut, insbesondere in Hildegard-von-Bingen-Gärten. Sie stand bei der „Kräuterheiligen" aus dem Rheinland als Fiebermittel hoch im Kurs, wie sie überhaupt in früheren Jahrhunderten als eine der wichtigsten Heilpflanzen galt. Man sprach ihr sogar magische Kräfte zu und erhoffte sich von ihr u. a. Schutz vor der Pest.

- **Beschreibung:** Höhe bis 1,2 m; Blätter lang gestielt, grasartig, am Rand rau, fein fiedrig 3-zählig zerschnitten, Fiedern bis 9 cm lang; Stängel aufrecht, hart, wenig verzweigt; Blüten gelb, Knospen oft schlaff überhängend; ausdauernd
- **Blütezeit:** Juli, August
- **Geruch, Geschmack:** intensiv würzig, aromatisch
- **Standort:** lehmige, tonige, kalkhaltige Böden, Trockengebüsche, Waldränder
- **Vorkommen:** selten
- **Droge:** Radix Peucedani officinale, Radix Ostruthii, Radix Oreoselini, Herba Oreoselini
- **Inhaltsstoffe:** ätherische Öle, Cumarinderivate (z. B. Peucedanin), Meisterwurz: Imperatorin
- **Anwendung:** bei Katarrh, Wechselfieber, Gicht, Rheuma
- **Verwendung:** Tee, Wurzelpulver, Magenbitter
- **Homöopathisch:** s. o.
- **Sammelgut, Sammelzeit:** Wurzel im Herbst
- **Verwechslung:** Berg-Haarstrang: glänzende Blätter und weiße Blüten, trockene Wiesen und Wälder; Meisterwurz (= Kaiserwurz): weiße oder rötliche Blüten
- **Sonstiges:** Die Meisterwurz dient als Ersatz für die Engelwurz *(Angelica archangelica*, s. S. 199*)* im Magenbitter

Der seltene, geschützte Arznei-Haarstrang.

Oben links: Samen des Anis.

Oben Mitte: Die typische Doldenblüte der Großen Bibernelle.

Oben rechts: Kleine Bibernelle: Die Blattform erinnert an den Wiesenknopf (s. S. 248).

Pimpinella major (L.) Huds. GROSSE BIBERNELLE

Pimpinell, Pimpernell, Bockskraut

Die Große Bibernelle (= Pimpinelle), ein Doldengewächs mit eigenartig brennnesselartig gezähnten Blättern ist über Kalkböden auf Wiesen und Weiden weit verbreitet. Ähnlich wie bei der trockenere Standorte vorziehenden Kleinen Bibernelle *(P. saxifraga)* wird sie in der Volksheilkunde wegen ihres hohen Gehalts an ätherischen Ölen und Saponinen gegen Halsentzündungen und Heiserkeit eingesetzt. Extrakte finden auch als Badezusatz Verwendung.

Vom nahe verwandten, als Gewürzpflanze, zur Verwendung in der Pharmazie und Likörherstellung angebauten Anis *(P. anisum)*, über dessen ursprüngliche Heimat bis heute keine Klarheit herrscht, unterscheiden sich die beiden Bibernellen durch ihre kahlen Samen und die kahlen Stängelspitzen. Beim Anis entspringt der Stiel überdies einer Rosette grundständiger, ungeteilter Blätter. Aus den reifen Samen wird durch Destillation die Anisessenz (Oleum Anisi) gewonnen. Sie enthält auch einige Giftstoffe, deren Wirkung sich unter Luft- und Lichteinfluss sogar noch verstärken kann. In Apotheken erhält man Anis-Samen und Anis-Öl, die beide als Mittel gegen Blähungen und Magenbeschwerden sowie gegen Husten und Heiserkeit eingesetzt werden (Dosierung beachten!). Im Volksmund werden auch die zu den Rosengewächsen zählenden Wiesenknöpfe *Sanguisorba officinalis* und *S. minor* (s. S. 248) bisweilen Pimpinell genannt und im Gartenfachhandel unter dieser Bezeichnung angeboten.

- **Beschreibung:** Höhe bis 100 cm; Blätter unpaarig gefiedert, Fiedern eiförmig bis oval, tief gesägt, Endblättchen oft dreilappig, dunkelgrün, glänzend; Stängel kantig, hohl; Blüten weiß in Doppeldolden; Wurzel spindelförmig, läuft an der Luft bläulich an; mehrjährig
- **Blütezeit:** Juni bis Oktober
- **Geruch, Geschmack:** Geruch intensiv würzig, Geschmack erst würzig, dann beißend scharf
- **Standort:** kalkhaltige Böden, Wiesen, Weiden, Wegrand, Waldrand, bis ca. 2300 m
- **Vorkommen:** häufig
- **Droge:** Herba, Radix Pimpinellae
- **Inhaltsstoffe:** ätherische Öle, Cumarine (u. a. Furanocumarin, Pimpinellin), Laktone, Saponine, Gerbstoff, Harze
- **Anwendung:** bei Halsentzündungen, Heiserkeit (Gurgeln), Katarrh, Bronchitis, Verdau-

ungsschwäche, Durchfall, Erkrankungen der Harnorgane

- **Verwendung:** Tee, Kraut für Salat, Suppe, Sauce, Kräuterbutter; Bad (Pimpinellenwurzel)
- **Homöopathisch:** bei Fieber, Wirbelsäulenbeschwerden
- **Sammelgut, Sammelzeit:** junge Blätter Mai; Wurzeln März, April und September, Oktober
- **Verwechslung:** Kleine Bibernelle: Blätter eiförmig, tief gezähnt; Stängel rund; Großer Wiesenknopf: Blüten länglich-eiförmig, dunkelrot s. S. 246; Kleiner Wiesenknopf: kleiner, Blüten kugelig, grün, später rötlich; Anis: Samen und Stängelspitzen behaart, in Südeuropa kultiviert
- **Sonstiges:** Pflanzensaft kann wegen des Gehaltes an Furanocumarinen unter Lichteinfluss Hautentzündungen hervorrufen

Sanicula europaea L.
SANIKEL

Bruchkraut, Heildolde, Sangel, Schärnikel, Waldklette, Waldknecke, Wundsanikel, Zaniggeli

Der hübsche Sanikel wächst in schattigen Laubwäldern. Als Heilpflanze wird ihm heutzutage keine große Bedeutung mehr zugemessen. Wer jedoch alte Kräuterbücher studiert, wird mit Erstaunen feststellen, dass unsere Vorfahren im Sanikel eine Art Universalmittel zur Wundheilung sahen und ihn auch gegen Geschwüre und innere Blutungen empfahlen. Schon Hildegard von Bingen hatte eine sehr hohe Meinung von ihm: „Sein Saft ist angenehm und gesund, das heißt heilsam, und für den kranken Magen und die kranken Eingeweide ist er sehr gut." Nach Lonicerus war der Sanikel das „Wundkraut der Barbiere".

- **Beschreibung:** Höhe bis 50 cm; Grundblätter langgestielt, immergrün, 3–5-teilig, handförmig; Stängel weitgehend blattlos, gerippt, kahl; Blüten weiß, oft rötlich überlaufen, in köpfchenartigen Döldchen, in einer 3–5-strahligen, zusammengesetzten Dolde, Hüllblättchen deutlich; Samen fast kugelig, stachelig; Wurzelstock kurz, schwarzbraun, faserig; mehrjährig
- **Blütezeit:** Mai bis Juni
- **Geruch, Geschmack:** Blätter geruchlos, Geschmack bitter, zusammenziehend
- **Standort:** kalkhaltige, frische, humusreiche Misch- und Buchenwälder, bis ca. 1500 m
- **Vorkommen:** weltweit außer arktische Gebiete und Australien, zerstreut
- **Droge:** Herba, Radix Saniculae
- **Inhaltsstoffe:** Saponine, ätherische Öle, Gerbstoffe, Bitterstoffe, Harz
- **Anwendung:** Kraut gegen Katarrh, Husten, Magen- und Darmblutungen, Skorbut, zu starke Menstruation; Wurzel adstringierend, Wundheilung (wird nicht mehr empfohlen)
- **Homöopathisch:** Wundheilung, blutstillend, Magen-Darm-Erkrankungen, Durchfall
- **Verwendung:** Tee, Gurgelwasser, Umschlag, Waschungen, Badezusatz
- **Sammelgut, Sammelzeit:** grundständige Blätter vor der Blüte, Saft April bis Mai; Wurzel September bis Oktober

Sanikel an seinem natürlichen Standort im Buchenwald.

Stechpalmengewächse
Aquifoliaceae

Die Stechpalmengewächse, meist Bäume oder Sträucher, haben ledrige Blätter und kleine unscheinbare Blüten, aus denen sich Steinfrüchte mit je ein bis zehn Samen entwickeln.

Oben: Die giftigen Früchte der Stechpalme.

Links oben: Die Knospen und Blüten der Stechpalme wachsen in Doldentrauben am Zweig.

Ilex aquifolium L. STECHPALME

■ ***geschützt, giftig*** ■
Hülse, Hülsdorn, Christdorn, Stecheiche

Die Stechpalme zieht wintermildes atlantisches Klima vor und wächst dort zu kräftigen Bäumen heran, die bis 300 Jahre alt werden können. An ihren dunkelgrünen, gewellten, mit spitzen, randständigen Stacheln bewehrten Blättern ist die Stechpalme leicht zu erkennen. Die korallenroten Beeren sind für Menschen giftig.

In manchen Ländern, insbesondere in England und den Vereinigten Staaten, sind Stechpalmenzweige ein beliebter Weihnachtsschmuck.

In der Pflanzenheilkunde spielt die in Mitteleuropa beheimatete Stechpalme in jüngerer Zeit nur noch eine Nebenrolle. Verwendet wurden die im Mai/Juni gesammelten, zerkleinerten und getrockneten Blätter. Ein Tee daraus wurde vor allem gegen die Gicht verordnet, aber auch bei Bronchitis. Anders verhält es sich mit dem Mate-Teestrauch *(Ilex paraguariensis)*. Der in Südamerika beheimatete Strauch liefert den koffeinhaltigen, anregenden, u. a. auch die Verdauung fördernden, auch „Paraguay-Tee" genannten Mate-Tee. Die Jahresproduktion Südamerikas liegt bei 300 000 Tonnen.

- **Beschreibung:** Stark verzweigter Strauch oder Baum, Höhe meist ca. 2 m, max. 10 m; Rinde glatt, wintergrün, aber nicht frosthart; Blätter gestielt, wechselständig, sehr variabel in der Form, wellig, lederig hart, glänzend, dunkelgrün, Blattrand stachelig-dornig; Blüten zweihäusig, klein, weiß mit karminrotem Zentrum (Saftmal) in Doldentrauben; Früchte leuchtend korallenrot, erbsengroß, 4–5 Samen pro Steinfrucht, giftig!
- **Blütezeit:** Mai, Juni
- **Geruch, Geschmack:** geruchlos, Geschmack der Blätter bitter-schleimig
- **Standort:** Unterholz in Laub- und Buchen-Tannen-Wäldern, frostempfindlich
- **Vorkommen:** Weinbaugebiete, Ostsee, Mittelmeer, atlantische Gebiete, gepflanzt
- **Droge:** Folia Ilicis aquifolii
- **Inhaltsstoffe:** Triterpene, Bitterstoffe (Ilicin), Flavonoide; Rinde gelber Farbstoff
- **Anwendung:** bei Bronchitis, Fieber, Rheuma, Gicht, Durchfall
- **Verwendung:** Tee, Tinktur
- **Homöopathisch:** auch bei Bindehautentzündung
- **Sammelgut, Sammelzeit:** Blätter Mai – Juni
- **Verwechslung:** Steineiche *(Quercus ilex)* Baum, Blätter ähnlich

Efeugewächse

Araliaceae

Die Familie der Efeugewächse ist vorwiegend in den Tropen beheimatet. Zu den bekanntesten exotischen Vertretern gehört u. a. der Koreanische Ginseng (Panax ginseng), *der als eine Art Allheilmittel zur Rekonvaleszenz, bei altersbedingtem Gedächtnisschwund und Stresssituationen in jedem Drogeriemarkt und jeder Apotheke zu finden ist. Die kleinen Blüten stehen meist in Dolden, die Früchte sind in der Regel Beeren oder Spaltfrüchte.*

Hedera helix L.
EFEU

■ *giftig* ■

Rankenefeu, Wintergrün, Baumtod, Eppig, Eppich, Mauerranke, Klimmauf

Der Efeu kriecht über den Waldboden, klettert in Baumkronen, begrünt Hausfassaden, überwuchert Mauern und kann bis 500 Jahre alt werden, ist aber entgegen landläufiger Meinung keine Schmarotzerpflanze. Wie in vielen immergrünen Pflanzen sah man in früheren Kulturen auch im Efeu ein Symbol der Unsterblichkeit, weshalb er bei verschiedenen Bestattungsriten eine Rolle spielte. Als Ranke, die das Haupt des griechischen Weingotts Dionysos bekränzte, muss der Efeu aber auch aufregende Zeiten bei ausschweifenden Trinkgelagen erlebt haben. Der Efeu gehört zu jenen Heilpflanzen, deren Wirkung anerkannt ist, obwohl die genauen Wirkungsmechanismen noch nicht entschlüsselt werden konnten. Gesammelt werden die jungen Blätter im August und September. Efeublättertee wird vor allem bei Erkältungskrankheiten gereicht.

- **Beschreibung:** am Boden kriechend, bis 20 m hoch kletternd; Stamm mit zahlreichen Haftwurzeln sich windend, verholzt; Blätter wechselständig, immergrün, hart, glänzend, ledrig, 3–5-lappig, an den blühenden Sonnentrieben ungelappt, eiförmig, zugespitzt; Blüten grünlichgelb in duftenden, halbkugeligen Dolden; Frucht blauschwarz, giftig (reift im März/April)
- **Blütezeit:** September bis November
- **Geruch, Geschmack:** Geruch aromatisch, Geschmack bitter, scharf
- **Standort:** schattig oder halbschattig; klettert an Bäumen, Felsen, Häusern
- **Vorkommen:** weit verbreitet, häufig
- **Droge:** Folia Hederae helicis
- **Inhaltsstoffe:** Saponine (Hederin), Flavonolglykoside (Rutin), ätherische Öle
- **Anwendung:** Erkrankungen der Atmungsorgane, spastische Bronchitis, Cellulitis, Hautleiden, Frostbeulen, Hühneraugen
- **Verwendung:** Arzneifertigpräparate, Kosmetikindustrie
- **Homöopathisch:** u. a. bei Erkrankungen von Schilddrüse, Magen-Darm-Trakt, Leber, Galle, Bauchspeicheldrüse, Bewegungsapparat
- **Sammelgut, Sammelzeit:** junge, frische Blätter August, September
- **Verwechslung:** keine
- **Sonstiges:** Früchte giftig; bei der Verwendung der Fertigpräparate Dosierung beachten! Allergische Hautreaktionen sind bei Berührung möglich

Der im September blühende Efeu, ein wichtiger Nektarspender, hat an den Sonnentrieben ungelappte Blätter.

Typische gelappte Efeublätter.

Hartriegelgewächse

Cornaceae

Zur Familie der Hartriegelgewächse, die in Mitteleuropa nur mit einer Gattung vertreten ist, gehören ausschließlich Sträucher und Bäume (eine Ausnahme bildet der krautige Schwedische Hartriegel C. suecica *L.). Die Blätter sind eiförmig, die Blattnerven verlaufen bogig und treten deutlich hervor. Das Holz wird wegen seiner Festigkeit v. a. von Drechslern sehr geschätzt. Man fertigt daraus Spazierstöcke und Hammerstiele.*

Cornus mas L.
KORNELKIRSCHE

Dürlitze, Dirlitze, Gelber Hartriegel, Gelber Hornstrauch, Herlitze, Welschkirsche, Erlitzbaum

Im Gegensatz zur Lorbeer- und Wildkirsche (s. S. 243) ist die Kornelkirsche kein Rosengewächs. Ähnlich wie bei der Schlehe (s. S. 242) erscheinen aber auch bei ihr die Blüten vor den Blättern. Oft findet man beide Sträucher in der gleichen Hecke, wo man die Kornelkirsche im zeitigen Frühjahr an ihren kleinen gelben, in büscheligen Dolden wachsenden Blüten leicht erkennt. Im Spätsommer und Herbst sind die länglichen, hängenden, leuchtend roten Früchte ihr Markenzeichen. Es ist nicht ganz einfach, das Fruchtfleisch von dem großen Stein zu trennen, doch wer sich die Mühe macht, erhält die Basis für eine äußerst Vitamin-C-reiche Marmelade. Die Kerne aus den Steinen wurden früher geröstet und als Kaffeeersatz verwendet. Während der Gelbe Hartriegel meist angepflanzt wird, kommt der verwandte Rote Hartriegel *(C. sanguineus)* oft natürlich vor. Bei ihm erscheinen die Blüten erst nach den Blättern, und seine Zweige sind im Winter blutrot. Die schwarzblauen Früchte rufen, in frischem Zustand genossen, Erbrechen und Durchfall hervor, können aber gekocht zu Marmelade und Saft verarbeitet werden.

- **Beschreibung:** Höhe bis 6 m; Blätter kurz gestielt, glattrandig, gegenständig; Blüten klein, gelb, in büscheligen, kurz gestielten Dolden an den Triebspitzen, vor der Entwicklung der Blätter; Früchte leuchtend rot, glänzend, länglich-oval, ca. 1 cm lang, hängend, mit großem Stein
- **Blütezeit:** Februar bis April
- **Geruch, Geschmack:** Geruch der Blüten schwach duftend, Früchte aromatisch, säuerlich, leicht adstringierend
- **Standort:** trockene Laubwälder, Felsen, Gärten, Parkanlagen, Hecke
- **Vorkommen:** zerstreut, häufig angepflanzt
- **Droge:** Folia, Fructus Corni
- **Inhaltsstoffe:** Anthocyanglycoside, Vitamin C, Zucker, Gerbstoffe
- **Anwendung:** bei Durchfall, Fieber
- **Verwendung:** Tee, Marmelade, Gelee, Wein, Kerne geröstet als Kaffeeersatz
- **Homöopathisch:** s. o.
- **Sammelgut, Sammelzeit:** Blätter Mai bis Juni, Früchte August bis Oktober
- **Verwechslung:** Roter Hartriegel: Zweige gelblichgrün, im Herbst und Winter blutrot; Blüten weiß, erscheinen nach den Blättern; Früchte schwarzblau

Früchte und Blätter der Kornelkirsche.

Links: Blühende Kornelkirsche. Die zarten gelben Blüten erscheinen noch vor den Blättern.

Sonnentaugewächse

Droseraceae

Die Drüsenhaare an den Blättern der Sonnentaugewächse sondern ein wie Tautropfen glitzerndes, klebriges Sekret ab, durch das Insekten angelockt und festgehalten werden. Die Blätter umschließen dann die Beute, verdauen die Insekten und decken auf diese Weise ihren Eiweißbedarf.

Drosera rotundifolia L.
RUNDBLÄTTRIGER SONNENTAU

▪ ***geschützt*** ▪

Himmelstau, Gideonswurzel, Herrgottslöffel, Sinntau, Widdertod, Jungfernblüte

Unter fleischfressenden Pflanzen stellt man sich in unserer stark von virtuellen Erlebnissen geprägten Welt normalerweise riesige trichterförmige oder mit garstigen Greifarmen versehene Gewächse in entlegenen tropischen Urwäldern vor. Doch auch in Mitteleuropa gibt es eine Reihe von Arten, die sich die Nährstoffe, welche Boden und Luft ihnen versagen oder nur in unzureichender Menge bieten, aus der Welt der Kerbtiere organisieren. Eine davon ist der in Mooren noch verbreitete Rundblättrige Sonnentau. Die kleine Pflanze, deren mit glitzernden, klebrigen Drüsenhaaren besetzte Blättchen in rosettenförmiger Anordnung zwischen Torfmoosen, manchmal aber auch auf ansonsten vegetationsfreiem schwarzem Moorboden wachsen, war für die Menschen in früheren Jahrhunderten eine wichtige Heilpflanze. Da in Deutschland alle Sonnentauarten geschützt sind, wird die im Handel erhältliche Droge heutzutage aus außereuropäischen Arten wie *D.* [illegible] gewonnen, die ähnliche schleimlösende Wirkstoffkombinationen aufweisen. Die Anwendung erfolgt vor allem bei Reiz- und Keuchhusten.

- **Beschreibung:** Höhe bis 20 cm; Blätter lang gestielt, rund mit rötlichen, klebrigen, glänzenden Drüsenhaaren; Stängel aufrecht, grün oder rötlich; Blüten weiß, 5–8 mm groß, in einseitswendiger Traube; Kapselfrucht, länglich, zahlreiche geflügelte Samen; Wurzeln dünn; ausdauernd
- **Blütezeit:** Juli, August
- **Geruch, Geschmack:** geruchlos, Geschmack säuerlich, bitter, zusammenziehend
- **Standort:** Moore, auf Torf
- **Vorkommen:** in Mooren häufig, sonst sehr selten
- **Droge:** Herba Droserae (= Rorellae)
- **Inhaltsstoffe:** Gerbstoffe, Chinonderivate (Droseron), Anthocyane (rot), Flavonoide
- **Anwendung:** bei Entzündungen der Atemorgane, Asthma, Keuchhusten, Arterienverkalkung, Nieren- und Blasenleiden, Leberleiden, volkstümlich gegen Warzen, Hühneraugen
- **Verwendung:** Tee, Tinktur
- **Homöopathisch:** gegen Keuchhusten, Entzündungen der Atemwege
- **Sammelgut, Sammelzeit:** Kraut Juni bis September
- **Verwechslung:** andere Sonnentauarten *(D. spec.):* keine runden Blätter
- **Sonstiges:** Vorsicht, nicht bei niedrigem Blutdruck und Tuberkulose anwenden! Bei längerer Anwendung können rheumatische Beschwerden auftreten

Sonnentaublatt mit klebrigen Drüsenhaaren.

Links: Sonnentaurosetten im Torfmoos (Sphagnum), das früher in Kriegen als saugfähiges, keimarmes Verbandsmaterial diente.

Ölweidengewächse

Eleagnaceae

Die Ölweidengewächse mit der namengebenden Ölweide (Eleagnus spec.) *und dem Sanddorn* (Hippophae rhamnoides) *sind trockenheitsresistente Sträucher oder Bäume, meist mit Dornen, kleinen, unscheinbaren Blüten und essbaren Beeren. Sie leben in Symbiose mit stickstoffbindenden Bakterien der Gattung* Frankia.

Hippophae rhamnoides L. SANDDORN

Haffdorn, Seedorn, Stechdorn, Weidendorn, Meerdorn

Der Anbau von Sanddorn empfiehlt sich nur auf sandigen Böden. Da der Sanddorn zweihäusig ist, müssen, wenn man Beeren ernten will, sowohl männliche als auch weibliche Sträucher gepflanzt werden.

Aus den lebhaft orangeroten Früchten des Sanddorns – botanisch gesehen sind es „Scheinbeeren" – wird ein Saft gewonnen, der für seinen hohen Gehalt an den Vitaminen C und E bekannt ist. Man verwendet ihn vor allem für Rekonvaleszenten, die wieder zu Kräften kommen müssen, und bei Immunschwäche, aber auch vorbeugend gegen winterliche Erkältungskrankheiten.

- **Beschreibung:** Höhe bis 6 m; Strauch oder Baum; Blätter wechselständig, schmal, lineal-lanzettlich, oberseits dunkelgrün, unterseits silbergrau bis kupferrot behaart; Zweige dunkelbraun, teilweise mit Dornen; zweihäusig: männliche Blüten grünlichweiß, unscheinbar in kugeligen Kätzchen, weibliche röhrenförmig einzeln, kurz gestielt in Büscheln; orangerote, seltener gelbe, beerenartige, längliche bis kugelige Steinfrucht
- **Blütezeit:** April, Mai vor den Blättern
- **Geruch, Geschmack:** Geruch herb, Früchte extrem sauer
- **Standort:** Schotter- oder Kiesfluren an Flüssen, Felsschutt, Küstendünen, an Autobahnen, Bahndämmen, Wegen, gepflanzt
- **Vorkommen:** zerstreut
- **Droge:** Fructus Hippophae rhamnoides
- **Inhaltsstoffe:** Vitamine (Vitamin C, E), Glykoside, Flavonoide, Fruchtsäure, fettes Öl
- **Anwendung:** in der Rekonvaleszenz, bei Immunschwäche, gegen Appetitlosigkeit, Skorbut, Würmer
- **Verwendung:** Saft, Sirup, Marmelade, Lebensmittelindustrie
- **Homöopathisch:** s. o.
- **Sammelgut, Sammelzeit:** Früchte September, Oktober (vollreife Früchte mit Schere abschneiden)
- **Verwechslung:** Schmalblättrige Ölweide *(Eleagnos angustifolia):* Blätter breiter, Zweige silbrig, Früchte süßlich, Zierstrauch

Reife Sanddornbeeren im September.

Schmetterlingsblütler

Fabaceae

Die Familie verdankt ihren deutschen Namen den schmetterlingsförmigen Blüten mit der nach oben zeigenden „Fahne", den beiden seitlichen „Flügeln" und den vorderen, miteinander verwachsenen Blütenblättern („Schiffchen"). Die Frucht ist entweder schneckenförmig gedreht oder eine klappig aufspringende Hülse („Hülsenfrüchte"). Typisch für die Familie sind auch die Fiederblätter und Nebenblätter, die z. B. beim Ginster (Ulex) *zu Dornen umgebildet sind, sowie die Symbiose der Wurzelknöllchen mit stickstoffbindenden Bakterien, die als Beitrag zur Bodenfruchtbarkeit genutzt wird. Wichtige Heilpflanzen sind u. a. der in Afrika heimische Sennastrauch* (Cassia angustifolia)*, dessen Blätter ein bekanntes Abführmittel liefern, und die in Indien beheimatete Tamarinde* (Tamarindus indica)*, aus deren Früchten man ein wohlschmeckendes, abführendes Mus herstellt.*

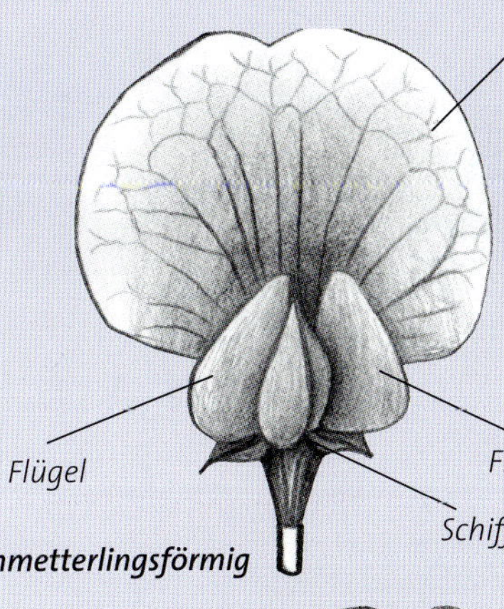

schmetterlingsförmig

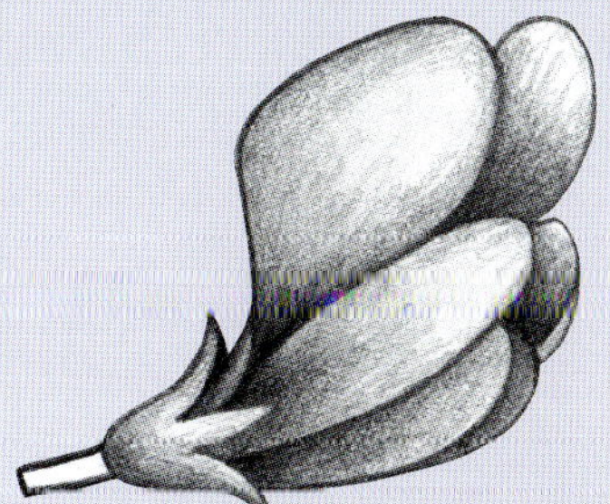

Schmetterlingsblüte

Anthyllis vulneraria L.
WUNDKLEE

Bärenklee, Bergkraut, Bärentatzen, Herrgottschühlein, Wollklee

Charakteristisch für den Wundklee sind die goldgelben Köpfchenblüten mit weißen, aufgeblasenen Kelchen.

Auf Kalkmagerrasen im Gebirge steigt der Wundklee bis in Höhen von 3000 m auf, andererseits ist er auch in flacheren Gegenden weit verbreitet und allenthalben als Futterpflanze sehr geschätzt. Die goldgelben oder rotorangefarbenen Blüten stehen dicht gedrängt in einem endständigen Köpfchen. In der Volksmedizin wurde der Wundklee, seinem Namen entsprechend, vor allem als Wundheilmittel verwendet, obwohl er aus schwer erklärbarer Ursache in den klassischen Werken zur Kräuterheilkunde fehlt. Als Beimischung zu Blutreinigungs- und Abführtees kommt das Kraut ebenfalls zur Anwendung.

Andere Kleearten, insbesondere aus der Gattung *Trifolium*, spielen nicht nur in der Heilkunde eine Rolle, sondern auch in Brauchtum und Aberglauben. Besonders verbreitet ist auch noch in der heutigen Zeit die Annahme, ein zufällig gefundenes vierblättriges Kleeblatt bringe Glück. Solche Vorstellungen haben oft eine Jahrtausende alte Geschichte. Nach Marianne Beuchert sahen bereits die keltischen Druiden im Kleeblatt einen Glücksbringer.

Das Süßholz (Glycyrhiza glabra)*, in vielen Rezepten als Geschmacksverbesserer enthalten und unter dem Namen „Lakritze" als Naschcrei bekannt, hat die typischen Merkmale der Familie: gefiederte Blätter und schmetterlingsförmige Blüten.*

*Rechts: Der Rot- oder Wiesenklee (*Trifolium pratense*), ein bekanntes Viehfutter, kann als Spinat auch den menschlichen Gaumen erfreuen und findet überdies in der Pflanzenheilkunde gegen Husten und Hautkrankheiten Verwendung. In der Homöopathie setzt man Rotkleeextrakte bei Entzündungen der Ohrspeicheldrüse und bei Bronchitis ein. Weitere verbreitete Arten sind der wärmeliebende Mittlere Klee (*T. medium*) mit kugeligen Blütenköpfchen und kahlen Kelchen, sowie der Schwedenklee (*T. hybridum*) mit anfangs weißen, später rosafarbenen Blüten.*

- **Beschreibung:** Höhe bis 30 cm; Grundblätter einfach, Stängelblätter unpaarig gefiedert, Endblättchen vergrößert, graugrün; Stängel niederliegend oder aufrecht; Blüten goldgelb, oft orange oder rot, ca. 1,5 bis 2 cm lang, in endständigen Köpfchen, Kelch weißlich, zottig behaart, nach der Blüte aufgeblasen, von 3–7-spaltigen Hochblättern umgeben; ausdauernd
- **Blütezeit:** Mai bis September
- **Geruch, Geschmack:** Geruch schwach aromatisch, Geschmack bitter
- **Standort:** Kalkmagerrasen, Bahndämme, bis 3000 m
- **Vorkommen:** verbreitet
- **Droge:** Flores, Herba Anthyllidis vulnerariae
- **Inhaltsstoffe:** Gerbstoffe, Saponine, Flavonoide
- **Anwendung:** in der Volksmedizin bei Wunden, Quetschungen, Husten, Verstopfung, zur Blutreinigung
- **Homöopathisch:** nicht bekannt
- **Verwendung:** Tee, frisches Kraut; gute Futterpflanze
- **Sammelgut, Sammelzeit:** blühendes Kraut Mai bis August
- **Verwechslung:** andere gelbblühende Schmetterlingsblütler: haben keinen aufgeblasenen, zottigen Kelch
- **Sonstiges:** meist als Zusatz zu Teemischungen

Unten links: Die Blüten des Färberginsters wurden früher zum Gelbfärben von Wolle verwendet, der Tee aus dem Kraut kam als harntreibendes Mittel bei Nieren- und Blasenleiden zum Einsatz.

Unten rechts: Große Blüten – kleine Blätter: Die Ginsterblüte im Frühsommer ist ein Fest für die Augen.

Cytisus scoparius (L.) Lk.
BESENGINSTER

■ ***schwach giftig*** ■

Besenpfriem, Besenstrauch, Geißklee

Der Besenginster ist nicht leicht von anderen Ginsterarten, z. B. aus der Gattung *Genista*, zu unterscheiden. Er wächst vor allem auf kalkarmen Böden in Heiden sowie angepflanzt an Straßenböschungen, Bahndämmen und in Gärten. Eine Teemischung, die fein gehackte junge Zweige des Besenginsters enthält, ist ein anerkanntes Mittel gegen Herzrhythmusstörungen und niedrigen Blutdruck, darf aber nicht während der Schwangerschaft eingenommen werden. Die Behandlung sollte nur unter ärztlicher Kontrolle erfolgen und setzt die sichere Bestimmung der Pflanze voraus. Zu hohe Dosen oder die Verwechslung mit anderen, z. T. wesentlich giftigeren Ginsterarten können lebensgefährlich sein.

In der Volksmedizin kamen auch Wurzeln und Blüten des Besenginsters zur Anwendung; die Wurzeln wurden in Notzeiten sogar als Nahrung genutzt. Auch rankt sich ein üppiger Aberglaube um die wahren oder vermeintlichen Fähigkeiten des Besenginsters und seiner nächsten Verwandten. Auf Ginsterbesen ritten angeblich die Hexen in der Walpurgisnacht zum Brocken, und in manchen Gegenden Bayerns wurde die Strecke der Fronleichnamsprozession mit Besenginsterblüten bestreut.

- **Beschreibung:** Höhe bis 2 m; Strauch, Blätter klein, lanzettlich, 3-zählig, behaart, früh abfallend; Zweige rutenförmig, grün, gerillt, kahl; Blüten groß, goldgelb, einzeln oder zu zweit, Kelch kahl; Hülsen schwarz, am Rand behaart
- **Blütezeit:** Mai, Juni
- **Geruch, Geschmack:** Blüten wohlriechend, Geschmack bitter
- **Standort:** Heiden, Eichen- und Kiefernwälder, sonnige, trockene Böschungen, saure Böden
- **Vorkommen:** verbreitet, oft angebaut
- **Droge:** Flores, Herba, Radix Genistae scopariae
- **Inhaltsstoffe:** Alkaloide (Spartein, Scoparin), Flavonoide, Glykoside, Gerbstoffe, Bitterstoffe
- **Anwendung:** bei Herzschwäche, Herzrhythmusstörungen, niedrigem Blutdruck, Nieren- und Blasenleiden, Leberkrankheiten, Ödemen, rheumatischen Beschwerden, als Wehenmittel
- **Verwendung:** in pharmazeutischen Präparaten und Teemischungen, Färbemittel
- **Homöopathisch:** s. o.
- **Sammelgut, Sammelzeit:** blühende Zweigspitzen und einzelne Blüten Mai bis Juli
- **Verwechslung:** Deutscher Ginster *(Genista germanica)*: Kurztriebe mit Dornen, Blüten in 5 cm langen Trauben, Hülsen behaart; Färberginster *(G. tinctoria)*: Stängel aufrecht, rutenförmig, Blüte und Hülse kahl
- **Sonstiges:** Vorsicht, nur in Mischungen nach ärztlicher Anordnung anwenden, bei Überdosierung lebensgefährlich giftig!

Echter Steinklee an einer Wegböschung, gemeinsam mit Schafgarbe (s. S. 50).

Melilotus officinalis (L.) Pallas
ECHTER STEINKLEE

■ ***schwach giftig*** ■

Gelber Klee, Acker-Honigklee, Melilotenkraut, Schotenklee

Ein feiner, honigartiger Duft entströmt den zarten gelben Blüten des Echten Steinklees, einer Pflanze, die an Wegrändern, auf Straßenböschungen, überwachsenen Kiesgruben und ähnlichen Ruderalflächen weit verbreitet ist und dort noch im September blühend angetroffen werden kann. Weniger angenehm ist der bitterlich-scharfe Geschmack des Krauts.

Der Steinklee ist eine jener Heilpflanzen, die, wie der Schweizer Arzt und Homöopath Martin Furlenmeier schreibt, bereits im Altertum und im Mittelalter populär war, danach in Vergessenheit geriet und durch die Homöopathie gleichsam wiederentdeckt wurde. Seine wichtigste Eigenschaft liegt darin, dass er bei Venenerkrankungen und damit verbundenen Beschwerden wie hartnäckigem Jucken an den Gliedmaßen, Schwellungen und Schweregefühl

Der Weiße Steinklee kommt manchmal an den gleichen Standorten vor wie der Echte und wird genauso verwendet.

in den Beinen eingesetzt werden kann. Für diese Indikation kommen nur wenige Heilpflanzen in Frage. Adolf Oertel & Eduard Bauer geraten in ihrem populären Heilpflanzenbuch geradezu ins Schwärmen, wenn sie schreiben: „Auf Grund seiner Inhaltsstoffe ist Steinklee ein überragendes Heilmittel bei Krampfadern, bei krampfartigen Gefäßschmerzen im Arm und beim akuten Wadenkrampf." Die Kommission E des deutschen Gesundheitsministeriums, die die Inhaltsstoffe vieler Heilpflanzen analysiert hat, bestätigt die therapeutische Bedeutung der Steinklee-Extrakte u. a. bei Prellungen und Hämorrhoiden (s. Bisset & Wichtl). Die Behandlung sollte allerdings in Absprache mit dem Arzt erfolgen.

- **Beschreibung:** Höhe bis 120 cm; Blätter wechselständig, lang gestielt, 3-zählig gefiedert, Nebenblättchen verkehrt eiförmig, gesägt; Stängel hohl, rillig, verzweigt; Blüten gelb, kurz gestielt in reichblütigen, einseitswendigen Trauben; Hülsen 1-samig, braun, stumpf, runzlig; Wurzel spindelförmig; zweijährig
- **Blütezeit:** Juni bis September
- **Geruch, Geschmack:** Blüten duften frisch nach Honig, getrocknet nach Heu; Geschmack scharf, bitterlich
- **Standort:** Wegränder, Böschungen, Kiesgruben, Brachen
- **Vorkommen:** verbreitet bis häufig
- **Droge:** Herba, Flores Meliloti
- **Inhaltsstoffe:** Cumarine, Allantoin, Flavonoide, Schleimstoffe, Cholin, ätherische Öle, Gerbstoffe, Bitterstoffe
- **Anwendung:** bei Schlaflosigkeit, Krämpfen, Bronchitis, Asthma, Husten, Venenerkrankungen, äußerlich: bei Kopfschmerzen, Hämorrhoiden, schlecht heilenden, eitrigen Wunden, Hautkrankheiten, Geschwüren, Prellungen, Verstauchungen
- **Verwendung:** Tee, Umschläge, Auflage, Kräuterkissen, Gewürz; Pharmazie (Fertigpräparate) und Tabakindustrie als Geschmackskorrigens, Mottenmittel
- **Homöopathisch:** s. o. und bei Erkrankungen des Zentralnervensystems, Kopfschmerzen, Gerinnungsstörungen
- **Sammelgut, Sammelzeit:** blühendes Kraut ohne verholzte Stängel Juni bis September
- **Verwechslung:** Weißer Steinklee *(M. alba)*: höher, Blüten weiß, gleiche Verwendung
- **Sonstiges:** Vorsicht: Überdosierung kann zu Übelkeit, Schwindel und Kopfschmerzen führen; innerliche Anwendung nur in Absprache mit dem Arzt, Tagesdosis 2–3 g!

Ononis spinosa L.
DORNIGE HAUHECHEL

Harnkraut, Hechelkraut, Weiberkrieg, Eselskraut, Ochsenbruch, Stachelkraut, Steinwurzel

An trockenen, steinigen, sonnigen Weg- und Ackerrändern siedelt sich gern die Dornige Hauhechel an. Der Halbstrauch, der seiner hübschen rosaroten Blüten wegen gelegentlich auch in Steingärten gepflanzt wird, weiß sich auf unterschiedlichste Weise zu behaupten: Zum einen hat er spitze Sprossdornen, die unangenehme Verletzungen hervorrufen können, und zum anderen ist er mit einer langen Pfahlwurzel tief im Boden verankert, sodass es äußerst schwer ist, ihn auszugraben. Beide Eigenschaften standen auch bei den deutschen Bezeichnungen Pate. Die „Hechel" ist laut Duden ein „kammartiges Gerät, an dessen spitzen Metallstiften Flachs- und Hanffasern gereinigt, geglättet und voneinander getrennt werden." Da man die Wurzel der Pflanze nur „aushauen" kann, wurde daraus „Hauhechel" (eine andere Interpretation sieht „Hau" als seltenere Form von „Heu"). Die kuriose Bezeichnung „Weiberkrieg" rührt daher, dass sich unerwünscht aufgetauchte Hauhechel nur mühsam aus dem Garten entfernen lässt – die gärtnernden Frauen führten früher einen regelrechten „Krieg" gegen sie.

Für den Heilkundler ist die Wurzel interessant. Tees aus Wurzelextrakten werden bei Nieren- und Blasenleiden (z. B. Nierengrieß) empfohlen. Früher wurde Hauhechel auch gegen Gicht eingesetzt.

- **Beschreibung:** Höhe bis 60 cm; Halbstrauch mit spitzen, abstehenden Sprossdornen; Blätter einfach oder 3-fach gefiedert, kurz gestielt; Stängel liegend oder aufsteigend, verzweigt, rötlich, an der Basis verholzt; Blüten zu 1–3, achselständig, rosarot, seltener weiß; wenigsamige Hülse; Pfahlwurzel; ausdauernd
- **Blütezeit:** Juni bis September
- **Geruch, Geschmack:** Geruch schwach, unangenehm, Geschmack herb, etwas süßlich, kratzend
- **Standort:** Wegränder, Magerrasen, Weiden, Streuwiesen, kalkliebend
- **Vorkommen:** zerstreut bis häufig
- **Droge:** Radix Ononidis spinosae
- **Inhaltsstoffe:** ätherische Öle, Flavonglykoside (Ononin, Ononid), Gerbstoffe, Saponine, fettes Öl
- **Anwendung:** bei Nieren- und Blasenleiden, -steinen, rheumatischen Beschwerden, Gicht, Hautkrankheiten, zur Blutreinigung
- **Verwendung:** Tee, Fertigpräparate, Teemischungen
- **Homöopathisch:** s. o. und bei Herzschwäche
- **Sammelgut, Sammelzeit:** Wurzeln ohne Faserwurzeln März, April, September, Oktober
- **Verwechslung:** Bockshauhechel *(O. arvensis):* ohne Dornen, Stängel drüsig-zottig behaart, ähnliche Verwendung
- **Sonstiges:** Vorsicht: Dosierung beachten und Droge nur in Mischungen oder Fertigpräparaten in Absprache mit dem Arzt verwenden

Blühende Hauhechel.

Phaseolus vulgaris L.
GARTENBOHNE

■ ***roh sehr giftig*** ■

Stangenbohne, Schwertbohne, Schneidebohne, Fisole

Alle Bohnenarten aus der Gattung *Phaseolus* stammen ursprünglich aus den tropischen Regionen Lateinamerikas und sind in kälteren Regionen, da sie die harten Winter nicht überstehen können, nie heimisch geworden. In ihren Herkunftsländern wurde die Stangenbohne bereits lange vor Ankunft der ersten Europäer kultiviert. Inzwischen ist das ebenso gesunde wie schmackhafte Gemüse aber auch aus den Gärten und Küchen Europas nicht mehr wegzudenken. Man sollte allerdings wissen, dass die Hülsen und Samen aller Bohnenarten eine Eiweißverbindung namens Phasin enthalten, die stark giftig ist und schwere Brechdurchfälle sowie kolikartige Bauchschmerzen bis hin zum Kreislaufkollaps verursachen kann. Beim Kochen wird der Giftstoff zerstört.

Dass die Bohne zu den Heilkräutern gehört, ist weniger bekannt. Der pharmakologisch interessanteste Teil sind die von den Samen befreiten Schoten. Ein Tee aus den Fruchtschalen gilt als harntreibend, und es gibt sogar Hinweise auf eine antidiabetische Wirkung, obwohl die ihr zugrunde liegenden biochemischen Mechanismen noch nicht restlos entschlüsselt sind.

Nur entfernt verwandt mit der Gartenbohne ist die Acker- oder Saubohne *(Vicia faba)*. Auf diese einheimische Pflanze beziehen sich die Angaben zur „Bohne" in den alten Kräuterbüchern und bei Hildegard von Bingen.

Gartenbohnen vor der Ernte.

- **Beschreibung:** Höhe bis 4 m; linkswindende Kletterpflanze; Blätter sehr groß, dreifach gefiedert, Stiele rinnig; Blüten meist weiß, in Trauben; Hülsen glatt, langgestreckt; einjährig
- **Blütezeit:** Juni bis September
- **Geruch, Geschmack:** Blüten je nach Sorte intensiv duftend, Samen weitgehend geruchlos, Geschmack charakteristisch mehlig
- **Standort:** häufig in Gärten kultiviert
- **Vorkommen:** Heimat Südamerika bis Mexiko
- **Droge:** Semen, Pericarpum Phaseoli
- **Inhaltsstoffe:** Eiweiß, Toxalbumin (Phasin), Stärke, Gummi, Fett, Aminosäuren, Vitamine, Kalium
- **Anwendung:** bei Nieren- und Blasenleiden, Stoffwechselstörungen, zur Stärkung in der Rekonvaleszenz, Leber- und Herzschwäche, Ekzemen, in der Volksheilkunde bei Diabetes
- **Verwendung:** Tee, Brei, Nahrungsmittel
- **Homöopathisch:** gegen rheumatische Beschwerden, Ischias, Nierenbeschwerden, Herzschwäche
- **Sammelgut, Sammelzeit:** leere Fruchthülsen und Samen Juli bis September
- **Verwechslung:** Feuerbohne *(P. coccineus)*: Blüten scharlachrot; andere Bohnensorten: Blüten lila, gelb, rötlich, Hülsen je nach Sorte grün, gelb oder violett

Trigonella foenum-graecum L.
BOCKSHORNKLEE

Griechisches Heu, Gelblicher Schabziegerklee, Kuhhornklee, Philosophenklee

Der ursprünglich aus dem Mittelmeergebiet und Westasien stammende Bockshornklee wurde schon im frühen Mittelalter in Klostergärten nördlich der Alpen kultiviert. Er gehört zu jenen Pflanzen, die Karl der Große in seinem *Capitulare de villis vel curtis imperialibus* (aus dem Jahr 812, s. S. 15) auf den königlichen Hofgütern anzubauen befahl und über die sich später auch Hildegard von Bingen anerkennend äußerte (sie empfahl die Pflanze zur Fiebersenkung). In Indien hat seine Verwendung in der ayurvedischen Medizin sogar eine Jahrtausende alte Tradition. Im klassischen Griechenland wurden die in Gerstenöl gerösteten Samen, die einen kräftig-würzigen Geschmack haben, von den Intellektuellen gern als Zwischenmahlzeit geknabbert – daraus resultiert der (Spitz)Name Philosophenklee, der sich bis heute gehalten hat. Heutzutage werden Bockshornkleesamen vor allem als Gewürz genutzt (z. B. beim Brotbacken) und, da sie sehr nahrhaft sind, für Rekonvaleszenten und Leistungssportler zum (Wieder)Aufbau der körperlichen Kräfte empfohlen. Über die Wirksamkeit bei Geschwüren, wie sie in den alten Kräuterbüchern beschrieben wird, sind kaum neuere Erkenntnisse bekannt; eine entzündungshemmende Wirkung bei äußerer Anwendung wird jedoch attestiert.

- **Beschreibung:** Höhe bis 50 cm; Blätter dreizählig, verkehrt-eiförmig, kurz gestielt; Stängel zart, aufrecht, stark beblättert; Blüten zu 1–2, blaßgelb bis weißlich, sitzend zwischen den oberen Blättern, Kelch behaart; Hülsen bis 10 cm lang, dünn, aufrecht, abstehend, manchmal hornförmig gebogen (Name!), lang geschnäbelt, vielsamig; einjährig
- **Blütezeit:** April bis Juli
- **Geruch, Geschmack:** Geruch unangenehm, aromatisch, Geschmack bitter, sehr schleimig
- **Standort:** kalkliebend

Die unscheinbare weißliche Blüte des Bockshornklees sitzt zwischen den dreizähligen Blättern.

- **Vorkommen:** Mittelmeergebiet verwildert, früher häufig kultiviert
- **Droge:** Semen Foenugraeci (= Trigonellae)
- **Inhaltsstoffe:** Schleime, Eiweiße, fettes Öl, Gerbstoffe, ätherische Öle, Saponin
- **Anwendung:** gegen Husten, Verstopfung, leichte Diabetes, Appetitlosigkeit, Magerkeit, zur Kräftigung in der Rekonvaleszenz, bei Frostbeulen, Zahnfleischentzündung, Hautkrankheiten (Kopfgrind)
- **Verwendung:** Teemischungen, Gurgelwasser, Bäder, Breiumschläge, geröstet als Gewürz, Tiermedizin und Viehfutter
- **Homöopathisch:** bei Stoffwechselstörungen
- **Sammelgut, Sammelzeit:** reife Samen August, September
- **Verwechslung:** andere Kleearten
- **Sonstiges:** Der unangenehme Geschmack wird mit Menthol oder Zitronenextrakten verbessert

Storchschnabel-gewächse
Geraniaceae

Zur Familie der Storchschnabelgewächse gehören die Storchschnäbel im engeren Sinn (Geranium) *und der Reiherschnabel* (Erodium). *Dass die Balkon- und Gartenpflanzen, die wir unter dem Namen „Geranien" kennen, nach der botanischen Systematik nicht zu* Geranium, *sondern zu der aus Südafrika stammenden Gattung* Pelargonium *zählen, ist etwas verwirrend. Die wissenschaftlichen Gattungsnamen sind von den griechischen Wörtern* erodiós *= Reiher,* geranós *= Kranich und* pelargós *= Storch abgeleitet und spielen auf die schnabelartige Form der Früchte an.*

Geranium robertianum L. STINKENDER STORCHSCHNABEL

Rupprechts-, Gottesgnaden-, Bock-, Gicht-, Rotlauf-, Wanzenkraut, Kranichschnabel

Die Überzeugung von der Heilkraft des Stinkenden Storchschnabels wurzelt in einer Jahrhunderte alten, religiös geprägten Überlieferung, was nicht zuletzt in Volksnamen wie „Gottesgnadenkraut" zum Ausdruck kommt. Angeblich war es der Heilige Rupert (um 650 bis 720), Erzbischof von Salzburg, der die Verwendung dieses Krauts empfahl. Heutzutage ist der Glaube an die therapeutischen Fähigkeiten des Stinkenden Storchschnabels nur noch gering, auch wenn sich noch in den Vierzigerjahren des 20. Jahrhunderts ein Plädoyer für seine Verwendung bei Ohrenschmerzen findet. Nach Hiller & Melzig ist lediglich die Wirksamkeit gegen Durchfall „belegt bzw. plausibel".

- **Beschreibung:** Höhe bis 50 cm, Blätter büschelig, in Halbrosette, hellgrün, glänzend, 3–5-fach fiederschnittig zerteilt; Stängel dunkelrot, dünn, abstehend behaart, knotig, gelenkähnlich; Blüten klein, rot bis lila, paarweise gestielt, Staubblätter mit orangeroten Staubbeuteln, rote Narben an der Spitze des langen Schnabels; einjährig
- **Blütezeit:** April bis September
- **Geruch, Geschmack:** Geruch beim Zerreiben unangenehm, Geschmack bitter
- **Standort:** nährstoffreiche, schattige Standorte, Gärten, Wegränder, Wälder, Felswände
- **Vorkommen:** Europa, bis 1800 m, häufig
- **Droge:** Herba, Radix Gerani robertiani
- **Inhaltsstoffe:** ätherische Öle (nur in der frischen Pflanze, sehr flüchtig), Flavonoide, Bitterstoffe (Geraniin), Ellagsäure, Gerbstoffe, Harz, Vitamin C
- **Anwendung:** bei Durchfall, volkstümlich bei Leber- und Galleleiden; Hals- und Rachenentzündung, Nieren- und Blasenentzündungen, Steinleiden, Gicht, Venenentzündung, Hämorrhoiden, blutstillend, wundheilend
- **Verwendung:** Tee, Umschlag, Gurgelwasser; gegen Kleidermotten
- **Homöopathisch:** bei chronischen Entzündungen
- **Sammelgut, Sammelzeit:** blühendes Kraut Mai bis August
- **Verwechslung:** keine

Oben: Die als Balkon- und Fensterschmuck beliebten „Geranien" sind Storchschnabelgewächse. In Österreich werden sie – botanisch korrekt – Pelargonien genannt.

Unten: Stinkender Storchschnabel mit behaarten Stielen und langer, schnabelartiger Frucht.

Rosskastaniengewächse

Hippocastanaceae

Die Rosskastanien, die inzwischen systematisch ebenso wie die Ahorngewächse (Aceraceae) *zu den weitgehend tropischen Seifenbaumgewächsen* (Sapindacea) *gestellt wurden, sind sommergrüne Bäume mit stacheligen Kapselfrüchten. Mit der Ess- oder Edelkastanie (s. S. 166) haben sie nur die stachelige Form der Fruchthülle gemeinsam.*

Aesculus hippocastanum L. GEMEINE ROSSKASTANIE

Pferdekastanie, Wilde Kastanie

Aus der Türkei kam die Rosskastanie im 16. Jahrhundert nach Mitteleuropa, wo sie zu einem der beliebtesten Park- und Alleebäume avancierte, dessen stachelige grüne Fruchthüllen und glänzend rotbraune Früchte vor allem die Kinder faszinieren. Sie ist die einzige bei uns verbreitete Art der Gattung; zahlreiche andere gibt es in Asien und Amerika. Die häufig angepflanzte Rotblütige Rosskastanie *(A. x carnea)* entstand aus einer Kreuzung der normalen Rosskastanie mit der amerikanischen Pavie *(A. pavia)*.

- **Beschreibung:** Höhe bis 30 m; Baum mit breiter, gewölbter Krone, Borke graubraun; Blätter gegenständig, lang gestielt, 5–7-fach fingerförmig gefiedert, Rand gesägt; Knospen dick, sehr klebrig; Blüten weißgelb, rot gefleckt, in endständiger, aufrechter reichblütiger Rispe; Frucht ca. 6 cm im Durchmesser, grün, kugelig, weichstachelig, mit 1–3 von einer glänzend rotbraunen, harten Schale umgebenen, gelblichen Samen (= Kastanien)
- **Blütezeit:** Mai, Juni
- **Geruch, Geschmack:** geruchlos, Geschmack der Blüten und frischen Samen bitter
- **Standort:** Parkanlagen, Alleen, Biergärten
- **Vorkommen:** Heimat Indien, weit verbreitet
- **Droge:** Folium, Flores, Cortex, Oleum, Semen Hippocastani
- **Inhaltsstoffe:** Saponine (Aesculin), Gerbstoffe, Flavonoide (Quercetin, Rutin), Cumarine, Bitterstoffe, Zucker, Stärke, fettes Öl, Triglyzeride
- **Anwendung:** bei Hautkrankheiten, Couperose, Krampfadern, Venenentzündungen, Durchblutungsstörungen (nächtliche Wadenkrämpfe, Unterschenkelgeschwüre), Ödemen, Hämorrhoiden, rheumatischen Beschwerden, Frostbeulen, Juckreiz, Durchfall (Rinde)
- **Verwendung:** Tee, Umschläge, Tinktur, Salbe, Bäder, Mehl, Kosmetik-, Seifenindustrie, Tierfutter
- **Homöopathisch:** s. o.
- **Sammelgut, Sammelzeit:** Blüten, einzeln Mai, Juni; Blätter April, Mai; reife Samen Oktober, Rinde von 3–5-jährigen Zweigen, März, September, Oktober
- **Verwechslung:** Rotblütige Rosskastanie *(A. x carnea):* Baum niedriger, Blüten rosa bis rot, Frucht kleiner; kein Befall durch die Miniermotte
- **Sonstiges:** Vorsicht, bei Überdosierung kann es bei innerlicher Anwendung zu Übelkeit, Erbrechen, Juckreiz und Lähmungserscheinungen kommen

Aus den Samen der Rosskastanie lässt sich nach Entfernung der Bitterstoffe ein durchaus genießbares, nahrhaftes Mehl mahlen.

Leingewächse

Linaceae

Die Leingewächse sind meist Kräuter, seltener Sträucher oder Bäume, mit fünfzähligen, radiären Blüten und Kapselfrüchten; die wechselständigen Blätter sind meist ungeteilt und haben keine Nebenblätter.

Linum usitatissimum L.
LEIN

Saatlein, Flachs

Der Lein ist eine der ältesten bekannten Kulturpflanzen. Sein Anbau kann bis in die Zeit der Babylonier zurückverfolgt werden. Auch in Mitteleuropa war er weit verbreitet, geriet dann aber mehr und mehr in Vergessenheit – zumindest in seiner Eigenschaft als Faserlieferant für Textilien. Bis heute wichtig ist er wegen seiner dunklen, glänzenden Samen, die sowohl in der Nahrungsmittel- und Tierfutterindustrie („Leinsamenbrot", Vogelfutter) als auch in der Medizin genutzt werden. Leinsamen sind ein bewährtes Mittel gegen Verstopfung. Die enthaltenen Schleimstoffe lassen den Samen im Darm aufquellen und regen damit dessen Tätigkeit an. Übergewichtige Personen sollten auf den Genuss des ebenfalls in den Samen enthaltenen Öls (um 470 kcal pro 100 g nach Bisset & Wichtl) verzichten. Bei Verzehr der ganzen, ungeschroteten Samen wird das Öl jedoch nicht freigesetzt. Bei äußerlicher Anwendung wirken die in heißem Wasser gequollenen Leinsamen entzündungshemmend. Mehrere andere Leinarten gehören zur einheimischen Flora. Die meisten sind sehr selten und auf bestimmte Regionen beschränkt. Am bekanntesten ist der Purgierlein *(L. catharticum)*.

- **Beschreibung:** Höhe bis 130 cm; Blätter graugrün, 3-nervig, wechselständig, lineal-lanzettlich, zugespitzt, ganzrandig; Stängel aufrecht, oben manchmal verzweigt; Blüten in Wickeln, hellblau, ca. 3 cm im Durchmesser, langgestielt, Kelchblätter fein bewimpert; Kapselfrucht kugelig; Samen glänzend, bräunlich, glatt, flachgedrückt; ein- bis zweijährig
- **Blütezeit:** Juni bis August
- **Geruch, Geschmack:** geruchlos
- **Standort:** feldmäßig angebaut, Schuttplätze, Böschungen, verwildert
- **Vorkommen:** kultiviert, sonst selten
- **Droge:** Semen, Oleum Lini
- **Inhaltsstoffe:** Schleimstoffe, Pektin, fettes Öl mit Vitamin F, Glykoside (Blausäure, Linamarin), Eiweiß
- **Anwendung:** mildes Abführmittel, bei Entzündungen, Geschwüren, Furunkeln, eiternden Wunden, Darmparasiten
- **Verwendung:** Kaltauszug, ganze, gequetschte, geschrotete und gemahlene Samen, Umschläge, Öl, Backzutat, Vogelfutter, Spinnfasern, Farben-, Linoleum-, Kitt-, Seifenindustrie
- **Homöopathisch:** s. o. und gegen Asthma, Nesselausschlag
- **Sammelgut, Sammelzeit:** Samen Juli, August
- **Verwechslung:** Purgierlein *(Linum catharticum)*: kleine, weiße Blüten, auf feuchten Wiesen, Blätter gegenständig; andere Leinarten *(L. spec.)*: Blütenfarbe gelb, rötlich oder purpurn oder Stängel zu mehreren

Purgierlein – typisch sind die zarten, weißen Blüten.

Links: Samenkapsel und Blüte des Leins.

Nachtkerzengewächse
Onagraceae

Zur Familie der Nachtkerzengewächse gehören vorwiegend krautige Pflanzen mit meist gegengenständigen Blättern. Die zahlreichen Samen reifen in Kapseln und haben einen weichen Haarschopf wie die Weidenröschen (Epilobium) *oder sind sehr ölreich wie die Nachtkerzen* (Oenothera). *Die Nachtkerzen sind überdies wichtige Versuchspflanzen in der Genforschung.*

Epilobium parviflorum Schreb. KLEINBLÜTIGES WEIDENRÖSCHEN

Die kerzenartigen Blütenstände des Schmalblättrigen Weidenröschens *(E. angustifolium)* färben im Sommer Waldlichtungen und Seeufer rosa. Als Heilpflanze bekannter ist das Kleinblütige Weidenröschen, dem eine heilkräftige Wirkung gegen Prostata-Adenom und sogar gegen Prostatakrebs nachgesagt wird. Entscheidenden Anteil an dem Run auf Weidenröschenpräparate hat die Österreicherin Maria Treben (1907–1991), die als „Wiederentdeckerin dieser bislang übersehenen Heilpflanze" bezeichnet wird. Seither gibt es vor allem aus Kreisen der Laienheiler z. T. enthusiastische Erfolgsberichte, die mal das Kleinblütige, mal das Schmalblättrige Weidenröschen und manchmal beide Arten empfehlen (wohingegen Maria Treben dem Schmalblättrigen ausdrücklich *keine* Heilkraft zubilligt). Während Bisset & Wichtl darauf hinweisen, dass der wissenschaftliche Nachweis einer positiven Wirkung bisher fehlt, behaupten Anbieter von Weidenröschenpräparaten im Internet, eben dieser sei in jüngster Zeit gelungen.

- **Beschreibung:** Höhe bis 50 cm; Blätter schwach gezähnt, weichhaarig; Stängel rund, aufrecht, abstehend behaart; Blüten einzeln, hellrosa, bis 1 cm lang, Narbe mit 4 deutlich abstehenden Ästen; dünne lange, 4-klappige Samenkapsel
- **Blütezeit:** Juli bis September
- **Geruch, Geschmack:** geruchlos, Geschmack säuerlich
- **Standort:** Auwälder, Bachufer
- **Vorkommen:** verbreitet
- **Droge:** Herba Epilobii
- **Inhaltsstoffe:** Gerbstoffe, Schleimstoffe, Flavonoide
- **Anwendung:** bei Prostatabeschwerden, Magenschleimhaut- und Darmentzündungen
- **Verwendung:** Tee, Gemüse
- **Homöopathisch:** s. o. und bei Durchfall
- **Sammelgut, Sammelzeit:** junge Triebe und Blätter Mai bis September
- **Verwechslung:** andere Weidenröschenarten *(Epilobium spec.):* Blüten nickend, Narbe ungeteilt, Stängel kahl
- **Sonstiges:** wohlschmeckender Haustee aus den Blüten

Das Kleinblütige Weidenröschen hat rosarote, aufrecht stehende Blüten.

Erst mit Einbruch der Dunkelheit öffnet die Nachtkerze ihre Blüten. Oberhalb der Blüten entwickeln sich schon Samenkapseln.

Oenothera biennis L.
GEMEINE NACHTKERZE

Gelber Nachtschatten, Gelbe Rapunzel, Schinkenwurzel, Eierblume, Weinblume

Die exakte Bestimmung der bei uns vorkommenden Nachtkerzenarten ist ein Gebiet für sich, das nur wenige spezialisierte Botaniker beherrschen. Nachdem die ersten Exemplare der Gattung Anfang des 17. Jahrhunderts aus Amerika in Europa eingeführt worden waren, verbreiteten sich die Nachtkerzen rapide und kreuzten sich miteinander. Unter den inzwischen über vierzig einheimischen Arten und Sippen ist die Gemeine Nachtkerze wohl die verbreitetste. Sie wächst auf Öd- und Brachland und wird von Laien gelegentlich mit an ähnlichen Stellen vorkommenden Königskerzen *(Verbascum spec.*, s. S. 115) verwechselt.

Wertvollstes Nachtkerzenprodukt ist das Öl, das aus den feinen, schwarzen Samen gewonnen wird. Mit einem Preis von ca. 50 Euro für 200 ml gehört es zu den teuersten pflanzlichen Ölen überhaupt. Es findet vor allem in der Kosmetik und im Wellnessbereich als Hautpflegemittel Verwendung, wird in Kapselform aber auch zur Arteriosklerosevorbeugung angeboten. Essbar sind die fleischigen Wurzeln der Nachtkerze, weshalb sie früher auch als Nahrungsmittel angebaut wurde.

Der Name „Nachtkerze" ist auf die ungewöhnliche Eigenschaft zurückzuführen, dass sich die Blüten am Abend öffnen und morgens bei Sonnenaufgang schließen – kein Wunder daher, dass sie bei Nachtschmetterlingen besonders beliebt sind und hauptsächlich von ihnen bestäubt werden.

- **Beschreibung:** Höhe bis 150 cm; im ersten Jahr: Blattrosette mit länglichen, verkehrt eiförmigen behaarten Blättern; im zweiten Jahr: beblätterter, aufrechter, behaarter Stängel; Blüten gelb, 2–3 cm lang, trichterförmig, gestielt in traubenförmigen Ähren; Früchte langgestreckte 4-fächerige Kapseln mit zahlreichen Samen; Wurzel rübenförmig, außen rötlich, innen weiß, über 1 m lang; zweijährig
- **Blütezeit:** Juni bis September
- **Geruch, Geschmack:** Blüten duften nachts süßlich; Wurzeln riechen nach Wein und schmecken wie Schwarzwurzeln, Samen nussig
- **Standort:** sandig, kiesige Wegränder, Böschungen, Schuttplätze, Gärten
- **Vorkommen:** zerstreut, in Ausbreitung begriffen
- **Droge:** Herba, Oleum Oenotherae biennis
- **Inhaltsstoffe:** Gerbstoffe, fettes Öl, Flavonoide, Gamma-Linolensäure, Vitamin E
- **Anwendung:** bei Wechseljahrebeschwerden, Arteriosklerosevorsorge, Durchfall, Blutreinigung, Hautkrankheiten (Neurodermitis)
- **Verwendung:** Öl, Gemüse (Wurzel), Kosmetikindustrie
- **Homöopathisch:** s. o. und bei Durchfall
- **Sammelgut, Sammelzeit:** Wurzeln September, Oktober des ersten Jahres, März des zweiten Jahres, Samen August bis Oktober
- **Verwechslung:** Königskerze *(Verbascum spec.* s. S. 115): Blätter wollig-filzig behaart

Kreuzdorngewächse

Rhamnaceae

Der Name Kreuzdorngewächse kommt von der Stellung der Sprossdornen, die im rechten Winkel zu den Ästen stehen und somit ein Kreuz bilden. Die Blüten sind unscheinbar klein, die Früchte steinfruchtartige Beeren.

Frangula alnus Mill.
FAULBAUM

▪ *giftig* ▪

Pulverholz, Brechdorn, Grindholz, Wegdorn, Zapfenholz, Drosselkirschbaum, Läusebaum

Unter den Bäumen unserer Heimat spielt der Faulbaum die Rolle eines weniger bekannten Nebendarstellers, was u. a. daran liegen mag, dass ihn die Fachleute trotz seines Namens als baumartigen Strauch bezeichnen. Auch sein Standort in Mooren und Moorrandgebüschen ist eher „heimlich". Dass er dennoch schon seit Jahrhunderten genutzt wird, liegt an zwei ungewöhnlichen Eigenschaften. Zum einen wurde das verkohlte Holz bei der Herstellung von Schießpulver verwendet – daher der Name „Pulverholz"! Zum anderen diente die unangenehm („faul") riechende Rinde, ein Abfallprodukt dieser eher kriegerischen Zweckbestimmung, schon früh als Heilmittel. Vor allem als Abführmittel ist der Tee aus Faulbaumrinde bekannt, wobei man darauf achten sollte, dass die Rinde vor der Verwendung mindestens ein Jahr lang gelagert wurde. Die frische Rinde und die Früchte des Faulbaums sind giftig und werden von Kindern leicht mit den oft in der Nähe wachsenden Heidelbeeren *(Vaccinium myrtillus,* s. S. 147) verwechselt.

Die dickdarmreizende, abführende Wirkung geht auf Antrachinone zurück, wie sie auch in der Aloe (s. S. 178), im Rhabarber (s. S. 128) und in Sennastrauchblättern *(Cassia angustifolia,* s. S. 217) enthalten sind.

- **Beschreibung:** Höhe bis 6 m; Strauch oder Baum; Rinde graubraun mit grauweißen Korkwarzen, innen gelb; Blätter wechselständig, eiförmig, zugespitzt, deutlich parallelnervig, an der Spitze zusammenlaufend; Zweige brüchig, aufrecht, ohne Dornen; Blüten gelblichgrün, in 2–10 doldenartigen Büscheln; Früchte erst grün, dann rot, reif schwarz
- **Blütezeit:** Mai bis September
- **Geruch, Geschmack:** Geruch der Rinde frisch unangenehm faulig, der Blüten süßlich; Geschmack süßlich-bitter, schleimig, adstringierend
- **Standort:** Waldränder, Moore, feuchte Laubwälder
- **Vorkommen:** verbreitet
- **Droge:** Cortex Frangulae
- **Inhaltsstoffe:** Glykoside (Glucofrangulin, Anthraol, Anthron), Gerbstoffe, Saponin, Bitterstoffe, Schleimstoffe
- **Anwendung:** bei Verstopfung, Verdauungs- und Galleproblemen, Fettleibigkeit, Hautleiden (Krätze, Flechte)
- **Verwendung:** Teemischung, Waschung
- **Homöopathisch:** s. o. und bei Hämorrhoiden, Kolik, Durchfall, Rheuma

Der Faulbaum, der von Mai bis September blüht, ist eine wichtige Bienenweide.

- **Sammelgut, Sammelzeit:** Rinde von jungen, 3–4-jährigen Zweigen März bis Mai, Beeren August bis Oktober
- **Verwechslung:** Purgier-Kreuzdorn *(Rhamnus catharticas):* Zweigspitzen mit Dornen, Blätter am Rand gezähnt, kleiner

Rhamnus cathartica
PURGIER-KREUZDORN

■ *giftig* ■

Echter Kreuzdorn, Hexendorn, Hartsthorn, Färbebaum, Feldbeerbaum, Stechdorn

Der Purgier-Kreuzdorn führt ein verstecktes Leben an Waldrändern und in wärmebegünstigten Heckenlandschaften, vornehmlich auf Kalkböden. Er wird auch gerne in Gärten gepflanzt. Das orangerote Holz findet Verwendung für Intarsien- und Drechslerarbeiten. Der Neuntöter, ein Vogel, der seine Beutetiere oft an Dornen aufspießt, baut seine Nester häufig in Kreuzdorngebüschen. Kreuzdornbeeren wirken stark abführend – so stark, dass man bei normaler Verstopfung eher weniger radikale Mittel empfiehlt. Manche Autoren – wie Aichele & Schwegler – warnen wegen der sehr heftigen Wirkung, die auch mit Übelkeit und Erbrechen einhergehen kann, vor Selbstversuchen mit Kreuzdornpräparaten.

Wer die schwarzen Früchte des Kreuzdorns mit Holunderbeeren (s. S. 111) verwechselt, spürt bald die abführende Wirkung.

In früheren Jahrhunderten glaubte man, mit Kreuzdorn Haus und Hof vor Hexerei und Zauberei bewahren zu können. Zu diesem Zweck steckte man z. B., wie Heinrich Marzell berichtet, in Teilen Bayerns drei Kreuzdornzweige vor die Fenster von Haus und Stall.

- **Beschreibung:** Höhe bis 4 m; Strauch oder Baum; Holz orangerot; Rinde jung glatt, alt rissig; Zweigspitzen mit Dornen; Blätter gegenständig, rundlich bis elliptisch, am Rand gezähnt; Blüten unscheinbar, gelbgrün, zu 2–8 in achselständigen Büscheln; schwarze, erbsengroße, mehrsamige Steinfrüchte
- **Blütezeit:** Mai bis Juni
- **Geruch, Geschmack:** Geruch der Frucht unangenehm, Geschmack erst süßlich, später bitterlich
- **Standort:** Hecken, Gebüsche, lichte Wälder
- **Vorkommen:** verbreitet
- **Droge:** Fructus Rhamni catharticae
- **Inhaltsstoffe:** Glykoside (Glucofrangulin), Gerbstoffe, Saponine, Vitamin C
- **Anwendung:** bei Verstopfung und zur „Blutreinigung"
- **Verwendung:** Beeren, Saft, Sirup
- **Homöopathisch:** bei Erkrankungen des Magen-Darm-Traktes, Rheuma
- **Sammelgut, Sammelzeit:** Rinde von jungen, 3–4-jährigen Zweigen März bis Mai, Beeren August bis Oktober
- **Verwechslung:** Faulbaum *(Frangula alnus,* s. S. 229): keine Dornen, Blätter glattrandig
- **Sonstiges:** Vorsicht, nicht zum Dauergebrauch geeignet. Bei krampfartigen Magen-Darm-Beschwerden Dosis verringern. Stillende Mütter und Schwangere sollten Kreuzdornpräparate nicht einnehmen

Mistelgewächse

Viscaceae

Die Mistelgewächse sind zweihäusige, auf Bäumen lebende, ausdauernde Halbschmarotzer mit gabelig verzweigten Ästen und schleimig-klebrigen, beerenartigen Früchten.

Viscum album L.
MISTEL

■ *giftig* ■

Laubholzmistel, Leimmistel, Affolter, Vogelleim, Bocksfutter, Drudenfuß, Hexenbesen

Misteln siedeln in den Kronen lebender Bäume, blühen im Februar und behalten im Herbst ihr Laub. Kein Wunder, dass dieser „Rebell" gegen viele Gesetze im Pflanzenreich die Fantasie der Menschen erregte. Bekannt sind die Ausführungen des Plinius (23–79) über die Bedeutung der Mistel bei den Kelten und die Bräuche, die sich um den Glück verheißenden Mistelzweig ranken.

In der Medizin wird um die Wirkung von Mistelextrakten bei der Bekämpfung bestimmter Krebsarten gestritten. Viele Anhänger der auf Rudolf Steiner (1861–1925) zurückgehenden „Misteltherapie" schwören darauf, andere halten sie für bedenklich. Auf keinen Fall geeignet ist Misteltee, da die für die Krebstherapie u. U. relevanten Inhaltsstoffe (Lektine und Viscotoxine) im Magen-Darm-Trakt abgebaut werden. Nach Bisset & Wichtl kommen nur Injektionen infrage.

- **Beschreibung:** Höhe bis 1 m, Alter bis ca. 70 Jahre; kugeliger Halbstrauch; Blätter gelbgrün, ledrig, lanzettlich bis spatelig; Rinde gelblichgrün; Blüten unscheinbar weißlich, in geringer Anzahl in sitzenden, endständigen Trugdolden; Beeren weiß bis gelblich, 2 samig; Wurzelstock ins lebende Holz des Wirts eingesenkt
- **Blütezeit:** März bis Mai
- **Geruch, Geschmack:** Geruch herb, würzig; Geschmack bitter, scharf
- **Standort:** Halbschmarotzer auf den Ästen von Laub- und Nadelbäumen
- **Vorkommen:** zerstreut
- **Droge:** Herba Visci albi
- **Inhaltsstoffe:** Saponine, Alkaloide, Harze, Cholin, Acetylcholin, Lektine, Viscotoxine
- **Anwendung:** bei Bluthochdruck, Schwindel, Kreislaufschwäche, Arteriosklerose, Krämpfen, Epilepsie, Blutungen, Krampfadern, Husten, Asthma, zur Stärkung des Immunsystems und Hemmung des Tumorwachstums
- **Verwendung:** Tee als Kaltauszug, Teemischungen, Fertigpräparate, Injektionen
- **Homöopathisch:** s. o. und bei Neuralgien, Ischiasbeschwerden, Erkrankungen der weiblichen Geschlechtsorgane
- **Sammelgut, Sammelzeit:** Blätter und junge, bis 5 mm dicke Zweige Oktober bis März
- **Verwechslung:** Eichenmistel *(Loranthus europaeus):* Rinde schwarzgrau, Beeren gelb, auf Eichen und Edelkastanien, nicht wintergrün
- **Sonstiges:** Alle Teile sind durch Viscotoxine giftig, wobei die Giftigkeit wirtsabhängig ist. Die Verabreichung darf nur auf ärztliche Anweisung erfolgen. Nur als Kaltauszug verwenden, nie abbrühen oder kochen

Im November und Dezember reifen die Früchte der immergrünen Mistel.

Rosengewächse

Rosaceae

Zur großen Familie der Rosengewächse gehören viele Kräuter, Sträucher und Bäume, deren Heilkraft von den Menschen seit alters her geschätzt wird – auch wenn der wissenschaftliche Nachweis für ihre Wirkung noch nicht in allen Fällen erbracht ist. Der Apfelbaum und die Schlehe, das Mädesüß und die Walderdbeere – sie alle sind Teil dieses Verwandtschaftskreises. Die meist attraktiven, zwittrigen Blüten, einzeln oder in Doldenrispen stehend, haben, von wenigen Ausnahmen wie dem Blutwurz (s. S. 240f.) abgesehen, je fünf Blütenblätter, Kelchblätter und Außenkelchblätter. Die Blätter sind ganzrandig, gezähnt, fiedrig, gelappt und wechselständig, meist mit Nebenblättern, die aber früh abfallen können. Die Stängel sind oft verholzt, und viele Ranken und Äste tragen Stacheln oder Dornen.

Agrimonia eupatoria L.
KLEINER ODERMENNIG

Gewöhnlicher, Gemeiner Odermennig, Heil aller Welt, Kaisertee, Ackermännchen, Ackermennig, Ackerminze, Leberklette, Leberklee, Beerkraut, Bruchkraut, Natternzunge, Steinwurzel

Der Kleine Odermennig hat eine Jahrtausende alte Tradition als Heilpflanze. Nach Bisset & Wichtl erbrachten wissenschaftliche Analysen allerdings keinen Beweis für seine von der Volksheilkunde postulierte Wirkung bei Gallenleiden und allerlei anderen Gebrechen. In den Werken der Alten finden sich überdies höchst ungewöhnliche Rezepturen. So empfiehlt Hildegard von Bingen Kopfwaschungen mit Odermennigsud gegen den Wahnsinn und für Leute, die „von Begierde und Unenthaltsamkeit aussätzig" werden, ein Bad mit gekochtem Odermennig, Ysop, Gundelrebe und Menstrualblut, an das sich eine Salbung mit Geflügelfett und Hühnermist anschließt. Dass eine solche Rosskur selbst dem ärgsten Filou den Spaß verdirbt, kann man sich vorstellen. Immerhin, bis heute findet der Kleine Odermennig noch in Leber- und Gallentees Verwendung und scheint dort zumindest keinen Schaden anzurichten. *Agrimony* – so die englische Bezeichnung – ist im Übrigen Bestandteil der Blütentherapie des Dr. Edward Bach und wird für extrovertierte, gesellige, auf Ausgleich bedachte Menschen empfohlen, die mit bestimmten inneren Konflikten nicht zurande kommen und dazu neigen, ihren Kummer mit Suchtgiften zu bekämpfen.

- **Beschreibung:** Höhe bis 100 cm; Blätter eiförmig, gezähnt, Unterseite grau, kurzhaarig, unterbrochen gefiedert mit 5–9 größeren und 5–10 kleineren Nebenblättern; Stängel zottig behaart; Blütenblätter gelb, duftend, in langen ährigen Blütenständen, 10–20 Staubblätter, 2 Griffel, Kelchbecher kegelförmig, längsgefurcht, keine Kelchblätter, Früchte mit hakigen Stacheln (Klettfrüchte); Wurzelstock dick, kurz, kriechend
- **Blütezeit:** Juni bis August

Der Kleine Odermennig wird vom Habitus her manchmal mit der Schwarzen Königskerze verwechselt, die jedoch an ihren runzligen, unterseits filzigen Blättern und den orangefarbenen, violett behaarten Staubbeuteln eindeutig zu erkennen ist.

- **Geruch, Geschmack:** Geruch von frischem Kraut und Wurzel leicht aromatisch, getrocknet geruchlos, Geschmack würzig-bitter, adstringierend
- **Standort:** lehmig-sandige, magere Böden, Wegränder, Wiesen, lichte Gebüsche
- **Vorkommen:** häufig, Europa bis 1600 m
- **Droge:** Herba Agrimoniae
- **Inhaltsstoffe:** Bitterstoffe, Gerbstoffe (Catechingerbstoffe, Gallotannine), Flavonoide, Nikotinsäureamid, Kieselsäure, Cholin, ätherische Öle
- **Anwendung:** früher gegen Bettnässen, bei Nieren- und Blasenentzündungen, Inkontinenz, leichtem Durchfall, Entzündungen im Mund- und Rachenraum, Hautentzündungen, Diabetes; in der Volksmedizin bei Leber- und Galleleiden und Magen-Darm-Entzündungen
- **Verwendung:** Tee, Gurgelwasser, Umschläge
- **Homöopathisch:** bei Bronchitis
- **Sammelgut, Sammelzeit:** Grundblätter, blühende Stängelspitzen und Kraut Juni bis August
- **Verwechslung:** Schwarze Königskerze *(Verbascum nigrum*, s. S. 115)
- **Sonstiges:** Die Blüten wurden früher zum Gelbfärben verwendet, das Kraut zum Gerben (Butter, Quark, Spinat, Pesto, Öl)

Alchemilla vulgaris L. s. l.
GEMEINER FRAUENMANTEL

Sinau, Sintau, Löwenfuß, Taurosen, Taumantel, Taublatt, Silberkraut, Marienmantel, Mantelkraut, Marienkraut, Gänsefuß

Blühender Frauenmantel.

Die feingezackten, gefältelten Blätter der Alchemilla erinnern an einen pelerinenartigen Mantel, wie ihn in vielen Mariendarstellungen die Muttergottes trägt. Dies ist der religiös-kulturelle Hintergrund einer Heilpflanze, die oft auch auf Marienbildern dargestellt ist. Aufgrund der Signaturenlehre (s. S. 18f) wurde der Frauenmantel – oft in Mischpräparaten mit Schafgarbe (s. S. 50) – gegen Frauenleiden aller Art, aber auch bei Durchfall und Hauterkrankungen eingesetzt. Religiös inspirierte Kräuterfrauen und -männer empfehlen ihn nach wie vor. Für „Kräuterpfarrer" Hermann Wagner sind Frauenmantelkuren sogar besonders wichtig, da nach seiner Ansicht Unterleibsleiden „in unserer Zeit" oft schon bei jungen Mädchen auftreten, „wenn sie sich zu sehr der ungesunden Mode versklavt" haben.

Vergleichbar ist die Anwendung des in höheren Gebirgsregionen wachsenden Alpen-Frauenmantels *(A. alpina)* als „Silbermanteltee", vor allem bei Menstruations- und Darmbeschwerden. Aufmerksame Beobachter erfreuen sich an den kristallklaren Tröpfchen, die an den Blattspitzen der Alchemillen ausgeschieden werden. Was die Botaniker „Guttationstropfen" nennen, fand als Schönheitsmittel Verwendung – eine frühe Form der Naturkosmetik.

Botanisch sind die Alchemillen eine schwierige Gruppe. Der Fachmann achtet „auf die Form der Blätter und ihren Zerteilungsgrad, auf den Umriss der Blattlappen, ihre Buchten und Zähne" sowie die „Behaarung von Blättern, Blattstielen und Stengeln" (Lippert & Merxmüller).

- **Beschreibung:** Höhe bis 50 cm; Wurzelblätter dunkelgrün, lang gestielt, handförmig, 5–11-lappig, jung fächerförmig gefaltet, eingeschnitten-gezähnt; Stängel dünn, ästig, Blätter klein, sitzend, stängelumfassend; Blüten gelbgrün in Doldentrauben, ohne Kronblätter, mit Außenkelch, 4 Kelchblätter, 4 kurze Staubblätter, 1 Griffel, 1 Nüsschenfrucht; Wurzel dunkel, stark verholzt durch die Reste der abgestorbenen Blätter, vielköpfig
- **Blütezeit:** Mai bis August
- **Geruch, Geschmack:** geruchlos, Geschmack bitter, adstringierend
- **Standort:** Wiesen, Weiden, Bachränder
- **Vorkommen:** häufig
- **Droge:** Herba, Radix Alchemillae
- **Inhaltsstoffe:** Gerbstoffe, Flavonoide, Harz, Saponin
- **Anwendung:** bei Frauenleiden, Weißfluss, Menstruationsbeschwerden, Durchfall, Blutungen, Entzündungen im Mund- und Rachenraum, Hauterkrankungen
- **Verwendung:** Tee, Gurgelwasser, Presssaft, Badezusatz; junge Blätter als Gemüse- und Salatbeigabe
- **Homöopathisch:** Weißfluss, chronischer Durchfall
- **Sammelgut, Sammelzeit:** blühendes Kraut und Wurzel Mai bis August, für Gemüse und Salat April bis Mai
- **Verwechslung:** andere nah verwandte Frauenmantelarten *Alchemilla spec.*
- **Sonstiges:** selbstbefruchtend (= Jungfernzeugung)

Crataegus spec.
WEISSDORN

Hagedorn, Mehlbeerbaum, Weißheckdorn, Mehldorn, Mehlfässchen, Saurauch

Die beiden bei uns vorkommenden *Crataegus*-Arten, der Eingrifflige und der Zweigrifflige Weißdorn *(C. monogyna Jacq.* und *C. laevigata agg.)* bilden häufig Bastarde und sind nicht leicht voneinander zu unterscheiden. Der Eingrifflige hat, wie der deutsche Name bereits sagt, nur einen Griffel und eine Frucht mit einem Stein; die gelappten Blätter sind tiefer geteilt. Die Blüte von *C. laevigata* hat zwei Griffel und bildet eine mehr oder weniger kantige Scheinfrucht mit zwei Kernen. Weißdorngebüsche finden sich oft in Hecken, Gärten und an Waldrändern, doch wächst *Crataegus* auch in Baumform – z. B. als „Rotdorn" mit roten, gefüllten Blüten – und kann mehrere Hundert Jahre alt werden.

In ihrer medizinischen Wirksamkeit sind die Arten gleich. Weißdornprodukte werden vor allem bei Herz- und Kreislauferkrankungen eingesetzt, doch sollte die Medikation unbedingt mit dem behandelnden Arzt abgesprochen werden. Weißdornbeeren haben einen hohen Gehalt an Vitamin C und eignen sich zur Marmeladeherstellung; die jungen Blätter können Salaten und Gemüsen beigegeben werden.

- **Beschreibung:** Höhe bis 10 m, als Strauch oder Baum wachsend; hartes, rötliches Holz, dunkelgraue, glatte Rinde, knorrig, sehr astreich, mit bis zu 2 cm langen Dornen an den jungen Trieben; Blätter kurz gestielt, 3–5-lappig, gesägt, alt ledrig, hart; Blüten weiß, in reichblütigen Doldenrispen; Früchte rot, fest, eiförmig-kugelig, fleischig, Samen hart
- **Blütezeit:** Mai bis Juni
- **Geruch, Geschmack:** Geruch der Blüten unangenehm nach Wanzen, Geschmack leicht bitter; Geschmack der Früchte mehlig, leicht säuerlich, der jungen Blätter nussartig

Unten links: Blühender Zweigriffliger Weißdorn. Die zwei Griffel in der Blütenmitte sind gut erkennbar.

Unten rechts: Blühender Eingriffliger Weißdorn mit deutlich gelappten Blättern.

Oben: Die roten Früchte des Zweigriffligen Weißdorns sind ebenso verwendbar wie die des Eingriffligen.

Rechts: Blühendes Mädesüß am Rand eines Grabens.

- **Standort:** Waldränder, Hecken, Gebüsch
- **Vorkommen:** verbreitet
- **Droge:** Flores, Folia, Fructus Crataegi
- **Inhaltsstoffe:** Flavonoide, ätherische Öle, Gerbstoffe, Vitamin C
- **Anwendung:** Herz-, Kreislauferkrankungen, Herzrhythmusstörungen (auch nervöse), Angina pectoris, hoher Blutdruck, Schlafstörungen, Beschwerden der Wechseljahre
- **Verwendung:** Tee, Kapseln, Blütenknospen und junge Blätter als Gemüse, Salat, Früchte Marmelade, Saft
- **Homöopathisch:** Herz-, Kreislaufbeschwerden, Altersherz
- **Sammelgut, Sammelzeit:** junge Blätter April bis Mai; Blüten mit Blättern Mai bis Juni; Früchte September
- **Verwechslung:** s. o.
- **Sonstiges:** Das harte Holz ist bei Drechslern sehr beliebt.

Filipendula ulmaria (L.) Maxim.
MÄDESÜSS

Wiesengeißbart, Johanniswedel, Krampfkraut, Rüsterstaude, Sumpf-Spiräe, Wiesenkönigin, Wiesenspierstaude, Moorspierstaude, Wurmkraut, Ziegenbart

Das Mädesüß ist ein charakteristischer Bewohner von feuchten Wiesen, Grabenrändern und Auen. Seine bis fast 2 m hohen Stängel mit ihren üppigen, weißen, aus der Ferne wie Zuckerwatte aussehenden Scheindolden säumen von Juni bis August Bach- und Flussufer und bilden – oft mit anderen Arten – Hochstaudenfluren, in deren feuchtwarmem Mikroklima Scharen von Kleinpilzen die vorjährigen Stängel überziehen. Obwohl die Pflanze verführerisch aussieht und angenehm duftet, leitet sich ihr deutscher Name keineswegs vom „süßen Mädchen" ab, sondern von der Verwendung ihrer Blätter und Blüten als aromatisierendem Lebensmittelzusatz – Mädesüß „süßt das Met", wird auch Bier und Wein zugegeben und verleiht dem Dessert eine leicht parfümiert anmutende, an Bittermandel erinnernde Geschmacksnote. Ganz anders der frische Wurzelstock und die zerriebenen Blätter: Sie „duften" nach Zahnarztpraxis und schmecken nach billigem Kaugum-

mi – ein sehr ungewöhnliches Geruchs- und Geschmackserlebnis, das auf viele Menschen „künstlich" wirkt und doch einem reinen Naturprodukt entstammt.

- **Beschreibung:** Höhe bis 200 cm; Blätter gestielt, groß, 5–15-fach gefiedert, unterseits weißlich, Nebenblätter klein, gesägt; Stängel im unteren Abschnitt rot überlaufen, kräftig, kantig, oben verzweigt; Blüten klein, zahlreich in cremefarbenen Scheindolden; 2 Früchte pro Blüte, schneckenhausartig gewunden; Wurzelstock kräftig, knotig verdickt; mehrjährig
- **Blütezeit:** Juni bis Anfang September
- **Geruch, Geschmack:** Der Geruch der Blätter und der Wurzel erinnert an Zahnarzt, der Geschmack an Spearmint-Kaugummi, die Blüten duften süß bittermandelartig
- **Standort:** feuchte Wiesen, Gräben, Hochstauden, Auwälder
- **Vorkommen:** Europa, häufig
- **Droge:** Flores, Herba, Radix Spiraeae ulmariae
- **Inhaltsstoffe:** ätherische Öle (Salicylaldehyd, Salicylsäuremetylester), Flavonglykoside, Glykoside (u. a. Kaempferolglykoside), Gerbstoffe
- **Anwendung:** Erkältungskrankheiten, Nieren- und Blasenleiden, Gelenkschmerzen, rheumatische Beschwerden, Wundheilung, Magenleiden, Verdauungsprobleme, Durchfall, gegen Cellulitis und Adipositas
- **Verwendung:** Tee, Blätter und Blüten als aromatischer Zusatz zu Bier, Wein, Met, Desserts, Gemüse
- **Homöopathisch:** zusätzlich der frische Wurzelstock bei Rheumatismus und Schleimhautentzündungen
- **Sammelgut, Sammelzeit:** junge Blätter, Sprosse und Wurzel vor der Blüte März, April; Blüte Juni bis Juli, Wurzel auch September bis November
- **Verwechslung:** Waldgeißbart: in feuchten Schlucht- und Bergwäldern, zweihäusig
- **Sonstiges:** Die Pflanzenteile nicht aufkochen; die Samen werden gerne von Vögeln gefressen

Aruncus dioicus (Walt.) Fern
WALDGEISSBART

Der Waldgeißbart kann bei flüchtiger Betrachtung mit dem Mädesüß verwechselt werden, wächst aber vorzugsweise in feuchten Schlucht- und Bergwäldern. Auch er wird als Heilpflanze verwendet.

- **Beschreibung:** Höhe bis 200 cm; Blätter 2–3-fach 3-zählig gefiedert, bis 1 m lang; Stängel kahl, unverzweigt, Nebenblätter spitz, eiförmig, doppelt gesägt; zweihäusig: männliche Blüten cremefarben mit über 20 Staubbeuteln, weibliche weiß, in reichblütiger Rispe, nur 2–4 mm groß, unscheinbar
- **Blütezeit:** Mai bis Juli
- **Vorkommen:** selten
- **Droge:** Herba Barbae caprae
- **Inhaltsstoffe:** Blätter und Stängel: blausäurehaltiges Glykosid; Samen: Saponine
- **Anwendung:** Magentonikum, gegen Fieber
- **Verwendung:** Tee
- **Sonstiges:** Einzige zweihäusige Rosacee in Mitteleuropa

Blühender Waldgeissbart.

Fragaria vesca L.
WALDERDBEERE

Rotbeere, Erbel

An sonnigen Wald- und Wegrändern, auf Lichtungen, aber auch in Gärten, in denen nicht nur Zierrasen mit Bürstenschnitt geduldet wird, siedelt sich die Walderdbeere an, eine alte Heil- und Genusspflanze mit kleinen roten Beeren, deren charakteristisches Aroma den viel größeren handelsüblichen Zuchtsorten fehlt. Die Beeren sammelt man im Sommer, und die Älteren unter uns können sich noch daran erinnern, wie wir sie als Kinder auf langen Wanderungen arglos naschten, ohne dass eine an Hysterie grenzende Angst vor Fuchsbandwurminfektionen uns oder unseren Eltern das kleine Vergnügen vergällte. Weniger bekannt ist, dass man sich aus Walderdbeerblättern einen aromatischen Tee brühen kann, dem die Volksmedizin Heilwirkungen nachsagt, insbesondere bei Magen- und Darmproblemen. Vorsicht! Nicht wenige Menschen reagieren allergisch auf Erdbeeren, z. B. mit Hautausschlägen. Für sie sind natürlich auch die Walderdbeerblätter tabu.

Gleichzeitig oder etwas später als die Walderdbeere reifen die Früchte von *Duchesnea indica*, der **Indischen Schein-** oder **Trugerdbeere**, die ursprünglich aus Asien stammt, als Zierpflanze in Europa eingeführt wurde und inzwischen vielerorts schon verwildert ist. Die erdbeerähnlichen, von kragenförmig angeordneten Hochblättern umgebenen Früchte schmecken nach gar nichts und gelten als ungenießbar.

- **Beschreibung:** Höhe bis 25 cm; Blätter gestielt, dreizählig gefiedert, eiförmig, gesägt, Oberseite glänzend grün, Unterseite behaart; Stängel aufrecht, behaart, wenige Blätter, bis über 2 m lange Ausläufer; Blüten klein, weiß, Kelchblätter grün; auf der roten Scheinfrucht sitzen außen gelbliche Nüsschen; ausdauernd
- **Blütezeit:** Mai bis Juli
- **Geruch, Geschmack:** geruchlos, Geschmack der Blätter herb bis bitter (alt), Früchte aromatisch, süß
- **Standort:** nährstoffreiche Böden, Waldschläge, Gebüsch, Waldränder, Wegränder, Gärten
- **Vorkommen:** häufig
- **Droge:** Folium, Herba, Radix Fragariae
- **Inhaltsstoffe:** Blätter: Gerbstoffe, Salicylsäure, Flavonoide (u. a. Rutin, Quercetin); Früchte: Zucker, Vitamine (A, B, C), Aromastoffe
- **Anwendung:** Durchfall, Halsentzündung, Leber-, Darm- und Harnwegserkrankungen, rheumatische Beschwerden, Menstruationsbeschwerden, Akne
- **Verwendung:** Tee, Gurgelwasser, Saft, Dessert
- **Homöopathisch:** Früchte gegen Nesselsucht
- **Sammelgut, Sammelzeit:** junge Blätter und Wurzelstock Mai bis Juni, Früchte Juni bis August
- **Verwechslung:** Zimt-Erdbeere *(F. moschata)*: kurze Ausläufer; Knackelbeere *(F. viridis)*: Blüten gelblich-weiß, Früchte kugelig, nur an der Spitze rot, geschmacklos, sonnige Hänge, in Gärten, verwildert; Erdbeerfingerkraut *(Potentilla sterilis)*: Blüten weiß, Blätter bläulich-grün, Früchte unscheinbar
- **Sonstiges:** Bekannt sind allergische Reaktionen (Nesselsucht); Haustee aus Erdbeer-, Himbeer- und Brombeerblättern, wobei nur die Blätter der Walderdbeere verwendet werden

Unten links: Es kommt immer wieder vor, dass verwilderte Indische Trugerdbeeren mit der Walderdbeere verwechselt werden, zumal sie an ähnlichen Standorten gedeihen.

Unten rechts: Blühende und fruchtende Walderdbeere.

Geum urbanum L.
ECHTE NELKENWURZ

Nägeleinkraut, Igelkraut, Märzwurz, Mauernelkenwurz, Benediktenkraut

Die Echte Nelkenwurz hat kleine goldgelbe Blüten mit grünen Kelchblättern (Vorsicht vor Verwechslungen mit den giftigen Hahnenfußarten!). Die blassgelben Blüten der Bach-Nelkenwurz *(Geum rivale)* sind hängend und mit braunroten Kelchblättern versehen. Bei genauerer Betrachtung verraten aber die ähnlichen Blätter letztlich doch die Verwandtschaft der beiden Arten. Sie sind in Europa weit verbreitet und stellenweise häufig; die Bach-Nelkenwurz wächst sogar noch nördlich des Polarkreises.

Das aus dem Wurzelstock der Echten Nelkenwurz gewonnene Öl (Eugenol) duftet leicht nach Nelke – daher der Name – und fand wegen seiner schmerzlindernden Wirkung ebenso wie die Gewürznelke vor allem in der Zahnheilkunde Verwendung. Bei Leonhart Fuchs heißt es: „Benedicten wurtzel gesotten und getrunken heylet alle innerliche wunden." Doch wer Hildegard von Bingen schätzt, muss mit Risiken und Nebenwirkungen rechnen, denn ihr zufolge „entbrennt in begehrlicher Liebe", wer Benediktenkraut „im Trank einnimmt". Der vergleichsweise hohe Gerbstoffgehalt bringt es mit sich, dass die Nelkenwurz auch gegen Durchfall und andere Verdauungsstörungen eingesetzt wurde. Vergleichbar in Wirkung und Anwendung ist die Bach-Nelkenwurz, doch ist bei ihr der Gerbstoffgehalt geringer. Ihre Blüten, deren Geschmack entfernt an Steinpilze erinnert, kann man als Salatbeigabe verwenden.

- **Beschreibung:** Höhe bis 80 cm; Grundblätter gestielt, unregelmäßig unpaarig gefiedert, Rand gesägt, Nebenblätter groß, handförmig, stängelumfassend; Stängel aufrecht, behaart, verzweigt; Blütenblätter klein, goldgelb, Kelchblätter grün, flache, behaarte Klettfrüchte mit Widerhaken (ehemaliger Griffel) in kleiner Kugel; Wurzelstock dick, rötlich

- **Blütezeit:** Mai bis September
- **Geruch, Geschmack:** Geruch der Wurzel blumig, pfeffrig, Geschmack aromatisch, bitter
- **Standort:** feuchte, stickstoffhaltige Böden, Waldränder, Gebüsch, schattige Gärten
- **Vorkommen:** häufig
- **Droge:** Herba, Radix Gei urbani oder Caryophyllatae
- **Inhaltsstoffe:** Gerbstoffe, in der Wurzel ätherische Öle (v. a. Eugenol), Bitterstoffe
- **Anwendung:** Durchfall, Verdauungsstörungen, Fieber, Nerven-, Muskelschmerzen, Schleimhautentzündungen, Zahnschmerzen, Frostbeulen, Hämorrhoiden
- **Verwendung:** Tee, Gurgelwasser, Pulver, Tinktur, früher auch Likör, Bierzusatz, junge Blätter für Salat, Gemüse, Wurzel als Gewürznelkenersatz
- **Homöopathisch:** s. o.
- **Sammelgut, Sammelzeit:** blühendes Kraut Mai bis Juli, Wurzel März, April, September, Oktober
- **Verwechslung:** Scharfer Hahnenfuß *(Ranunculus acer):* gelbe, glänzende Blütenblätter, keine Kelchblätter

Oben: Wegen ihrer dunkelroten Kelchblätter wird die Bach-Nelkenwurz auch „Blutströpfchen" genannt.

Blühende Echte Nelkenwurz, in der Mitte die Samen mit den Widerhaken.

Rechts: Die gelben Gänsefingerkrautblüten stehen in auffallendem Kontrast zu den silbrig-weiß glänzenden Blättern.

Rechte Seite unten: Blühende Blutwurz mit angeschnittenem Wurzelstock.

Potentilla anserina L.
GÄNSEFINGERKRAUT

Gänsegarbe, Gänsekraut, Gänserich, Krampfkraut, Silberkraut, Tönkraut

Bei Sonnenschein – und nur dann – öffnen sich die gelben Blüten des Gänsefingerkrauts, während sich die gefiederten Blätter aufbiegen und mit ihrer silbrig-weißen Unterseite das Sonnenlicht reflektieren. Die Pflanze ist somit optimal an den Standort in offenem Gelände, an Wegrändern, Böschungen usw. angepasst. Der Name rührt daher, dass Gänse die Pflanze gerne fressen.

- **Beschreibung:** Höhe bis 20 cm, bis 50 cm lange, kriechende, Ausläufer treibende Rosettenpflanze; Blätter vielpaarig, unterbrochen gefiedert, Fiederblättchen länglich, gesägt, Nebenblätter vielspaltig, Unterseite silbrig weiß, behaart; Stängel kriechend; Blüten lang gestielt, goldgelb, ca. 2 cm im Durchmesser; 1-samige Nüsschenfrucht; Wurzelstock verzweigt, kurz; ausdauernd
- **Blütezeit:** Mai bis August
- **Geruch, Geschmack:** geruchlos, Geschmack herb und zusammenziehend
- **Standort:** nährstoffreiche, verdichtete, trockene Böden, Wegränder, Wege
- **Vorkommen:** sehr häufig
- **Droge:** Herba, Rhizoma Anserinae
- **Inhaltsstoffe:** Gerbstoffe, Flavonoide, Bitterstoffe, Vitamin C
- **Anwendung:** Magen-, Darmkrämpfe, Durchfall, Zahnfleischentzündung, Entzündung der Schleimhäute, schlecht heilende Wunden, Menstruationsbeschwerden
- **Verwendung:** Tee, Gurgelwasser, Umschläge, junge Blätter und Wurzeln als Gemüse
- **Homöopathisch:** bei Durchfall, Magen-, Darmkrämpfen
- **Sammelgut, Sammelzeit:** Kraut und Blüten Mai bis August, Wurzeln März bis April, September bis Oktober

Potentilla erecta (L.) Räuschel
BLUTWURZ

Tormentill, Ruhrwurz, Bergwurzel, Birkwurz, Rotwurzel, Siebenblatt, Aufrechtes Fingerkraut, Bauchwehkraut, Mooreckel

Die Blutwurz ist unter den drei hier aufgeführten, in ihrer Wirkung ähnlichen Potentilla-Arten diejenige mit der längsten und umfangreichsten Heiltradition. Die adstringierende Wirkung, deretwegen „Tormentilltinktur" zur Mundhygiene, aber auch zur Wundheilung sowie innerlich bei Magen-Darm-Entzündungen herangezogen wird, beruht auf dem hohen Gehalt an Tanninen (Gerbstoffen). Pfarrer Kneipp war ein besonderer Freund des Blutwurztees und empfahl ihn u. a. gegen Blutbrechen und Gelbsucht. Das Potenzial der Droge wird durch wissenschaftliche Untersuchungen bestätigt und scheint noch nicht ausgeschöpft zu sein. Bisset &Wichtl weisen auf antiallergische, blutdrucksenkende, antivirale und das Immunsystem stimulierende Eigenschaften hin, bei denen noch zu klären bleibt, inwieweit sie in der Medizin Verwendung finden können.

- **Beschreibung:** Höhe bis 30 cm; Grundblätter lang gestielt, fingerförmig gefiedert, Nebenblätter 3-zählig, lanzettlich, sitzend; Blüten gelb, 4 Blütenblätter; Wurzelstock schwarzbraun, bis 2 cm dick, knollig, färbt sich bei Verletzung rot; ausdauernd
- **Blütezeit:** Mai bis September
- **Geruch, Geschmack:** geruchlos, Geschmack der Wurzel herb würzig, zusammenziehend
- **Standort:** magere, saure Böden, Magerrasen, Moore, Heiden, lichte Wälder
- **Vorkommen:** verbreitet
- **Droge:** Rhizoma Tormentillae
- **Inhaltsstoffe:** Gerbstoffe, Phlobaphene (Tormentillrot), Flavonoide, Harze
- **Anwendung:** Durchfall, Magenstärkung, zum Blutstillen, Zahnfleischentzündung, Entzündung der Schleimhäute, schlecht heilende Wunden, Hämorrhoiden, Frostbeulen, Verbrennungen
- **Verwendung:** Tinktur, Abkochung, Gurgelwasser
- **Homöopathisch:** s. o.
- **Sammelgut, Sammelzeit:** Wurzelstock März bis April, September bis Oktober
- **Verwechslung:** siehe Kasten
- **Sonstiges:** In hoher Dosierung kann der hohe Gerbstoffgehalt Erbrechen auslösen

Potentilla reptans L. FÜNFFINGERKRAUT

Das häufige Fünffingerkraut wird auch Kriechendes Fingerkraut genannt, weil es mit über 50 cm langen Ausläufern über den Boden kriecht. An den Knoten wurzelt die Pflanze, und es entwickeln sich neue Blattrosetten sowie die behaarten Blütenstiele.

Ähnlich den beiden anderen genannten Potentilla-Arten in Verwendung und Wirkung ist das **Fünffingerkraut** *Potentilla reptans* L., das in trockenen Wiesen, in Gärten und an Wegrändern sehr häufig zu finden ist. Die Blätter und Blütenstiele sind lang gestielt, die Blätter sind fingerförmig, grob gesägt, die Blüten sind ebenfalls gelb, haben aber je 5 Blüten-, Kelch- und Außenkelchblätter.

Blühender Schlehenbusch in einer Feldhecke.

Prunus spinosa L.
SCHLEHE

Schwarzdorn, Dornschlehe

Der Anblick blühender Waldränder im zeitigen Frühjahr erquickt das wintermüde Herz. Während sich allenthalben zartes Grün entfaltet, erblüht die Schlehe in strahlendem Weiß – die Blätter entwickeln sich bei ihr erst nach der Blüte. In den Heckenlandschaften Westeuropas und den z. T. Jahrhunderte alten Feldhecken Nord- und Nordwesteuropas gehört die Schlehe zum Inventar und bildet manchmal, nicht selten zusammen mit Weißdorn, Wildrosen und anderen Sträuchern, schier undurchdringliche Dickichte, in denen zahlreiche Tiere Deckung finden. Auch der Neuntöter, ein Vogel, dem die moderne Agrarwirtschaft in vielen Gebieten die Lebensgrundlage entzog, findet hier noch Nistmöglichkeiten.

Die kleinen, dunkelblauen, mit einem graulichen Reif überzogenen Schlehenbeeren wird man nicht gleich nach dem Abpflücken in den Mund stecken; dazu ist der herb-säuerliche, zusammenziehende („adstringierende") Geschmack nicht attraktiv genug. Vollreif – und damit etwas süßer – sind sie erst nach den ersten Frösten. Das wissen allerdings auch die Beerenfresser unter den Vögeln. Um ihnen zuvorzukommen, kann man die Beeren auch schon vor dem ersten Frost ernten und bis zur Verarbeitung in die Tiefkühltruhe legen. Sie eignen sich zur Likör-, Mus- und Marmeladeherstellung und enthalten u. a. Gerbstoffe und viel Vitamin C.

Die blau bereiften Früchte der Schlehe an dornenbewehrten Kurztrieben.

In der Volksmedizin gilt Schlehenblütentee als mildes Abführmittel, während die Beeren gegen Durchfall eingesetzt werden. Aus den Blättern wird Nieren- und Blasentee zubereitet, und der Rinde wird eine fiebersenkende Wirkung nachgesagt. Wie so oft können bei zu hoher Dosierung Vergiftungserscheinungen auftreten.

- **Beschreibung:** Höhe bis 3 m; Rinde schwarz, anfangs behaart, später kahl, stark verzweigt, knorrig, Langtriebe mit langen, spitzen Dornen; Blätter klein, kurz gestielt, eiförmig, gesägt, schmale, lineare Nebenblätter; Blüten klein, schneeweiß, zahlreich, kurz gestielt; Frucht blauschwarz bereift, rund, mit großem Stein
- **Blütezeit:** März, April
- **Geruch, Geschmack:** Blüten duften süßlich, Geschmack nach Bittermandel; Geschmack der Früchte sehr herb, zusammenziehend, säuerlich
- **Standort:** Waldränder, Hecken, Gebüsch, licht- und wärmeliebend
- **Vorkommen:** verbreitet
- **Droge:** Flores, Folia, Cortex, Fructus Pruni spinosae
- **Inhaltsstoffe:** Blüten, Rinde, Blätter: Glykoside (Amygdalin, ein Blausäurederivat), Flavone; Früchte: Gerbstoffe, Flavonoide, Zucker, Vitamin C
- **Anwendung:** Blüten: Abführmittel (mild), Blutreinigung, rheumatische Beschwerden; Blätter: Hautunreinheiten, Nieren- und Blasenleiden; Rinde: fiebersenkend; Früchte: Durchfall, Saft bei Entzündungen im Mund- und Rachenraum
- **Verwendung:** Tee, Früchte: Likör, Schnaps, Wein, Marmelade, Gurgelwasser
- **Homöopathisch:** s. o.
- **Sammelgut, Sammelzeit:** Blüten März, April, Blätter Mai, grüne und reife Früchte Oktober, November nach dem ersten Frost (Tipp s. o.)
- **Verwechslung:** keine
- **Sonstiges:** Dosierung beachten! Bei zu hoher Dosierung Vergiftungen möglich

Prunus avium L. **WILDKIRSCHE**

Die roten Wildkirschen werden später schwarz und haben dann einen bittersüßen, sehr aromatischen Geschmack. Steine und Stiele finden in der Volksheilkunde Verwendung.

Prunus padus L. **TRAUBENKIRSCHE**

Die Traubenkirsche mit ihren intensiv duftenden, traubenartigen Blüten wächst oft an Waldrändern und Flussufern sowie in Auwäldern.

Weitere Prunus-Arten

Weitere Prunus-Arten, die ebenfalls nicht nur als Wildobst, sondern als auch Heilmittel verwendet werden, sind u. a. die **Vogelkirsche** Prunus avium L. *(= Wildkirsche, Süßkirsche), die Urform unserer Zuchtformen, die strauchförmig wachsende* **Sauerkirsche** P. cerasus L. *mit bitteren Früchten, die* **Zwetschge** P. domestica L. *und der* **Pfirsich** P. persica (L.) *Batsch mit vielen Kultursorten, die bis 6 m hohe* **Traubenkirsche** P. padus L. *mit weißen, intensiv duftenden Traubenblüten und schwarzen, scharfen bis bitteren Früchten, die in den Mittelmeerländern kultivierte* **Echte Mandel** P. amygdalus Batsch *und der* **Kirschlorbeer** P. laurocerasus L., *dessen giftige, blausäureähnliche Substanzen enthaltende Blätter nicht mit dem als Gewürz verwendeten* **Lorbeerbaum** Laurus nobilis L. (s. S. 268) *verwechselt werden dürfen.*

Rosa canina L.
HECKENROSE

Hundsrose, Hagdorn, Hagrose, Wildrose, Feldrose, Heideröschen, Zaunrose, Mariendorn, Hiffe

„Keine Rose ohne Dornen", lautet ein alter Spruch, der soviel besagt wie „Nicht alles ist Gold, was glänzt." Der Botaniker runzelt unwillkürlich die Stirn, wenn er die Redensart hört, denn nach seiner Definition haben Rosen keine Dornen, sondern Stacheln. Dornen sind Teile des Holzes und sitzen dem Ast fest an, während Stacheln Auswüchse der oberen Rindenschicht sind und wie bei den Rosen leicht abbrechen.

Wildrosen sind nicht nur wunderschöne Blumen, sondern können auch in vielfältiger Weise verwendet werden. Das bekannteste Produkt ist das Rosenöl, über das es in einem Text aus dem 19. Jahrhundert heißt: „Das echte orientalische Rosenöl (Attar, Uttar, fälschlich auch Otto genannt), wie es in Indien und Persien erzeugt wird, spielt unter den Wohlgerüchen und Toilettenbedürfnissen dieselbe Rolle wie der Diamant unter den Edelsteinen. Es ist der Inbegriff alles Feinen, Auserlesenen, Kostbaren und Kostspieligen." Der hohe Preis ergibt sich aus dem Aufwand: Für 100 ml Rosenöl benötigt man 300–400 kg Blütenblätter. Hauptlieferant ist in Europa die Essigrose *(Rosa gallica)*, die auch als Stammmutter der vielen gezüchteten Edel-, Strauch- und Kletterrosen gilt. In Afghanistan wird neuerdings versucht, Mohnbauern zur Umstellung auf Rosenanbau zu überreden.

Rosenfrüchte, die sogenannten Hagebutten, sind die Lieferanten jener haarigen gelblichen Kerne, die man in der Schulzeit von bösen Buben oder Mädchen in den Nacken gesteckt bekam, weil sie so garstig kitzeln. Sie können aber auch sinnvolleren Bestimmungen zugeführt werden und ergeben dann z. B. eine schmackhafte Marmelade; Kerne („Kernlestee") und Fruchtschalen eignen sich zur Verwendung in Tees. Unter Rosengallen (Rosenschwamm) versteht man eine durch den Stich der Gallwespe hervorgerufene Zellwucherung, die Gerbstoffe enthält und als magenstärkendes Mittel empfohlen wird.

Unten links: Die Blüten der Heckenrose ...

Unten rechts: ... und ihre ovalen Hagebutten.

- **Beschreibung:** Höhe bis 5 m; Zweige stachelig, bogig überhängend; Blätter 3–5-zählig, unpaarig gefiedert, rundlich-eiförmig, Rand gesägt; Blüten gestielt, rosarot bis weiß, Staubbeutel gelb; Scheinfrüchte leuchtend orangerot, fest-fleischig, oval, kahl, oben mit Resten des Blütenkelchs, zahlreiche Samen, kantige, gelbliche Nüsschen mit feinen Haaren
- **Blütezeit:** Juni bis Juli
- **Geruch, Geschmack:** Blüten oft intensiv duftend, Geschmack süßlich bis leicht bitter; Früchte säuerlich, aromatisch; Kerne etwas bitter
- **Standort:** Hecken, Waldränder, lichte Wälder, Parkanlagen, Gärten
- **Vorkommen:** verbreitet
- **Droge:** Fructus Rose; syn. Semen Cynosbati
- **Inhaltsstoffe:** Früchte Vitamine (v. a. Vitamin C), Zucker, ätherische Öle, Gallussäure, Vanillin, Pektin
- **Anwendung:** stärkt die Immunabwehr bei Erkältungen, Skorbut, Frühjahrsmüdigkeit, Blutungsneigung, Nieren- und Blasenleiden (fraglich)
- **Verwendung:** Tee, Mark, Marmelade, Likör, Wein, Bowle, Rosenwasser
- **Sammelgut, Sammelzeit:** Blätter April, Mai, Blüten Juni, Juli, Früchte September bis Oktober
- **Verwechslung:** Essigrose: Blüten lila- bis tiefrot, Stacheln gerade und gekrümmt; Kartoffelrose *(R. rugosa):* Blätter runzelig, Früchte bis über 2 cm groß; andere Rosenarten, die nur vom Spezialisten an Hand von Stiel-, Blattmerkmalen unterschieden werden
- **Sonstiges:** als Vitamin-C reicher Haustee sehr zu empfehlen

Rosen, ihr blendenden,
Balsam versendenden!
Flatternde, schwebende,
Heimlich belebende,
Zweigleinbeflügelte,
Knospenentsiegelte,
Eilet zu blühn!

Johann Wolfgang von Goethe (1749–1832)

Unten links: Die Blüten dieser Essigrose sind intensiv lila gefärbt.

Unten rechts: Früchte (Hagebutten) der Essigrose.

Rubus fruticosus L. s. l. BROMBEERE und *Rubus idaeus* L. HIMBEERE

So einfach es sogar für botanische Laien ist, eine schwarze Brombeere von einer roten Himbeere zu unterscheiden, so schwierig ist es selbst für studierte Botaniker, eine individuelle Brombeer- oder Himbeerpflanze wissenschaftlich korrekt zu benennen. Weit mehr als hundert Brombeerarten mit vielen Bastarden (Kreuzungen) gibt es, und in der Himbeerverwandtschaft sieht es nicht viel anders aus. Die reifen, süßen Beeren sind jedoch allesamt essbar und eignen sich, wenn man sie nicht gleich beim Pflücken nascht, zu leckeren Marmeladen, Gelees, Säften, Sirup, Likören und als Obstkuchenbelag. In der Heilkunde wird Brombeersaft bei Eisenmangel empfohlen, generell interessiert man sich aber mehr für die „Folia Rubi fruticosi", also die Brombeerblätter, die noch mehr Vitamin C enthalten als die Früchte. Sie werden meist als fermentierter Tee getrunken, der sich mit echten Teesorten messen kann; in der volksmedizinischen Tradition heißt es aber auch, dass frisch gekaute Brombeerblätter gegen Zahnfleischbluten helfen. Wegen des Gerbstoffgehalts können sie auch bei Durchfallerkrankungen eingesetzt werden. Um die Eigenschaft der Brombeerranken, Bögen zu bilden und an der Rankenspitze neue Wurzeln zu schlagen, „rankt" sich seit uralten Zeiten manch kurioser Aberglaube. Unter einem Brombeerbogen hindurchzukriechen soll bewirken, dass diverse Krankheiten, mit denen man sich plagt, auf den Strauch übertragen werden, und aus England ist überliefert, dass verhextes Vieh, durch Brombeerranken hindurch getrieben, vom bösen Zauber befreit wird.

Die Himbeere blüht und reift früher als die Brombeere. Himbeersirup wird u.a. als Geschmacksverstärker bei Hustensäften verwendet. Für verschiedene volksmedizinische Verwendungen wie z. B. gegen Entzündungen in Mund und Rachen sowie gegen Hautkrankheiten fehlt bislang der wissenschaftliche Nachweis, doch sind die Vitamin-C-reichen frischen Früchte auf jeden Fall sehr gesund.

BROMBEERE

Brambeere

- **Beschreibung:** Höhe bis 5 m kletternd; winterkahl, teilweise wintergrüner Strauch, Zweige überhängend und an den Triebspitzen wurzelnd; dünne und kräftige, nach hinten gerichtete Stacheln zum Klettern an den

Links: Weiße Blüten und schwarze Früchte der Brombeere.

Rechts: Die Früchte der Kratzbeere (Rubus caesius) *sind blau bereift und schmecken säuerlich, sind aber genauso gut essbar wie die der anderen* Rubus-*Arten.*

Zweigen, Blattstielen und Blattunterseiten; Blätter 3–5-zählig, länglich-eiförmig, am Rand gesägt, Blüten weiß bis zartrosa, zahlreich in Trauben oder Rispen am überwinterten Trieb, der nach der Fruchtbildung abstirbt; dunkelpurpur bis schwarzglänzende Sammelfrucht mit zahlreichen Steinfrüchtchen

- **Blütezeit:** Juni bis August
- **Geruch, Geschmack:** Blüten und Blätter geruchlos; Früchte aromatisch süß- bis säuerlich
- **Standort:** nährstoffreiche, oft kalkarme Böden, Waldränder, Waldlichtungen, Wälder, Hecken
- **Vorkommen:** sehr häufig
- **Droge:** Folia, Fructus Rubi fruticosi
- **Inhaltsstoffe:** Blätter Gerbstoffe, Flavonoide, ätherische Öle, Vitamin C; Früchte Vitamin C, Zucker, Schleimstoffe, Pektin
- **Anwendung:** stärkt die Immunabwehr, allgemein kräftigend, bei Hautausschlägen, Zahnfleischbluten, Durchfall, Fieber, reguliert die Menstruation, Blutreinigung
- **Verwendung:** Tee, Gurgelwasser, Marmelade, Gelee, Likör, Wein, Sirup
- **Homöopathisch:** junge, schwach behaarte Blätter, Verwendung s. o.
- **Sammelgut, Sammelzeit:** Blätter April bis Juni, Früchte August bis Oktober
- **Verwechslung:** Bereifte Brombeere, Kratzbeere *(R. caesius):* Früchte durch Wachsüberzug bläulich bereift, essbar; zahlreiche Kleinarten können nur von Spezialisten unterschieden werden; Himbeere *(R. idaeus)* heller grün, Blattunterseite weißlich, dünne, feine Stacheln, s. u.

HIMBEERE

- **Beschreibung:** Höhe bis 2 m; sommergrüner Strauch, rutenförmige Zweige erst aufrecht, später überhängend, mit dünnen, feinen Stacheln, im zweiten Jahr fruchtend; Blätter 3–7-zählig gefiedert, eiförmig, Rand gesägt, hellgrün, Blattunterseite weißlich behaart, Blattadern manchmal mit feinen Stacheln; Blüten weiß in lockerer Rispe; rote Sammelfrucht mit zahlreichen Steinfrüchtchen auf dem kegelförmigen Blütenboden; kräftiger Wurzelstock, Ausläufer treibend
- **Blütezeit:** Mai bis Juli
- **Geruch, Geschmack:** Blätter beim Zerreiben süßlich, aromatisch, zusammenziehend; Früchte süß, sehr aromatisch
- **Standort:** stickstoffreiche Böden, Waldlichtungen, Kahlschläge, Wald-, Wegränder, Gebüsch
- **Vorkommen:** sehr häufig
- **Droge:** Folia, Flores, Fructus, Sirupus Rubi idaei
- **Inhaltsstoffe:** Blätter Gerbstoffe, Flavonoide, ätherische Öle, Vitamin C; Früchte Vitamin C, Fruchtsäuren, Zucker, Schleimstoffe, Pektin, Flavonoide, Anthocyanglykoside
- **Anwendung:** siehe Brombeere; wehenfördernd
- **Verwendung:** Tee, Umschläge, Gurgelwasser, Geschmackskorrigens in der pharmazeutischen Industrie, Marmelade, Gelee, Sirup, Likör, Wein, Essig
- **Sammelgut, Sammelzeit:** Blätter April bis Juni, Früchte Juli bis August
- **Verwechslung:** Brombeere *(R. fruticosus):* Blätter härter, unterseits nicht weißlich, gröbere Stacheln, siehe oben
- **Sonstiges:** guter Haustee; wegen der wehenfördernden Wirkung dürfen Schwangere den Tee erst kurz vor der Geburt trinken

Links: Reife Himbeeren locken zum Naschen.

Unten: Himbeerranken sind weniger stachelig als jene der Brombeeren. Junge Blätter ergeben einen schmackhaften Haustee.

Oben rechts: Die dunkel weinroten Blüten des Großen Wiesenknopfs sind unverwechselbar.

Unten rechts: Kleiner Wiesenknopf in voller Blüte; die Blätter beider Arten können mit jenen der Bibernelle verwechselt werden.

Sanguisorba minor Scop. KLEINER WIESENKNOPF und *Sanguisorba officinalis* L. GROSSER WIESENKNOPF

Wilder Bibernell, Pimpernelle

Der Kleine und der Große Wiesenknopf sind nicht nur nahe miteinander verwandt, sondern werden in der Heilkunde auch ähnlich verwendet. Beide galten oder gelten sie als probates Mittel gegen Durchfallerkrankungen und Blutungen (z. B. Zahnfleischbluten und Hämorrhoiden) und wurden auch gegen Entzündungen eingesetzt. Die Kräuterküche verwendet Wiesenknopf als Gewürz zu Quarks, Gemüse und in Suppen.

Im Gelände sind die beiden Arten leicht zu unterscheiden. Der Große Wiesenknopf ist mit seinen bis 1,20 m hohen, verzweigten, beblätterten Stängeln und den auffallenden, dunkel weinroten Blütenköpfchen von Juni bis August eine unverwechselbare Erscheinung in feuchten bis nassen Streu- und Moorwiesen und wird, wie die meisten Rosengewächse, von Insekten bestäubt. Der Kleine Wiesenknopf zieht trokkenere Standorte vor, hat unscheinbare grünliche Blüten und überlässt die Bestäubung dem Wind.

- **Beschreibung:** Kleiner Wiesenknopf: Höhe bis 70 cm; Blätter unpaarig gefiedert (9–25), rundlich, eiförmig, gezähnt; Stängel hart, kantig, oft rötlich überlaufen; Einzelblüten in einem kugeligen Köpfchen zusammen gedrängt, unscheinbar, grünlich, später rötlich überlaufen; Windbestäubung: oben die lang gestielten Staubblätter und unten die pinselförmigen großen Narben; Nüsschenfrucht; Wurzelstock verholzt
- **Blütezeit:** Mai, Juni
- **Geruch, Geschmack:** Blätter würzig, aromatisch, etwas herb; Wurzelstock salzig
- **Standort:** kalkhaltige Böden, Wegränder, Mager-, Trockenrasen, wärmeliebend
- **Vorkommen:** zerstreut
- **Droge:** Herba, Radix Sanguisorbae (minor)
- **Inhaltsstoffe:** Gerbstoffe, Saponine, ätherische Öle, Flavonoide, Vitamin C
- **Anwendung:** Blutungen, Wunden, Geschwüre, Zahnfleischblutung, Durchfall, Blähungen, Verdauungsstörungen, Hämorrhoiden
- **Verwendung:** Tee, Gewürz (Butter, Quark, Essig, Wein, Suppe, Gemüse)
- **Homöopathisch:** s. o.
- **Sammelgut, Sammelzeit:** junge Blätter Mai bis September; Wurzel September, Oktober
- **Verwechslung:** Bibernelle *(Pimpinella saxifraga)*, Doldenblütler s. S. 210
- **Sonstiges:** im Gartenfachhandel oft an Stelle der Bibernelle im Angebot

Sorbus aucuparia L.
GEMEINE EBERESCHE

Vogelbeere, Eibischbaum, Ebsche, Quitschbeere, Sperberbaum, Drosselbeere

Die reifen Beeren der Eberesche sind von so kräftigem Rot, dass sie selbst dann, wenn der Herbst die Blätter bunt färbt, nicht übersehen werden können. Die Pracht währt aber nur kurze Zeit, denn nicht umsonst heißen die Früchte dieses Baumes „Vogelbeeren". Für den Menschen sind sie in unbehandeltem Zustand aufgrund ihres Gehalts an Parasorbinsäure schwach giftig. Beim Kochen verflüchtigt sich jedoch das Gift, sodass man aus den Beeren eine Marmelade herstellen kann.

In der Heilkunde werden neben den Früchten auch die getrockneten Blätter verwendet. Die Beeren gelten spätestens seit dem Mittelalter als Abführmittel, wurden aber auch gegen Nierenleiden, Rheuma und Gicht eingesetzt.

Was die Herkunft des Namens „Eberesche" betrifft, sind sich Botaniker, Volkskundler und Etymologen uneins. Lange Zeit galt als gesichert, dass der Name des Baumes wegen der Ähnlichkeit der Blätter mit denen der Esche (s. S. 100) „Falsche Esche" bedeutet: Der Wortbestandteil „Eber" wurde mit dem „Aber" in „Aberglaube" gleichgesetzt – und der besagt soviel wie „das Gegenteil von". Dieser Interpretation haben andere Autoren jedoch widersprochen. So verweisen z. B. Düll & Kutzelnigg darauf, dass die roten Beeren früher zur Schweinemast verwendet, d. h. den Ebern zum Fraß vorgeworfen wurden.

- **Beschreibung:** Höhe bis 15 m; Rinde jung rotbraun, weiß punktiert, im Alter aschgrau; Blätter wechselständig, gestielt, unpaarig gefiedert, hellgrün; Einzelblättchen länglich, oval, scharf gesägt; Blüten cremeweiß in flacher, vielblütiger Doldenrispe an der Triebspitze; Früchte 3-fächerig, bis 1 cm lang, orange- bis korallenrot, in Büscheln hängend
- **Blütezeit:** Mai, Juni
- **Geruch, Geschmack:** Geruch der Blüten unangenehm, Geschmack der Beeren vor dem Frost sehr bitter, danach herbsauer
- **Standort:** lichte Laubmischwälder, Gebüsche, Parkanlagen, Straßen
- **Vorkommen:** häufig
- **Droge:** Fructus Sorbi aucupariae
- **Inhaltsstoffe:** Gerbstoffe, Sorbit, Apfelsäure, Vitamin C, Provitamin A, Zucker, Pektin; Kerne: Blausäureglykosid Amygdalin
- **Anwendung:** gegen Durchfall (Mus), leichtes Abführmittel (Presssaft), bei Nierensteinen, Diabetes, rheumatischen Beschwerden, Husten
- **Verwendung:** Schnaps, Likör, Marmelade, Mus, Saft
- **Sammelgut, Sammelzeit:** Beeren August bis Oktober (in der Tiefkühltruhe nachreifen lassen, durch Frost werden sie milder)
- **Verwechslung:** Esche *(Fraxinus excelsior)* Blätter ähnlich, Blüten büschelig, unscheinbar, 40 m hoher Baum, Familie der Ölbaumgewächse
- **Sonstiges:** Unreife, ungetrocknete Früchte sind wegen des Gehalts an Parasorbinsäure leicht giftig; die Früchte der Mährischen Eberesche *(S. moravica)* schmecken süß

Die Blätter sind „unpaarig gefiedert": Zu den paarweise gegenüber stehenden Teilblättchen kommt ein einzelnes Endblättchen, d. h., die Zahl der Einzelblättchen ist stets ungerade.

Links unten: Die cremeweiße Dolde der Eberesche sieht der Holunderblüte ähnlich.

Rechts unten: Im August reifen die leuchtend roten Beeren.

Pinopsidae, Cryptogamae

NADELGEWÄCHSE, NACKTSAMER

Übersicht Pinopsidae:

Zypressengewächse *Cupressaceae*	S. 252
Ginkgogewächse *Ginkgoaceae*	S. 253
Kieferngewächse *Pinaceae*	S. 254

Übersicht Kryptogamen:

Schachtelhalmgewächse *Equisetaceae*	S. 256
Bärlappgewächse *Lycopodiaceae*	S. 257
Tüpfelfarngewächse *Polypodiaceae*	S. 258
Algen *Algae*	S. 260
Flechten *Lichenes*	S. 261

Die **Nacktsamer** unterscheiden sich von den Bedecktsamern *(Angiospermae)* dadurch, dass ihre Samenanlagen frei sind. In den meisten Fällen handelt es sich um Holzpflanzen mit nadel- oder schuppenförmigen Blättern.

Zur uralten Gruppe der Gefäßsporenpflanzen gehören die Schachtelhalme *(Equisetaceae)*, Bärlappe *(Lycopodiaceae)* und Farne *(Pteridophyta)*. Ihre Verbreitungsorgane sind nicht Samen, sondern Sporen.

Bei Algen *(Algae)*, Pilzen *(Fungi)* und Moosen *(Bryophyta)* übernimmt der Thallus, der keine Gliederung in Wurzel, Stängel und Blätter besitzt, die Funktion von Stängeln und Blättern.

Zypressengewächse auf der Schwäbischen Alb: die landschaftsprägende Wacholderheide.

Zypressengewächse

Cupressaceae

Die Zypressengewächse sind Sträucher oder Bäume mit nadel- oder schuppenförmigen Blättern. Zur Familie gehören u. a. der zweihäusige Wacholder (Juniperus), *die oft auf Friedhöfen oder als Hecken gepflanzten einhäusigen Lebensbäume* (Thuja) *sowie die aus dem Mittelmeergebiet bekannten säulenförmigen Zypressen* (Cupressus).

Juniperus communis L.
GEMEINER WACHOLDER

■ ***geschützt, schwach giftig*** ■
Machandel, Feuerbaum, Weihrauchbaum

In dem Märchen *Von dem Machandelbaum*, einem der düstersten und unheimlichsten Texte aus den *Kinder- und Hausmärchen* der Brüder Grimm, spielt der Wacholder eine zentrale Rolle. Dem Tod der Frau, die nach dem Verzehr der Scheinbeeren im Kindbett stirbt, entspricht die in jedem modernen Heilpflanzenbuch enthaltene Warnung vor dem Genuss von Wacholderbeeren während der Schwangerschaft. Davon abgesehen gelten die Beeren als appetitanregend und verdauungsfördernd.

- **Beschreibung:** Höhe bis 10 m; Strauch oder pyramidenförmiger Baum, Alter bis über 1000 Jahre; Blätter in dreizähligen Quirlen, waagerecht abstehend, nadelförmig, hart, spitz, stechend, blaugrau; Äste aufrecht, Rinde rötlich bis grau; Blüten zweihäusig: männliche unscheinbar gelblichweiß in den Blattachseln, weibliche Zapfen grünlich, dreischuppig an kurzen Trieben; Zapfen beerenförmig, rund, im ersten Jahr grün, später blaugrau bis schwarzbraun, bläulich bereift, Samen holzig; tief wurzelnd
- **Blütezeit:** April bis Juni
- **Geruch, Geschmack:** Geruch harzig-würzig, Geschmack erst süßlich, dann würzig, herb
- **Standort:** Heiden, Kiefernwälder, trockene, sandige oder anmoorige Standorte
- **Vorkommen:** zerstreut
- **Droge:** Fructus, Lignum, Aetheroleum Juniperi
- **Inhaltsstoffe:** ätherische Öle (Pinen, Terpinol), Bitterstoffe, Gerbstoffe, Flavonoide, Juniperin, Invertzucker
- **Anwendung:** gegen Magen-Darm-Erkrankungen, Bronchitis, Durchblutungsstörungen, Blasenleiden, rheumatische Beschwerden, Hautkrankheiten, zur Blutreinigung
- **Verwendung:** Beeren, Tee, Mus, Spiritus, Öl, Inhalation, Bad, Sauna, Gewürz, Schnaps
- **Homöopathisch:** s. o. sowie bei Nieren- und Harnwegserkrankungen
- **Sammelgut, Sammelzeit:** reife schwarze Beeren September bis November, Holz von Stämmen und dickeren Ästen, junge Sprosse und Beerenzapfen Mai bis Oktober
- **Verwechslung:** Sadebaum, Stinkwacholder *(Juniperus sabina):* ältere Blätter schuppenförmig, Sprosse riechen beim Zerreiben unangenehm, giftig; Lebensbaum *(Thuja occidentalis):* jung mit nadelförmigen, im Alter mit schuppenförmigen Blättern, stark giftig durch Thujon
- **Sonstiges:** Vorsicht: In höherer Dosis können Wacholderbeeren zu Nierenreizung mit Entzündung führen, während der Schwangerschaft zu krampfartigen Schmerzen und Uterusblutungen

Der Lebensbaum enthält das ätherische Öl Thujon, das bei Pferden zu tödlichen Vergiftungen geführt hat. In der Homöopathie ist „Thuja" ein wichtiges Komplexmittel.

Der giftige Sadebaum hat nur in der Jugend Nadeln; hier ein fruchtender Trieb mit schuppenförmigen Blättern.

Links: Beeren an den spitznadeligen Trieben des Wacholders.

Ginkgogewächse

Ginkgoaceae

Der Ginkgo ist der einzige noch lebende Vertreter der Familie der Ginkgogewächse, die in früheren Erdzeitaltern viel artenreicher war.

Ginkgo biloba L.
GINKGO

Elefantenohrbaum, Entenfußbaum, Mädchenhaarbaum, Fächerblattbaum, Tempelbaum

Ginkgopräparate erfreuen sich in allmählich vergreisenden Gesellschaften immer größerer Beliebtheit – sind sie es doch, die den altersbedingten Gedächtnisschwund bis hin zur Demenz wenn schon nicht verhindern, so doch zumindest aufhalten sollen. Wie immer, wenn bestimmte Pflanzensubstanzen durch Medienrummel und Werbekampagnen hochgelobt werden, ist eine gewisse Skepsis angesagt. Wunder dürfen von Ginkgoblattextrakten sicher nicht erwartet werden, doch fördern sie die Durchblutung des Gehirns und können daher zur Linderung von Kopfschmerzen, Schwindel, Tinnitus und altersbedingten Hirnleistungsschwächen beitragen. Das Wissen über diese Anwendungsbereiche geht im Übrigen nicht auf die chinesische Volksmedizin zurück, sondern, wie Hans Feist berichtet, auf eine deutsche Forschergruppe, die Mitte der Sechzigerjahre des vorigen Jahrhunderts mit ihren Erkenntnissen an die Öffentlichkeit trat.

In Asien sind Ginkgobäume bekannt, die vermutlich älter als 2000 Jahre sind. In Europa wurde die Art erst vor 280 Jahren eingeführt.

- **Beschreibung:** Höhe bis 40 m; Baum jung pyramidenförmig; Rinde bräunlichgrau, Holz gelblich; „Blätter" lang gestielt, fächerförmig, lederartig, hellgrün; zweihäusig: männliche Blüten in gelblichen, 5–7 cm langen Kätzchen; weibliche Blüten jeweils 2–3, grün, klein; Früchte orangegelb, kirschenartig; Samen hart
- **Blütezeit:** April
- **Geruch, Geschmack:** Geruch der Früchte ranzig
- **Standort:** Parkanlagen, Gärten
- **Vorkommen:** Heimat Südostasien
- **Droge:** Folium, Semen Ginkgo bilobae
- **Inhaltsstoffe:** Glykoside, Flavonoide
- **Anwendung:** bei Gedächtnisschwäche, Durchblutungsstörungen des Gehirns, Venenerkrankungen, in der Geriatrie, bei Demenz, depressiver Verstimmung, Schwindel, Tinnitus, Rekonvaleszenz, Asthma
- **Verwendung:** Tee, Fertigpräparate
- **Homöopathisch:** s. o. und bei Mandelentzündung, Schnupfen, Kopfschmerzen
- **Sammelgut, Sammelzeit:** Blätter
- **Verwechslung:** keine
- **Sonstiges:** geröstete Samen gelten in China als Delikatesse

Oben: Ginkgos sind sehr widerstandsfähig gegen Schadstoffe und werden daher gern als Allee-, Garten- und Parkbäume gepflanzt.

Unten: Die fächerförmigen, oft geschlitzten „Blätter" des Ginkgos und die kirschähnlichen, hier noch unreifen Früchte.

Kieferngewächse

Pinaceae

Die Kieferngewächse sind mit Ausnahme der Lärche, die im Herbst ihre büschelig wachsenden Nadeln abwirft, immergrüne Nadelgewächse, deren Samen in stehenden oder hängenden Zapfen reifen. Die männlichen Blütenstände sind kätzchen- oder zapfenförmig.

Pinus mugo Turra
LATSCHE

■ ***geschützt*** ■
Legföhre

Eine erstaunliche Anpassungsfähigkeit an die harten Lebensbedingungen im Hochgebirge zeichnet die Latsche aus: Frost, Stürme und meterhoher Schnee können sie nicht bezwingen. Kein anderer Baum, von niedrigen, strauchartigen Weiden abgesehen, steigt in den Alpen in solche Höhen auf.

Insgesamt sind die Kieferngewächse eine sehr artenreiche Familie, die vor allem auf der Nordhalbkugel verbreitet ist. Die häufigsten Arten in Mitteleuropa sind die Waldkiefer *(P. silvestris)* und die Schwarzkiefer *(P. nigra)*, die Fichte *(Picea abies)*, die Tanne *(Abies alba)* und die Europäische Lärche *(Larix decidua)*.

Für die ätherischen Öle und Harze zahlreicher *Pinus*-Arten gibt es dank ihrer hautreizenden und duchblutungsfördernden Wirkungen vielfältige Anwendungsmöglichkeiten. Bewährt und beliebt sind vor allem Badezusätze. Die jungen Triebe der Nadelbäume können sogar gegessen werden; sie sind sehr vitaminhaltig.

- **Beschreibung:** Höhe bis 150 cm; wintergrün; strauchartig; Nadeln lang, paarweise; Äste niederliegend, dicht; männliche Blütenkätzchen in gelben Büscheln an jungen Trieben, weibliche in kegeligen, schuppigen, ungestielten Zapfen
- **Blütezeit:** Mai, Juni
- **Geruch, Geschmack:** Geruch charakteristisch harzig
- **Standort:** Gebirge, Almwiesen, auch oberhalb der Baumgrenze; Hochmoore, Gärten
- **Vorkommen:** zerstreut
- **Droge:** Oleum Pini (Pumilionis, Sylvestris), Terebinthinae
- **Inhaltsstoffe:** ätherische Öle (Terpene, Pinen, Terpinol), Harze (Kolophonium), Bitterstoffe, Vitamin C

Links unten: Die geschützte Latsche wächst im Gebirge und in den Hochmooren des oberbayerischen Voralpenlands.

Rechts unten: Zur Harzgewinnung werden Waldkiefernstämme angeritzt. Aus dem Harz wird Terpentinöl (Oleum Terebinthinae) *gewonnen.*

- **Anwendung:** gegen Erkältungen, Husten, Bronchitis, Durchblutungsstörungen, rheumatische und Venenerkrankungen, Ischias, Muskelkater, zur Rekonvaleszenz, bei Schlafstörungen
- **Verwendung:** Tee, Bäder, Einreibung („Franzbranntwein"), Balsam, Umschläge, Inhalation, Saunazusätze
- **Homöopathisch:** s. o.
- **Sammelgut, Sammelzeit:** junge Triebe April, Mai; Äste, Zweige April bis Juni; Harz
- **Verwechslung:** aufrechte Bäume: Zirbe *(P. cembra)*: 5-nadelig, große Zapfen; Waldkiefer *(P. sylvestris)*: im oberen Stammbereich rot; Schwarzkiefer *(P. nigra)*: Stamm grauschwarz
- **Sonstiges:** Die jungen Nadeln von Kiefern, Lärchen, Fichten und Tannen können ebenso verwendet werden

DIE WICHTIGSTEN NADELBÄUME IM VERGLEICH

Lange, paarweise angeordnete Nadeln der Waldkiefer.

Die Nadeln der Fichte sind kurz und stechen. Die frischen Maitriebe sind hellgrün.

Die flachen, weichen Nadeln der Tanne sind auf der Unterseite weiß gestreift.

Lärchennadeln wachsen in Büscheln, sind weich und fallen im Herbst ab.

Schachtelhalmgewächse
Equisetaceae

Bei den verschiedenen Arten der Schachtelhalme *unterscheidet man sterile und fertile, d. h. Sporangien tragende Triebe. Der meist gefurchte Stängel ist in einzelne Glieder „legosteinartig" auseinandernehm- und wieder zusammensteckbar („geschachtelt").*

Equisetum arvense L. ACKERSCHACHTELHALM

Bandwisch, Katzenschwanz, Katzenwedel, Pferdeschwanz, Fuchsschwanz, Schaftheu, Schafstroh, Scheuerkraut, Zinngras, Zinnkraut

Der Name „Zinnkraut" für den Ackerschachtelhalm rührt daher, dass die kieselsäurehaltige Pflanze gern zum Reinigen und Scheuern v. a. von Gegenständen aus Zinn herangezogen wurde. Die Naturheilkunde schätzt die harntreibenden Eigenschaften des Ackerschachtelhalms und setzt ihn in Form von Tees vor allem bei Nieren- und Blasenleiden, aber auch pulverisiert zur Wundheilung, bei Gicht, Rheuma und Geschwüren ein. Abgesehen vom giftigen Sumpfschachtelhalm wurden auch die anderen in Mitteleuropa vorkommenden Arten verwendet. In Deutschland war Sebastian Kneipp ein großer Freund des Schachtelhalms und empfahl ihn wegen seiner das Immunsystem stärkenden Wirkung sogar gegen Tumore. Erwähnt sei auch, dass man aus Ackerschachtelhalm eine wirksame Brühe zur Stärkung der Widerstandskräfte der Gartenpflanzen gegen tierische und pflanzliche Schädlinge ansetzen kann.

- **Beschreibung:** Höhe: fertil bis 25 cm, steril bis 40 cm; fertile Triebe unverzweigt, gelbbraun mit zapfenförmiger Sporangienähre an der Spitze, Stängelscheiden braun, sterile Triebe (ab Mai) grün, stark quirlig verzweigt, kantig, Stängel hohl, gefurcht; ausgedehntes, ausdauerndes, bis zu 6 m tief im Boden liegendes Wurzelgeflecht
- **Blütezeit:** März bis April
- **Geruch, Geschmack:** geruch- und geschmacklos, knirscht beim Zerbeißen
- **Standort:** nährstoffreiche Böden, Äcker, Brachen, Wegränder, Gärten
- **Vorkommen:** sehr häufig
- **Droge:** Herba Equiseti
- **Inhaltsstoffe:** Kieselsäure, Flavonoide, Gerbstoff
- **Anwendung:** bei Nieren- und Blasenleiden, Nierengrieß, Frostbeulen, starken Blutungen (Nase, Lunge, Magen), Hämorrhoiden, starker Regelblutung, rheumatischen Beschwerden, Mineralsalzmangel
- **Verwendung:** Tee, Bäder, Umschläge, Gurgelwasser
- **Homöopathisch:** bei Nieren- und Harnwegserkrankungen
- **Sammelgut, Sammelzeit:** sterile Triebe Juni bis September
- **Verwechslung:** Riesenschachtelhalm *(E. telmateia):* sterile und fertile Sprosse viel kräftiger, bis 2 m hoch, quellige Standorte; Sumpfschachtelhalm *(E. palustre):* Sporangium am grünen Trieb, giftig, in Nasswiesen, Sümpfen
- **Sonstiges:** Tagesdosis ca. 6 g; Überdosierung kann zu Vergiftungen führen!

Schon früh im Jahr erscheint an Wegrändern, in Gärten und auf Brachfeldern der Ackerschachtelhalm. Fast wie ein kleiner Spargel schiebt er seinen gelbbraunen fertilen Spross aus dem Boden.

Links: Der erst im Sommer erscheinende sterile Spross ist verzweigt und grün.

Bärlappgewächse

Lycopodiaceae

Die Bärlappgewächse haben einen verzweigten, kriechenden Spross, von dem aus die Stiele mit den Sporangienähren senkrecht nach oben wachsen. Die Blätter am Spross sind klein und schuppenförmig. Alle Arten stehen in Deutschland unter Naturschutz; das Sammeln der Sporangienähren zur Sporengewinnung ist erlaubt.

Lycopodium clavatum L.
KEULENFÖRMIGER BÄRLAPP

■ ***giftig, geschützt*** ■

Drudenkraut, Hexenkraut, Löwenfuß, Wolfsklauen, St. Johannisgürtel

Das gelbe, ölhaltige, mit Wasser nicht benetzbare Sporenpulver wurde und wird vielfältig angewendet. In kompaktem Zustand fast unentzündbar, brennt es bei Verwirbelung mit Luft in einem leuchtenden Feuerball ab. Diesen Effekt machen sich Pyrotechniker und Feuerschlucker zu Nutze. Fotografen verwendeten Bärlappsporen als Blitzlichtpulver. Auch in den Anfängen der Fotokopiertechnik sowie in der Kriminalistik wurde der Bärlappsporenstaub eingesetzt. Die heute auf dem Markt erhältlichen Sporenpulverchargen stammen zum großen Teil aus dem Himalaya und Russland. Bärlappkraut galt früher als eine Art Allheilmittel gegen Nieren- und Blasenleiden. Die Anwendung von Bärlapptees kann aber nach neueren Erkenntnissen nicht mehr empfohlen werden, da die Pflanze giftige Alkaloide enthält. Vor allem vor regelmäßigem Gebrauch wird gewarnt.

- **Beschreibung:** Höhe bis 25 cm; Sprosse gabelig verzweigt, dicht beblättert, immer grün, Blätter klein, nadelförmig, weiß zugespitzt, sparrig von der über 1 m langen kriechenden Sprossachse abstehend; Stiel mit 2–3 gelblichbraunen Sporangienähren; Wurzeln gabelig verzweigt, an den Sprossen wurzelnd; ausdauernd
- **Blütezeit:** Juli bis August
- **Geruch, Geschmack:** geruch- und fast geschmacklos
- **Standort:** trockene Nadelwälder, Heiden
- **Vorkommen:** zerstreut, kalkmeidend
- **Droge:** Herba, Farina Lycopodii
- **Inhaltsstoffe:** Kraut: giftige Alkaloide (Lycopodin, Clavatin, Clavotoxin), Sporen: Öle, Flavonoide
- **Anwendung:** Nieren- und Blasenleiden, Koliken, Durchfall, Rheuma, offene, schlecht heilende Wunden, Ekzeme, Hautentzündungen
- **Verwendung:** Tee, Puder, Pharmazie (zum Bestreuen der Pillen, damit sie nicht zusammenkleben), Kosmetik (Trockenshampoos), Pyrotechnik, Kriminalistik
- **Homöopathisch:** als Konstitutionsmittel, bei chronischen Krankheiten
- **Sammelgut, Sammelzeit:** Sporen Juli bis September
- **Verwechslung:** Sprossender Bärlapp *(L. annotinum)*: Blattspitze nicht weiß, Sporangium einzeln, kurz gestielt, geschützt; Tannenbärlapp *(Huperzia selago)*: Sporangien einzeln zwischen den Blättern
- **Sonstiges:** Das Kraut enthält Lycopodin, ein Alkaloid mit Curare-ähnlicher lähmender Wirkung. Der Tee aus dem Kraut darf nicht gekocht werden!

Ganz oben: Beim seltenen giftigen Tannenbärlapp sitzen die Sporangien zwischen den Blättern.

Oben: Sprossender Bärlapp.

Links: Beim Keulenförmigen Bärlapp stehen die Sporangien zu zweit oder zu dritt an einem langen, locker beblätterten Stiel.

Tüpfelfarngewächse
Polypodiaceae

Die Farne sind meist ausdauernde Pflanzen mit Blattwedeln, an deren Unterseiten in so genannten Sori die Sporen gebildet werden.

Dryopteris filix mas (L.) Schott
WURMFARN

■ ***giftig*** ■

Bandwurmkraut, Waldfarn, Otternkraut, Wanzenkraut, Schnakenkraut, Farnmännlein

Die jung schneckenhausartig eingerollten Wedel mit den braunschuppigen Stielen entfalten sich im Laufe der Entwicklung. Auf der Wedelunterseite bilden sich die nierenförmigen Sori (Sporenlager).

Bei Hildegard von Bingen im Hochmittelalter galt der Farn – man unterschied damals noch nicht so viele Arten wie heute – als Abwehrmittel gegen den Teufel und böse Geister. Sie empfahl ihn darüber hinaus gegen Taubheit, nachlassende Sehkraft und gegen die Gicht. Seinen Namen verdankt der Wurmfarn dem Umstand, dass er schon früh gegen Darmparasiten wie Spul- und Bandwürmer eingesetzt wurde. In der Tat haben spätere Untersuchungen bestätigt, dass die in der Pflanze enthaltene Filixsäure auf niedere Tiere wie Bandwürmer und Leberegel lähmend wirkt. Wurmkuren mit Farnwurzelextrakten können allerdings mehr schaden als nützen, wenn sie nicht fachgerecht angewendet werden. „Es ist notwendig, diese Droge sehr sorgfältig zu dosieren und sie mit einem salinischen Abführmittel (Na_2SO_4) oder mit Rizinusöl zu verabreichen. Bei Kombination mit Alkohol besteht Vergiftungsgefahr" (Schauenberg & Paris).

- **Beschreibung:** Höhe bis 120 cm; Wedel dicht, trichterförmig, Wedelstiel kräftig, mit hellen Schuppen, doppelt gefiedert, Fiedern abgerundet, schwach gezähnt, Sori nierenförmig mit einem Schleier auf der Unterseite, in Doppelreihen; kräftiger, außen brauner, innen grüngelber Wurzelstock; ausdauernd
- **Blütezeit:** Juni bis September
- **Geruch, Geschmack:** Geruch der Blätter aromatisch bis muffig
- **Standort:** Wälder, Gebüsche, Gärten
- **Vorkommen:** häufig
- **Droge:** Rhizoma Filicis
- **Inhaltsstoffe:** Wedel: Filixsäure, Rhizom: fettes Öl, Zucker
- **Anwendung:** gegen Bandwürmer, in der Volksmedizin äußerlich gegen Fußschmerzen, Krampfadern, Rheuma, Ungeziefer im Bett
- **Verwendung:** Pulver, Abkochung, Bad
- **Homöopathisch:** gegen Würmer, vereiterte Wunden
- **Sammelgut, Sammelzeit:** Wedel Juli bis Oktober, Wurzelstock September, Oktober
- **Verwechslung:** Dorniger Wurmfarn *(D. carthusiana):* Blätter dornähnlich zugespitzt;

Unterseite eines Wurmfarnwedels mit beschleierten Sori.

Unten: Der Wurmfarn ist eine dekorative Staude, die oft auch in Gärten gepflanzt wird.

Lichenes
FLECHTEN

Flechten sind Lebensgemeinschaften, die jeweils aus einer Alge und einem Pilz bestehen. Die Alge ist dabei für die Energieversorgung durch Fotosynthese zuständig, der Pilz für die Versorgung mit Wasser. Je nach Wuchsform unterscheidet man Strauch-, Bart-, Laub- und Krustenflechten.

Cetraria islandica (L.) Ach.
ISLÄNDISCH MOOS

Fieberflechte, Heideflechte, Hirschhornflechte, Kramperltee

„Isländisch Moos" ist kein Moos, sondern der Name einer Flechte aus der Familie der *Parmeliaceae*. In den Wäldern Skandinaviens bedeckt sie, oft in Gemeinschaft mit Rentierflechten *(Cladonia rangiferina)*, große Flächen. In Gebirgen, auf Heiden und in Wäldern auf sauren, feuchten Böden war sie verbreitet, ist inzwischen jedoch durch die für Flechten besonders gefährlichen Luftschadstoffe vom Aussterben bedroht. Für Heilzwecke wurden die *(Cetraria-)* Thalli getrocknet, klein geschnitten oder pulverisiert und zu Tees verarbeitet, oft auch in Mischung mit anderen Heilpflanzenextrakten. Isländisch Moos wirkt gegen Bronchialerkrankungen und aufgrund seiner Bitterstoffe auch appetitanregend (z. B. bei Magersucht). Ferner wird auch über Aufkochungen mit Milch berichtet, die gegen chronische Durchfälle verabreicht werden (Boericke). In Lappland wurde die Flechte nach Entfernung der Bitterstoffe durch Abkochen auch als Nahrungsmittel verwendet. Eine zweite in der Heilkunde genutzte Flechte ist die Lungenflechte *(Lobaria pulmonaria)*, die auf Felsengestein und Rinden im atlantischen Klimabereich vorkommt, im Binnenland aber ebenfalls stellenweise schon vom Aussterben bedroht ist. In alten Kräuterbüchern wird sie bisweilen noch als „Lungenkraut" bezeichnet, obwohl sie mit dem Echten Lungenkraut (s. S. 78) nichts zu tun hat.

Links: Isländisch Moos mit strauchförmigen Thalli.

Unten: Bei der Lungenflechte sind die Thalli flach ausgebreitet.

- **Beschreibung:** Höhe bis 15 cm; Thallus strauchförmig, aufgerichtet, stark verzweigt; Lappen grünlichgrau- bis dunkelbraun, unterseits heller mit weißen Flecken; flach, bandartig bis röhrig, am Rand mit winzigen, dornigen Zähnchen; Fruchtkörper (Apothecien) an kürzeren, breiteren Ästen, selten
- **Geruch, Geschmack:** Geruch etwas fischig, Geschmack ungekocht sehr bitter
- **Standort:** sandige Heiden, saure Wälder, Moore, Gebirge bis über 2500 m
- **Vorkommen:** in Nordeuropa verbreitet und häufig
- **Droge:** Lichen Islandicus
- **Inhaltsstoffe:** Bitter- und Schleimstoffe, Kohlenhydrate, Lichenin, Flechtensäure (Cetrarsäure), Vitamine
- **Anwendung:** gegen Bronchitis, Hustenreiz, Schleimhautreizungen im Mund-, Rachenraum, Appetitlosigkeit, Durchfall, Brechreiz, Übelkeit, bei Reisekrankheit, in der Rekonvaleszenz
- **Verwendung:** Tee, Teemischungen, Tinktur, Fertigpräparate
- **Homöopathisch:** gegen Bronchitis
- **Sammelgut, Sammelzeit:** ganze Pflanze, ganzjährig
- **Verwechslung:** Lungenflechte *(Lobaria pulmonaria)*: Thallus flächig graugrün, unterseits filzig behaart; andere Cetrarien
- **Sonstiges:** Nicht anwenden bei Geschwüren

Angiospermae

SONSTIGE BEDECKTSAMER

Übersicht Angiospermae:

Aronstabgewächse *Araceae*	S. 264
Osterluzeigewächse *Aristolochiaceae*	S. 266
Lorbeergewächse *Lauraceae*	S. 268
Wasserlinsengewächse *Lemnaceae*	S. 269

Die überwiegend tropisch verbreiteten Familien der Kalmusgewächse *(Acoraceae)*, Aronstabgewächse *(Araceae)*, Osterluzeigewächse *(Aristolochiaceae)* und Lorbeergewächse *(Lauraceae)* sind in Europa nur mit wenigen Arten vertreten, von denen einige als Mittel gegen Beschwerden im Magen-Darm-Trakt, andere in der Frauenheilkunde schon seit altersher bekannt sind.

Schon früh im Jahr erscheinen die pfeilspitzenförmigen Laubblätter des Aronstabs (links). Das cremefarbene Hochblatt umhüllt den Blütenkolben.

Aronstabgewächse

Araceae

Zur Familie der Aronstabgewächse, die vor allem tropisch verbreitet ist, gehören auch die als Zimmerpflanzen weit verbreiteten Philodendron und die Dieffenbachie sowie die manchmal in Mooren zu findende Drachenwurz (Calla palustris). *Typisches Merkmal ist der kolbenförmige, oft von einem auffälligen Hochblatt* (Spatha) *geschützte Blütenstand.*

Acorus calamus L.
ECHTER KALMUS

■ ***geschützt*** ■

Deutscher wilder Ingwer, Zitwer, Magenwurz, Ackerwurz, Sigge, Schwanenbrot

Ohne den kolbenförmigen Blütenstand ist der Kalmus leicht mit Schwertlilien und Igelkolben zu verwechseln, die an ähnlichen Standorten im Schilfgürtel von Seen und Teichen gedeihen. Dass die Wurzel der Schwertlilie schon in betrügerischer Absicht als Kalmus angeboten wurde, zeigt den hohen Marktwert der Kalmuswurzel, die bisweilen die Aura eines Allheil- oder Wundermittels umgibt. Gerechtfertigt ist das zwar nicht, doch wirken die in der Wurzel enthaltenen Bitterstoffe appetitanregend und können einen nervösen, übersäuerten Magen beruhigen; Kalmuswurzel wird daher oft entsprechenden Teemischungen beigegeben. Getrocknete Kalmuswurzel empfehlen manche Kräuterpfarrer zum Kauen gegen Zahnfleischbluten. Auch von den Cree-Indianern in Kanada wird berichtet, dass sie die Wurzeln kauen – allerdings offenbar ihrer halluzinogenen Eigenschaften wegen. Den angenehmen Duft der Wurzelstöcke nutzten Parfüm- und Räucherwerkhersteller schon in der Antike, und in Arabien sowie im Iran wird Kalmus nach Schauenberg & Paris als Aphrodisiakum verwendet.

- **Beschreibung:** Höhe bis 150 cm; Blätter parallelnervig, ca. 1 m lang, schwertförmig, aufrecht, im unteren Abschnitt rötlich; Stängel auf der einen Seite kantig, auf der anderen Seite rinnig; Blütenstand in der Mitte des Stängels, kolbenförmig, von einem einzelnem Hüllblatt (Spatha) überragt; Einzelblüten unscheinbar gelblich-grün, klein; Wurzelstock kräftig, verzweigt, kriechend, grünlichbraun; ausdauernd
- **Blütezeit:** Mai bis August
- **Geruch, Geschmack:** Geruch süßlich, aromatisch, Geschmack bitter, scharf
- **Standort:** Schilfzone, Röhricht von Teichen, Seen, Bachufern, Gräben
- **Vorkommen:** zerstreut, oft kultiviert und verwildert
- **Droge:** Rhizoma Calami, R. Acori
- **Inhaltsstoffe:** ätherische Öle (Asaron), Glykoside (Acorin), Bitterstoffe, Gerbstoffe, Schleim, Stärke, Zucker, Cholin
- **Anwendung:** gegen Appetitlosigkeit, Verdauungsprobleme, Blähungen, Magengeschwüre, rheumatische Beschwerden, Zahnfleischentzündung
- **Verwendung:** Abkochung, Tinktur, Pulver, Badezusatz, Getränkeherstellung (aromatisiert Liköre, Bier, Branntwein), Ingwerersatz, Mundwasser, Insektenschutz
- **Homöopathisch:** bei Magen-Darm-Erkrankungen

Kolbenförmiger Blütenstand des Kalmus.

Asarum europaeum L.
HASELWURZ

■ *giftig* ■

Brechwurz, Hasenöhrlein, Kampferwurz, Schwarzwurz, Teufelsklaue

Die Haselwurz blüht früh im Jahr, wenn alle Welt das Erwachen der Natur begrüßt und sich an Anemone, Schlüsselblume und vielen anderen bunten Frühlingsblumen erfreut – und wird doch, obwohl weit verbreitet, von den meisten Spaziergängern übersehen. Aber die Haselwurz hat es nicht nötig, mit spektakulären Farben auf sich aufmerksam zu machen: Ihre dunkel purpurbraunen Blüten verstecken sich in Bodennähe unter den ein wenig an Efeu erinnernden Blättern und bestäuben sich selber; die Samen mit ihren nährstoff- und ölreichen Anhängseln werden von Ameisen verbreitet.

Die Wurzel der Haselwurz schmeckt bitter und beißend scharf – so grauenhaft, dass sie in der Volksheilkunde als Brechmittel diente. Pulverisiert wurde sie Niespulvermischungen beigefügt. Haselwurzextrakte wurden auch bei Bronchialasthma und anderen Atemwegserkrankungen eingesetzt, kommen heute aber nur noch selten zur Anwendung. Interessant sind die in alten Kräuterbüchern empfohlene Applikation von Haselwurz bei Gedächtnisstörungen und die homöopathische Verwendung bei geistiger Erschöpfung: In beiden Fällen deutet sich ein möglicherweise noch nicht ausgeschöpftes Potenzial an, das mit modernen Methoden untersucht werden sollte.

- **Beschreibung:** Höhe bis 15 cm; Stängel kurz, liegend, behaart; lang gestielte paarige Blätter, winterhart, dunkelgrün, nierenförmig, lederig, glänzend; in der Gabelung der Blätter wachsen die dicht am Boden liegenden, dunkelpurpurnen, fingerhutartigen Blüten; Fruchtkapsel mit zahlreichen Samen; Wurzelstock braun, kriechend, weit verzweigt; ausdauernd
- **Blütezeit:** April, Mai
- **Geruch, Geschmack:** die Wurzel riecht aromatisch kampfer- oder baldrianartig, Geschmack pfeffrig bis beißend-scharf, bitter
- **Standort:** kalkhaltige Laubmischwälder, Wegränder, schattenliebend
- **Vorkommen:** regional häufig
- **Droge:** Rhizoma, Radix Asari
- **Inhaltsstoffe:** ätherische Öle (Asaron), Flavonoide
- **Anwendung:** Brechmittel, bei Bronchospasmen, Bronchialasthma, Alkoholismus, erregt Niesreiz
- **Verwendung:** standardisierte Fertigpräparate; Tiermedizin
- **Homöopathisch:** bei Übelkeit, Durchfällen, geistiger Erschöpfung, Schleimhautreizung (Niespulver)
- **Sammelgut, Sammelzeit:** Blätter Juli, August; Wurzelstock und Wurzeln August, September
- **Verwechslung:** Leberblümchen *(Hepatica nobilis)*: Blätter dreilappig
- **Sonstiges:** Bestandteil des Schneeberger Schnupftabaks

Ganz oben: Blüht im Verborgenen und schon sehr früh im Jahr – die Haselwurz.

Oben: Blühende Leberblümchen sind leicht zu erkennen. Die Blätter werden jedoch manchmal mit den ungelappten Blättern der Haselwurz verwechselt.

Lorbeergewächse

Lauraceae

Die Lorbeergewächse sind eine Familie meist tropischer bzw. subtropischer Arten mit ledrigen, immergrünen Blättern und kleinen Blüten. Die Früchte, entweder Beeren oder Steinfrüchte, enthalten nur einen Samen. Der Lorbeer (Laurus nobilis) *ist der einzige Vertreter in Europa, zu dessen Verwandtschaft Sassafras* (L. sassafras), *Kampferbaum* (L. camphora) *und Zimtbaum* (L. cinnamonum) *gehören.*

Blühender Lorbeer.

Oben: Die Blüten der Lorbeerkirsche stehen in aufrechten Trauben.

Laurus nobilis L.
LORBEER

Es gibt wenige Pflanzen, die in Mythologie und Brauchtum so „positiv besetzt" sind wie der Lorbeer. Der *poeta laureatus* war in der Antike ein preisgekrönter Dichter, dem man den Lorbeerkranz aufgesetzt hatte, und der noch heute in manchen Ländern gebräuchliche Titel Baccalaureus („Lorbeerbeere") leitet sich ab vom Erwerb von „Lorbeeren". Der immergrüne Baum, der im Mittelmeerraum weit verbreitet ist, war im klassischen Griechenland dem Gott Apoll geweiht und für den biblischen König David ein Symbol des Wohlstands.

Aus dem duftenden Laub, den Früchten, dem Lorbeerblattöl und anderen Teilen des Baums wurden und werden verschiedene Gewürze, Salben und Aromastoffe gewonnen. In manchen antirheumatischen Salben ist Lorbeer enthalten, und ein Tee aus frischen Blättern beruhigt den Magen. Mit der Lorbeerkirsche (s. S. 243), einem Rosengewächs, hat der Lorbeerbaum nichts zu tun.

- **Beschreibung:** Höhe bis 15 m, Strauch oder Baum; Blätter wechselständig, kurz gestielt, breit lanzettlich bis oval, ledrig-hart, oberseits dunkelgrün glänzend, Rand wellig, wintergrün; Zweige steif, aufrecht, Rinde glatt, grau; Blüten zweihäusig, weißlich, klein, in büscheligen Dolden; Beeren dunkelbraun bis schwarz, eiförmig
- **Blütezeit:** April, Mai
- **Geruch, Geschmack:** Geruch der Blüten und Blätter aromatisch, Geschmack der Blätter würzig, aromatisch; Früchte scharf
- **Standort:** feuchte Schluchtwälder, in Gärten auch als Kübelpflanze, nicht frosthart
- **Vorkommen:** Heimat Mittelmeergebiet, in Irland, Rheinland-Pfalz
- **Droge:** Folia, Fructus, Oleum Lauri
- **Inhaltsstoffe:** ätherische Öle (Cineol, Laurin), Bitterstoffe, Gerbstoffe; fettes Öl (Beeren)
- **Anwendung:** bei Verdauungsproblemen, äußerlich gegen rheumatische Beschwerden, zur Desinfektion
- **Verwendung:** Tee, Gewürz, Einreibung, Salbe (Öl), Kosmetikindustrie
- **Homöopathisch:** s. o.
- **Sammelgut, Sammelzeit:** Blätter ohne Stiel Juni bis August; Früchte Oktober, November
- **Verwechslung:** Lorbeerkirsche *(Prunus laurocerasus):* Blüten weiß in vielblütigen Trauben, Früchte schwarzpurpurn, kugelig, ganze Pflanze giftig
- **Sonstiges:** In der Tiermedizin wird das dickflüssige, grüne Öl auch als Mittel gegen Ungeziefer z. B. in das Fell von Pferden eingerieben

Wasserlinsengewächse
Lemnaceae

Die weltweit verbreiteten Wasserlinsengewächse sind ausdauernde Schwimmpflanzen, die nur selten – und dann mit extrem kleinen Blüten – blühen. Die Vermehrung erfolgt vorwiegend ungeschlechtlich (vegetativ).

Lemna minor L.
KLEINE WASSERLINSE

Entengrün, Entengrütze

Die Kleine Wasserlinse kann sich in der heißen Jahreszeit explosionsartig vermehren und binnen weniger Tage die gesamte Oberfläche eines Teichs bedecken. Während Wasservögel und Fische zunächst von dem Überangebot an Nahrung profitieren, kann das entstehende Sauerstoffdefizit innerhalb kurzer Zeit zum „Umkippen" des Gewässers mit allen dafür typischen negativen Folgen führen (z. B. Fischsterben). Von Gartenteichen sollte man die Pflänzchen rechtzeitig abschöpfen.

Die Heilkräfte der Wasserlinsen machten sich bereits die Ärzte der Antike und des Mittelalters zunutze. Dioskurides empfahl Wasserlinsenumschläge gegen Entzündungen. Hildegard von Bingen schrieb, dass die „merlinse", wie sie sie nannte, im Zusammenspiel mit anderen, kräftigeren Mitteln „die unnützen Säfte im Menschen" verringere. Nach Adamus Lonicerus helfen Wasserlinsen gegen das „Sankt-Antonius-Feuer" (Ergotismus), von dem wir heute wissen, dass er durch mit dem Getreideschadpilz Mutterkorn (*Claviceps purpurea*) verunreinigtes Getreide hervorgerufen wird. In neuerer Zeit sind diese Verwendungsformen in Vergessenheit geraten, doch hat man inzwischen entdeckt, dass die Wasserlinse große Mengen an Radium, Brom und Jod speichern kann. Inwieweit sich daraus neue Möglichkeiten für eine medizinische Nutzung ergeben können, ist noch ungeklärt.

- **Beschreibung:** 2–3 mm im Durchmesser; Schwimmblätter grün, blattartig, flach, rund bis eiförmig; Blüten klein, unscheinbar; jedes Schwimmglied mit 1 Wurzel
- **Blütezeit:** Mai, Juni
- **Geruch, Geschmack:** geruchlos, Geschmack neutral
- **Standort:** nährstoffreiche Teiche, langsam fließende Gewässer
- **Vorkommen:** häufig
- **Droge:** Lemna minor
- **Inhaltsstoffe:** Flavonoide, Jod, Brom, Radium
- **Anwendung:** früher bei Entzündungen der Schleimhäute, rheumatischen Beschwerden
- **Verwendung:** frisch
- **Homöopathisch:** bei chronischem Schnupfen, Nasenpolypen, Asthma
- **Sammelgut, Sammelzeit:** ganze, frische Pflanze
- **Verwechslung:** Buckelige Wasserlinse *(L. gibba):* Blätter bauchig, unterseits weiß; Teichlinse *(Spirodela polyrhiza):* jedes Schwimmblatt mit einem Wurzelbüschel

Tausende von Wasserlinsen „begrünen" einen Teich.

Heilen mit Kräutern

Auf den folgenden Seiten finden Sie eine Beschreibung der häufigsten Beschwerden und Krankheiten sowie einen Überblick über die Heilkräuter, die bei der Linderung der Symptome helfen und den Genesungsprozess beschleunigen können. Tabellen, Rezepte von erprobten Teemischungen und Badezusätzen sowie Hinweise auf deren Zubereitung erleichtern die Orientierung.

Bei jeder längere Zeit anhaltenden Krankheit sucht der verantwortungsbewusste Mensch einen Arzt auf. Kinder gehören spätestens am dritten Tag in ärztliche Behandlung.

Die Anwendung von Tees ist vor allem bei Herz- und Kreislauferkrankungen, bei Nierenleiden sowie in der Schwangerschaft mit dem Arzt abzusprechen.

Gegen viele Übel ist ein Kraut gewachsen

Die Einnahme und Verwendung von Heilkräutern (s. S. 46ff.) muss immer in Absprache mit dem behandelnden Arzt erfolgen. Durch Wechselwirkungen mit verordneten Präparaten kann die Wirkung der Medikamente verstärkt, abgeschwächt oder neutralisiert werden; im Extremfall kann sogar Lebensgefahr eintreten. Es gilt der aus der Werbung bekannte Spruch: „Zu Risiken und Nebenwirkungen fragen Sie Ihren Arzt oder Apotheker."

Die angegebene Dosierung ist für einen ca. 70 kg schweren Erwachsenen berechnet, bei Kindern nimmt man entsprechend weniger Kräuter, und zwar:

Alter in Jahren	Menge
von 2–5	1/4
von 6–10	1/3
von 11–14	1/2
von 15–18	2/3

Überblickstabelle:
Wirkung, Tageszeit, Häufigkeit der Anwendung, erforderliche Menge, Zubereitung (Tee)

Wirkung	Tageszeit	Häufigkeit	Menge, Zubereitung (Tee)
harntreibend	*nicht relevant*	*mehrmals täglich*	*jeweils 1 Tasse*
appetitanregend, verdauungsfördernd, galleanregend, magenstärkend	*15 bis 30 Min. vor den Mahlzeiten*	*dreimal täglich*	*kleine Tasse oder Glas (100 ml)*
stoffwechselanregend, blutdrucksenkend, gegen Arterienverkalkung, bei Frauenkrankheiten	*vor den Mahlzeiten*	*schluckweise über den Tag verteilt*	*mehrere Tassen (1/2 l bis max. 3/4 l)*
abführend, den Stuhlgang regelnd	*am Abend oder nüchtern am Morgen*	*einmal täglich*	*eine kleine Tasse (100 ml), warmer Tee*
schmerzstillend, stopfend, gegen Blähungen	*nicht relevant*	*je nach Bedarf, einmal täglich*	*schluckweise in kleiner Menge (ca. 100 ml)*
antirheumatisch	*am Abend*	*einmal täglich*	*warm, auch gezuckert*
nervenberuhigend, schlaffördernd	*am Abend*	*und nach Bedarf*	*eine Tasse, warm, auch gesüßt*
auswurffördernd	*am Abend*	*einmal täglich*	*eine Tasse, warm und gesüßt*
schweißtreibend	*im Bett*	*mehrmals täglich*	*möglichst heiß, gezuckert*
gegen parasitische Würmer	*vor dem Zubettgehen und morgens auf nüchternen Magen*	*zweimal täglich*	*ungesüßt*

ATEMWEGE

Hals, Nase, Bronchien, Lunge

Grippale Infekte

Schnupfen (Rhinitis)
Nasennebenhöhlenentzündung (Sinusitis)

Zu einer Erkältung, einem grippalen Infekt, der durch Viren ausgelöst wird, gehören Schnupfen, Husten, Hals- und Rachenentzündung. Viele bekannte Hausmittel wie Tees, Inhalationsmittel, Gurgelwasser und Dampfbäder sowie Wickel kommen zum Einsatz. Der gewöhnliche Schnupfen äußert sich durch vermehrtes Nasensekret, Niesen, Hüsteln und Kratzen im Hals. Als Therapie helfen neben den Tees und Teemischungen, Kneipp'sche Fußbäder, Trockenbürsten und eine allgemeine Stärkung der Immunabwehr, z. B. mit Sonnenhut- *(Echinacin-)* oder Kapland-Pelargonien-Präparaten. Schnupfen kann aber auch durch äußere Reize wie kalte Luft, Chemikalien oder Blütenstaub (Pollenallergie, *Pollinosis*) ausgelöst werden (s. u.). Bei der *Sinusitis* kommt es zu einer durch Viren oder Bakterien hervorgerufenen Entzündung der von der Nase her zugänglichen Nebenhöhlen, oft in Verbindung mit Kopfschmerzen und – bei entzündeten Kieferhöhlen – auch mit Zahnschmerzen.

Tipp:

- Schweißtreibende Tees wie Holunder- oder Lindenblütentee (1–2 Tassen, möglichst heiß im Bett getrunken) oder heißer Holundersaft fördern die körpereigenen Abwehrkräfte.
- **Bei Fieber:** Mädesüß, Kalmus und Fieberklee, Wadenwickel oder eine Mischung aus pulverisierter Eichen-, Silberweiden- und Pappelrinde.
- **Bei Husten, Reizhusten.** Tees und Teemischungen, Pastillen, Sirup mit Eibisch, Spitzwegerich, Efeu, Thymian, Salbei, Huflattich, Sonnentau, Anis etc.

Halsschmerzen, Rachen- und Mandelentzündung *Laryngitis, Angina*

Ein Kratzen im Hals, Heiserkeit, Gefühl der Trockenheit, der Drang sich zu räuspern oder zu schlucken, oft zu Beginn einer Erkältung, weist auf eine durch Viren verursachte Rachenentzündung hin. Vergrößerte und gerötete Gaumenmandeln, verbunden mit Schluckbeschwerden, geschwollenen Lymphknoten, Kopfschmerzen und Fieber, sind Symptome einer Mandelentzündung, die durch Bakterien, Viren oder Pilze hervorgerufen wird.

> *Bei einer Virusgrippe mit über mehrere Tage andauerndem Fieber und bei fiebrigen Erkrankungen von Kindern muss der Arzt konsultiert werden! Bei hohem Fieber dürfen Lindenblüten- und Holundertee nicht verabreicht werden!*

Bronchitis

Die häufigste Atemwegserkrankung ist die Bronchitis. Die Schädigung der Schleimhäute der Luftwege, sei es durch Viren, Bakterien, Nikotin oder Stäube, löst Husten mit schleimigem Auswurf aus, oft mit Schmerzen hinter dem Brustbein, manchmal mit Fieber. Die Erkrankung kann auch chronisch werden. Tee, Inhalationen, heiße Brust- oder Rumpfwickel, Fuß- und Sonnenbäder sowie Luftveränderung können Linderung bringen.

> *Bei entzündlichen Halserkrankungen muss wegen der Ansteckungsgefahr der Arzt konsultiert werden.*

Bronchialasthma *Asthma bronchiale*

Bei Bronchialasthma kommt es durch eine Verengung der Atemwege zu Atemnot, zusammen mit oft heftigen Hustenattacken. Auslöser sind eingeatmete Allergene (z. B. Tierhaare, Pollen), körperliche Anstrengung oder psychische Faktoren, die zu einer Verkrampfung der Bronchialmuskulatur führen, die Schleimhäute anschwellen lassen oder eine vermehrte Sekretbildung hervorrufen. Oft helfen die entspannende Wirkung von Brustwickeln, Einreibungen mit Eukalyptus- und Latschenkiefernöl, beruhigende Tees, z. B. mit Johanniskraut, oder Fertigpräparate mit Pestwurzextrakt.

Salbei – hier getrocknet – verwendet man u. a. gegen Halsentzündungen.

Hinweis zur Benutzung der Tabellen:
Die Tabellen dienen zur schnellen Orientierung über die wichtigsten Heilpflanzen und ihre Anwendungsgebiete. Viele Heilkräuter sind im Handel auch als Fertigpräparate in Form von Teemischungen, Tabletten, Dragees, Kapseln usw. erhältlich. Wegen eventueller Nebenwirkungen sollte immer auch der Haupttext zu den jeweiligen Pflanzen konsultiert werden.

In die Rezepte sind auch Kräuter einbezogen, die in den Pflanzenbeschreibungen, aber nicht in den Tabellen aufgeführt sind.

Welche Heilpflanzen bei welchen Symptomen? Eine Auswahlhilfe

Atemwege	Wichtige Heilpflanzen				

Beschwerden	Eibisch *Althaea officinalis* ➤ S. 150	Sonnentau *Drosera rotundifolia* ➤ S. 215	Fenchel *Foeniculum vulgare* ➤ S. 203	Efeu *Hedera helix* ➤ S. 213	Kamille *Chamomilla recutita* ➤ S. 60
grippale Infekte, Fieber			x	x	
Schnupfen			x		x
Nasennebenhöhlenentzündung					
Mandelentzündung	x				
Husten, Reizhusten	x	x		x	x
Bronchitis	x	x	x	x	
Asthma		x		x	
Anwendungen, Bemerkungen	Tee, Teemischungen	Tropfen, Saft	Tee, Honig, Sirup auch für Kinder geeignet	Tropfen, Tabletten, Zäpfchen, Sirup auch für Kinder	Tee, Tropfen, Öl; Allergie möglich

REZEPTE

Bewährte Teemischungen

Teegrundrezept:
Wenn nicht anders angegeben, verwendet man pro Tasse 1 Teel. der getrockneten Kräuter, übergießt sie mit kochendem Wasser und lässt den Tee 5–10 Min. ziehen.

Bei Bronchitis Teemischungen:
je 1 Teil der folgenden Kräuter: Anis, Süßholzwurzel, Spitzwegerich, Fenchel, Huflattich
oder: *Königskerze, Süßholzwurzel, Eibischwurzel, Eibischkraut, Huflattich*
oder: *Lungenkraut, Arnikablüten, Johanniskraut, Thymian, Eibischwurzel*
Zubereitung: *1 Teel. pro Tasse mit kochendem Wasser überbrühen, 5–10 Min. ziehen lassen, abseihen, mit Honig oder braunem Zucker süßen, 2–3-mal täglich heiß trinken*

Bei grippalen Infekten, Bronchitis
Malvenblüten, Eibischwurzel, Fenchel, Huflattichblätter, Isländisch Moos, Süßholzwurzel, Huflattichblätter, Holunderblüten, Schlüsselblume, Ehrenpreis
Zubereitung: *6–12 Stunden (z. B. am Abend vorher) bei Zimmertemperatur ansetzen, den Auszug aufkochen, abseihen, bei Bedarf süßen*

Bei Schnupfen
Je 1 Teil Holunderblüten, Schlüsselblumen, Huflattich, Schafgarbe
Zubereitung: *1 Teel. pro Tasse mit kochendem Wasser überbrühen, 5–10 Min. ziehen lassen, abseihen, mit Honig oder braunem Zucker süßen, 2–3-mal täglich heiß trinken*

Bei Husten
4 Teile Eibischwurzel, 3 Teile Süßholz, 1 Teil Königskerze 1 Teil Malve, 1 Teil Klatschmohnblüte, 1 Teil Anis
Zubereitung: *1 Teel. pro Tasse mit kochendem Wasser überbrühen, 5–10 Min. ziehen lassen, abseihen, mit Honig oder braunem Zucker süßen, 2–3-mal täglich heiß trinken*

				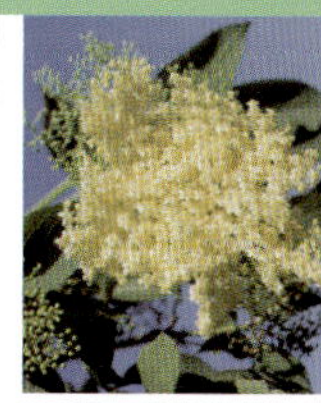			
Anis *Pimpinella anisum* ➤ S. 210	Kiefer *Pinus* ➤ S. 254	Spitzwegerich *Plantago lanceolata* ➤ S. 105	Primel *Primula* ➤ S. 153f	Holunder *Sambucus nigra* ➤ S. 111	Thymian *Thymus vulgaris* ➤ S. 99	Linde *Tilia* ➤ S. 157	Huflattich *Tussilago farfara* ➤ S. 74
x		x	x	x		x	
x	x		x	x		x	
			x				
	x						
x	x	x		x	x	x	x
x	x	x	x	x	x		x
	x				x		
Tee, ätherisches Öl	Salbe, Öl, Tee	Tee, Saft, Tropfen, Sirup; Allergie möglich	Tee-mischungen, Saft, Tropfen	Tee, Saft, Gurgelwasser	Tee, Saft, Tropfen, Bad, Sirup auch für Kinder	Tee	Tee; Allergie möglich

Schleimlösender Husten- und Katarrhtee
(Rezept nach Dr. Haas-Basel)
Je 1 Teil Ehrenpreis, Gundermann, Löwenzahn
2 Teile Anis, Thymian, Brennnessel, Fenchel, Huflattich, Lindenblüten, Malve, Salbei, Königskerze
3 Teile Eibischwurzel, Spitzwegerich, Veilchenblätter u. -blüten
4 Teile Vogelknöterich, Lungenkraut
Zubereitung. *1 Teel. pro Tasse mit kochendem Wasser überbrühen, 5–10 Min. ziehen lassen, abseihen, mit Honig oder braunem Zucker süßen, 2–3-mal täglich heiß trinken*

Bei Fieber
Je 1 Teil Ringelblume, Johanniskraut, Lindenblüten, Holunderblüten, Fieberklee, Mädesüß
Zubereitung: *1 Teel. pro Tasse, kalt ansetzen, aufkochen, 10 Min. ziehen lassen*

Bei Halsschmerzen und Rachenentzündung
Gurgellösung:
jede Stunde gurgeln mit einem Tee aus:
Je 1 Teil Kamille, Salbei
oder: *je 1 Teil Kamille, Vogelknöterich*
oder: *eine wässrige Lösung mit Arnikatinktur*
oder: *mit Eichenrinde*
oder: *5 Teile Malve; 3 Teile Spitzwegerich, 2 Teile Kamille*
Halswickel: *getränkt mit Schachtelhalm oder Kamillentee*

Zum Inhalieren:
Zubereitung: *In einen Topf mit dampfendem Wasser gibt man 5–10 Tropfen Eukalyptus-, Latschenkiefern-, Pfefferminz-, Thymian- oder Kamillenöl; dann legt man sich ein Handtuch oder eine Decke über den Kopf und atmet mit geöffnetem Mund möglichst tief die Dämpfe ein. Dauer 10 Min.*

VERDAUUNGSTRAKT UND STOFFWECHSEL

Magen, Darm, Leber, Galle

Die Löwenzahnwurzel enthält reichlich Bitterstoffe.

Mit Hilfe der Pflanzenheilkunde können zahlreiche Beschwerden und Krankheiten im Magen-Darm-Trakt sowie Wohlstandssymptome wie Übergewicht, Gicht und Altersdiabetes gelindert werden. Heilpflanzen wie Kamille, Pfefferminze und Kümmel, aber auch die Bitterstoffe enthaltenden, aus Klosterlikören und Magenbittern bekannten Kräuter wie Enzian, Engelwurz und Bärwurz sind wichtige Helfer.

Entzündungen im Mund-, Rachenraum

Stomatitis

Entzündungen in der Mundhöhle können als Begleiterscheinung von Infektionserkrankungen, aber auch bei Paradontose, Zahnfleischproblemen, Pilzbefall und Allergien auftreten. Sie äußern sich durch oft schmerzhafte Schwellungen, belegte Zunge und Mundgeruch.

Zur Unterstützung der ärztlichen Behandlung empfiehlt sich Gurgelwasser (s. Tabelle und Rezepte S. 293).

Erkrankungen des Magen-Darm-Trakts

Colitis, Gastritis, Ulcus

Der Magen-Darm-Trakt vieler Erwachsener, aber auch vieler Kinder, reagiert oft empfindlich auf bestimmte Lebensmittel, psychische Probleme oder äußere Reize wie schaukelnde Bewegungen. Die Irritationen äußern sich in Sodbrennen, Übelkeit, Erbrechen, Durchfall. Sodbrennen (engl.: „heart burn") ist keine eigene Krankheit, sondern ein bei verschiedenen Erkrankungen (z. B. Über- oder Untersäuerung des Magens, Entzündungen der Speiseröhre, Magengeschwür, Gallenblasenerkrankung) auftretendes Symptom. Oft wird Sodbrennen ebenso wie der Reizmagen durch zu viel kalorienreiches Essen, Süßigkeiten, durch Alkohol oder Nikotin ausgelöst. Es kommt beim Sodbrennen zu einem Rückfluss des sauren Mageninhalts in die Speiseröhre.

Tipp:

- Umstellung der Ernährung auf fett- und eiweißarme sowie säurearme Kost (kein Kaffee, Alkohol, Süßes) und Verzicht auf Nikotin
- Mehrere kleinere Mahlzeiten über den Tag verteilen
- Wärmflasche auf den Bauch
- Kräutertees (Enzian, Wermut, Tausendgüldenkraut, Kamille, Pfefferminze, Melisse, Kalmus)

Bei Reizmagen mit Sodbrennen, Druck und Völlegefühl im Oberbauch sowie Unverträglichkeit diverser Speisen kommen als Auslöser noch psychische Faktoren wie Stress im Beruf und privat dazu. Appetitlosigkeit und Verdauungsbeschwerden sind die Folgen.

Tipp:

- Bei Appetitlosigkeit, „Magenschwäche" folgende Tees 4–6 Wochen lang abwechselnd trinken: Wacholderbeeren, Angelikawurzel, Hopfen, Fieberklee, Enzianwurzel, Tausengüldenkraut, täglich 1/4 Stunde vor der Hauptmahlzeit 1/2 Tasse Tee in kleinen Schlucken.
- Die Tagesdosis darf bei den Enzianarten Gelber Enzian, Tausengüldenkraut und Fieberklee nicht überschritten werden.

Auslöser für Übelkeit und Erbrechen können Infektionskrankheiten, Medikamente und Narkose sein, häufigere Gründe sind aber schwer verdauliche, unverträgliche, verdorbene oder giftige Nahrungsmittel, Alkoholmissbrauch, Reisekrankheit (z.B. durch schaukelnde Bewegungen) oder psychische Gründe.

Tipp:

- Die Magennerven beruhigt meist sehr schnell ein Stück Zucker, beträufelt mit 10–15 Tropfen Melissengeist oder Baldriantinktur, 5–8 Tropfen Lavendelöl oder Pfefferminzöl (Vorsicht bei Auszügen, die Alkohol enthalten).
- Halten Übelkeit und Brechreiz länger an, helfen Fertigpräparate oder Tees – der Arzt sollte aber auf jeden Fall konsultiert werden.

Magenschleimhautentzündung (Gastritis), Geschwür (Ulcus)

Bei einer Gastritis kommt es zu einer entzündlichen Veränderung der Magenschleimhaut, ausgelöst durch Alkohol, Medikamente oder Infektionskrankheiten. Man unterscheidet zwischen einer akuten, mit Oberbauchschmerzen verbundenen und der weit verbreiteten chronischen Gastritis. Bei vielen Patienten konnte das Bakterium *Helicobacter pylori* nachgewiesen werden.

> *Bei Vergiftungen – z. B. mit Pilzen oder Beeren – sofort die Giftnotzentrale und den Arzt kontaktieren.*

Tipp:

- Bei akuter Gastritis helfen eine Diät mit Brei und Haferschleim, dünner Pfefferminztee oder Kamillentee, 1 Teel. Johanniskrautöl morgens auf nüchternen Magen.
- Die chronische Gastritis entwickelt sich im Laufe der Zeit in vielen Fällen weiter zum Magen- und Zwölffingerdarmgeschwür. Typisch sind Schmerzen im rechten Oberbauch und Nüchternschmerz.

> *Alter Heilpraktikerspruch:*
> *„Die Gesundheit sitzt im Darm"*

Tipp:

- Bei Magenschleimhautentzündung Leinsamen 2–3-mal täglich 1 Essl. gut gekaut mit reichlich Flüssigkeit einnehmen.
- Folgende Tees im Wechsel 2–3-mal täglich jeweils 1 Tasse vor den Mahlzeiten mit etwas Milch trinken: Süßholz, Fenchel, Kalmus, Melisse, Pfefferminze, Huflattich, Gänsefingerkraut, Sanikel, Spitzwegerich oder Kamille
- oder 1–2-mal täglich eine Tasse Eibischwurzel (1 Teel. pro Tasse kalt ansetzen, 6–12 Std. ziehen lassen, auf Trinktemperatur anwärmen)

Dickdarmerkrankungen

Durchfall (Diarrhoe),
Verstopfung (Obstipation)

Vielfältig sind die Ursachen, die zu den häufigsten Symptomen einer Dickdarmerkrankung – nämlich Durchfall und Verstopfung – gehören. Als Ursachen für Durchfall kommen Infektionen, Vergiftungen, Medikamente, Allergien, Parasiten, Schilddrüsenüberfunktion und Stress, aber auch Magen- oder Dünndarmkrankheiten in Betracht. Die Bekämpfung von chronischem Durchfall ist eines der schwierigsten Probleme der Medizin; Ursachenforschung und das Herausfinden des richtigen antidiarrhöischen Mittels gleichen einer detektivischen Aufgabe.

Tipp:

- Bei Durchfall unbedingt den Flüssigkeits- und Mineralstoffverlust ersetzen!
- Täglich 2–3 Tassen Tee einer der folgenden Sorten mit jeweils einer Prise Salz: Frauenmantel, Gänsefingerkraut, Vogelknöterich, getrocknete Heidelbeeren, ungesüßter schwarzer Tee
- oder getrocknete Heidelbeeren kauen, 15–20 Stück mehrmals täglich (schmeckt gut)
- oder Blutwurzpulver (= Tormentill) mehrmals täglich, eingerührt in Brei, Apfelmus, Tee
- oder als Mischung mit Eichenrinde
- oder ein warmer Leinsamenbreiumschlag

Die Ursachen für eine Verstopfung können sowohl Bewegungsmangel und falsche Ernährung (zu zucker- und eiweißreiche, ballaststoffarme Kost), andererseits aber auch Schädigungen der Darmwand (z. B. durch Tumore), Verwachsungen, Entzündungen im Analbereich und Hämorrhoiden sein.

Tipp:
Ernährungsumstellung:

- keine Schokolade
- keine Weißmehlprodukte
- kein Zucker
- mehr Bewegung
- 1 Essl. Leinsamen (ganz oder geschrotet), gut gekaut mit reichlich Flüssigkeit einnehmen.
- 1 Tasse folgender Tees im Wechsel, im Allgemeinen abends, bei hartnäckiger Verstopfung morgens und abends: Faulbaumrinde und -beeren, Sennesblätter und -schoten, Kalmus, Aloe, Silberdistel, Wegwarte
- Fertigteemischungen

Aus den Blättern und Früchten des Sennesblattbusches (Cassia angustifolia), *der zu den Schmetterlingsblütlern gehört, wird ein wichtiges Abführmittel gewonnen.*

Abführmittel sollen nur im Notfall genommen werden; eine Einnahme über einen längeren Zeitraum führt, wie bei allen Heilmitteln, zur Gewöhnung. Die Folge ist eine Erschlaffung der Darmmuskulatur, sodass man bald nicht mehr ohne Abführmittel auskommt, die Dosis ständig erhöhen oder zu immer stärkeren Mitteln greifen muss.

Leber- und Galleleiden

Hepatitis, Cholitis

Eine Erkrankung der Leber, die nach einer Infektionskrankheit, bei Herzerkrankungen, Stoffwechselstörungen (z. B. Diabetes), Schwangerschaft und Vergiftungen auftreten kann, wird oft erst durch die Funktionsstörung der Galle diagnostiziert. Die Fettleber, eine Wohlstandserkrankung infolge zu üppiger Nahrungsaufnahme und reichlichen Alkoholgenusses, kann in eine Leberzirrhose übergehen.

Das wichtigste Heilmittel bei Leberzirrhose ist die Mariendistel, gefolgt vom Schöllkraut (als Frischpräparat). Eine eiweiß- und vitaminreiche Diät sowie absolute Alkoholabstinenz gehören zu einer erfolgreichen Therapie.

Gallensteine, in der Folge auch Gallenblasenentzündungen, sind weit verbreitete Erkrankungen. Frauen sind häufiger betroffen als Männer. Gallensteine können sich durch heftige, krampfartige Oberbauchschmerzen bemerkbar machen, sind aber meist mit uncharakteristischen Beschwerden verbunden. Neben der Beachtung einer regelmäßigen Verdauung, einer strengen, fettarmen Diät, dem Verzicht auf schwer verdauliche Nahrungsmittel (Bohnen, Erbsen), Alkohol, Kaffee und scharfe Gewürze helfen Wärme, Kräutertees oder Presssäfte, die man selbst herstellen oder auch in der Apotheke, in der Drogerie oder im Reformhaus kaufen kann.

Tipp:
Bei Gallenleiden:

- fettarme Diät
- Kräutertees, 2–3-mal täglich 1 Tasse
- Leinsamen, 2-mal täglich gut zerkaut mit Flüssigkeit einnehmen

- 1–2 Essl. Presssaft aus Rettich, Schafgarbe und/oder Löwenzahn
- Wärme

Übergewicht *Adipositas*

Von Fettsucht spricht man, wenn das Normalgewicht um mehr als 10 % überschritten wurde. Ursache ist die im Verhältnis zum Bedarf zu große Kalorienzufuhr, dazu kommen oft psychische Probleme oder Verstopfung, und daraus entwickeln sich zu hoher Blutdruck, Atemnot, Gelenkbeschwerden, Ödeme im Bereich der Knöchel und schließlich Diabetes.

Zur Unterstützung der Diät hilft eine Teemischung, die man 4–6 Wochen lang 2–3-mal täglich trinkt. 1-mal pro Woche kann man auch einen Safttag einschalten. An diesem Tag darf man 1 l Apfel- oder Traubensaft über den Tag verteilt trinken. Die Wirkung des Blasentangs, der in zahlreichen kosmetischen Präparaten gegen Fettpolster angeboten wird, ist umstritten.

Gicht *Arthritis urica*

Bei der Stoffwechselkrankheit Gicht werden die unlöslichen Harnsäurekristalle in den Gelenken, v. a. den großen Zehen, im Gewebe und in den Nieren abgelagert und können dort Rötung, Schwellung und heftige Schmerzen auslösen.

Tipp:

- Ernährungsumstellung auf purinfreie Nahrungsmittel (keine Innereien, keine Hülsenfrüchte, wenig Fleisch und Alkohol)
- **Kräutertees:** 3-mal täglich 1 Tasse, aus Giersch, Birkenblättern, Brennnesseln, Goldrute oder anderen harnsäureausscheidenden bzw. harntreibenden und schweißfördernden Kräutern
- Einreibungen mit Arnikatinktur oder Johanniskrautöl
- Fußbäder oder Umschläge mit Schachtelhalm

Zuckerkrankheit
Diabetes mellitus

Bei Diabetes, einer Glukose-Stoffwechselstörung, die mit Insulinmangel einhergeht und unbehandelt schwere Krankheitssymptome von Wundheilungsstörungen über Funktionsstörungen der Nieren bis hin zum Koma hervorruft, ist die Einhaltung der Diät besonders wichtig. Die Behandlung von leichteren Formen der Diabetes mit Tees muss mit dem Arzt abgesprochen werden.

Das Süßblatt (Stevia rebaudiana), *dessen Blätter 10–15-mal so viel Süßkraft wie Rohrzucker haben, kann als Zuckerersatz eingesetzt werden. (Stevia ist in Deutschland als Nahrungsmittel nicht zugelassen.)*

Tipp:

- Diät einhalten
- Tee aus Bohnenschalen, Heidelbeeren, Kletten, Tausendgüldenkraut. Empfohlen wird 2–3-mal täglich eine Tasse Tee, dabei regelmäßig die Sorten wechseln.
- Bockshornkleesamen als Beimischung zu Kompott
- Haferstroh als Aufguss: 100 g geschnittenes Haferstroh in 3 l Wasser 30 Min. kochen, für Wickel verwenden oder dem Badewasser zusetzen.

Welche Heilpflanzen bei welchen Symptomen? Eine Auswahlhilfe

Verdauungstrakt und Stoffwechsel	Wichtige Heilpflanzen				

Beschwerden	Schafgarbe *Achillea millefolium* ➤ S. 50	Knoblauch *Allium sativum* ➤ S. 174	Kümmel *Carum carvi* ➤ S. 200	Enzian *Gentiana lutea* ➤ S. 80	Leinsamen *Linum usitatissimum* ➤ S. 226
Sodbrennen, Reizmagen				×	
Appetitlosigkeit		×		×	
Magen- und Verdauungsstörungen	×		×	×	
Übelkeit, Erbrechen					
Magenschleimhautentzündung					
Magen- und Zwölffingerdarmgeschwür					
Durchfall		×			
Verstopfung					×
Lebererkrankungen					
Fettleber		×			
Gallenerkrankungen					×
Gicht					
Anwendungen, Bemerkungen	Tee, Saft, Allergien möglich	Öl, Kapseln, Dragees, Tabletten; Cholesterinsenker	Tee, Öl; Allergien möglich	Tee, Teemischungen, Magenbitter	Leinsamen ganz oder geschrotet

REZEPTE

Bei Sodbrennen, Reizmagen
1/2 –1 Tasse Enzian-, Wermut- oder Tausendgüldenkrauttee
Zubereitung: *1 Teel. pro Tasse mit kochendem Wasser überbrühen, morgens nüchtern oder 1/2 Stunde vor den Mahlzeiten langsam und in kleinen Schlucken trinken*

Bei Magen- und Verdauungsstörungen, Bauchschmerzen
Tee: *je 1 Teil Schafgarbe, Angelika, Baldrian, Fenchel, Kümmel, Pfefferminze, Kamille, Gänsefingerkraut, Melisse, Anis* **oder:** *je 1 Teil Anis und Fenchel oder die obigen Kräuter einzeln, im regelmäßigen Wechsel*
Zubereitung: *1 Teel. pro Tasse mit kochendem Wasser überbrühen,*

Kamille *Chamomilla recutita* ➤ S. 60	Pfefferminze *Mentha* ➤ S. 92	Blutwurz *Potentilla erecta* ➤ S. 240f	Mariendistel *Silybum marianum* ➤ S. 62	Löwenzahn *Taraxacum officinalis* ➤ S. 73	Bockshornklee *Trigonella foenum-graecum* ➤ S. 223	Brennnessel *Urtica dioica* ➤ S. 170	Heidelbeere *Vaccinium myrtillus* ➤ S. 147
×	×						
				×	×		
×	×						
×	×						
×							
×							
		×					×
				×	×		
			×				
			×	×			
				×			
						×	
Öl, Tropfen, Öl; Allergie möglich	Tee, Öl; Vorsicht bei Babys	Pulver, Kapseln, Tee	Tabletten, Kapseln, Dragees	Saft, Tinktur, Tee; Gallefluss fördernd	Samen, Pulver; Cholesterinsenker	Tee, Saft, Kapseln, Tropfen;	getrocknete Beeren

1 Tasse Tee, 2–3-mal am Tag, zu oder nach den Mahlzeiten, ungesüßt, schluckweise trinken (bei Bedarf kann man mit Süßholzwurzel süßen)

oder: *Anis in Milch gekocht*
oder: *Melissengeist oder Baldriantropfen (10–15 Tropfen auf ein Stück Zucker)*

Bei Gicht
1 Teil Mädesüß, 1 Teil Schafgarbe, 2 Teile Brennnessel, 1 Teil Weidenrinde, 1 Teil Birkenblätter, 1 Teil Goldrute

Zubereitung: *1–2 Teel. pro Tasse kalt ansetzen, 3 Min. kochen, ziehen lassen und tagsüber schluckweise trinken (2–3 Tassen pro Tag)*

HERZ UND BLUTKREISLAUF

Heilkräuter dürfen nur in Absprache mit dem behandelnden Arzt angewendet werden!

Angina pectoris

Plötzlich einsetzende starke Schmerzen im Brustkorb, die oft in die linke Schulter-Arm-Hälfte ausstrahlen, verbunden mit einem Gefühl der Enge und Todesangst, werden als Angina pectoris bezeichnet. Auslöser können körperliche Anstrengung, Aufregung, Kälte und zu üppige Mahlzeiten sein. Angina pectoris weist auf eine Erkrankung der Herzkranzgefäße hin und ist als Vorbotin eines Herzinfarkts ein unbedingt ernst zu nehmendes Warnzeichen.

Arterienverkalkung *Arteriosklerose* und Durchblutungsstörung

Die Arteriosklerose ist die häufigste Veränderung der Arterien, entweder durch Verhärtung oder Verdickung, erst durch Fett-, später durch Kalkablagerungen. In den verengten Blutgefäßen kann sich ein Blutpfropfen (Thrombus) bilden, das umliegende Gewebe wird nicht mehr ausreichend mit sauerstoffreichem Blut und Nährstoffen versorgt, es stirbt schließlich ab. Risikofaktoren sind z. B. Bluthochdruck, Übergewicht, zu hoher Cholesterinspiegel, Rauchen, Bewegungsmangel, Diabetes; Symptome sind Vergesslichkeit, Schmerzen in den Beinen, Impotenz. Die Erkrankung der Herzkranzgefäße führt schließlich zum Herzinfarkt oder Schlaganfall.

Tipp:

- Beseitigung der Risikofaktoren
- Kneipp'sche Anwendungen
- Tee aus Mistel, Weißdorn oder/und Schafgarbe 2–3-mal täglich
- Tropfen von Mistel, Weißdorn oder Knoblauch 2–3-mal täglich, jeweils 10–20 Tropfen, Knoblauch, Ginkgo, auch als Fertigpräparate
- Packungsvorschriften und unterschiedliche Wirkstoffmengen je nach Anbieter beachten!

Herzinsuffizienz, Herzschwäche

Myocardinsuffizienz

Ursache einer Herzinsuffizienz, die sich u. a. in Atemnot, Herzjagen, Ödemen – als Folge der schlechten Sauerstoffversorgung – äußert, können angeborene Herzfehler und Infektionen sein, in der heutigen Zeit aber oft Folgen von chronischer Überbelastung, Bluthochdruck, Alkohol- und Medikamentenmissbrauch.

Tipp:

- 3-mal täglich 10–20 Weißdorntropfen im wöchentlichen Wechsel mit Misteltropfen
- Weißdorntee (1 Tasse pro Tag)
- morgens auf nüchternen Magen 1 Tasse Schafgarbentee, dem max. 2–3 Tropfen Arnikatropfen beigefügt werden.

Herzrhythmusstörungen, Herzklopfen

Atrioventrikulararrhythmie

Von Herzrhythmusstörungen spricht man bei einem schnelleren Herzschlag als 80-mal bzw. einem langsameren als 60-mal pro Minute oder bei einem unregelmäßigem Puls (Herzklopfen, Herzstolpern bis lebensbedrohliches Kammerflimmern). Die Ursachen können u. a. in stressbedingter, psychischer Überlastung, Störungen im Elektrolythaushalt (z. B. bei Schilddrüsen- und Nierenerkrankungen) oder Herzmuskelerkrankungen liegen. Der Arzt verordnet oft Digitalispräparate, die genau nach Vorschrift eingenommen werden müssen.

Vor einer Therapie müssen unbedingt die Ursachen abgeklärt werden!

Tipp:

- Bei stressbedingten Herzrhythmusstörungen: Baldriantropfen maximal 2-mal täglich
- Tee aus Kamille, Melisse, Weißdorn, abends Hopfen, Baldrian 2–3-mal täglich 1 Tasse
- Weißdorn als Saft, Tropfen oder Elixier

Hoher Blutdruck *Hypertonie*

Bluthochdruck verläuft fast immer symptomlos. Dennoch schädigt er die Blutgefäße, führt zu ihrer Verengung und Verstopfung, und es kann schließlich zu einem Herzinfarkt oder Schlaganfall kommen. Ursachen können Nieren- oder Schilddrüsenerkrankungen sein, meist sind es aber Bewegungsmangel, Übergewicht, Stress, zuviel Kochsalz, Nikotin, Kaffee und Alkohol. (Blutdruckwerte sind altersabhängig: Normbereich bei Erwachsenen systolisch/diastolisch 140/90 mmHg).

Blutdrucksenkend wirken Knoblauch, Buchweizen und Mistel. Vom Arzt können Fertigpräparate mit Maiglöckchen- und Adonisröschenextrakt verschrieben werden, wobei aber die Dosis wegen der Giftigkeit genau eingehalten werden muss.

Niedriger Blutdruck *Hypotonie*
Ohnmacht *Synkope*

Niedriger Blutdruck (Werte bei Erwachsenen systolisch/diastolisch unter 100/60 mmHg) ist nicht lebensgefährlich, aber Symptome wie Müdigkeit, Antriebslosigkeit, Konzentrationsschwäche, Kopfschmerzen und Schwindel sowie die Neigung zu Ohnmachtsanfällen sind unangenehm.

Tipp:
- Kneipp'sche Wasseranwendungen
- 1 Tasse Tee aus Schafgarbe, Ginster oder Rosmarin, mit 2–3 Tropfen (nicht mehr!) Arnikatinktur, auf nüchternen Magen
- Bad mit einem Rosmarin- oder Besenginsteraufguss
- Einreibung mit Johanniskrautöl oder Rosmaringeist, Misteltropfen

Venenerkrankungen
Venenentzündung *Thrombophlebitis*

Krampfadern (Varizen)

Krampfadern sind knotige, oft serpentinenförmig geschlängelte Venenerweiterungen, die vor allem die Unterschenkelvenen betreffen und häufig nur als kosmetisches Problem bewertet werden. Oft kommt es infolge von stehender Arbeitsweise, Schwangerschaft oder Übergewicht zu Beinschwellungen, Schweregefühl und nächtlichen Wadenkrämpfen.

Tipp:
- Kneipp'sche Anwendungen, Schwimmen, Gehen, Hochlagern der Beine
- Kompressionsverbände
- Gewichtsnormalisierung
- Geregelte Verdauung
- Einreibung mit Rosskastanie, Virginischer Zaubernuss (Hamamelis), Ginkgo, Steinklee (Fertigpräparate)

Hämorrhoiden

Hämorrhoiden sind knotenförmige Gefäßerweiterungen am Enddarm, die innerlich und äußerlich auftreten können. Symptome sind Juckreiz, Blutungen und Schmerzen beim Stuhlgang. Wichtig ist ein regelmäßiger, weicher Stuhlgang.

Tipp:
- Abends 1 Tasse Faulbaumrindentee
- Abwechselnd Tee von Wegwarte, Storchschnabel, Löwenzahn, Kamille 2–3-mal täglich, ca. 4 Wochen lang
- Sitzbäder 14 Tage lang abwechselnd mit Kamillenblüten und/oder Eichenrinde. Nach einer Pause von 1–2 Wochen kann man die Prozedur wiederholen

> *Keine Unterwasserdruckmassagen, keine mechanischen Vibrationen. Aus einer oberflächlichen Venenentzündung können sich – z. B. bei Bettlägerigkeit – lebensbedrohliche Komplikationen entwickeln.*

Bei einer oberflächlichen Venenentzündung, die sich aufgrund von Krampfadern entwickelt hat, kommt es zu lokalen Entzündungszeichen wie Rötung, Schmerz und Überwärmung.

Tipp:
- Beine nachts hochlagern
- Tagsüber viel Bewegung
- 2-mal täglich 1 Tasse Schafgarbentee oder Kamille im Wechsel, max. 4 Wochen lang, feuchtkühle Umschläge mit Kamille, Arnika oder Sonnenhut *(Echinacea)*
- Bei einer durch Diabetes hervorgerufenen Venenentzündung hilft Bohnenschalentee

Rosskastanienextrakte helfen bei Venenentzündungen.

Welche Heilpflanzen bei welchen Symptomen? Eine Auswahlhilfe

Herz- und Blutkreislauf	Wichtige Heilpflanzen				

Beschwerden	Schafgarbe *Achillea millefolium* ➤ S. 50	Rosskastanie *Aesculus hippocastanus* ➤ S. 225	Knoblauch *Allium sativum* ➤ S. 174	Arnika *Arnika montana* ➤ S. 53	Weißdorn *Crataegus* ➤ S. 235
Angina pectoris					×
Arterienverkalkung	×		×		×
Herzinsuffizienz	×			×	×
Herzrhythmusstörungen					×
Bluthochdruck			×		
Niedriger Blutdruck	×			×	
Venenerkrankungen		×	×		
Hämorrhoiden					
Anwendungen, Bemerkungen	Tee; Allergie möglich	Salbei, Kapseln, Dragees; Aescin-Gehalt beachten	Öl, Kapseln, Dragees, Tabletten; Cholesterinsenker	Salbe, Tinktur, Allergie möglich	Tee, Dragees, Kapseln, Tropfen

REZEPTE

Bewährte Teemischungen
Teegrundrezept:
Wenn nicht anders angegeben, verwendet man pro Tasse 1 Teel. der getrockneten Kräuter, übergießt sie mit kochendem Wasser und lässt den Tee 5–10 Min. ziehen.

Bei niedrigem Blutdruck
Rosmarintee
oder:
Bad, Umschläge:
Zubereitung:
Aufguss: 50 g pro 1 l Wein oder Wasser aufkochen und dem Badewasser zufügen

Rosmaringeist:
Zubereitung: *45–60 g Rosmarinblätter mit 1/2 Weingeist 4–6 Tage extrahieren, filtrieren, äußerlich anwenden*

Rosmarinwein:
100 g frische zerkleinerte Rosmarinzweige mit Blüten und Blättern
1 l Weißwein
Zubereitung: *Rosmarin mit Weißwein übergießen, 3 Tage extrahieren, 3–4-mal täglich ein Schnapsglas voll trinken*

Bei Arterienverkalkung
in Absprache mit dem Arzt
1 Teil Weißdornblüten
1 Teil Lavendelblüten
1 Teil Mistel
1 Teil Labkraut
1 Teil Rosmarin
1 Teil Melisse
1 Teil Goldrute
1 Teil zerstoßene Wacholderbeeren
1 Teil Birkenblätter
1 Teil Tausendgüldenkraut
Zubereitung: *1–2 Teel. pro Tasse kalt ansetzen, aufkochen, ziehen lassen und tagsüber (auch kalt) schluckweise trinken, auf Wunsch mit Honig süßen*

	 Ginkgo *Ginkgo biloba* ➤ S. 253	 Hopfen *Humulus lupulus* ➤ S. 164	 Kamille *Chamomilla recutita* ➤ S. 60	 Steinklee *Melilotus officinalis* ➤ S. 217f	 Kiefer *Pinus sylvestris* ➤ S. 254	 Rosmarin *Rosmarinus officinalis* ➤ S. 95	 Baldrian *Valeriana officinalis* ➤ S. 118	 Mistel *Viscum album* ➤ S. 231
	×							×
								×
		×	×				×	
	×							×
						×		×
	×		×	×	×			
			×		×			
	Tropfen, Tabletten, Allergien möglich	Tee, Kapseln, Dragees	Tee, Tropfen, Öl; Allergie möglich	Tee, Tropfen, Tabletten	Salbe, Öl, Bad	Bad, Tee, Salbe, Tabletten	Tee, Tropfen, Dragees, Tabletten	Tee

Bei Herzschwäche, Insuffizienz
in Absprache mit dem Arzt
1 Teil Rosmarin
1 Teil Melisse
1 Teil Arnikablüten
1 Teil Weißdornfruchte, zerstoßen
1 Teil Malve
1 Teil Baldrian
Zubereitung: *2 Teel. pro Tasse kalt ansetzen, aufkochen, ziehen lassen und tagsüber (auch kalt) schluckweise trinken (2–3 Tassen pro Tag), auf Wunsch mit Honig süßen*

Bei Venenentzündungen, Krampfadern und Hämorrhoiden
1 Teil Ringelblume
1 Teil Mistel
1 Teil Arnikablüten
1 Teil Königskerzenblüten
1 Teil Aloe
1 Teil Schafgarbe
1 Teil Johanniskraut
Zubereitung: *2 Teel. pro Tasse kalt ansetzen, aufkochen, ziehen lassen und tagsüber (auch kalt) schluckweise trinken (2–3 Tassen pro Tag)*

Bei schmerzenden Hämorrhoiden
Warmes Sitzbad mit einem Aufguss aus Kamillenblüten oder Haferstroh

UROGENITALTRAKT

Nieren, Blase, Harnwege

Die wohltuende Wirkung des Ackerschachtelhalms (Zinnkraut) entfaltet sich vor allem bei Sitz- und Dampfbädern.

Wichtig bei allen Nierenerkrankungen ist die Durchspülung von Nieren und Blase durch reichliches Trinken (2–3 l täglich). Funktionsstörungen der Niere führen unbehandelt zu einer schleichenden Vergiftung des Organismus.

Brennende Schmerzen beim Wasserlassen, häufiger Harndrang, Druck in der Blase, Nachtröpfeln, Inkontinenz sind Symptome einer Blasenentzündung, die durch Bakterien, Viren, chemische oder mechanische Reize ausgelöst werden kann. Nieren- und Blasensteine kommen bei 1–2 % der Bevölkerung vor und bestehen meist aus Calziumoxalat. Zu kolikartigen Schmerzen kommt es, wenn der Stein zu wandern beginnt. Beruhigend, schmerzlindernd und entzündungshemmend wirken heiße Wickel, Sitzbäder und Wärmekissen mit Kamillenblüten oder heißem Leinsamenbrei. Ruhe, viel Flüssigkeitszufuhr und viel Wärme unterstützen den Heilungsprozess. Prophylaktisch kann man auch durch Vermeidung von zu fett- und eiweißreicher Kost, calciumoxalathaltigen Nahrungsmitteln (z. B. Tee, Rhabarber, Sauerampfer) der Steinbildung entgegenwirken.

Tipp:

- Reichliche Flüssigkeitszufuhr zur Unterstützung der Harnproduktion und des Harnflusses und zur Vorbeugung gegen Nierengrieß und -steine
- Teemischungen oder Tee aus Birkenblättern, Brennnesseln, Goldrute mit Bärentraubenblättern: 3–4 Tassen Tee über den Tag verteilt schluckweise (morgens, mittags, nachmittags, spätestens 1–2 Std. vor dem Zubettgehen, da der stark harntreibende Tee sonst die Nachtruhe stört)
- Sitzbäder mit Schachtelhalm
- Warme Wickel mit Schachtelhalm, Haferstroh oder heißem Leinsamen
- Wärmekissen mit Kamille
- Viel Ruhe

„Blutreinigung“

Die im Volksmund als Mittel zur Blutreinigung bezeichneten Kräuter mit ihrer harn- oder schweißtreibenden und entwässernden Wirkung sorgen für eine stärkere Nieren- und Blasentätigkeit, eine bessere Durchblutung, die Anregung der Darmtätigkeit, Gewichtsabnahme, eine schönere Haut und damit eine Erhöhung des Wohlbefindens.

Die beste Entschlackungs- und Blutreinigungskur kann man im Frühjahr mit Suppen, Soßen, Spinat, Salat und Säften aus Brunnenkresse, Brennnessel, Löwenzahn, Schafgarbe und Gänseblümchen durchführen. Hierzu verwendet man die jungen, frischen Pflanzenteile. Unterstützend wirken Tees aus Kräutern mit harn- und/oder schweißtreibender und abführender Wirkung wie Brennnessel, Birke, Gänseblümchen, Löwenzahn, Petersilie, Goldrute, Hauhechel, Harnkraut. Man trinkt die Teemischung als „Haustee“ im Frühjahr und Herbst ca. 4–6 Wochen lang, 2–3 Tassen täglich. Tees aus nur einem Kraut sollte man jede Woche wechseln.

Vergrößerte Prostata *Prostataadenom*

Probleme beim Wasserlassen durch die gutartige Vergrößerung der Vorsteherdrüse, ein bei Männern über 50 weit verbreitetes Leiden, können durch pflanzliche Präparate nicht geheilt, die Beschwerden aber gelindert werden.

Geeignet sind Präparate und Tees, z. B. aus Brennnesselwurzel und dem Kleinblütigen Weidenröschen. Auch Kürbiskerne sind erprobte Mittel.

GYNÄKOLOGIE

Viele Pflanzen helfen bei Frauenproblemen, sei es bei Menstruationsstörungen, sei es während der Schwangerschaft, im Wochenbett oder in den Wechseljahren. Manchmal weist schon der Name auf derartige Anwendungen hin (z. B. Mutterkraut, Frauenmantel). Die Wirkung der Kräuter ist vor allem schmerzstillend, krampflösend, beruhigend, entspannend und keimtötend.

Menstruationsstörungen

Störungen im weiblichen Zyklus können organische, hormonelle oder psychische Ursachen haben. Regelschmerzen äußern sich als Rücken-, Bauch- oder Kopfschmerzen oft in Verbindung mit Übelkeit, Erbrechen, Durchfall, Spannungsgefühl in den Brüsten und Stimmungsschwankungen.

Tipp:

- **Bei zu starker Menstruation** Misteltropfen 2–3-mal täglich 10–15 Tropfen.
- **Bei Krämpfen** Kamille oder Schafgarbentee (innerlich)
  Wärmeflasche oder warmer Wickel mit Scharfgarbe oder Kamille (äußerlich)
- **Gegen Stimmungsschwankungen:** Johanniskrauttee

Schwangerschaft

Während der ersten drei Monate einer Schwangerschaft sollte die werdende Mutter pflanzliche Heilmittel nur in Absprache mit dem Arzt einnehmen. Äußerliche Anwendung – z. B. von Pfefferminzöl oder Lavendelöl gegen Kopfschmerzen – sowie Kamille im Wochenbett sind erlaubt.

Wechseljahrebeschwerden

Beschwerden im Klimakterium und der Menopause wie Hitzewallungen, Schwindel, Schweißausbrüche, Herzrhythmusstörungen, Stimmungsschwankungen, Osteoporose und erhöhte Cholesterinwerte können mit Kräutern gelindert werden.

Tipp:

- Fertigmischung z. B. aus Brennnessel, Kamille, Frauenmantel, Rosmarin, Wermut, Süßholz
- 2–3 Tassen über den Tag verteilt trinken (in einer Thermoskanne kann man den Tee auch leicht mit ins Büro nehmen)
- Morgens auf nüchternen Magen entweder 1–2 Tassen Schafgarben- oder Schachtelhalmtee oder
- 1 Essl. Schafgarben- oder Schachtelhalmsaft (in Wasser verdünnt)

Bei Hitzewallungen und Schweißausbrüchen

- Waschung mit Salbeiabsud (15 g auf 1 l kochendes Wasser, eine halbe Stunde ziehen lassen)
- Salbeitee (1 Tasse langsam und schluckweise abends, vor dem Schlafengehen trinken – nur kurz ziehen lassen)
- Gegen leichte und mittelschwere Depressionen und Schlafstörungen: Johanniskrauttee oder Fertigpräparate
- Tun Sie sich etwas Gutes und gönnen Sie sich ein Bad: Schachtelhalm, Schafgarbe und Mistel haben krampflösende Wirkung, Rosmarin stimuliert (auch als Einreibung), Frauenmantel und Hopfen beruhigen, Kamille wirkt entzündungshemmend und Baldrian fördert den Schlaf.

Weißfluss, Ausfluss, Fluor

Bei länger andauerndem Ausfluss aus der Scheide mit unangenehmem Geruch und Verfärbung muss der Arzt konsultiert werden und der Ursache nachgegangen.

Tipp:

- Spülungen mit Kamille, Taubnessel, Frauenmantel oder Schachtelhalm morgens und abends über 3–4 Wochen
- 2-mal täglich 1 Tasse Kamillen-, Frauenmantel-, Schafgarben- oder Taubnesseltee

Rosmarin bringt die Lebensfreude zurück.

Welche Heilpflanzen bei welchen Symptomen? Eine Auswahlhilfe

Urogenitaltrakt und Gynäkologie	Wichtige Heilpflanzen				

Beschwerden	Schafgarbe *Achillea millefolium* ➤ S. 50	Bärentraube *Arctostaphylos uva-ursi* ➤ S. 146	Birke *Betula* ➤ S. 162	Weidenröschen *Epilobium* ➤ S. 227	Schachtelhalm *Equisetum arvense* ➤ S. 256
Blasen- und Harnwegsentzündung		×	×		×
Blasen- und Nierensteine		×	×		×
Vergrößerung der Prostata				×	
„Blutreinigung“	×		×		×
Menstruationsstörungen	×				×
Schwangerschaftsbeschwerden					×
Wechseljahre	×				×
Schweißausbrüche					
Weißfluss	×				×
Anwendungen, Bemerkungen	Saft, Tee bei Regelschmerzen; Allergie möglich	Teemischung, Dragees; nicht harntreibend	Tee, Saft, Dragees	Tee	Tee, Saft, Dragees, Kapseln, Tabletten

REZEPTE

Bei Blasen- und Harnwegsentzündung

Teemischung 1:
1 Teil Bärentraubenblätter
1 Teil Bohnenschalen
1 Teil Queckenwurzeln
1 Teil Schachtelhalm

oder Teemischung 2:
Harntreibender Tee nach Dr. Walser:
1 Teil Hagebutten
1 Teil Brennnesseln
1 Teil Petersilienwurzel
1 Teil Schlehenblüten und junge Blätter

oder Teemischung 3:
1 Teil Kamille
1 Teil Birkenblätter
1 Teil Wacholderbeeren
1 Teil Tausendgüldenkraut
Zubereitung: *1 Teel. pro Tasse mit kochendem Wasser überbrühen, 10 Min. ziehen lassen, morgens und abends je 1 Tasse*

Bei Inkontinenz Teemischung:
4 Teile Spitzwegerich
3 Teile Blutwurz
2 Teile Schachtelhalm

Zubereitung: *1 Teel. pro Tasse mit kochendem Wasser überbrühen, 20 Min. ziehen lassen, 3-mal täglich 3 Essl. einnehmen*

 Johanniskraut *Hypericum maculatum* ➤ S. 149	 Kamille *Chamomilla recutita* ➤ S. 60	 Pfefferminze *Mentha* ➤ S. 92	 Hauhechel *Ononis spinosa* ➤ S. 221	 Salbei *Salvia officinalis* ➤ S. 96	 Goldrute *Solidago virgaurea* ➤ S. 71	 Frauenmantel *Alchemilla vulgaris* ➤ S. 232	 Brennnessel *Urtica dioica* ➤ S. 170
			×		×		×
	×		×		×		×
							× *Wurzel*
	×				×		×
×	×	× *(Regelschmerzen)*					
	×	×				×	
×		×		×		×	×
				×			
	×					×	
Tee, Kapseln, Dragees; bei Stimmungsschwankungen, Sonnenlicht meiden	Tee, Tropfen, Öl; Allergie möglich	Tee, Öl, auch bei Kopfschmerzen	Teemischung, Tabletten	Tee, Bad, Öl, vor allem bei Schweißausbrüchen	Tee, Tinktur, Tabletten, Kapseln	Tee, Teemischungen	Tee, Saft, Tropfen, Kapseln

Frauentee
1 Teil Taubnesselblüten
1 Teil Frauenmantel
1 Teil Johanniskraut
1 Teil Ringelblumenblüten
1 Teil Kamillenblüten
1 Teil Rosmarin
1 Teil Schlehdornblüten
Zubereitung: *2 Teel. pro Tasse kalt ansetzen, aufkochen, ziehen lassen und tagsüber (auch kalt) schluckweise trinken (2–3 Tassen pro Tag)*

Bei Schwangerschaftsbeschwerden
Gegen Übelkeit und Erbrechen
1 Teil Pfefferminze
1 Teil Kamille
Zubereitung: *1 Teel. pro Tasse mit kochendem Wasser überbrühen, 10 Min. ziehen lassen*

Bei Blasenentzündung, Wechseljahrebeschwerden, Weißfluss
Sitzbad oder Spülung mit Schachtelhalm:
Zubereitung: *1 Teel. pro Tasse, kurz (4 Min.) kochen lassen* **oder** *Bad: 1–2 Hand voll Schachtelhalm auf 2 l Wasser, aufkochen und dem Badewasser beifügen*

HAUT, AUGEN

Die Haut, unser größtes Organ, bedeckt und schützt den gesamten Organismus. Sie reguliert den Wasser- und Wärmehaushalt, schützt vor Strahlen und dem Eindringen von Krankheitskeimen und ist mit zahlreichen sensorischen Rezeptoren für Wärme, Schmerz und Berührung ausgestattet. Kräuter in Form von Salben, Cremes, Ölen, Umschlägen gegen Entzündungen, Narben, bei Verbrennungen, Erfrierungen, Akne, Schuppenflechte und Neurodermitis gehören zur traditionellen Pflanzenheilkunde.

Wundheilung

Die Versorgung von kleinen Verletzungen der Haut ist wohl die häufigste Aufgabe der Ersten Hilfe sowohl bei Kindern als auch bei Erwachsenen. Je nach Ort, Ausdehnung, Verschmutzung der Wunde und je nachdem, welche Hautschichten betroffen sind, wird die Heilung unterschiedlich verlaufen. Eiterbildung und Stoffwechselerkrankungen wie Diabetes können den Heilungsprozess verzögern. Man verwendet Heilpflanzen mit entzündungshemmender (z. B. Kamille, Ringelblume), adstringierender (Wiesenknopf, Schafgarbe, Schachtelhalm), antibakterieller (Spitzwegerich, Ringelblume, Arnika) und antiviraler (Ringelblume, Sonnenhut, Blutwurz) Wirkung bzw. eine Kombination (Spitzwegerich, Gänseblümchen, Taubnessel).

Tipp:

- Bei **Insektenstichen** und kleinen Wunden frische Wegerichblätter zerreiben oder zerquetschen und auf die Wunde, den Stich auflegen
- Bei **Schwellungen**, z. B. nach Stichen, Umschläge mit Arnikatinktur

Bei Verbrennungen 1. Grades (Sonnenbrand), Verbrühungen und Hautirritationen helfen Umschläge mit Johanniskrautöl, Ringelblume, Pappel oder Wegerich. Nach der Anwendung von Johanniskrautöl müssen Sonnenschein und der Besuch im Solarium wegen der photosensibilisierenden Wirkung gemieden werden. Sind größere Hautpartien betroffen und geht es um Verbrennungen 2.–3. Grades, gehört die Behandlung immer in die Hand des Arztes.

Bäder bzw. Umschläge mit der Rinde aus Rosskastanie oder Eiche werden bei Frostbeulen, Erfrierungen verwendet.

Ausschlag, Akne, Flechten

Ekzem, Psoriasis, Pityriasis

Ausschlag, Akne, Flechten können unterschiedliche Ursachen haben: Pilze, Bakterien, Viren, Nahrungs-, Medikamenten-, Waschmittelunverträglichkeit oder psychische Probleme.

Bei Hauterkrankungen wie Neurodermitis helfen Einreibungen mit Borretsch- oder Nachtkerzenöl; in klinischen Studien bewiesen Virginische Zaubernuss und Melisse sogar bei Herpes ihre Wirksamkeit. Die Behandlung von Furunkeln (= kleine, oft knotenförmige, eitrige, schmerzhafte Entzündung, z. B. einer Talgdrüse) im Gesicht sollte man wegen der Gefahr von Komplikationen (Blutvergiftung, Hirnhautentzündung) dem Arzt überlassen.

Stiefmütterchen und Weiße Taubnessel helfen innerlich und äußerlich gegen Ekzeme und Milchschorf. Den Tee trinkt man 4 Wochen lang regelmäßig, abwechselnd mit Walnussblättertee. Umschläge und Packungen mit frisch abgekochtem Schachtelhalm oder Haferstroh unterstützen ebenfalls die Heilung.

Augenentzündung, Bindehautentzündung *Konjunktivitis* (s. S. 273)

Vorsicht! Augenentzündungen erfordern eine sofortige fachärztliche Untersuchung, die Anwendung von Hausmitteln darf nur nach Rücksprache mit dem Facharzt erfolgen. Bindehautentzündungen können nicht nur durch Reizung durch Zugluft, Rauch, Gase und Fremdkörper entstehen, sondern auch durch gefährliche Krankheitserreger. Wenn sich kein rascher Behandlungserfolg einstellt, müssen Sie den Facharzt aufsuchen, um eine Sehschädigung oder sogar Erblindung zu vermeiden.

Tipp:

- Spülungen (praktisch ist die Verwendung einer Augenbadewanne)

- Abtupfen oder lauwarme Kompressen mit einem Wattebausch, getränkt mit Augentrost, Kamille, Fenchel oder Spitzwegerich
- Die Anwendungen sollten bei Bindehautentzündungen alle 2–3 Std. wiederholt werden. Der Tee muss immer frisch angesetzt und durch ein sauberes Tuch filtriert werden, um eine Verunreinigung (Teereste, Keime) zu verhindern.

Nasenbluten *Epistaxis*

Nasenbluten kann durch eine Gefäßverletzung durch Fremdkörper (Spielzeug) oder Nasenbohren ausgelöst werden oder Folge eines Unfalls sein (Schläge, chemische Reize). Es kann aber auch auf einen Schädelbasisbruch oder auf Infektionskrankheiten (Typhus) hinweisen.

Bei häufiger auftretendem Nasenbluten muss der Ursache nachgegangen werden, da sich ernst zu nehmende Erkrankungen wie Durchblutungsstörungen (Bluthochdruck, Arteriosklerose) oder Vitaminmangel-Krankheiten dahinter verbergen können.

Tipp:

- Hochlagern des Patienten, kaltes Tuch in den Nacken
- Einziehen eines kalten (eventuell eisgekühlten) Teeabsuds durch die Nasenlöcher
- Tee von Hirtentäschel, Eichenrinde, Blutwurz oder Schachtelhalm (Eichenrinde bzw. Schachtelhalm 1 Teel. pro Tasse, 5 Min. kochen) oder
- Einführung eines mit Hirtentäscheltee getränkten Wattebauschs in das blutende Nasenloch

Übermäßige Schweißentwicklung, Nachtschweiß *Hyperhidrose*

Schwitzen ist bei schwerer Arbeit und großer Hitze für die Temperaturregulation des Körpers lebensnotwendig. Übermäßiges Schwitzen und Nachtschweiß kann verschiedene Ursachen haben. Die Symptome treten häufig bei Stress und in den Wechseljahren (s. S. 287) auf, können aber auch Anzeichen für Leberschädigungen infolge Alkoholmissbrauchs sein sowie bei Schilddrüsenerkrankungen, akuten Infektionskrankheiten oder Immunschwäche, z. B. auch bei akuter Leukämie, Tuberkulose, Aids vorkommen.

Tipp:

- Waschungen mit Salbeiabsud (15 g auf 1 l kochendes Wasser, 30 Min. ziehen lassen) Salbeitee, nur kurz ziehen lassen; 1 Tasse langsam und schluckweise abends vor dem Schlafengehen trinken
- 2–3 Tassen Schachtelhalm- oder Vogelknöterichtee, wegen der harntreibenden Wirkung vornehmlich tagsüber trinken

Ringelblumen fördern die Wundheilung.

Welche Heilpflanzen bei welchen Symptomen? Eine Auswahlhilfe

Haut und Augen	Wichtige Heilpflanzen				

Beschwerden	Arnika *Arnica montana* ➤ S. 53f	Borretsch *Borago officinalis* ➤ S. 76	Ringelblume *Calendula officinalis* ➤ S. 59	Schachtelhalm *Equisetum arvense* ➤ S. 256	Virginische Zaubernuss *Hamamelis virginiana* ➤ S. 165
Wunden, Entzündung	×	×	×	×	×
Insektenstiche	×				
Verbrennungen	×		×		
Neurodermitis		×		×	
Akne				×	×
Herpes				×	×
Augenentzündung					
Nasenbluten				×	
Schweiß				×	
Anwendungen, Bemerkungen	Salbe, Tinktur; Allergie möglich	Öl, Kapseln, Creme	Salbe, Tinktur, Tee, Gurgellösung; Allergie möglich	Tee, Saft, Dragees, Kapseln, Tabletten	Bad, Umschlag, Salbe, Tinktur

REZEPTE

Bewährte Teemischungen
Teegrundrezept:
Wenn nicht anders angegeben, verwendet man pro Tasse 1 Teel. der getrockneten Kräuter, übergießt sie mit kochendem Wasser und lässt den Tee 5–10 Min. ziehen.

Bei schlecht heilenden Wunden
Umschläge mit einem Tee aus:
1 Teil Weiße Taubnessel
1 Teil Odermennig
2 Teilen Hamamelis
oder: *1 Teil Stiefmütterchen*
1 Teil Walnussblätter
Zubereitung: *1 Teel. pro Tasse mit kochendem Wasser überbrühen, 10 Min. ziehen lassen*
oder: *Walnuss*
Zubereitung: *1 Hand voll Walnussblätter auf 2 l Wasser, 15 Min. kochen*

Bei Insektenstichen, Verbrennungen
Umschlag mit dem Saft von zerquetschten Wegerichblättern oder Umschlag mit Wegerichtee: 1–2 Teel. pro Tasse kalt ansetzen, aufkochen, abseihen

Bei Hauterkrankungen
Umschläge, Wickel, Bäder
3 Teile Stiefmütterchen
3 Teile Virginische Zaubernuss (Hamamelis)
2 Teile Odermennig
2 Teile Weiße Taubnessel
Zubereitung: *1 Hand voll auf 2 l kochendes Wasser 15 Min. ziehen lassen*
oder: *Hamamelis*
Zubereitung: *6 Essl. auf 500 ml kochendes Wasser, 15 Min. ziehen lassen*
oder: *Schachtelhalm*
Zubereitung: *1 Teel. pro Tasse, kurz (4 Min.) kochen lassen*
oder: *frisch abgekochtes Kraut (1–2 Hand voll auf 2 l Wasser)*

 Johanniskraut *Hypericum maculatum* ➤ S. 149	 Weiße Taubnessel *Lamium album* ➤ S. 88	 Kamille *Chamomilla recutita* ➤ S. 60	 Melisse *Melissa offcinalis* ➤ S. 91	 Nachtkerze *Oenothera biennis* ➤ S. 228	 Spitzwegerich *Plantago lanceolata* ➤ S. 105	 Pappel *Populus nigra* ➤ S. 155	 Salbei *Salvia officinalis* ➤ S. 96
×	×	×			×		
					×		
×		×			×	×	
	×			×			
	×		×	×			
			×				
		×			×		
							×
Tee, Öl; Sonnenlicht meiden	Tee, Bad, Umschlag	Tee, Tropfen, Öl; Allergie möglich	Tee, Tinktur, Öl, Creme	Öl, Kapseln	Tee; Allergie möglich	Bad, Umschlag, Salbe	Tee, Bad, Öl

Bei Augenentzündung
Kompressen mit Augentrost
Zubereitung:
Abkochung 1 Essl. mit 1/2 l kochendem Wasser übergießen, durch sauberes Tuch filtrieren, Kompressen über Nacht auf die Augen legen
Zur inneren Unterstützung
Tee, 1 Tasse über den Tag verteilt trinken

Bei Schweiß, Schweißausbrüchen
Salbei: Aufguss für Waschungen, 15 g auf 1 l siedendes Wasser, 30 Min. ziehen lassen

Bei Entzündungen der Mundhöhle
Gurgelwasser:
Eiche: klein geschnittene Rinde 1 Teel. pro Tasse 5 Min. kochen
oder: *Heidelbeere: 2 Teel. getrocknete Beeren pro Tasse aufkochen, 10 Min. ziehen lassen*
oder: *Ringelblume: 1 Teel. pro Tasse heiß überbrühen, 10 Min. ziehen lassen*
oder: *Salbei: 1–2 Teel. pro Tasse mit kochendem Wasser überbrühen, ziehen lassen*
oder: *Blutwurz: 1 Teel. pro Tasse heiß überbrühen, 10 Min. ziehen lassen. Tinktur*

BEWEGUNGSAPPARAT

Beschwerden des Bewegungsapparates können an Knochen, Gelenken und Muskulatur sowohl als akute Verletzungen (Prellung, Quetschung, Bluterguss, Sehnenscheidenentzündung, Bruch) auftreten als auch chronische und entzündliche Erkrankungen umfassen. Bei stumpfen Verletzungen kann die Phytotherapie mit Umschlägen, Salben, Gelen schmerzlindernd, kühlend und entzündungshemmend helfen.

Chronische, oft sehr schmerzhafte oder bewegungseinschränkende Gelenkerkrankungen wie Arthritis und Arthrose können durch Naturheilmittel zwar nicht geheilt, die Beschwerden aber gelindert werden. Mit der Reduzierung der chemisch-synthetischen Rheumamittel wird der Organismus entlastet.

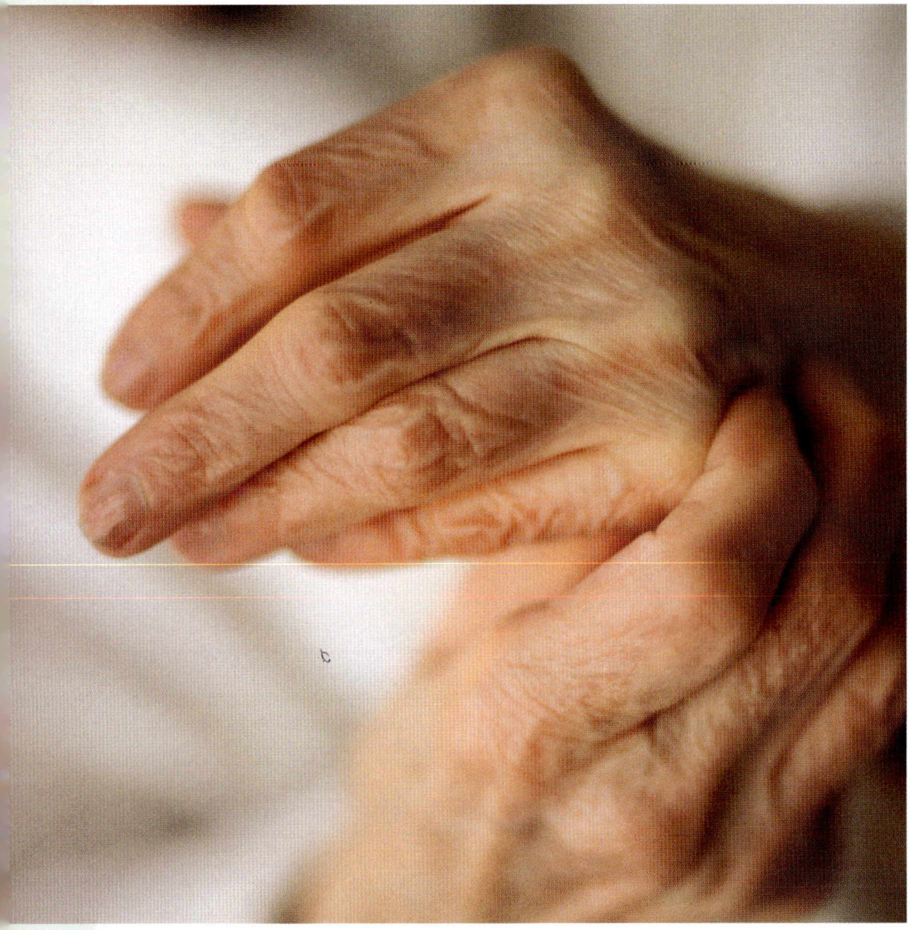

Auch die Leiden des Alters können mit einer sorgfältig ausgewählten Kräutertherapie gelindert werden.

Muskelschmerzen

Ursache von Muskelverletzungen wie Zerrungen, Verstauchungen, aber auch von Muskelkater, ist oft eine ungenügende Vorbereitung (Warmlaufen) vor sportlichen Aktivitäten, mangelnde Kondition oder Übermüdung. Bei häufig auftretenden Muskelkrämpfen kann eine ernsthafte Erkrankung dahinter stecken. Plötzlich „einschießende", intensive Schmerzen im Bereich der Lendenwirbelsäule bezeichnet man als Hexenschuss.

Tipp:
- Einreibung mit Pfefferminz- oder Johanniskrautöl
- Kompressen mit Meerrettich oder Senfmehl
- Entspannende und schmerzstillende Bäder, z. B. mit Latschenkiefer, Melisse, Origanum

Stumpfe Verletzungen (Bluterguss, Quetschung, Prellung etc.)

Nach einer stumpfen Verletzung, einer Quetschung oder Prellung behandelt man die betroffenen Körperpartien mit Umschlägen. Bei Sehnenscheiden- und Schleimbeutelentzündungen sowie Tennisarm besteht die Therapie in Ruhigstellung und Behandlung mit Beinwell und Rosskastanie.

Tipp:
- Umschlag mit einem Teeaufguss aus Arnikablüten, Johanniskraut oder Beinwell
- oder mit Arnika- bzw. Beinwelltinktur
- oder mit Walnussblättern

Rheumatische Beschwerden *Arthritis*

Der rheumatische Formenkreis umfasst zahlreiche Ursachen und Beschwerden, und dementsprechend kennt auch die Kräuterkunde viele verschiedene Pflanzenarten und Rezepte zur Schmerzlinderung. Man unterscheidet zwischen dem Weichteilrheumatismus von Muskeln, Sehnen und Bändern sowie der Arthritis, die sich durch die entzündeten, schmerzenden Gelenke und Knochen äußert. Die lindernde Wirkung der Kräuter beruht einerseits auf harntreibenden Inhaltsstoffen (Birke, Brennnessel, Hauhechel, Bruchkraut, Holunder, Wacholder,

Getrocknete Arnikablüten – der „Rohstoff" für Tinktur und Salbe.

Bohnenschale, Goldrute), andererseits auf schmerzstillenden und krampflösenden Substanzen (Mädesüß, Schafgarbe, Melisse).

Tipp:

- 1–2 Tassen Tee, 2–3-mal täglich. Die einzelnen Sorten oder Fertigmischungen (s. oben) sollte man regelmäßig wechseln.
- Schmerzlindernde Umschläge und Bäder mit Schachtelhalm, Latschenkiefer, Rosskastanie, Haferstroh oder
- Einreibungen mit Johanniskrautöl oder Melissengeist

Arthrose (degenerativer Rheumatismus)

Arthrose, eine altersbedingte Abnutzungserscheinung, macht sich durch Spannungsgefühl und Steifheit in den betroffenen Gelenken (v. a. Hüfte, Knie) und zunehmende Schmerzen bemerkbar. Durchblutungsfördernde Mittel sowie Heilpflanzen wie Mistel, Arnika und Rosskastanie können durch Umschläge, Packungen, Einreibungen und Wärmeanwendung Linderung bringen. Auch gibt es Fertigpräparate mit Goldrute, Eschenrinde, Pappelrinde und -blättern.

Welche Heilpflanzen bei welchen Symptomen? Eine Auswahlhilfe

Bewegungsapparat	Wichtige Heilpflanzen				

Beschwerden	Rosskastanie *Aesculus hippocastanus* ➤ S. 225	Arnika *Arnika montana* ➤ S. 53	Johanniskraut *Hypericum maculatum* ➤ S. 149	Melisse *Melissa officinalis* ➤ S. 91	Pfefferminze *Mentha* ➤ S. 92
Muskelschmerzen			x		x
Hexenschuss			x		x
Stumpfe Verletzungen	x	x			
Sehnenscheidenentzündung	x				
Weichteilrheumatismus				x	x
Arthritis		x		x	
Arthrose	x	x		x	
Anwendungen, Bemerkungen	Breiumschlag, Tinktur, Salbe, Bad; Aescin-Gehalt beachten	Salbe, Tinktur; Allergie möglich	Öl; Sonnenlicht meiden	Bad, Creme, Einreibung	Öl

REZEPTE

Bewährte Teemischungen
Teegrundrezept:
Wenn nicht anders angegeben, verwendet man pro Tasse 1 Teel. der getrockneten Kräuter, übergießt sie mit kochendem Wasser und lässt den Tee 5–10 Min. ziehen

Bei Muskelschmerzen, Hexenschuss
Johanniskraut: Einreibung mit Öl
Senfbreiumschläge:
Zubereitung: *Senfmehl mit warmem Wasser zu einem Brei anrühren, auftragen, max. 10–15 Min. einwirken lassen, mit viel Wasser abwaschen*

Bei stumpfen Verletzungen
Umschläge mit Arnika und andere Beinwellwurzeln
Zubereitung: *2 Teel. Arnikablüten mit 1 l kochendem Wasser überbrühen*
oder: *2–3 Essl. Arnikatinktur auf 1 l Wasser (Vorsicht: bei starker Rötung Dosierung verringern – nur äußerlich, nicht bei offenen Wunden)*
oder: *Beinwell: Abkochung, 1 Essl. auf 1/2 l Wasser, 15 Min. kochen*
oder: Beinwelltinktur in Wasser gelöst oder als Brei oder Umschlag

Zubereitung:
Brei: 2 Teile frische Wurzeln, fein geschabt
oder: *Salbe: frische, fein geschnittene Beinwellwurzel in Schweineschmalz auslassen, abpressen*
(im Kühlschrank ca. 1 Jahr haltbar – nur äußerlich anwenden)
oder: *Umschlag: 2 Teile frische Wurzeln, 1 Teil frisches Gänsefingerkraut in 1 Teil Schweinefett auslassen, abpressen*
oder: *1 Teil Walnussblätter*
1 Teil Erdrauch
1 Handvoll auf 2 l Wasser, 15 Min. kochen

 Kiefer *Pinus sylvestris* ➤ S. 255	 Mädesüß *Filipendula ulmaria* ➤ S. 236	 Weide *Salix* ➤ S. 156	 Senf *Brassica nigra* ➤ S. 136	 Beinwell *Symphytum officinalis* ➤ S. 79	 Brennnessel *Urtica dioica* ➤ S. 170	 Mistel *Viscum album* ➤ S. 231
×			×			
			×			
				×		
				×		
×	×					
×	×	×			×	
						×
Bad, Umschlag, Salbe, Öl	Tee	Tee, Dragees, Kapseln, Lösung; Salicingehalt beachten	Senfmehl, Breiumschläge	Salbe, Creme, Gel, Breiumschlag	Tee, Saft, Tropfen, Kapseln	Tee, Injektionen; nur unter ärztlicher Kontrolle

Bei Weichteilrheumatismus
Kiefer, Latschenkiefer:
Bad: 500–1000 g Kiefernnadeln und -triebe mit ca. 5 l Wasser ansetzen, langsam zum Kochen bringen, 5–10 Min. ziehen lassen, abseihen und dem Badewasser zufügen

Bei Arthrose
Rosskastanie:
Einreibung mit der Tinktur
oder: *warmer Breiumschlag aus den zerkleinerten und weich gekochten, geschälten Kastanien*
oder: *Bad: Sud aus 1 kg zerkleinerten, gekochten Kastanien pro Badewanne*

Bei Arthritis:

Bei Muskelverspannungen und rheumatischen Beschwerden
Heubad:
Das Heu – am besten Langheu vom Bergbauern – muss vor dem Bad 30 Min. eingeweicht werden. Man fügt den Sud dem heißen Badewasser zu.
Variante „Echtes Heubad“:
ca. 2 kg Heu mit ca. 7 l warmem Wasser versetzen und mind. 30 Min. ziehen lassen.
Auf einer wasserundurchlässigen Folie breitet man die Hälfte des Heus aus, legt sich darauf und verteilt die andere Hälfte über den Körper. Bedeckt mit der Folie und eingewickelt in eine Decke, können die duftenden Inhaltsstoffe des Heus ihre wohltuende, entspannende Wirkung entfalten. Die Wirkstoffe (z. B. Cumarin) sind vor allem im Ruchgras (Anthoxanthum odoratum) *und Klee* (Trifolium) *enthalten.*
Es erfolgt eine sanfte Überwärmung, die zu starkem Schwitzen führt und krampflösend und spasmolytisch wirkt.
Vorsicht bei Herz- und Kreislauferkrankungen!
Nach dem Heubad kein Sonnenbad oder Solariumsbesuch!

oder *Wickel oder Bad: Haferstroh*
Zubereitung: *Aufguss: 100 g geschnittenes Haferstroh in 3 l Wasser 30 Min. kochen, für Wickel verwenden oder dem Badewasser zusetzen*

NERVEN

Neurologische Störungen können Gehirn, Gedächtnis, Sprache, Sinne, Muskeln und Bewegungsapparat betreffen und reichen von relativ harmlosen Kopfschmerzen bis zum lebensbedrohlichen Schlaganfall.

Kopfschmerzen
Migräne *(chronische)*

Kopfschmerzen (= Spannungskopfschmerzen) können durch Muskelverspannungen, Überanstrengung, psychische Probleme, Alkohol, Nikotin, Flüssigkeitsmangel usw. ausgelöst werden. Migräne mit anfallartig auftretenden, oft halbseitigen Schmerzen, auch verbunden mit Brechreiz, Übelkeit, Licht- und Lärmempfindlichkeit, kann tagelang andauern.

Die „Blätter" des Ginkgobaums. Ginkgopräparate werden u. a. zur Schlaganfallprophylaxe und gegen altersbedingte Gedächtnisschwäche verwendet.

Tipp:

Krampflösend, beruhigend, entspannend:

- Baldriantropfen oder Melissengeist auf ein Stückchen Zucker
- Stirnkompressen mit Melisse (Melissengeist) oder Pfefferminze (Pfefferminzöl)
- Entspannungsbad (z. B. Fichten- oder Latschenkiefernnadel)
- Mehrmals täglich 1 Tasse der Teemischung mit z. B. Baldrian, Melisse, Gänsefingerkraut, Schlüsselblume, Pfefferminze, Kamille oder den einzelnen Kräutern im Wechsel

Nervenentzündung *Neuralgie*

Nervenschmerzen treten im Bereich des betroffenen Nervs auf (z. B. Trigeminusneuralgie im Bereich des größten Kopfnervs, Ischialgie im Bereich der Lendenwirbelsäule).

Anfangs tägliche, später alle zwei Tage angewendete Kamillen- oder Pfefferminzdampfbäder auf die betroffenen Regionen wirken krampflösend, entzündungshemmend und schmerzstillend. Gegen die Nervenentzündung trinkt man vier Wochen lang morgens und abends 1 Tasse Kamillen-, Melissen- oder Ehrenpreistee im täglichen Wechsel.

Schlaganfall *Apoplex*

Bei einem Schlaganfall kommt es entweder zu einer Blutung im Gehirn oder zu einem Gehirninfarkt, also einer Durchblutungsstörung im Gehirn durch einen Gefäßverschluss. Die Pflanzenheilkunde kann nur Ursachen wie Bluthochdruck, hoher Cholesterinspiegel und Arterienverkalkung (s. S. 282) bekämpfen. Zur Vermeidung bleibender Schäden ist bei einem Schlaginfall der sofortige Transport ins Krankenhaus notwendig. Durchblutungsfördernde Mittel sind u. a. Knoblauch und Ginkgopräparate.

Depressive Verstimmung, nervöse Unruhe, Angst, Schlafstörungen

Pessimismus, Melancholie, mangelndes Selbstwertgefühl, Angst vor scheinbar unlösbaren Aufgaben und nervöse Unruhe sind wahrscheinlich jedem Menschen vertraut. Beruhigende und stimmungsaufhellende Mittel wie Baldrian, Hopfen, Johanniskraut sind bei All-

Migräne ist ein weitverbreitetes Leiden – und nicht nur Frauen sind davon betroffen.

tagsproblemen hilfreich. Schlafstörungen sind häufig die Folge von Unruhe, Stress, Ärger, aber auch von Depressionen, Krankheiten, Schmerzen, Medikamenteneinnahme, Alkohol- und Kaffeekonsum.

Tipp:

- 1 Tasse Kamillen- oder Melissentee morgens und abends, 4 Wochen lang im Wechsel
- Johanniskraut-, Baldrian- und Hopfenperlen oder -kapseln (nicht mehr als jeweils 2 Stück pro Tag) oder
- Baldriantropfen (10–15 Tropfen auf Zucker oder in einem Glas Wasser gelöst) oder Melissengeist (Vorsicht, enthält Alkohol)
- Bewegung an der frischen Luft
- Entspannungsbad mit Lavendel, Melisse, Rosenblüten
- Gegen nervöse Schlaflosigkeit: abends eine halbe Stunde vor dem Schlafengehen 1 Tasse Johanniskrauttee

Schwere psychische Erkrankungen, die auch diese Symptome aufweisen können, gehören in ärztliche Behandlung, wobei die Kräuter in Absprache mit dem Arzt unterstützend eingenommen werden können.

Welche Heilpflanzen bei welchen Symptomen? Eine Auswahlhilfe

Nerven	Wichtige Heilpflanzen				

Beschwerden	Knoblauch *Allium sativum* ➤ S. 174	Ginkgo *Ginkgo biloba* ➤ S. 253	Hopfen *Humulus lupulus* ➤ S. 164	Lavendel *Lavandula angustifolia* ➤ S. 89	Johanniskraut *Hypericum maculatum* ➤ S. 149
Kopfschmerzen, Migräne		×			
Nervenentzündung					
Schlaganfall, prophylaktisch	×	×			
Schlafstörungen			×	×	×
Schweißausbrüche					
Depressive Verstimmung			×		×
Nervöse Unruhe			×	×	×
Angst				×	×
Anwendungen, Bemerkungen	Öl, Kapseln, Dragees, Tabletten	Tropfen, Tabletten; Allergie möglich	Tee, Kapseln, Dragees	Tee, Bad, Öl	Tee, Kapseln, Dragees; Sonnenlicht meiden

REZEPTE

Bei Kopfschmerzen, Migräne
1 Teil Baldrian, 1 Teil Melisse, 1 Teil Gänsefingerkraut, 1 Teil Schlüsselblume, 1 Teil Pfefferminze, 1 Teil Kamille
Zubereitung: *1 Teel. pro Tasse mit kochendem Wasser überbrühen, 10 Min. ziehen lassen*

Bei Schlafstörungen
1 Teil Baldrian, 1 Teil Hopfen
oder: *3 Teile Melisse, 1 Teil Baldrian, 1 Teil Hopfen*
Zubereitung: *1 Teel. pro Tasse mit kochendem Wasser überbrühen, 10 Min. ziehen lassen, abends, 1/2 Std. vor dem Schlafengehen, trinken*

Bei depressiver Verstimmung
Johanniskraut, morgens und abends 1 Tasse

Bei nervöser Unruhe
1 Tasse Kamillen- oder Melissentee, morgens und abends, 4 Wochen lang im Wechsel
oder: *Baldrianwurzel: 1 Teel. pro Tasse 5 Min. stark kochen, 5 Min. ziehen lassen, abseihen*
oder: *Kaltauszug*
oder: *10–15 Tropfen auf ein Stück Zucker*
oder: *Hopfen: 3–4 Teel. pro Tasse 10–15 Min. ziehen lassen (1 Tasse vor dem Schlafengehen)*
oder *mehrmals täglich, 1 Teel. pro Tasse*

Bei Kopfschmerzen, Migräne
1 Teil Johanniskraut, 1 Teil Hopfenblüten, 1 Teil Lavendelblüten, 1 Teil Melisse, 1 Teil Baldrian, 1 Teil Nelkengewürz, 1 Teil Angelikawurzel, 1 Teil Kamille, 1 Teil Pomeranzenblüten (oder Orangenblüten), 1 Teil Oregano
Zubereitung: *2 Teel. pro Tasse kalt ansetzen, aufkochen, ziehen lassen und tagsüber (auch kalt) schluckweise trinken (2–3 Tassen pro Tag)*

 Melisse *Melissa officinalis* ➤ S. 91	 Pfefferminze *Mentha* ➤ S. 92	 Kiefer *Pinus sylvestris* ➤ S. 254	 Weide *Salix* ➤ S. 156	 Salbei *Salvia officinalis* ➤ S. 96	 Baldrian *Valeriana officinalis* ➤ S. 118	 Oregano *Origanum vulgare* ➤ S. 94
x	x	x	x		x	x
x	x	x				x
x		x			x	
				x		
		x				
x		x			x	
x		x				
Tee, Tinktur, Öl, Creme, Gel	Tee, Öl auch bei Kopfschmerzen	Bad, Tee, Salbe, Öl	Dragees, Kapseln, Lösung, Tee; Salicingehalt beachten	Tee, Bad, Öl innerlich u. äußerlich	Tee, Bad, Tropfen, Dragees, Tabletten	Tee, Bad, Umschlag

Bei nervöser Unruhe, Schlafstörungen
Lavendelöl: 5–8 Tropfen, 2-mal täglich auf ein Stück Zucker oder in Wasser;
Lavendeltee: 1 Teel. pro Tasse mit kochendem Wasser überbrühen
Bad: 1 Hand voll Lavendelblüten mit kochendem Wasser übergießen und ca. 15 Min. ziehen lassen. Dem warmen Badewasser zugeben.

Blütenbad mit Orangen-, Rosen- oder Lavendelblüten:
2–3 Hand voll Orangen-, Rosen- oder Lavendelblüten mit 2 l kochendem Wasser übergießen, 10-15 Min. ziehen lassen und den Sud ins warme Badewasser geben. Wer außerdem noch einige Rosenblüten auf das Wasser streut und 1–3 Tropfen Orangenöl oder 2–5 Tropfen Rosenöl hinzufügt, kann den wunderbaren Duft genießen und bei klassischer Musik und einem Glas Prosecco entspannen.
Vorsicht: *Bei Orangenöl können Allergien auftreten. Nach einem Blütenbad kein Sonnenbad oder Solariumsbesuch!*

Bad mit Lavendelblüten und Brombeerblättern
Je 100 g Lavendelblüten und Brombeerblätter mit kochendem Wasser übergießen, ca. 15 Min. ziehen lassen, dann den Sud ins warme Badewasser geben. Besonders weiche Haut erhält man, wenn man eine Tasse Bienenhonig und 1 Teel. Badeöl mit dem Kräutersud mischt.

Welche Heilpflanzen bei welchen Symptomen? Eine Auswahlhilfe

Vitaminreiche Früchte wie die Hagebutte helfen bei Immunschwäche und Infektanfälligkeit.

IMMUNSYSTEM, LEISTUNGSRÜCKGANG

Ein geschwächtes Immunsystem äußert sich in erhöhter Infektanfälligkeit. Die Ursachen reichen von der Schwächung des Körpers durch Stress, Schlafdefizit, Vitamin-, Nahrungs- oder Mineralstoffmangel über Nebenwirkungen von Medikamenten, radioaktiver Bestrahlung bis zu Stoffwechselerkrankungen wie Diabetes sowie Krankheiten wie AIDS oder Krebsleiden.

Präparate von Sonnenhut, Kapland-Pelargonie (bekannter als Umckaloabo) sowie Vitamin-C-reiche Mittel wie Sanddornsaft, Hagebuttentee werden zur Stärkung der Immunabwehr auch gegen grippale Infekte empfohlen. Auch allergische Reaktionen, z. B. auf Tierhaare oder Pollen, sowie Autoimmunerkrankungen wie rheumatoide Arthritis sind Erkrankungen des Immunsystems. Buchweizen ist bei Glutenunverträglichkeit als Getreideersatz vielfältig verwendbar. Bei Immunschwäche infolge von Krebsleiden werden Mistelpräparate als Begleittherapie verwendet.

Rekonvaleszenz, altersbedingter Leistungsrückgang, Erschöpfungszustände

Wenn die Leistungsfähigkeit nachlässt, sei es krankheitsbedingt, sei es auf Grund von psychischer und physischer Überlastung oder zunehmenden Alters, können Heilkräuter helfen. Zur Erholung nach einer Krankheit sind außer entspannenden Bädern mit Lavendel und/oder Kiefer auch Stärkungsmittel zu empfehlen. War die Krankheit mit einer starken Gewichtsabnahme verbunden, wirkt eine Diät mit Haferflocken oder Buchweizengrütze (z. B. mit Hagebuttenmarmelade) aufbauend. Bei nachlassender Herzleistung hilft Weißdorn (s. S. 235); lässt das Gedächtnis nach, zeigen Ginkgo-Präparate, über einen längeren Zeitraum eingenommen, gute Erfolge. Die Ernährung soll auf eine vitamin-, ballaststoff-, eiweiß- und abwechslungsreiche, aber fettarme Kost umgestellt werden.

Immunsystem Leistungsrückgang
Beschwerden
Immunschwäche
Infektanfälligkeit
Allergie
Erschöpfung, Stress
Leistungsrückgang
Rekonvaleszenz
Demenz, Alzheimer
Anwendungen, Bemerkungen

REZEPTE

Bei Immunschwäche, Infektanfälligkeit, Stress, in der Rekonvaleszenz

Brei aus Hafer oder Buchweizen mit 2–3 Essl. Sanddornsaft
(entweder als Frischsaft oder als Sirup)
oder: *mit Hagebuttenmarmelade*
Hagebutte: 1 Essl. Kerne oder ganze Früchte pro Tasse, 5 Min. kochen
(die frischen Kerne wirken leicht abführend, getrocknet etwas adstringierend)

Kiefer, Latschenkiefer:
Bad: 500–1000 g Kiefernnadeln und Triebe mit ca. 5 l Wasser ansetzen, langsam zum Kochen bringen, 5–10 Min. ziehen lassen, abseihen und dem Badewasser zufügen

Wichtige Heilpflanzen

Hafer *Avena sativa* ➤ S. 180	Weißdorn *Crataegus* ➤ S. 235	Sonnenhut *Echinacea* ➤ S. 66	Buchweizen *Fagopyrum esculentum* ➤ S. 126	Ginkgo *Ginkgo biloba* ➤ S. 253	Mistel *Viscum album* ➤ S. 231	Sanddorn *Hippophae rhamnoides* ➤ S. 216	Hagebutte *Rosa* ➤ S. 244f

					×	×	×
		×				×	×
		×	× *Glutenunverträglichkeit*				
				×		×	×
	×		×		×	×	
×			×			×	×
				×	×		
Brei	Tee, Dragees, Kapseln, Tropfen	Tropfen; Allergie möglich	Brei, Grütze	Tropfen, Tabletten; Allergie möglich	Tee, Injektionen; nur unter ärztlicher Kontrolle	Saft, Sirup, Mus, Marmelade	

Bei Stress, Erschöpfung, Übermüdung, Niedergeschlagenheit
Bad:
1–2 Hand voll Rosenblüten
1 Hand voll Lavendelblüten
1 Hand voll Pfefferminzblätter
mit kochendem Wasser übergießen und ca. 15 Min. ziehen lassen
10–15 Tropfen Lavendel- oder Zitronenöl zugeben und die duftende Essenz ins warme Badewasser gießen.
Nach dem Bad sollte die Haut mit angewärmtem Badeöl gepflegt werden

Bei Stress, Erschöpfung:
Getränke ohne Alkohol:
Kräuterbowle
(April bis September):
Saft von 1 Zitrone
1 l naturtrüber Apfelsaft
Für das Kräuterbüschel:
10 Zweige Giersch
2 Zweige Gundermann (Gundelrebe)
2 Zweige Zitronenmelisse
2 Zweige Pfefferminze (optional)
mit einer Schnur zu einem Büschel binden, Kräuterbüschel mit dem Apfelsaft übergießen, Saft einer Zitrone dazu und 24 Std. zugedeckt im Kühlschrank stehen lassen; mit Mineralwasser 1:1 verdünnen und gekühlt trinken.

oder: Filipendula-*Bowle (Mädesüß-Sommerbowle):*
5–10 voll aufgeblühte Blütendolden vom Mädesüß
2 Zweige Zitronenmelisse
Saft von 1 Zitrone
1 l naturtrüber Apfelsaft

Apfelsaft über die Blütendolden gießen, Saft einer Zitrone dazu und 24 Std. zugedeckt im Kühlschrank stehen lassen; mit Mineralwasser 1:1 verdünnen und gekühlt trinken.

KRANKHEITEN BEI KINDERN

Kinder leiden besonders häufig unter Erkältungskrankheiten, Bauchschmerzen, Blähungen, Harnwegsentzündungen, Hautausschlägen, Verletzungen, Schlafstörungen, Unruhe, Kopfschmerzen und Reiseübelkeit.

Infektionskrankheiten wie Masern, Scharlach, Windpocken, Mumps, Röteln etc. müssen immer vom Kinderarzt behandelt werden. Kräutertees können aber helfen, die Begleitsymptome zu lindern. Bei der Dosierung beachten Sie bitte die Hinweise auf S. 272. Fertigpräparate, die häufig Alkohol als Extraktionsmittel enthalten, sollte man Kindern nur in Ausnahmefällen verabreichen bzw. nur äußerlich anwenden (z. B. Melissengeist).

Zum Süßen der Tees, die von Kindern wegen des ungewohnten oder unangenehmen Geschmacks oft abgelehnt werden, verwendet man am besten Honig.

Erkältungen, grippale Infekte, Schnupfen, Mittelohrentzündung (s. auch S. 273ff.)

Kinder, v. a. im Kindergarten- und Schulalter, sind besonders anfällig für Erkältungskrankheiten. Insofern steht die Stärkung des Immunsystems durch Aktivitäten im Freien, vitamin- und abwechslungsreiche Ernährung sowie zusätzlich auch durch Präparate (z. B. mit Sonnenhut) an erster Stelle.

Bei einem grippalen Infekt kann man in ca. 90 % der Fälle auf die Gabe von Antibiotika verzichten. Holunder- oder/und Lindenblütentee (auch gemischt), 1–2 Tassen, möglichst heiß im Bett getrunken, oder heißer Holundersaft sind gute alte Hausmittel. Ein weniger bekanntes fiebersenkendes, schmerzlinderndes und entzündungshemmendes Mittel ist Mädesüßtee.

Merke: *Ein fiebriges Kind gehört ins Bett. Sorgen Sie für reichliche Flüssigkeitszufuhr durch Wasser, stark verdünnte Fruchtsäfte und Tees.*

Vorsicht: *Kamille kann Allergie auslösen. Kleine Kinder nie unbeaufsichtigt baden und inhalieren lassen (Verbrühungsgefahr). Bei einer Virusgrippe oder über mehrere Tage andauerndem Fieber muss unbedingt der Arzt konsultiert werden!*

Tipp:
Eine Erkältung bekämpft man mit

- schleimlösenden, hustenreizlindernden und entzündungswidrigen Tees (s. S. 274), Gurgellösungen (s. S. 275 – aber erst ab einem Alter von 3 Jahren)
- Dampfbädern (z. B. mit Latsche, Kiefer)
- Inhalation (z. B. mit Kamille)
- Wickeln (z. B. Hals-, Wadenwickel)

Die Mittelohrentzündung ist eine durch Strepto-, Staphylo- oder Pneumokokken ausgelöste, oft sehr schmerzhafte, fiebrige Begleiterscheinung einer Erkältung. Die Schleimhaut der Eustachischen Röhre (Verbindung zwischen Nasen-Rachen-Raum und Ohr) schwillt an, das Sekret kann nicht ablaufen. Die Folgen können vom Riss im Trommelfell bis zu Taubheit und Gehirnhautentzündung reichen – die Behandlung gehört damit unbedingt in die Hand eines Arztes!

Lindernd wirken Thymian und das alte Hausmittel Zwiebelsaft, der durch ätherische Öle eine wärmende und entzündungshemmende Wirkung entfaltet (s. u.).

Bauchschmerzen, Blähungen, Durchfall (s. auch S. 276ff.)

Bauchschmerzen bei Kindern sind häufig. Die Ursachen reichen von Blähungen, v. a. bei Kleinkindern, über zu viele Naschereien und schwer verdauliche Lebensmittel bis hin zu seelischen Problemen, Ängsten sowie durch Bakterien oder Viren hervorgerufene Infekte.

Übelkeit und Erbrechen treten oft gemeinsam mit Bauchschmerzen auf. Bei krampfartigen Beschwerden hilft ein Tee aus Pfefferminze, eventuell mit Kamille gemischt (aber Vorsicht bei Allergien). Durchfall kann wegen des hohen Flüssigkeitsverlustes bei Kindern lebensbedrohlich sein.

Wichtig ist es, den Flüssigkeitsverlust bei Durchfall auszugleichen. Feste Nahrung bekommen Kinder erst wieder, wenn die Symptome abgeklungen sind. Dabei muss mit einer schonenden, ballaststoffarmen Zwieback- und Brei Diät begonnen werden. Bei starken Brechdurchfällen und häufig wiederkehrenden Durchfällen muss der Arzt konsultiert werden.

Tipp:
Gegen Durchfall

- ein geriebener Apfel
- Tee aus getrockneten Heidelbeeren
- bei älteren Kindern auch getrocknete Heidelbeeren, gut gekaut
- Blutwurzpulver, in Apfelbrei eingerührt, und schwarzer, ungesüßter Tee
- eine Prise Salz im Getränk gleicht den Mineralsalzverlust aus

Schon bei Babys und Kleinkindern kann ein Fläschchen mit Fenchel-Kümmel- oder Kamillentee, eventuell mit Fenchelhonig gesüßt, bei Bauchschmerzen und Blähungen helfen. Dazu noch eine Wärmflasche und eine liebevolle Bauchmassage – immer im Uhrzeigersinn –, das tut kleinen und größeren Kindern gut.

Verstopfung, die bei Kindern relativ selten auftritt, kann man mit geschrotetem Leinsamen, den man unter das Essen mischt, therapieren. Ansonsten helfen eine Nahrungsumstellung auf ballaststoffreiche Kost, mehr Bewegung, milde Einläufe oder Bittersalz, Glaubersalz, Karlsbader Salz (in einem Glas Wasser gelöst).

Harnwegsentzündungen und Bettnässen (s. auch S. 286)

Von Harnwegsentzündungen sind aufgrund ihrer kürzeren Harnröhre vorwiegend Mädchen betroffen. Die Behandlung ist wie bei Erwachsenen: Wärme, reichliche Flüssigkeitszufuhr (Tee, Wasser) und ärztliche Betreuung.

Bei bettnässenden Kindern ist die liebevolle Zuwendung und die seelische Behandlung sehr wichtig. Die Kinder brauchen Liebe, Herzenswärme, Freude, und man muss ihnen die Angst nehmen. Außerdem hilft Schafgarben- bzw. Johanniskrauttee, wobei man letzteren wegen der beruhigenden, schlaffördernden Wirkung tagsüber nur Kleinkindern (morgens und nachmittags 1 Tasse) verabreichen kann. Bei größeren Patienten wirken Johanniskrautperlen, -kapseln oder -saft besser (je nach Hersteller variieren die Wirkstoffkonzentrationen).

Die saftreichen Früchte des Holunders sind vielseitig verwendbar, z. B. für Saft, Mus und Marmelade.

Hautausschläge, Milchschorf, Neurodermitis, Entzündungen, Verbrennungen (s. auch S. 290)

Der Milchschorf bei Säuglingen, der sich in Form von gelbroten, nässenden, später verkrustenden Schuppen an Kopf, Brust und Genitalien zeigt, wird bei der täglichen Körperpflege

Vorsicht vor allergischen Reaktionen bei der häufig empfohlenen Anwendung von Kamille und Ringelblume.
Bei der Borkenflechte (Impetigo contagios), *entstehen Bläschen, die aufplatzen und honiggelbe Krusten bilden. Wegen der hohen Ansteckungsgefahr muss sie vom Arzt behandelt werden.*

am besten mit rückfettenden und feuchtigkeitsspendenden Pflegepräparaten behandelt. Milchschorf, der auch unter der Bezeichnung *atopisches Ekzem* oder *Neurodermitis atopica* bekannt ist und bis ins Erwachsenenalter zu unangenehmen Hautveränderungen v.a. im Gesicht und an den Gelenkbeugen führt, geht oft einher mit quälendem Juckreiz, Heuschnupfen und Bronchialasthma. Gegen den Juckreiz helfen Umschläge mit Stiefmütterchen, Weißer Taubnessel, Virginischer Zaubernuss und Einreibungen mit Nachtkerzen- oder Borretschöl. Klinische Studien haben ergeben, dass die Nachtkerze Entzündungsprozesse hemmt und auch zur Behandlung von Neurodermitis und Herpes geeignet ist. Die oft notwendige Diät, z.B. mit glutenfreien Nahrungsmitteln wie Buchweizen (s. S. 126), ist mit dem behandelnden Arzt abzusprechen.

Bewegung in frischer Luft und freier Natur – ob bei Sport und Spiel oder der Leinsamenernte wie hier – beugt vielen Krankheiten vor.

Augenentzündung (s. auch S. 290)

Eine Bindehautentzündung kann durch Luftzug, Staub, Salz, Chlorwasser, Allergien gegen Pollen, Tierhaare sowie durch Viren oder Bakterien ausgelöst werden und äußert sich mit brennenden, juckenden, geröteten Augen, Tränenfluss, gelblichem Sekret und Lichtempfindlichkeit.

Kompressen mit Augentrost lindern die Beschwerden.

> *Halten die Beschwerden länger als 48 Stunden an, suchen Sie bitte den Augen- oder Kinderarzt auf.*
> *Vorsicht! Bei Infektionskrankheiten wie Röteln, Masern* **muss** *der Arzt konsultiert werden. Die Folgeschäden bei unterbliebener oder falscher Behandlung können bis zur Erblindung reichen.*

Zahnen

Wenn sich die Milchzähne durch das Zahnfleisch bohren, ist das für Kleinkinder oft sehr schmerzhaft. Hier helfen entzündungshemmende und schmerzstillende Pflanzen wie Kamille, Nelkenwurz, Eibisch- bzw. „Veilchenwurzel" (s. S. 158). Außer den Wurzeln zum Kauen helfen auch gekühlte Beißringe und das Bepinseln des Zahnfleisches mit Kamillentinktur oder kaltem Kamillen- oder Salbeitee, bei größeren Kindern auch Gurgellösungen mit Kamille oder Salbei (s. S. 275).

Nasenbluten (s. auch S. 291)

Ursache sind oft Gefäßverletzungen durch Fremdkörper (Spielzeug), Schläge oder ganz einfach nur Nasenbohren.

Wunden, Prellungen, Stauchungen, Insektenstiche (s. auch S. 294)

Abschürfungen, kleine Wunden, Prellungen, Stauchungen und Insektenstiche kommen bei Kindern so häufig vor, dass es entsprechend wichtig ist, schnell und überall Erste Hilfe leisten zu können. Zu den Erste-Hilfe-Pflanzen, die auf jeder Wiese wachsen, gehören die Wegericharten, die gegen Insektenstiche genauso helfen wie bei kleinen blutenden Wunden oder den Quaddeln, die nach Kontakt mit Brennnesseln entstehen. Weitverbreitet sind auch Gänseblümchen und Ampfer. Wundreinigend wirken Ringelblume, Oregano, Sonnenhut, wundheilende Wirkung haben Salben mit Ringelblume, Virginischer Zaubernuss und Kamille. Bei Schwellungen, auch nach Insektenstichen, Zerrungen und Verstauchungen, helfen Umschläge, getränkt entweder mit einem Teeaufguss oder Tinktur (z. B. aus Arnikablüten, Johanniskraut, Gänsefingerkraut, Beinwell), Beinwellsalbe oder Johanniskrautöl.

> *Vorsicht bei Allergien gegen Korbblütler wie Kamille oder Arnika.*

Übelkeit, Brechreiz, Reisekrankheit, Schlafstörungen, Unruhe, Kopfschmerzen

Bereits Schulkinder können unter typischen Stresssymptomen wie Übelkeit, Schlafstörungen, Unruhe, Angst und Kopfschmerzen leiden, sei es aus Überforderung, Reizüberflutung, wegen familiärer Probleme, falscher Ernährung, Bewegungsmangels oder Missbrauchs von Alkohol und Drogen.

Tipp:

Bei Übelkeit, Brechreiz, Reisekrankheit

- 1 Stück Würfelzucker, beträufelt mit Lavendelöl, Melissen-, Pfefferminz- oder Baldriantinktur

Halten Übelkeit und Brechreiz länger an, hilft Melissentee oder eine Teemischung, ein Arzt sollte dann aber auf jeden Fall konsultiert werden.

Bei gelegentlich auftretenden Kopfschmerzen, Schlafstörungen, Unruhe und Angst helfen beruhigende, entspannende und krampflösende Mittel wie Johanniskraut, Melisse, Lavendel, Baldrian, Pfefferminze, sei es als Tee, Tinktur, Öl oder Bad. Von alkoholischen Präparaten wie Melissengeist ist bei Kindern abzuraten.

Treten Symptome häufiger auf, müssen die Ursachen mit fachlicher Unterstützung ergründet werden.

➤ *Welche Heilpflanzen bei welchen Symptomen? Eine Auswahlhilfe*

Krankheiten bei Kindern	Wichtige Heilpflanzen				

Beschwerden	Schafgarbe *Achillea millefolium* ➤ S. 50	Arnika *Arnica montana* ➤ S. 53	Ringelblume *Calendula officinalis* ➤ S. 59	Kümmel *Carum carvi* ➤ S. 200	Kamille *Chamomilla recutita* ➤ S. 60
Erkältungen, Infektanfälligkeit					×
Mittelohrentzündung					
Bauchschmerzen, Blähungen	×			×	×
Übelkeit, Brechreiz, Reisekrankheit					
Bettnässen	×				
Hautentzündungen	×	×	×		×
Insektenstiche		×			
Verbrennungen			×		×
Augenentzündung					×
Wunden, Prellungen, Stauchungen	×	×	×		×
Kopfschmerzen					
Schlafstörungen, Angst, Unruhe					
Anwendungen, Bemerkungen	Tee, Saft; Allergie möglich	Salbe, Tinktur; Allergie möglich	Salbe, Tinktur, Umschlag	Tee, Öl; Allergie möglich	Tee, Tropfen, Öl; Allergie möglich

 Sonnenhut *Echinacea* ➤ S. 66	 Schachtelhalm *Equisetum arvense* ➤ S. 256	 Mädesüß *Filipendula ulmaria* ➤ S. 236	 Fenchel *Foeniculum vulgare* ➤ S. 203	 Efeu *Hedera helix* ➤ S. 213	 Johanniskraut *Hypericum maculatum* ➤ S. 149	 Lavendel *Lavandula angustifolia* ➤ S. 89	 Melisse *Melissa officinalis* ➤ S. 91
x		x		x			
			x				x
						x	x
	x				x		
	x						
					x		
x					x		
		x *bei Erkältung*				x	x
					x	x	x
Tropfen; Allergie möglich	Tee, Teemischungen, Saft	Tee	Tee, Honig, Sirup	Tropfen, Sirup, Tabletten, Zäpfchen	Tee, Öl, Kapseln, Dragees; Wirkstoffmenge beachten, Sonnenlicht meiden	Tee, Bad, Öl	Tee, Tinktur, Öl, Creme, Gel

Fortsetzung auf S. 310

Welche Heilpflanzen bei welchen Symptomen? Eine Auswahlhilfe

Krankheiten bei Kindern	Wichtige Heilpflanzen (Fortsetzung von S. 309)				
					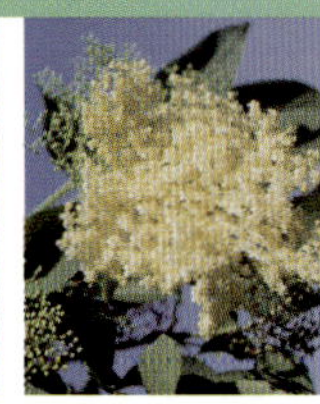
Beschwerden	Pfefferminze *Mentha* ➤ S. 92	Anis *Pimpinella anisum* ➤ S. 210	Spitzwegerich *Plantago lanceolata* ➤ S. 105	Salbei *Salvia officinalis* ➤ S. 96	Holunder *Sambucus nigra* ➤ S. 111
Erkältungen, Infektanfälligkeit		x	x	x	x
Mittelohrentzündung					
Bauchschmerzen, Blähungen	x				
Übelkeit, Brechreiz, Reisekrankheit	x				
Bettnässen					
Hautentzündungen			x		
Insektenstiche			x		
Verbrennungen			x		
Augenentzündung			x		
Wunden, Prellungen, Stauchung			x		
Kopfschmerzen	x				
Schlafstörungen, Angst, Unruhe					
Anwendungen, Bemerkungen	Öl bei Kopfschmerzen, Vorsicht bei Babys und Kleinkindern	Tee, ätherisches Öl	Tee, Saft, Tropfen, Sirup; Allergie möglich	Tee, Bad, Bonbons	Tee, Saft, Gurgelwasser

 Thymian *Thymus vulgaris* ➤ S. 99	 Linde *Tilia* ➤ S. 157	 Huflattich *Tussilago farfara* ➤ S. 74	 Baldrian *Valeriana officinalis* ➤ S. 118
×	×	×	
×			
			×
			×
			×
Tee, Saft, Tropfen, Zäpfchen, Sirup	Tee	Tee; Allergie möglich	Tee, Bad, Tropfen, Dragees, Tabletten

REZEPTE

Bei Bauchschmerzen, Blähungen
Teemischung:
je 1 Teil Anis, Kümmel, Koriander, Fenchel, Angelikawurzel
oder:
je 1 Teil Anis, Fenchel, Koriander, Kümmel
oder:
1 Teil Pfefferminze oder Fenchel
1 Teil Kümmel (zerstoßene Samen)

Bei Bettnässen
Teemischung:
4 Teile Spitzwegerich
3 Teile Blutwurz
2 Teile Schachtelhalm
Zubereitung: *1 Teel. pro Tasse mit kochendem Wasser überbrühen, 20 Min. ziehen lassen, 3-mal täglich 3 Essl. einnehmen*
oder:
Johanniskraut: Kleinkinder morgens und nachmittags 1 Tasse Tee; Schulkinder Dragees oder Kapseln

Bei Schlafstörungen, Unruhe, Erkältungen
Kiefer, Latschenkiefernbad
Zubereitung:
500–1000 g Kiefernnadeln und Triebe mit ca. 5 l Wasser ansetzen, langsam zum Kochen bringen, 5–10 Min. ziehen lassen, abseihen und dem Badewasser zufügen (erst ab einem Alter von 3 Jahren)

Bei Durchfall
Blutwurz: 1/2 Msp. in Apfelmus oder geriebenen Apfel einrühren, über den Tag verteilt verabreichen

Bei zahnenden Kindern
Eibisch oder „Veilchen"wurzel: zum Kauen

Bei Verbrennungen, Prellungen, Stauchungen
Johanniskraut: Einreibung mit Öl
oder: *Wegerich: Umschlag mit dem Saft von zerquetschten Wegerichblättern*
oder *Umschlag mit Wegerichblättern*
Zubereitung: *1–2 Teel. pro Tasse kalt ansetzen, aufkochen, abseihen*

Zur Beruhigung, bei Schlafstörungen, Unruhe, Bauchschmerzen, Reisekrankheit
Melisse: alkoholfreie Lösung, 10–15 Tropfen auf ein Stück Zucker

Bei Mittelohrentzündung
Zwiebel: klein geschnittene Zwiebel in ein Mullsäckchen (oder eine Windel) wickeln, über Wasserdampf erwärmen und auf die Ohren legen

Anhang

Literatur	*S. 313*
Beschwerden und Krankheiten in Stichworten	*S. 315*
Stichwortverzeichnis lateinisch	*S. 316*
Stichwortverzeichnis deutsch	*S. 318*
Bildnachweis	*S. 320*
Danksagung	*S. 320*
Impressum	*S. 320*

Literatur

Aichele, Dietmar & Heinz-Werner Schwegler (1995) – *Die Blütenpflanzen Mitteleuropas*. 5 Bde. Stuttgart.

Alberts, Andreas & Peter Mullen (2000) – *Psychoaktive Pflanzen, Pilze und Tiere*. Stuttgart.

Aschenbrenner, Eva (2004) – *Die Kräuterapotheke Gottes*. 6. Aufl. Stuttgart.

Bach, Edward & Jens-Erik R. Petersen (1988) – *Heile dich selbst mit Bachblüten*. Aus dem Englischen von K.-F. Hörner. München.

Basler Hildegard-Gesellschaft (Hsg.) (2005) – Hildegard von Bingen: *Heilkraft der Natur „Physica". Das Buch von dem Inneren Wesen der verschiedenen Naturen der Geschöpfe*. Übersetzt von Marie-Louise Portmann. 2. Aufl. Stein am Rhein.

Beuchert, Marianne (2004) – *Symbolik der Pflanzen*. Frankfurt/Main & Leipzig.

Bisset, Norman Grainger & Max Wichtl (2001) – *Herbal Drugs and Phytopharmaceuticals. A Handbook for Practice on a Scientific Basis With Reference to German Commission E Monographs*. 2. Aufl. Stuttgart.

Boericke, William (1994) – *Handbuch der homöopathischen Materia medica:* quellenorientierte Neuübersetzung. Aus dem Amerikanischen übertragen und bearbeitet von Daniel Johannes Beha. Heidelberg.

Bötticher, Helmuth M. (1959) – *Wunderdrogen. Die abenteuerliche Geschichte der Heilpilze*. Köln & Berlin.

Buchheister, G. A. (1938) – *Handbuch der Drogisten-Praxis*. 16., neubearbeitete und vermehrte Auflage von Georg Ottersbach. Berlin.

Burckhardt, Jacob (1898–1902) – *Griechische Kulturgeschichte*. Neue Ausgabe 1977. München.

Dahl, Jürgen (1984) – *Nachrichten aus dem eigenen Garten: Frau Holles Strauch*. Natur 9: 100–101.

Delaveau, Pierre, Michelle Lorrain, François Mortier, Caroline Rivolier, Jean Rivolier & René Schweitzer (1978) – *Geheimnisse und Heilkräfte der Pflanzen*. Stuttgart.

Dinand, August Paul (1921) – *Handbuch der Heilpflanzenkunde*. 3. Aufl. Eßlingen & München.

Dörner, Günter (1998) – *Ein „Schlüssel für die Himmelspforte"*. Chiemgau-Blätter 9: 6.

Düll, Ruprecht & Herfried Kutzelnigg (1992) – *Botanisch-ökologisches Exkursionstaschenbuch*. 4., überarbeitete und erweiterte Auflage. Heidelberg & Wiesbaden.

Ernet, Detlef (1987) – Hexen- und Zauberkräuter, in: Helfried Valentinitsch (Hsg.): *Hexen und Zauberer. Die große Verfolgung – ein europäisches Phänomen in der Steiermark*. Graz.

Faber, Stephanie (1997) – *Das große Buch der Naturkosmetik*. Wien.

Fazzioli, Edoardo (1989) – *Des Kaisers Apotheke. Die altchinesische Kunst, mit Pflanzen zu heilen*. Aus dem Italienischen von A. Eckner. Bergisch Gladbach.

Feist, Hans (2002) – *Das Baumwunder aus der Urzeit: „Ginkgo biloba"*. Chiemgau-Blätter 31: 4–5.

Fraschio, Franz (2003) – *Die Wiederentdeckung von Arzneipflanzen der Volksheilkunde durch Sebastian Kneipp*. 5. Mistel, *Viscum album,* & Aloe, *Aloe barbadensis, A. ferox*. Drogenreport 16, Heft 29: 44–48.

Fuchs, Leonhart (1543) – *New Kreutterbuch*. Basel. Neudruck Wiesbaden 2002.

Furlenmeier, Martin (1978) – *Wunderwelt der Heilpflanzen*. Zürich.

Goethe, Johann Wolfgang v. – Sämtliche Werke in 18 Bänden, Bd. 17: Naturwissenschaftliche Schriften, 2. Teil. Artemis Gedenkausgabe 1949, 2. Aufl. Zürich 1961–1966, Reprint Zürich & München 1977.

Grimm, Jacob & Wilhelm et al. (1838–1960) – *Deutsches Wörterbuch*. Bd. 1–33. Reprint München 1984.

Grünwald, Jörg & Christof Jänicke (2004) – Grüne Apotheke. München.

Haeupler, Henning & Thomas Muer (2000) – *Bildatlas der Farn- und Blütenpflanzen Deutschlands*. Stuttgart.

Haeupler, Henning & Peter Schönfelder (1989) – *Atlas der Farn- und Blütenpflanzen der Bundesrepublik Deutschland*. Stuttgart.

Herer, Jack, Mathias Bröckers & Katalyse-Institut (2004) – *Die Wiederentdeckung der Nutzpflanze Hanf (Cannabis, Marihuana)*. Übersetzt von Susanne Ehmig, Frank Kuhnke, Ursula Pesch-Itzstein und Annemarie Telieps. Mit einer Kurzstudie vom Katalyse-Institut für angewandte Umweltforschung e. V. Herausgegeben und mit einem Nachwort zur Neuauflage 2004 versehen von Mathias Bröckers. 40. Aufl. Frankfurt/Main.

Hildegard von Bingen: s. Basler Hildegard-Gesellschaft

Hiller, Karl & Mathias F. Melzig (2003) – *Lexikon der Arzneipflanzen und Drogen*. Heidelberg. Genehmigte Sonderausgabe Erftstadt 2005.

Hollerbach, Elisabeth & Karl (1998) – *Kraut und Unkraut zum Kochen und Heilen*. München.

Homer (o. D.) – *Odyssee*. Nach der Übertragung von Johann Heinrich Voss. München 1964.

Jantzen, Friedrich (1980) – *Amors Pflanzenkunde. Pflanzen im Liebesbrauchtum*. Kosmos Bibliothek, Bd. 308. Stuttgart.

Johnson, Hugh (1975) – *Das große Buch der Bäume*. 2., verbesserte Auflage. Bern.

Kneipp-Heilmittel-Werk (Hrsg.) (1952) – *Neuer Kneipp-Wegweiser*. Würzburg.

Köhler, Helmut A. (1996) – *Heilpflanzen der Heimat. Das Bruchkraut*. Chiemgau-Blätter, 23. November, S. 4–5.
- (1997) – *Heilpflanzen der Heimat. Der Tüpfelfarn*. Chiemgau-Blätter, 11. Januar, S. 4–5.
- (2004) – *Heilpflanzen. Die Arnika*. Chiemgau-Blätter, 16. Oktober, S. 4–5.

Künzle, Johann (1911) – *Chrut und Unchrut. Praktisches Heilkräuterbüchlein.* Neue, illustrierte und verbesserte Auflage 1962. Locarno-Minusio.

Lassel, M. (1940) – *Gesundheit und Kraft durch Kräutergold.* 3. Aufl. Kolbermoor/Obb.

Lewin, Louis (1920) – *Die Gifte in der Weltgeschichte. Toxikologische allgemeinverständliche Untersuchungen der historischen Quellen.* 2. Aufl. Berlin. Neudruck Hildesheim 1983.

Lippert, Wolfgang & H. Merxmüller (1974) – *Untersuchungen zur Morphologie und Verbreitung der bayerischen Alchemillen (I).* Ber. Bayer. Bot. Ges. 45: 37–70.

Lonicerus, Adamus (1551) – *Kreuterbuch.* Neudruck der Ausgabe von 1679. München 1983.

Löther, Rolf & Siegfried Wollgast (Hsg.) (1991) – *Paracelsus. Vom gesunden und seligen Leben.* Ausgewählte Texte. 2. Aufl. 1991. Leipzig.

Macer floridus s. u. Mayer & Goehl

Markarian, Karine (1998) – *Russische Heilgeheimnisse. Das große Buch der natürlichen Medizin.* Bergisch Gladbach.

Marzell, Heinrich (o. D.) – *Bayerische Volksbotanik.* Nürnberg.
- (1964) – *Zauberpflanzen, Hexentränke.* Kosmos-Bibliothek, Bd. 241. Stuttgart.

Mayer, Johannes Gottfried & Konrad Goehl (Hsg.) (2003) – *Kräuterbuch der Klostermedizin. Der „Macer floridus", Medizin des Mittelalters.* Leipzig.

Meyer, Ernst F. H. (1854-1857) – *Geschichte der Botanik.* 4 Bde. Reprint with an Introductory Essay by Frans Verdoorn. Amsterdam 1965.

Meyer, Friedrich & Andreas Andresen (1961) – *Mein Garten von A – Z.* Stuttgart.

Moldenke, Harold N. & Alma L. (1952) – *Plants of the Bible.* Waltham, Mass.
Mossberg, Bo, Lennart Stenberg & Stefan Ericsson (1997) – *Den nordiska floran.* Turnhout/Belgien.

Neuthaler, Heinrich (1959) – *Das Kräuterbuch. Gesund durch Heilkräuter und richtige Ernährung.* Salzburg.

Odo Magduensis s. Mayer & Goehl

Oertel, Adolf & Eduard Bauer (1962) – *Heilpflanzen-Taschenbuch.* 28. Aufl. Kempen/Niederrhein.

Paracelsus s. u. Löther & Wollgast

Plaitakis, Andreas & Roger C. Duvoisin (1983) – *Homer's moly identified as Galanthus nivalis L. Physiologic antidote to stramonium poisoning.* Clinical Neuropharmacology 6: 1–5.

Psychrembel, Willibald (1994) – *Klinisches Wörterbuch.* 257. Aufl. Berlin & New York.

Rätsch, Christian (1998) – *Heilkräuter der Antike in Ägypten, Griechenland und Rom. Mythologie und Anwendung einst und heute.* 2. Aufl. München.

Richter, Isolde (1993) – *Lehrbuch für Heilpraktiker.* 2., überarbeitete Aufl., München, Wien & Baltimore.

Roth, Lutz, Max Daunderer & Kurt Kormann (1984) – *Giftpflanzen – Pflanzengifte. Vorkommen, Wirkung, Therapie.* 2. Aufl. Landsberg & München.

Rudd, Carol (1999) – *Blütenessenzen. Sanfte Wege zur Gesundheit.* Aus dem Englischen übersetzt von Walter Spiegel. Köln.

Scharnberg, Manfred (1994) – *Arche für Kräuter.* Natur 10: 58–68.

Schauenberg, Paul & Ferdinand Paris (1981) – *Heilpflanzen: erkennen – anwenden.* 4. Aufl. München, Wien.

Scheffer, Mechthild (1995) – *Bach-Blütentherapie.* 25. Aufl. München.

Schenk, Gustav (um 1960) – *Die Bärlapp-Dynastie.* Stuttgart, Zürich & Salzburg.

Schnalke, Thomas (Hsg.) (1995) – *Natur im Bild.* Anatomie und Botanik in der Sammlung des Nürnberger Arztes Christoph Jacob Trew. Ausstellungskatalog. Schriften der Universitätsbibliothek Erlangen-Nürnberg, hsg. von Konrad Wickert, Bd. 27. Erlangen.

Schulz, Georg E. F. (1909) – *Natur-Urkunden. Biologisch erläuterte photographische Aufnahmen frei lebender Tiere und Pflanzen.* Heft 6. Frühlingspflanzen. Berlin.

Stammel, Heinz J. (1986) – *Das Heilwissen der Indianer. Tausend geheime Rezepturen und ihre Anwendung.* Reinbek.

Storl, Wolf-Dieter (2004) – *Heilkräuter und Zauberpflanzen zwischen Haustür und Gartentor.* 4. Aufl. Aarau & Baden.

Surya, G. W. (1960) – *Die verborgenen Heilkräfte der Pflanzen.* 8. Aufl. Freiburg.

Thurzová, Ludmilla, I. Kresánek, Marecek & K. Mika (1976) – *Lexikon der Heilpflanzen.* Übersetzt von Lucian Wichs. Köln.

Treben, Maria (1982) – *Gesundheit aus der Apotheke Gottes. Ratschläge und Erfahrungen mit Heilkräutern.* 7. Aufl. Steyr.

Wagner, Hermann (o. D.) – *Gegen jede Krankheit ist ein Kraut gewachsen.* 2. Aufl. Altötting.

Wander, Karl Friedrich Wilhelm (Hsg.) (1867–1880) – *Deutsches Sprichwörter-Lexikon. Ein Hausschatz für das deutsche Volk.* 5 Bde. Leipzig.

Weidinger, Hermann-Josef (1983) – *Ich bin eine Ringelblume.* Karlstein/Thaya.

Wolf, Otto (1978) – *Die Mistel in der Krebsbehandlung.* Weleda Schriftenreihe 13 (2. Aufl.): 127–129.

Beschwerden und Krankheiten in Stichworten

A

Abwehrschwäche 273
Adipositas 279
Akne 290, 292f
Allergie 302ff
Alzheimer 302f
Angina 273
Angina pectoris 282ff
Angst 300f, 307
Apoplex 298
Appetitlosigkeit 276ff, 280f
Arterienverkalkung 282, 284f
Arteriosklerose 282
Arthritis 294, 296f
Arthritis urica 279
Arthrose 295ff
Asthma bronchiale 273ff
Atemwege 273ff
Atrioventriculararrhythmie 282
Auge 290ff
Augenentzündung 290ff, 307
Ausfluss 287
Ausschlag 290

B

Bauchschmerzen 304, 308ff
Beinschwellung 283
Bettnässen 305ff
Bewegungsapparat 294ff
Bindehautentzündung 290, 307
Blähungen 304f, 308ff
Blasenentzündung 288f
Blasenkatarrh 286
Blasensteine 286, 288f
Blutdruck niedrig 283ff
Blutende Wunde 290
Bluterguss 294
Bluthochdruck 282ff
Blutreinigung 286, 288f
Brandwunde siehe Verbrennung 290
Brechreiz 277, 307
Bronchialasthma 273ff
Bronchitis 273ff

C

Cholesterin 282, 287, 298
Cholitis 278
Colitis 276

D

Demenz 302f
Depressive Verstimmung 277, 298ff
Diabetes 279
Diarrhoe 277ff
Durchfall 277, 280f, 304

E

Ekzem 290
Ekzem, atopisches 306
Entzündung 290
Entzündung im Hals-Rachenraum 276f, 293
Entzündung nach Insektenstich 290
Epistaxis 291
Erbrechen 280ff
Erschöpfung 302f

F

Fettleber 278f
Fettleibigkeit 279
Fieber 273ff, 304
Flechten 290
Fluor 287
Frauenleiden 287
Frostbeule 290
Furunkel 290

G

Gallenerkrankung 278ff, 280f
Gallensteine 278
Gastritis 276ff
Gedächtnisschwäche 302f
Gelenkschmerzen 294f
Geschwüre, Magen-, Darm- 277ff
Gicht 279ff
Grippaler Infekt 273ff, 304
Gynäkologie 287ff

H

Halsentzündung 273
Halsschmerzen 273
Hämorrhoiden 283ff
Harnorgane 286
Harnwegsentzündung 286, 305
Haut 290ff
Hautirritation 290
Hautkrankheiten 290, 305
Hautpflege 290
Hautunreinheit 290
Hepatitis 278
Herpes 290, 292f
Herz und Blutkreislauf 282ff
Herzfunktionsstörungen 282
Herzinfarkt 282ff
Herzinsuffizienz 282
Herzklopfen 282
Herz-Kreislauf-Erkrankungen 282
Herzrhythmusstörungen 282
Hexenschuss 294, 296f
Hitzewallung 287
Husten 273ff
Hyperhidrose 291
Hypertonie 282
Hypotonie 283

I

Immunschwäche 302f
Immunstimulans 302
Immunsystem 302f
Impetigo contagioso 305
Infektanfälligkeit 302f
Inkontinenz 286
Insektenstiche 290, 292f, 307
Ischialgie 298

K

Kinderkrankheiten 304ff
Klimakterium 287
Konjunktivitis 290
Kopfschmerzen 298ff, 307
Krampfadern 283
Krämpfe 287

L

Laryngitis 273
Leber- und Gallenleiden 278ff
Lebererkrankungen 280f
Leberzirrhose 278
Leistungsrückgang 302f

M

Magen-, Darmgeschwüre 277
Magenschleimhautentzündung 280f
Magenschwäche 276ff
Magen- und Verdauungsstörungen 280f
Magen- und Zwölffingerdarmgeschwüre 277, 280f
Magenverstimmung 276ff
Mandelentzündung 273ff
Menstruationsbeschwerden 287
Menstruationsstörungen 287ff
Migräne 298f
Milchschorf 305
Mittelohrentzündung 304f
Muskelschmerzen 294ff
Myocardinsuffizienz 282

N

Nachtschweiß 291
Nasenbluten 291ff, 307
Nasennebenhöhlenentzündung 273ff
Nerven 298ff
Nervenentzündung 298f
Nervosität 298f
Neuralgie 298
Neurodermitis 290ff, 292f, 305
Nieren- und Blasenerkrankungen 286ff
Nierensteine 286

O

Obstipation 277
Ohnmacht 283

P

Pityriasis 290
Pollinosis 273
Prellung 294, 307
Prostata 286ff
Prostataadenom 286
Psoriasis 290

Q

Quetschungen 294, 307

R

Rachenentzündung 273
Reisekrankheit 277, 307
Reizhusten 273ff
Reizmagen 276, 280
Rekonvaleszenz 302f
Rheuma 294
Rheumatische Beschwerden 294ff
Rhinitis 273

S

Schlafstörung 287, 298ff, 307
Schlaganfall, prophylaktisch 282, 298ff
Schlecht heilende Wunden 290f
Schleimbeutelentzündung 294
Schnupfen 273ff, 304
Schwangerschaftsbeschwerden 287
Schweiß 287ff, 291f, 300f
Sehnenscheidenentzündung 294, 296f
Sinusitis 273
Sodbrennen 276, 280f
Sonnenbrand 290
Stimmungsschwankungen 287
Stoffwechselstörungen 276ff
Stomatitis 276ff
Stress 302f
Synkope 283

T

Tennisarm 294
Thrombophlebitis 283
Trigeminusneuralgie 298

U

Übelkeit 280f, 307
Übergewicht 279
Ulcus 276ff
Unruhe, nervöse 298ff, 307
Urogenitaltrakt 286ff

V

Varizen 283
Venenentzündung 283
Venenerkrankungen 283ff
Verbrennungen 290, 292f, 305
Verdauungsstörung 280f
Verletzung 290, 294ff
Verstauchung 307
Verstimmung, depressive 298ff
Verstopfung 277, 280f
Virusgrippe 273

W

Wadenkrampf, nächtlicher 283
Wechseljahre 287ff
Weichteilrheumatismus 296f
Weißfluss 287ff
Wunde 290ff, 307

Z

Zahnen 307
Zerrung 307
Zuckerkrankheit 279

Stichwortverzeichnis lateinisch

Abies alba 204f, 254
Acacia 26
Achillea millefolium 50, 280, 284, 288, 308
Aconitum napellus 29, 190
Acorus calamus 264
Adonis aestivalis 191
Adonis vernalis 191
Aegopodium podagria 112, 198
Aethusa cynapium 208
Aesculus hippocastanum 225, 284, 296
Agrimonia eupatoria 232f
Agropyron repens 179
Ajuga genevensis 85
Ajuga reptans 84, 86, 152
Alchemilla vulgaris 234, 289
Alliaria petiolata 132
Allium ascalonicum 174
Allium cepa 174
Allium porrum 174
Allium sativum 174, 280, 284, 300
Allium schoenoprasum 174
Allium ursinum 175ff
Alnus glutinosa 161
Aloe barbadensis 178
Aloe ferox 178
Althaea officinalis 150
Althaea rosea 150
Anchusa officinalis 78
Andromeda polifolia 95
Anethum graveolens 203
Angelica archangelica 199, 209
Angelica sylvestris 199
Antennaria dioica 51
Anthemis arvensis 60
Anthemis tinctoria 60
Anthyllis vulneraria 217
Apiaceae 198ff
Apocynaceae 75
Aposeris foetida 73
Aquifoliaceae 212
Araceae 264
Araliaceae 213
Arctium lappa 52
Arctium minus 53
Arctium tomentosum 52
Arctostaphylos alpina 147
Arctostaphylos uva-ursi 146, 288
Aristolochia clematis 266
Aristolochiaceae 266
Armoracia rusticana 133f
Arnica chamissonis 54
Arnica montana 53f, 284, 292, 294, 296, 308
Artemisia abrotanum 55
Artemisia absinthium 57f
Artemisia cina 55
Artemisia dracunculus 55
Artemisia vulgaris 55
Arum maculatum 265
Aruncus dioicus 237
Asarum europaeum 267
Asclepidiaceae
Asphodelaceae 178
Aspilia mossambicensis 10
Asteraceae 50ff
Atriplex hortensis 125
Atropa belladonna 116f
Avena sativa 180
Barbarea vulgaris 134
Bellis perennis 58
Berberidaceae 184
Berberis vulgaris 184
Beta vulgaris 117
Betonica officinalis 98
Betula pendula 162, 288
Betulaceae 162
Boraginaceae 76ff
Borago officinalis 76, 292
Brassica napus 134ff
Brassica nigra 133, 136, 297
Brassica oleracea 137
Brassica rapa 135
Brassicaceae 132ff
Buxus sempervirens 147
Calendula arvensis 59
Calendula officinalis 59, 292, 308
Calluna vulgaris 147
Cannabaceae 163f
Cannabis sativa 67, 163
Capsella bursa-pastoris 142f, 145
Cardamine amara 138, 141
Cardamine pratensis 138ff
Carduus marianus 63
Carlina acaulis 62
Carlina vulgaris 63
Carpinus betulus 167
Carum carvi 200
Caryophyllaceae 122ff
Cassia angustifolia 217, 278, 229
Castanea sativa 166
Centaurium erythraea 82
Cetraria islandica 261
Chamaemelum nobile 60
Chamomilla recutita 60f, 281, 285, 289, 293, 308
Chelidonium majus 186f
Chenopodiaceae 125
Chenopodium album 125
Chenopodium bonus-henricus 125
Cichorium endivia 64
Cichorium intybus 64
Circaea lutetiana 132f
Cirsium arvense 63
Cirsium oleraceum 63
Cladonia rangiferina 261
Claviceps purpurea 257
Cnicus benedictus 65
Cochlearia officinalis 141
Colchicum autumnale 173, 175f
Convallaria majalis 175, 177
Coriandrum sativum 201
Cornaceae 214
Cornus mas 214
Corydalis cava 185
Corylaceae 165
Corylus avellana 165
Corylus colurna 165
Corylus maxima 165
Crataegus laevigata 235, 284, 303
Crataegus monogyna 235
Crocus sativus 176
Cruciferae 132
Cupressaceae 252
Cynara scolymus 62
Cynodon dactylon 179
Cytisus scoparius 218f
Daphne mezereum 74
Datura stramonium 117
Datura suaveolens 117
Digitalis lanata 104
Digitalis purpurea 104, 177
Drosera rotundifolia 215
Droseraceae 215
Dryopteris carthusiana 258
Dryopteris filix-mas 258
Duchesnea indica 238
Echinacea angustifolia 66
Echinacea pallida 66
Echinacea purpurea 66
Eleagnaceae 216
Epilobium angustifolium 227
Epilobium parviflorum 227, 288
Equisetaceae 256
Equisetum arvense 256, 286, 288, 292, 309
Ericaceae 146ff
Eryngium campestre 202
Eryngium maritimum 202
Eryngium planum 202
Eucalyptus 275
Eupatorium aromaticum 67
Eupatorium cannabinum 67
Eupatorium perfoliatum 67
Eupatorium purpureum 67
Euphrasia rostkoviana 103
Euphrasia stricta 103
Fabaceae 217ff
Fagaceae 166
Fagopyrum esculentum 126, 303, 306
Fagus sylvatica 167
Ficaria verna 29
Filipendula ulmaria 236, 296, 309
Foeniculum vulgare 203, 309
Fragaria moschata 238
Fragaria vesca 238
Fragaria viridis 238
Frangula alnus 229f
Fraxinus excelsior 100, 249
Fraxinus ornus 100f
Fucus vesiculosus 260
Fumaria officinalis 186
Fumariaceae 185ff
Galanthus nivalis 74
Galium aparine 109
Galium odoratum 108
Galium verum 109
Genista germanica 219
Genista tinctoria 219
Gentiana lutea 80, 280
Gentiana pneumonanthe 80
Gentiana punctata 81
Gentianaceae 30, 80ff
Gentianella amarella 80
Geraniaceae 224
Geranium robertianum 224
Geum rivale 239
Geum urbanum 239
Ginkgo biloba 253, 261, 285, 298, 300, 303
Ginkgoaceae 253
Glechoma hederaceum 85
Glycyrrhiza glabra 217, 259
Gratiola officinalis 104
Hamamelidaceae 165
Hamamelididae 160ff
Hamamelis virginiana 165
Hedera helix 213, 309
Helianthus annuus 68
Helianthus tuberosus 68
Helichrysum arenarium 51
Helleborus foetidus 192
Helleborus niger 192
Hepatica nobilis 75, 267
Heracleum mantegazzianum 204
Heracleum sphondylium 204
Herniaria glabra 122f
Herniaria hirsuta 122f
Hippocastanaceae 225
Hippophae rhamnoides 216, 303
Humulus lupulus 164, 285, 300
Huperzia selago 265
Hyoscyamus niger 117
Hypericaceae 149
Hypericum maculatum 289, 293, 296, 300
Hypericum perforatum 149, 153
Hyssopus officinalis 86f
Ilex aquifolium 212
Impatiens glandulifera 24
Imperatoria ostruthium 209
Inula britannica 69
Inula helenium 20, 69
Iris germanica 158
Juglandaceae 169
Juglans regia 169
Juniperus communis 252
Juniperus sabina 252
Labiatae 84ff
Lamiaceae 84ff
Laminaria 260
Lamium album 88, 171, 293
Lamium maculatum 88, 171
Larix decidua 254
Laserpitium latifolium 205
Lauraceae 268
Laurus nobilis 243, 268
Lavandula angustifolia 89, 300, 309
Lavandula latifolia 89
Lavandula stoechas 89
Ledum palustre 95
Lemna gibba 269
Lemna minor 269
Lemnaceae 269
Leonurus cardiaca 90
Lepidium sativum 142
Levisticum officinale 205
Lichenes 261
Ligustrum vulgare 111f
Liliaceae 174ff
Linaceae 226
Linum cartharticum 226
Linum usitatissimum 226

Lithospermum arvense 77
Lithospermum officinale 77
Lithospermum purpurocaeruleum 77
Lobaria pulmonaria 261
Lolium temulentum 179
Lycopodiaceae 265
Lycopodium annotinum 265
Lycopodium clavatum 265
Lycopus europaeus 90
Lysimachia nummularia 152
Lysimachia vulgaris 153
Mahonia aquifolium 184
Majorana hortensis 94
Malva neglecta 151
Malva silvestris 151
Malvaceae 150
Marrubium vulgare 91
Matricaria discoidea 60
Melilotus alba 220
Melilotus officinalis 219f, 285, 293, 296
Melissa officinalis 91, 293, 296, 301, 309
Mentha aquatica 92, 310
Mentha japonica 93
Mentha longifolia 92
Mentha piperita 92, 281, 289, 301
Mentha pulegium 93
Mentha spicata 92, 296
Menyanthaceae 80
Menyanthes trifoliata 80, 83
Meum athamanticum 206
Nasturtium officinale 138, 140
Nepeta cataria 91
Nerium oleander 75
Nigella damascena 193
Nigella sativa 193
Nonea pulla 78
Ocimum basilicum 93
Ocimum minimum 93
Oenanthe aquatica 203
Oenothera biennis 228, 302
Olea europaea 101f
Oleaceae 100ff
Onagraceae 227
Ononis spinosa 221, 289
Orchis mascula 28
Origanum majoranum 94
Origanum vulgare 94, 301
Orobanchiaceae 103
Paeonia officinalis 183f, 194
Papaver rhoeas 188
Papaver somniferum 185ff
Papaveraceae 188f
Parmeliaceae 267
Pastinaca sativa 206f
Petasites albus 70, 74
Petasites hybridus 70
Petroselinum crispum 208
Peucedanum officinale 209
Peucedanum oreoselinum 209
Phaeophytina 260
Phaseolus vulgaris 222
Picea abies 254
Pimpinella anisum 210, 310
Pimpinella major 210
Pimpinella saxifraga 210, 248
Pinaceae 254f
Pinus mugo 254f, 285, 297, 301
Pinus nigra 254f, 285, 297, 301
Pinus strobus 260
Pinus sylvestris 254f, 285, 297, 301
Plantaginaceae 104f
Plantago afra 105
Plantago arenaria 105
Plantago lanceolata 105, 293, 310
Plantago major 106
Plantago media 106
Poaceae 105, 179ff
Polygonaceae 126ff
Polygonum aviculare 123, 127
Polygonum bistorta 127
Polygonum hydropiper 127
Polygonum persicaria 127
Polypodiaceae 258f
Polypodium vulgare 259
Populus nigra 155, 293
Populus tremula 155
Potentilla anserina 240, 297
Potentilla erecta 240f, 281
Potentilla reptans 241
Potentilla sterilis 238
Primula elatior 153f
Primula veris 153f
Primulaceae 152ff
Prunella vulgaris 84f
Prunus avium 243
Prunus laurocerasus 243, 268
Prunus padus 243
Prunus spinosa 242
Pteridium aquilinum 109
Pulmonaria officinalis 78
Pulsatilla pratensis 195
Pulsatilla vulgaris 194f
Quercus cerris 168
Quercus ilex 168, 212
Quercus petraea 168
Quercus pubescens 168
Quercus robur 168
Ranunculaceae 190ff
Ranunculoideae 182ff
Ranunculus ficaria 29
Raphanus raphanistrum 144
Raphanus sativus 144
Rhamnaceae 229f
Rhamnus cathartica 230
Rheum palmatum 128
Rheum rhabarbarum 128
Rosa canina 244f, 302
Rosa gallica 244f
Rosaceae 232ff
Rosidae 196ff
Rosmarinus officinalis 87, 95, 285, 287
Rubia tinctorum 108
Rubiaceae 108f
Rubus caesius 246f
Rubus fruticosus 246f
Rubus idaeus 246f
Rumex acetosa 129
Rumex crispus 129, 134
Rumex obtusifolius 129
Salicaceae 155f
Salix alba 156, 297, 301
Salix purpurea 156
Salvia officinalis 87, 96, 293, 301, 310
Salvia pratensis 96, 289
Salvia sclarea 96
Sambucacea 110ff
Sambucus ebulus 110f
Sambucus nigra 111f, 199, 310
Sambucus racemosus 111
Sanguisorba minor 248
Sanguisorba officinalis 248
Sanicula europaea 211
Saponaria ocymoides 124
Saponaria officinalis 123f
Satureja hortensis 97
Satureja montana 97
Scrophularia alata 114
Scrophularia nodosa 114
Scrophulariaceae 114f
Silybum marianum 62f
Sinapis arvensis 135
Solanaceae 116f
Solidago canadensis 71
Solidago gigantea 71
Solidago virgaurea 71, 289
Sorbus aucuparia 249
Sphagnum 215
Spinacia oleracea 117
Spirodela polyrhiza 269
Stachys palustris 98
Stachys sylvatica 98
Stellaria media 124
Stevia rebaudiana 279
Sylibum marianum 63, 65, 281
Symphytum officinale 79, 297
Tanacetum balsamita 72
Tanacetum vulgare 72
Taraxacum officinale 73, 281
Teucrium chamaedrys 99
Teucrium montanum 95
Thlaspi arvense 143, 145
Thuja occidentalis 252
Thymus praecox 99
Thymus pulegioides 99
Thymus serpyllum 99
Thymus vulgaris 99
Tilia cordata 157
Tilia platyphyllos 157
Tiliaceae 157
Trifolium hybridum 218
Trifolium medium 218
Trifolium pratense 218
Trigonella foenum-graecum 223
Tussilago farfara 74, 311
Umbelliferae 198ff
Urtica dioica 80, 170f, 281, 289, 297
Urtica urens 170f
Urticaceae 170f
Vaccinium myrtillus 16, 147, 229, 281
Vaccinium uliginosum 147f
Vaccinium vitis-ideae 147f
Valeriana celtica 110
Valeriana dioica 118
Valeriana officinalis 118, 285, 301, 311
Valerianaceae 118
Valerianella locusta 118
Veratrum album 80f
Verbascum densiflorum 115
Verbascum nigrum 115, 228, 233
Verbascum phlomoides 115
Verbascum thapsus 115
Verbena officinalis 119
Verbenaceae 119
Vernonia amygdalina 10
Veronica beccabunga 107
Veronica officinalis 107, 301
Viburnum lantana 113
Viburnum opulus 113
Vinca major 75
Vinca minor 75
Viola arvensis 159
Viola odorata 158
Viola tricolor 159
Violaceae 158f
Viscaceae 231
Viscum album 231, 285, 297, 303
Vitis vinifera 164
Zea mays 181

Stichwortverzeichnis deutsch

Abführflachs 226
Absinth 57
Ackerdistel 63
Ackerschachtelhalm 256, 286, 288, 290, 293, 309
Ackerstiefmütterchen 159
Ackertäschel 145
Adonisröschen, Frühlings- 191
Afodillgewächse 178
Akazie 26
Alant, Echter 20, 69
Algen 260
Aloe, Barbados- 178
Ampfer, Krauser 129, 134
Ampfer, Sauer- 129
Ampfer, Stumpfblättriger 129, 134
Andorn, Gemeiner 91
Angelika 199
Anis 210, 274
Arnika 53, 58, 266, 295
Aronstab 263, 265
Aronstabgewächse 264
Asterähnliche 48ff
Attich 110, 112
Augentrost, Gemeiner 103
Bachehrenpreis 107
Bachnelkenwurz 237
Baldrian, Echter 118
Baldriangewächse 118
Barbarakraut, Gewöhnliches 134
Bärenklau, Riesen- 204
Bärenklau, Wiesen- 204
Bärentraube, Echte 146f
Bärlapp, Keulenförmiger 257
Bärlapp, Sprossender 257
Bärlapp, Tannen- 257
Bärlapp, Zypressen- 257
Bärlappgewächse 257
Bärlauch 175ff
Bärwurz, Gewöhnliche 206
Basilienkraut 93
Basilikum 93
Bauernrose 150
Beifuß, Gemeiner 55f
Beinwell, Gemeiner 79, 297
Benediktendistel 65
Berberitze 184
Bergwohlverleih 53
Besenginster 218f
Betonie, Gemeine 98
Bibernell, Wilder 210
Bibernelle, Große 210, 248
Bibernelle, Kleine 210
Bilsenkraut, Schwarzes 117
Birke, Hänge- 162
Birke, Moor- 162
Birkengewächse 162
Bitterklee 83
Blasentang Gewöhnlicher 260
Blaubeere 147f, 281
Blumenesche 100f
Blutwurz 240f, 280
Bockshornklee 223
Bohnenkraut 97
Borretsch 76
Borretschgewächse s. Raublattgewächse
Brachdistel 202
Braunalgen 260
Braunelle, Kleine 84f
Braunwurz, Knotige 114
Braunwurzgewächse 114
Brennnessel 170f
Brennnessel, Große 88, 170f
Brennnessel, Kleine 170f
Brennnesselgewächse 170f
Brombeere 246f
Bruchkraut, Behaartes 122f
Bruchkraut, Kahles 122
Brunnenkresse, Echte 107, 138, 140
Brustwurz 199
Buche, Hain- 167
Buche, Rot- 167
Buchengewächse 166ff
Buchweizen 126
Christrose 192
Dillenienähnliche 130ff
Distel, Gold- 63
Distel, Marien- 62f
Distel, Silber- 62
Doldenblütler 198ff
Doldengewächse 198ff
Dost, Gemeiner 67, 94
Dünendistel, Blaue 202
Eberesche 101, 249
Eberraute 55
Eberwurz, Stengellose 62
Edelgamander 99
Edelkastanie 166
Efeu 213, 309
Efeugewächse 213
Ehrenpreis, Gemeiner 107
Ehrenpreis, Bach- 107
Ehrenpreis, Echter 107
Eibisch, Echter 150, 274
Eiche, Flaum- 168
Eiche, Sommer- 168
Eiche, Stein- 168
Eiche, Stiel- 168
Eisenhut, Blauer 29, 190
Eisenkraut, Echtes 119
Eisenkrautgewächse 119
Engelsüß 267
Engelwurz, Echte 199, 209
Entengrütze 257
Enzian, Gelber 80
Enzian, Punktierter 81
Enzian, Tüpfel- 81
Enziangewächse 80ff
Erdapfel 68
Erdbeere, Indische Schein- 238
Erdbeere, Indische Trug- 238
Erdbeere Knackel- 238
Erdbeere, Wald- 238
Erdbeere, Zimt- 238
Erdholler 198
Erdrauch 186
Erdrauchgewächse 185ff
Erle, Schwarz- 161
Esche, Manna- 100f
Esche, Stein- 100
Esche, Mährische 249
Esskastanie 166
Estragon 55f
Eucalyptus 275
Färberginster 219
Färberröte 108
Faulbaum 229f
Feldsalat 118
Fenchel 203, 309
Feuerkraut 227, 288
Fichte 254f
Fieberklee 80, 83
Fieberkleegewächse 80ff
Fingerhut, Roter 104, 177
Fingerkraut, Fünf- 241
Fingerkraut, Kriechendes 240
Flachs 226
Flechten 261
Flohkraut 105
Frauenfarn 259
Frauenmantel, Gemeiner 234, 289
Gänseblümchen 58
Gänsefingerkraut 240
Gänsefuß, Weißer 125
Gänsefußgewächse 125
Gartenbohne 222
Gartenkresse 142
Gartenmelde 125
Gartenrettich 144
Germer, Weißer 80f
Gichtrose 182f, 194
Giersch 112, 198
Gilbweiderich, Gemeiner 149, 153
Ginkgo 253, 298
Ginkgogewächse 253
Ginster, Besen- 218
Ginster, Deutscher 219
Ginster, Färber- 219
Goldrute, Gemeine 71
Goldrute, Kanadische 71
Gottesgnadenkraut 104
Gräser 105, 179
Gundelrebe 85
Gundermann 85, 107
Günsel, Kriechender 84ff, 152
Haarstrang, Arznei- 209
Hafer 180
Hahnenfußgewächse 190ff
Hainbuche 167
Hamamelis 165
Hanf, Indischer 163
Hanf, Kultur- 163
Hanfgewächse 163f
Hartheugewächse 149
Hartriegelgewächse 214
Hasel, Baum- 165
Haselnuss 165
Haselgewächse 165
Haselwurz 267
Hauhechel, Dornige 221, 289
Heckenrose 244f, 302
Heidekraut 147
Heidekrautgewächse 146ff
Heidelbeere 16, 147, 229
Heinrich, Guter 125, 281
Hellerkraut, Acker- 143, 145
Herbstzeitlose 173, 175f
Herzgespann, Echtes 90
Heu, Griechisches 223
Hexendorn 230
Himbeere 246f
Hirschwurz, Berg- 209
Hirtentäschel 142f, 145
Holler 111f
Holunder, Schwarzer 111f, 199, 230, 274ff
Holunder, Zwerg- 110
Holundergewächse 110ff
Hopfen, Gemeiner 85, 164
Huflattich 74, 274ff
Hühnerdarm 124
Hundsgiftgewächse 75
Hundsgras 179
Immergrün 75
Immergrüngewächse 75
Immortelle 51
Johanniskraut Tüpfel- 149, 289, 291, 296, 309
Jungfer-im-Grünen 153, 193
Kalmus, Echter 264
Kamille, Echte 60, 109, 274
Kamille, Römische 60f
Kamille, Strahlenlose 60f
Kassie 217, 278
Katzenminze 91
Katzenpfötchen, Gemeines 51, 52
Kettenblume 73, 281
Keulenbärlapp 257
Kiefer, Gemeine 255
Kiefer, Schwarz- 254f
Kiefer, Weymouth- 255
Kieferngewächse 254f, 284, 301
Kirsche,Trauben- 243
Kirsche, Wild- 243
Klatschmohn 188
Klee, Echter Stein- 219
Klee, Mittlerer 218
Klee, Rot- 218
Klee, Schweden- 218
Klee, Weißer Stein- 220
Klee, Wiesen- 218
Klee, Wund- 217
Klette, Filzige 52
Klette, Große 52
Klette, Kleine 53
Knabenkraut, Manns- 28
Knoblauch 174
Knoblauchsrauke, Gewöhnliche 132
Knöterich, Floh- 127
Knöterich, Schlangen- 127
Knöterich, Vogel- 127
Knöterichgewächse 126ff
Kohldistel 63
Königskerze, Gemeine 115
Königskerze, Großblütige 115, 228
Königskerze, Kleinblütige 115
Korbblütler 50ff
Koriander 201
Kornelkirsche 214
Kratzbeere 246f
Kren 133
Kreuzblütler 132ff
Kreuzdorngewächse 229f
Krokus, Safran- 176
Küchenschelle, Gemeine 194f
Küchenzwiebel 174
Kuhschelle 194
Kukuruz 181

Kümmel, Echter Schwarz- 193
Kümmel, Wiesen- 200
Kunigundenkraut 67
Labkraut, Echtes 109
Labkraut, Kletten- 109
Lärche, Europäische 254f
Laserkraut, Breitblättriges 205
Latsche 254f, 274
Lavendel, Echter 89, 309
Lebensbaum 252
Leberblümchen 75, 267
Legföhre 254
Lein 226, 280
Leingewächse 226
Lerchensporn, Hohler 185
Liebstöckel 205
Liguster 111, 112
Liliengewächse 174ff
Linde, Sommer- 157, 275
Linde, Winter- 157
Lindengewächse 157
Lippenblütler 84ff
Löffelkraut 141
Löffelkresse 141
Lorbeer 243, 268
Lorbeergewächse 268
Lorbeerkirsche 243, 268
Löwenschwanz 90
Löwenzahn, Gemeiner 73, 276
Lungenflechte 261
Lungenkraut, Echtes 78, 261, 274
Mädesüß 236f, 296, 309
Maggikraut 205
Mahonie 184
Maiglöckchen 175, 177, 265
Mais 181
Majoran, Echter 94
Malve, Wilde 150f, 274
Malvengewächse 150f
Männertreu 107
Mannstreu, Seestrand- 202
Marone 166
Meerrettich 133
Meisterwurz 209
Melde, Garten- 125
Melisse, Zitronen- 91
Minze, Japanische 93
Minze, Krause 92
Minze, Mitcham- 92
Minze, Pfeffer- 92, 281, 289, 301
Minze, Wasser- 92, 310
Mistel 231, 284
Mistelgewächse 231
Mohn, Schlaf- 188f
Mohngewächse 185f
Moos, Isländisch 261
Nachtkerze, Gemeine 228, 293
Nachtkerzengewächse 227f
Nachtschattengewachse 116f
Nelkengewächse 122ff
Nelkenwurz, Bach- 239
Nelkenwurz, Echte 239
Nieswurz, Weiße 192
Odermennig, Kleiner 232f
Ölbaum 101f
Ölbaumgewächse 100ff
Olivenbaum 101f
Ölraps 144
Ölweidengewächse 216
Orchideen 28, 185
Oregano 67, 94, 109
Osterluzei 266
Osterluzeigewächse 266f
Pappel, Schwarz- 155
Pappel, Zitter- 155
Pastinak 107, 206f
Pestwurz, Gewöhnliche 70, 74
Pestwurz, Weiße 70
Petersilie, Krause 97, 208
Pfefferminze 92, 281, 289, 301, 310
Pfennigkraut 152
Pfingstrose 183, 194
Pfingstrosengewächse 194
Preiselbeere 147
Primelgewächse 152
Pulverholz 229
Purgier-Kreuzdorn 230
Purgierlein 226
Quecke, Gemeine 179
Quendel 99
Rainfarn 72
Raps, Öl- 135
Rapunzel 118
Raublattgewächse 76ff
Rauschbeere 147f
Rentierflechte 261
Rhabarber Garten- 128, 229
Rhabarber Medizinal- 70, 128
Rhabarber, Palmblättriger 128
Ringelblume 59, 266, 291
Rose, Essig- 244f
Rose, Hunds- 244
Rosengewächse 232ff
Rosmarin 87, 95
Rosmarinheide 95
Rosskastanie, Gemeine 225, 284, 296
Rosskastaniengewächse 225
Rotbuche 167
Rötegewächse 108f
Rotklee 218
Rottanne
Rühr-mich-nicht-an 24
Ruprechtskraut 224
Saatlein 226
Sadebaum 260
Safran, Echter 176
Salbei, Echter 87, 96, 293, 301, 310
Salbei, Muskateller- 96
Salbei, Wiesen- 96, 289
Sanddorn 216, 303
Sandstrohblume 51
Sandthymian 99
Sanikel 122, 211
Sauerampfer 129
Sauerdorn 184
Sauerdorngewächse 184
Schachtelhalm, Acker- 256, 286, 288, 290, 293, 309
Schachtelhalmgewächse 256
Schafgarbe, Gemeine 50, 109
Scharbockskraut 29
Schaumkraut, Bitteres 138, 141
Schaumkraut, Wiesen- 139, 141
Schlangenknöterich 127
Schlehe 242
Schlüsselblume, Echte 153f, 274ff
Schlüsselblume, Hohe 153
Schlüsselblumengewächse 152ff
Schlüsselflechten 261
Schmetterlingsblütler 217ff
Schneeball, Gemeiner 113
Schneeball, Wolliger- 113
Schnittlauch 174
Schöllkraut, Großes 186f
Schüsselflechten
Schwarzdorn 242
Schwertlilie 158, 265
Seifenkraut, Echtes 123f
Senf, Schwarzer 133, 136
Senfkraut 136
Sennastrauch 217, 229, 278
Sennesblatt 278
Sommerwurzgewächse 103
Sonnenblume 68
Sonnenhut, Blasser 66
Sonnenhut, Purpurfarbener 66
Sonnenhut, Schmalblättriger 66
Sonnentau, Rundblättriger 215, 274
Sonnentaugewächse 215
Speik, Echter 89, 118
Springkraut, Drüsiges 24
Stechapfel, Weißer 117
Stechpalme 212
Stechpalmengewächse 212
Steckrübe 135
Steinklee, Echter 219, 285, 293, 296
Steinklee, Weißer 220
Steinsame, Echter 77
Stiefmütterchen, Wildes 159
Storchschnabel, Stinkender 224
Storchschnabelgewächse 224
Sumpfporst 95
Süßblatt 279
Süßgräser 179
Süßholz 217, 259
Süßstoffpflanze 279
Tang Finger- 260
Tang, Gewöhnlicher Blasen- 260
Tang, Säge- 260
Tang, Zucker- 260
Tanne 254f
Taubnessel, Rote 171
Taubnessel, Weiße 88
Taumellolch 179
Tausendgüldenkraut, Echtes 82
Teichlinse 269
Thuje 252
Thymian, Echter 109, 274ff
Tollkirsche 116
Topinambur 68
Torfmoose 215
Tormentill 240f
Traubenkirsche 243
Tüpfelfarn 259
Tüpfelfarngewächse 258f
Veilchen, März- 158
Veilchen, Wohlriechendes 158
Veilchengewächse 158f
Vogelbeere 249
Vogelkirsche 243
Vogelknöterich 123, 127
Vogelmiere 124
Wacholder, Gemeiner 252
Wacholder, Stink- 252
Wald-Engelwurz, 199
Waldgeißbart 237
Waldmeister 108
Wallwurz 79, 297
Walnuss, Echte 169
Walnussgewächse 169
Wasserdost 67
Wasserlinse, Buckelige 269
Wasserlinse, Kleine 269
Wasserlinsengewächse 269
Wegerich, Breit- 106f
Wegerich, Mittlerer 106
Wegerich, Spitz- 105, 274ff
Wegerichgewächse 104ff
Wegmalve 151
Wegwarte 64, 73
Weide, Lorbeer- 156
Weide, Purpur- 156
Weide, Silber- 156
Weidengewächse 155f
Weidenröschen, Kleinblütiges 227
Weidenröschen, Schmalblättriges 227, 288
Weißbuche 167
Weißdorn, Eingriffliger 235
Weißdorn, Zweigriffliger 235, 284, 303
Weißkohl 137
Weißkraut 137
Wermut 55f, 57
Wiesenknopf, Großer 210, 248
Wiesenknopf, Kleiner 210, 248
Wintergrün 75
Wolfstrapp, Ufer- 90
Wundklee 217
Wurmfarn 258f
Wurmfarn, Dorniger 258
Wurmsamen 55
Ysop, Echter 86
Zaubernuss 165
Zaubernussgewächse 165
Zichorie, Wilde 64
Ziest, Echter 98
Zirbe 254
Zitwersamen 55
Zwergholunder 110f
Zwiebel 174
Zypressengewächse 252

Bildnachweis

Alle Fotos Botanik-Bildarchiv Laux, Biberach, außer:

Corbis: 10 Christel Gerstenberg, 11 Corbis (o.), Corbis Sygma (u.), 12 Charles & Josette Lenars (o.), 13 Archivo Iconografico, S.A., 17 Bettmann, 18 Krause, Johansen / Archivo Iconografico, S.A. (o.), 19 Stapleton Collection, 20 Stapleton Collection (l.), Michael Nicholson (r.), 21 Bettmann, 23 Stephanie Maze (l.), Bettmann (r.), 24 Tony Wharton; Frank Lane Picture Agency, 25 Bob Krist (o.), Kelly-Mooney Photography (u.), 26 Archivo Iconografico, S.A. (l.), Chris Hellier (r.), 27 Jodi Hilton, 33 Andrew Brookes, 37 Ford Smith, 38 David Aubrey (l.), Klaus Hackenberg/zefa (r.), 270/71 Trinette Reed/zefa, 294 Steve Prezant, 299 Ute Kaiser/zefa

Getty Images: 12 Hulton Archive (M.), 16 Hulton Archive (l.), Kean Collection (r.)

Dr. Ute Künkele: 15 (u.), 18, 22, 62 (o.), 66 (u.), 69, 84 (o.), 91 (l.), 113 (o.), 115, 140, 150 (o.), 164 (u.), 165 (o.), 174 (o.r.) , 174 (u.l.), 175 (u.), 216, 224 (o.), 238 (l.), 253 (o.), 256 (o.), 279, 280 (Allium sativum), 281 (Silybum marianum), 284 (Allium sativum), 286, 293 (Melissa officinalis), 296 (Melissa officinalis), 300 (Allium sativum), 301 (Melissa officinalis), 303 (Echinacea angustifolia), 303 (Echinacea angustifolia, Hippophae), 309 (Echinacea angustifolia, Melissa officinalis)

Till R. Lohmeyer: 70 (o.), 78, 88 (o.), 119 (o.), 155 (m.), 156, 171 (r.), 257 (m.), 297 (Salix alba)

Danksagung

Dieses Buch wäre nicht entstanden, wenn uns nicht mehrere liebe Mitmenschen in uneigennütziger Weise bei unserer Arbeit unterstützt hätten. Wolfgang Lohmeyer (Taching am See), Christel Rost (Tittmoning) und Ursula Weiß (Altenmarkt) halfen uns bei den Recherchen und beim Lektorat. Ihnen sei herzlich gedankt.

Queen Street House
4 Queen Street
Bath BA1 1 HE, UK

Producing: ditter.projektagentur Gmbh
Projektkoordination: Michael Ditter
Design, Layout und Satz: Sabine Vonderstein
Lithografie: Klaussner Medien Service GmbH
Zeichnungen: Kim Caspary, Dennis Kreibich

ISBN: 978-1-4054-8589-0
Printed in China